全国教育科学规划教育部青年课题"后普及时代区域普惠性学前教育资源配置的协调机制研究"（EGA210400）

云南省哲学社会科学创新团队科研项目"云南民族地区普惠性学前教育资源配置的协调机制研究"（2021tdxmy22）

云南省"兴滇英才支持计划"项目

本书由云南师范大学资助出版，特此鸣谢。

云南学前教育资源配置的空间协调性研究

谷峥霖 著

中国社会科学出版社

图书在版编目(CIP)数据

云南学前教育资源配置的空间协调性研究 / 谷峥霖著. — 北京：中国社会科学出版社，2023.4
ISBN 978-7-5227-1649-7

Ⅰ.①云… Ⅱ.①谷… Ⅲ.①学前教育—教育资源—资源配置—研究—云南 Ⅳ.①G619.287.4

中国国家版本馆 CIP 数据核字(2023)第 051191 号

出 版 人	赵剑英
责任编辑	刘亚楠
责任校对	张爱华
责任印制	张雪娇

出　　版	中国社会科学出版社
社　　址	北京鼓楼西大街甲 158 号
邮　　编	100720
网　　址	http://www.csspw.cn
发 行 部	010-84083685
门 市 部	010-84029450
经　　销	新华书店及其他书店

印　　刷	北京君升印刷有限公司
装　　订	廊坊市广阳区广增装订厂
版　　次	2023 年 4 月第 1 版
印　　次	2023 年 4 月第 1 次印刷

开　　本	710×1000　1/16
印　　张	22
插　　页	2
字　　数	345 千字
定　　价	138.00 元

凡购买中国社会科学出版社图书，如有质量问题请与本社营销中心联系调换
电话：010-84083683
版权所有　侵权必究

序

  正如社会分工协作促进了生产力的发展那样，学科的分化及交叉融合也不断丰富和完善着人类知识体系。古今中外在教育和地理等诸多领域形成了教育与地理环境相互联系与作用的思想。这一思想在20世纪中叶以来，凸显为教育地理思想，萌生了崭新的跨地理学和教育学的科学——教育地理学。全国科学技术名词审定委员会公布的《地理学名词》（第二版）中认为，"教育地理学是指有关教育设施和资源的供给、运作及产品的空间变化的地理学研究"。教育地理思想在地理学和教育学及诸多学科均有不同层度、不同角度的认识和阐述，在学科发展上已逐步形成了地理学与教育学相交叉的研究领域。改革开放后，随着地理学科在国民经济和社会发展中重要作用的不断发挥，地理学在教育发展条件分析、区位选择、区域均衡和空间规划等方面作用逐渐凸现出来。这一社会需求向地理学提出了理论和学科诉求——应建立一门相对独立的交叉学科"教育地理学"。

  教育地理学是一门具有应用价值的学科，对它的研究首先具有外衍价值。一是对国家和区域宏观教育战略方针制定的参考价值。在国家和区域教育宏观战略的制定过程中，教育的发展不是一个单一、独立的要素，需要系统论证教育及其格局变化对教育所依托环境的影响。二是对区域科学发展的促进作用。教育地理研究的决策建议成果主要包括两种类型或两者的综合：①寻求制约区域教育科学发展的诸多因素，通过可控因素的调整规范或促进区域教育的科学发展；②寻求教育对其他社会发展要素的影响关系，通过教育的调整，对其他社会发展要素进行有效调控。三是对其他学者进行相关研究的借鉴作用。对教育地理学的研究，又具有内生价值：①核心竞争力的形成。通过教育地理的基础研究、教育地理数据库的建立及教育地理研究方法的系统和完善，可以形成有特色的核心竞争力，进而有可能承担第三方的教育测量、教育评价评估、教育布局规划等项目或工作。②优势学科的形成。通过教育地理研究所带来的学术影响力、社会影响力等，最终形成教育学、地理学下的教育地理优势学科。

教育地理主要研究教育地域综合体，包括：第一，各式各类教育（高等教育、中等教育、职业教育、基础教育、学前教育、老年教育等）；第二，各式各类教育进行中所依托的地理环境（自然地理环境、经济地理环境和人文地理环境及综合自然地理环境）。具体研究分为两个研究层次：①教育发展及其所依托地理环境的历史过程、格局与趋势；②教育发展的规律、特征、教育与其所依托地理环境之间的关系。据此，《云南学前教育资源配置的空间协调性研究》综合上述研究层次内容，基于教育地理学学科理论和方法，主要涉及区域学前教育资源的空间配置与协调发展的相关研究，是关于区域教育地理实证的研究著作，遵循教育地理学研究范式，促进教育地理学理论体系的完善，提升理论与实证共进的效果。在教育地理学学科体系的建设发展阶段，区域学前教育资源配置空间协调性的实证研究具有一定的创新性和前瞻性价值，在深入开展地理学与学前教育学相关理论、方法和实证研究的同时，对丰富教育地理学的学科内涵、拓展教育学的研究领域及区域经济社会发展规划的编制和优化施行具有重要的理论价值和支撑作用，对加快我国高质量教育体系的建设具有一定的时代性和探索性意义。

伊继东

前　言

　　资源配置是学前教育发展及其理论深化研究历久弥新的主题。进入新时代以来，我国社会主要矛盾的变化对学前教育资源配置提出了新的更高要求，"优质协调"正逐步成为特定区域空间内学前教育资源配置不容回避的热点命题和长期追求的理想目标。同时随着新时代我国基础教育从量的均衡向质的均衡转变，积极推进区域学前教育普及与普惠、均衡与公平、优质与协调发展已成为学前教育事业发展的重要课题。区域学前教育协调发展是指结合区域经济社会发展条件对学前教育资源进行优化配置：在区域间逐步缩小学前教育差距，使学前教育区域差距小于区域经济社会差距，实现学前教育资源区域均衡配置；在区域内调控学前教育水平，使区域学前教育水平高于经济社会发展水平，实现学前教育促进区域经济社会发展的目标。云南集边疆、山区、民族、美丽于一体的特殊省情，更进一步彰显了"协调"对其学前教育资源配置问题解决的多元价值，直指区域社会主要矛盾中的学前教育症结。为此，本书特以"云南省学前教育资源配置空间协调性"为研究切入点，集中探讨其深层内涵、测度其现实状况、厘定其短板制约、提出其改进策略。

　　既有研究多为学前教育水平分布、呈现或者配置情况的单方面考察，未将学前教育发展问题纳入区域经济社会发展的综合问题之中。本书主要基于人地关系地域系统理论和教育内外部关系规律，从资源视角对学前教育的区域水平和区域差异，以及影响区域学前教育的诸多内外部因素进行探讨。在理论上重新界定学前教育资源空间"协调性"的内涵，具体解析为"区域间学前教育资源均衡"和"区域内学前教育与经济社会条件协调"。在区域实证中引入影响区域学前教育资源配置的外部条件——个人需求度、政府支持度和国家支持度，并分析外部条件对区域学前教育资源的影响关系。基于学前教育资源空间"协调性"的理论认知，研究确定了区域学前教育资源配置空间协调性研究的基本思路和主要方法，构建了学前教育资源水平评价指标集合和学前教育发展条件评价指标集合，并借此展开区域实证研究。

区域实证研究包括态势分析、趋势分析和决策分析三部分内容。在态势分析中，研究对2010—2018年云南与全国、云南与其他省区的学前教育资源发展条件、发展水平进行了比较分析，明确了云南学前教育资源发展条件和发展水平在全国中的位序状态、云南学前教育与区域社会经济发展条件的耦合协调度，以及云南学前教育对全国学前教育发展的贡献；对2010—2018年云南各州市学前教育资源发展条件、发展水平进行了比较分析，明确了各州市学前教育资源发展条件和发展水平的差异程度、耦合协调程度，以及对云南学前教育发展的贡献，揭示了云南对全国学前教育资源配置区域差异程度的影响趋势及各级区域中学前教育资源汇集上共时存在的"零和博弈"与"马太效应"现象。在趋势分析中，运用面板回归模型及分位数回归模型对区域学前教育发展驱动因子的相关程度及影响趋势进行检验，依据检验结果使用ARIAM模型对云南学前教育资源配置协调度未来6年的发展趋势进行预测。在决策分析中，承接内涵界定的两条主线，根据驱动机制及预测结果分析，从"要素—地域"交融互动的二元视角，有针对性地提出了云南学前教育资源配置空间协调发展的操作性举措。

研究预期可为"实现云南省学前教育优质均衡发展，增强学前教育整体实力"提供一定的理论借鉴，为"贯彻落实云南学前教育改革举措，提升学前教育资源配置效率"提供相应的实践支撑。

目 录

第一章 相关概念界定与理论基础 …………………………… 1
第一节 相关概念界定 …………………………… 1
第二节 理论基础 …………………………… 15

第二章 学前教育资源配置空间协调性评价模型建构 …………… 33
第一节 相关理论应用 …………………………… 33
第二节 指标体系构建原则 …………………………… 36
第三节 指标体系建构过程 …………………………… 39
第四节 测度方法选择说明 …………………………… 54

第三章 区域实证Ⅰ：云南学前教育资源发展条件分析 …………… 61
第一节 云南与全国学前教育资源发展条件的比较 …………… 61
第二节 云南与其他省区市学前教育资源发展条件的比较 ……… 67
第三节 云南各州市学前教育资源发展条件的时空格局 ………… 89

第四章 区域实证Ⅱ：云南学前教育资源发展水平分析 …………… 109
第一节 云南与全国学前教育资源发展水平的比较 …………… 109
第二节 云南与其他省区市学前教育资源发展水平的比较 ……… 129
第三节 云南各州市学前教育资源发展水平的时空格局 ………… 171

第五章 区域实证Ⅲ：云南学前教育资源配置空间协调性分析 …… 209
第一节 云南与全国学前教育资源配置协调性的比较 ………… 209
第二节 云南与其他省区市学前教育资源配置协调性的比较 …… 212
第三节 云南各州市学前教育资源配置协调性的时空比较 ……… 231

第六章　云南学前教育资源配置空间协调性的驱动机制及预测 …… 250
　　第一节　云南学前教育资源配置空间协调性驱动机制 …………… 250
　　第二节　云南学前教育资源配置的空间协调性的预测 …………… 271

第七章　云南学前教育资源配置空间协调发展思路 ……………… 308
　　第一节　云南学前教育资源地域的协调发展 ……………………… 309
　　第二节　云南学前教育资源要素的协调发展 ……………………… 319

第八章　结论与展望 ………………………………………………… 325
　　第一节　主要结论 …………………………………………………… 325
　　第二节　创新之处 …………………………………………………… 328
　　第三节　不足与展望 ………………………………………………… 331

参考文献 ……………………………………………………………… 333
后　记 ………………………………………………………………… 342

第一章 相关概念界定与理论基础

本章在"教育资源配置"与"空间协调性"的相关概念分析基础上,首先创新界定"学前教育资源配置的空间协调性"的内涵,同时结合"人—地"关系基础理论的展开并确立逻辑起点,将"人—地"关系地域系统理论中的"地域空间系统""要素空间系统"及"时间系统"作为问题分析的理论基点,从宏观层面建构研究的逻辑思路分析框架;其次交互运用区域均衡发展理论、非均衡发展理论及协调理论,从中观层面剖析核心问题中"空间协调性"构成形态;最后根据资源配置优化理论及教育资源配置原理,从微观层面创建资源配置中"要素协调性"的研究模式,为后续学前教育资源配置的空间协调性评价模型创建及测度提供理论基础范式。

第一节 相关概念界定

一 教育资源配置

(一)教育资源

《辞海》中释义"资源"是"生产资料或生活资料的来源"[1]。有学者认为,资源是自然界及社会中构成人类资财的所有要素,是能形成并创造精神与物质财富的各种客观存在与实在,指在特定社会经济条件水平下,被人类发现有价值且稀缺的能量、物质及功能过程的集合。英国学者安登斯(Anthony Giddens)认为,资源分为"配置性"和"权威性"两类,配置性资源是

---

[1] 陈至立主编:《辞海》,上海辞书出版社2021年版,第3053页。

指物资产品及其形成过程中可利用的自然物力、支配力；权威性资源是指支配、行使人类自主活动的手段。在特定时空范围内，任何资源在数量和质量上均存有开发利用、配置及储存有限性，因此"'价值性'和'稀缺性'是资源的本质属性"①。

据国内文献资料分析，韩宗礼首次提出"教育资源界定为社会为进行各种教育活动所提供的物力、财力、人力条件"②。顾明远提出："教育资源有广义和狭义之分。广义的是指教育过程中所占用、使用及消耗的教育物力、人力、财力资源的总称，即教育经济条件；狭义的指办学条件。"③ 有学者从静态视角释义"教育资源"的三要素说："教育物力资源"是人才培养的物质基础，指教育过程中所占用、消耗的物化劳动总称，包括学生与教师学习、工作及生活不可或缺的所有物力支持条件，如教育过程中可利用的固定资产、物资设备、器材、电子媒体等，也有图书、材料、教具等低值易消耗品；"教育财力资源"作为影响教育公平与效率的关键要素，是用于一切教育资源使用所支付劳动报酬与货币的表现形态，是教育实施过程的经济保障，包括国家、社会及个人等以财政拨款、集资、捐赠等方式投资教育的总称；"教育人力资源"是教育过程中能动、自主、首要并起决定性作用的要素的总称。也有学者从动态视角阐释教育资源的四要素说，认为"教育资源是从开发、利用角度分为原生、延生、再生和创生四类教育资源"④，其中原生教育资源是指对现存资源开发改造生成可利用的动态性资源；延生教育资源是指在利用、消耗教育资源过程中的作用功能所形成的派生性资源，如教育资源外源性的文化、社会、政治及经济功能；再生教育资源是指资源消耗完可重新自主或他力产生的资源，主要指政策性教育资源（即政策、法规、制度等）；创生教育资源是由人力资源创造的，即"由人的创造性思维和劳动而产生的资源"⑤。

---

① 曲福田主编：《资源经济学》，中国农业出版社 2001 年版，第 4 页。
② 韩宗礼：《试论教育资源的效率》，《河北大学学报》（哲学社会科学版）1982 年第 4 期。
③ 顾明远主编：《教育大辞典》（增订合编本），上海教育出版社 1998 年版，第 799 页。
④ 王嵘：《贫困地区教育资源的开发利用》，《教育研究》2001 年第 9 期。
⑤ 王嵘：《贫困地区教育资源的开发利用》，《教育研究》2001 年第 9 期。

关于"教育资源"内涵的界定，由于研究的层次、角度、重点、发展阶段及时代背景等不同，其观点固然迥异，但整体思想大体一致。本书中的"教育资源"属于社会性资源，不仅指教育过程中所使用与耗费的物力、财力和人力等基本资源，也包括文化、制度、技术、课程等信息资源（即在教育系统中传递的教学内容所产生的其他信息），亦是开发、创造并服务于人才培养及教育发展的统整性资源（即积累并创造教育相关的知识、价值、观念、经验、设施、资产等）。教育资源虽是实施教育活动所必需的基础、条件和要素，但其在特定时期内的供给具有定量性，而教育资源要素及组织间的关联性及多元性共筑复杂教育系统。

"学前教育"亦有广义和狭义之称。广义上指0—6岁的适龄儿童从其出生到小学前接受的一系列基础性教育；狭义上讲，根据我国目前施行的学前教育学制，指3—6岁的适龄儿童所接受的正规性教育。经文献分析可得，"学前教育资源"指社会所提供的满足正常学前教育教学、活动组织开展及促进儿童身心健康发展的人力、物力、财力等方面的基本教育资源。本书从学前教育公平、优质发展和资源空间配置的视角出发，以学前教育发展水平要素为研究重点，因此，所讨论的学前教育资源主要包括教育过程中所占用及消耗的人力资源、物力资源和财力资源三大维度。

（二）教育资源配置

《辞海》中"资源配置"定义为"国家的资源在各地区、部门、用途及再生产各个环节上的分布和安排，是现存经济资源和人力资源的配置"[①]。有学者从"资源配置"角度赋予科学定义，认为"教育资源配置是对教育过程中所投入、占用、消耗及使用的物力、财力及人力资源的分配"[②]，也指文化、制度、权力、信息、政策、关系等在特定时空间流动的过程，不仅指教育资源在区域社会中的合理分配，亦指提高教育资源在学校范围内的有效利用率。王伟清将教育资源配置阐释为"基于质量和数量方面对教育资源所进行的布

---

① 陈至立主编：《辞海》，上海辞书出版社2021年版，第3053页。
② 朱亚丽：《义务教育资源配置均衡发展测评模型的构建研究》，博士学位论文，西南大学，2015年。

置和配备"①。教育资源配置是较复杂的系统工程,是"资源配备效率性与合理性、资源分配公平性与均衡性、资源利用有效性及资源需求适切性的统一"②,教育资源优化配置是指"有效、合理、充分的利用教育资源从而提高教育效益和质量"③。

有学者从"教育均衡"角度进行客观解释,翟博提出"教育均衡首要是教育资源配置的均衡"④,即硬件(生均校舍建设、生均图书、生均固定资产资料、生均教育经费投入、生均公用经费、生均教育事业费等)和软件(教师学历结构、职称比例、专业构成等)的均衡。他认为"教育资源配置均衡的目的是实现教育需求与供给的相对均衡"⑤。王善迈认为"教育资源配置是通过社会资源的分配而进行教育领域物力、财力及人力资源的继续配置"⑥。基于两位学者的界说,教育资源配置是实现教育均衡的、解决教育资源按需分配使用的最有效路径,其主旨在于将有限的物力、财力、人力等教育资源合理流动分配于区域间、学校间及教育机构间并充分利用,从而实现教育区域发展的协调共生性及可持续性。此外,"公平""效率""稳定"是教育资源配置的基础性目标。在教育资源配置过程中,注重对不公平现象进行修正和调节,不仅应确保资源的供需相匹配,也应考虑区域及类别差异,更应切实保证"起点"与"过程"公平,进而实现"结果"公平;效率是教育过程中所产生的社会、文化、经济政治、文化等层次的收益;稳定是指通过合理优化教育资源配置,加大对教育欠发达地区的扶持力度及倾斜政策,从而缩减教育区域差异,保障区际区内及各级各类的学校有较充裕的财政支持,切实保证提高全民的素质及全社会经济稳定发展。

有学者从"区域空间"角度丰富其内涵,认为教育资源配置属"空间配

---

① 王伟清:《论基于需求的教育资源配置系统观》,《教育与经济》2010年第1期。
② 余漫:《人口迁移背景下农村基础教育资源配置的公平性问题研究》,博士学位论文,中国农业大学,2014年。
③ 许丽英:《教育资源配置理论研究——缩小教育差距的政策转向》,博士学位论文,东北师范大学,2007年。
④ 翟博:《中国基础教育均衡发展实证分析》,《教育研究》2007年第7期。
⑤ 翟博:《中国基础教育均衡发展实证分析》,《教育研究》2007年第7期。
⑥ 王善迈:《教育投入与产出研究》,河北教育出版社1996年版,第188页。

置"的研究范畴,是在特定空间格局上的优化配置,即相对有限的教育资源在空间上的规律性流动而产生最大化效益以实现区域可持续发展,宏观上涉及社会资源在教育系统中的按需分配,微观上指教育资源在特定区域间的各级各类教育及学校机构间的分配等。

综合上述观点,笔者从"系统论"角度出发,基于"教育内外部关系规律"理论,教育系统中各级各类教育区域、阶段及层级使得不同类别教育资源配置状态所反映出的教育价值取向迥异。[1] 因此,本书中"教育资源配置"基于教育公平、均衡和效率等理念,为实现资源供给与需求的协调统一,根据特定结构比例合理有效地调配各级空间区域或系统间有限的物力、财力、人力、信息等资源进入动态过程,以期达到各级教育系统内及要素间和谐、均衡、协调的发展。

(三) 学前教育资源配置

有学者从宏观层面提出学前教育资源配置是社会为学前教育过程所提供的各类所需要素与条件,在学前教育领域的各级区域及幼教机构间进行统筹分配,以期提升学前教育资源利用效率;也有学者从微观层面认为,学前教育资源配置是该领域内相关人员如何合理或高效地分配物力、财力、人力等资源到学前教育系统内部或关联系统间,力求各类资源供需在各级区际或区内、各类性质幼教机构间相对平衡,以达到资源科学合理筹配及共享的目的,实现教育资源的均衡优化配置。为积极贯彻《关于深化教育体制机制改革的意见》的文件精神,我国学前教育实行"以县为主"的管理体制。县域学前教育资源配置指"在各级县域行政区域范围内,学前教育各类资源在城乡间、乡镇间及幼教机构间的合理筹措、分配"[2]。

也有学者基于"教育资源配置"的内涵将学前教育资源配置阐释为:将特定数量的学前教育物力、财力、人力等资源合理投入与分配到学前教育系统内部不同子系统或各组织中,以期实现教育资源的有效利用。

相关文献分析表明,已有研究缺少对"学前教育资源配置"内涵的权威

---

[1] 王伟清:《论基于需求的教育资源配置系统观》,《教育与经济》2010年第1期。
[2] 李克勤、郑准:《县域学前教育资源配置评价模型及其应用》,《学前教育研究》2014年第10期。

性界定，大多基于资源配置或教育资源配置概念，结合幼儿园"保教结合"的独特性，进行简单的定义移植，其他方面相关研究亦是如此。综合上述观点，结合学前教育资源特殊性、学前教育普及普惠、公平及优质发展价值取向、人地关系协调理论及区域协调发展理论，本书的核心观点认为："学前教育资源配置"是指在特定时空格局中，基于特定区域支持学前教育发展的经济社会供给条件，以学前教育子资源发展水平中的配置状态及资源水平要素为核心，在时空序列的普及格局下，进行与学前教育相关的人力资源、物力资源、财力资源在各级区内区际间的配置流动的动态过程，以期实现在时空格局中教育普惠水平、教育资源要素与区域发展条件之间相互协调发展，使资源在空间层面失衡到相对均衡，最终实现区域全体学龄儿童享受相对公平的基础教育产品，从而促进区域学前教育公益、普惠、优质、公平、均衡、协调及持续的发展。

二 学前教育资源配置空间协调性

（一）协调

协调本意为"和谐一致，配合得当"，意指"系统内要素间的良性互动关系及状态"[1]，意义层面上亦指"特种比例、平衡及调解矛盾的关系"[2]。协调旨在释义"系统间、系统内要素间在发展演化过程中和谐共生的状态"[3]，具体分为内外部协调、要素协调、组织协调、功能协调、目标协调（即同向协调）。

近年来，熊德平阐释"协调"为："语义层面上注重事物间的关联性，在尊重客观规律同时，坚持对立统一并取中正立场，避免忽左忽右两个极端而达成统筹、均衡、和谐的理想状态；而在语用层面上强调事物间联系的理想状态实现和谐共生的过程。"[4] 王维国提出"协调是组织、管理以及发展的特定态势"[5]。从复杂广阔的学科视域看，熊德平提出"系统科学认为协调是相

---

[1] 王华峰：《基于系统科学的高等教育转型发展研究》，博士学位论文，天津大学，2002年。
[2] 朱迎春：《区域"高等教育—经济"系统协调发展研究》，博士学位论文，天津大学，2009年。
[3] 白华、韩文秀：《复合系统及其协调的一般理论》，《运筹与管理》2000年第3期。
[4] 熊德平：《农村金融与农村经济协调发展研究》，社会科学文献出版社2009年版，第81—86页。
[5] 王维国：《协调发展的理论和方法研究》，中国财政经济出版社2000年版，第12页。

互关联系统间、系统内要素间互相协作、促进、配合的良性互动、控制过程及循环态势，以实现系统整体和谐发展演进为目标"[1]，旨在促进各组织要素在区域与时域上持续均衡、协作发展，其基本思想是通过特定手段来寻求冲突矛盾的解决方案，实现系统间由无序转换到有序、各级子系统间协同的状态。数学关系可解释任何相互关联的系统间的协调关系，如教育系统与区域系统间的协调性模式（见图1.1）。

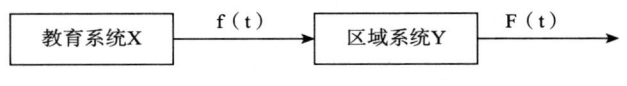

图 1.1　系统输入输出关系[2][3]

经济学中的"协调"指经济系统在各种经济要素关联作用下而趋向协同、均衡的态势；管理学中的"协调"注重实现管理目标的行动、手段、措施及过程；生态学中的"协调"指"生态系统与外部系统间的信息、物质和能量交互的平衡运行过程，包括整体生态系统及次级生态系统的运行平衡"[4]。

熊德平在多类学科释义基础上综合界定"协调"的内涵，即在尊重客观规律及厘清各级系统关系原理的前提下，以系统整体演进为发展目标，运用科学方法、手段并建立有效的运行机制，从而使系统间或内部要素关系逐步达到平衡的状态。协调以系统整体演进为前提和目标，以内外联动的各类系统为对象，以系统间的有机关联为基础，它不仅指某种关系观念，亦指"这种稳定关系实现的动态时空约束的'过程'与相对和谐的'理想状态'，'理想状态'又决定'过程'上协调的永无终极"[5]。熊德平整合了经济、管理、生态等多元学科视角对协调的诠释，有效规避了单学科视域的片面化与狭隘化，更强调了有机关联的系统或要素间关系的现实过程与其理想状态相协同的本质。

---

[1]　熊德平：《农村金融与农村经济协调发展研究》，社会科学文献出版社2009年版，第81—86页。
[2]　孙立群：《农村教育与经济社会协调发展关系的研究》，博士学位论文，东北农业大学，2003年。
[3]　刘文菁：《农村教育与经济协调发展研究》，博士学位论文，中国海洋大学，2009年。
[4]　熊德平：《农村金融与农村经济协调发展研究》，社会科学文献出版社2009年版，第89页。
[5]　熊德平：《农村金融与农村经济协调发展研究》，社会科学文献出版社2009年版，第90页。

(二) 协调发展

基于上述协调内涵的厘定，有学者提出："协调发展是系统或系统内要素之间在和谐一致、配合得当、良性循环的基础上，为实现系统整体由简单到复杂、低级到高级、无序到有序的总体深化发展演化过程。"[①] 各级关系性系统或要素间和谐共生、相互配合、协作、促进而形成的良性循环态势，是"协调"与"发展"两者的交汇。方存忠认为"协调发展"是指系统及子系统间保持质或量的相互适应与相对平衡的关系，是区域系统及内部经济、社会、人口、资源、环境、生态等系统内不同领域部分间相互协作、联动发展的均衡状态，从而形成的效率相宜、效益兼顾、结构合理、功能完备的社会发展形态。

从"人—地"关系理论角度来看，有学者认为"'人—地'系统内各子系统及内部要素间具备的关联性组织、互补关系及转换能力会不同程度上促使整个系统向总体协调演进的方向发展"[②]。潘玉君认为"将地理科学研究核心'人地关系地域系统'与最先进的人地关系思想'协调共生'结合起来可以有一个新的地理科学基本概念'人地关系地域系统协调共生'"[③]，厘清"人地关系地域系统"的概念并依据熵值原理界定"人地关系地域系统"三大类型，基于"反馈学理论"系统探讨"人地关系地域系统"的协调共生原理。杨青山等提出"人地系统协调包括生态、社会文化、物质、人口等生产间的协调"[④]，同时强调"'人地关系协调发展'的概念性原理涉及'区际关系与系统自组织原理'、'地理环境协调有序利用原理'及'人类活动结构协同进化原理'"[⑤]。方创琳认为"在人地系统内区域及要素间优化与动态协调而实现'人'系统中社会行为对'地'系统中空间区位的合理占据"[⑥]。此外，任启平认为"人地关系地域系统中要素间

[①] 杨士弘：《城市生态环境学》，科学出版社 2003 年版，第 254 页。
[②] 程钰：《人地关系地域系统演变与优化研究——以山东省为例》，博士学位论文，山东师范大学，2014 年。
[③] 潘玉君：《人地关系地域系统协调共生应用理论初步研究》，《人文地理》1997 年第 3 期。
[④] 杨青山、梅林：《人地关系、人地关系系统与人地关系地域系统》，《经济地理》2001 年第 5 期。
[⑤] 杨青山：《对人地关系地域系统协调发展的概念性认识》，《经济地理》2002 年第 3 期。
[⑥] 方创琳：《区域人地系统的优化调控与可持续发展》，《地学前缘》2003 年第 4 期。

协调主要通过匹配、合作、竞争、互补等相互作用方式来实现系统的有序稳定的进化"①。

从区域可持续发展角度看,主要包含区域的全面协调发展、可持续发展及相对均衡发展。全面协调发展是指区域生态环境、社会与经济三大系统在特定发展时序上相互协同共生、和谐统一;可持续发展是指区域系统发展的持久性与连续性,在同时满足当代与后代的需求能力的基础上,保存生态资源和环境的长期承受与承载能力并兼顾眼前与长远利益;相对均衡发展是指"不同尺度层次区域系统在发展过程中兼顾局部与全局利益,秉承合作与竞争理念并适时调控区域间发展差距以达到相对均衡、协调"②。

从区域协调角度来看,"区域协调是区域内各相关发展要素及其发展在一定时间序列上的综合表现,而区域发展状态的协调则又是区域要素协调和区域发展协调的有机组合"③,区域教育协调也是"要素"和"发展"的协调,即发展条件和发展水平间的协调、教育与经济发展间的协调,其中"要素"的协调是要素条件与利用间的协调;"发展"的协调是发展水平间的协调。因此,"教育协调发展"旨在区域教育与社会经济发展间的相对均衡,"教育发展诸因素合乎规律的变化,以及其与外部环境、经济社会发展的良性互动过程"④,教育系统能较好地适应经济社会发展并实现两者间优势联动的发展态势。

综上所述,"协调发展"指系统间协同发展与系统内部要素和谐共生的有机统一,是各级各类相互关联系统、子系统或要素间良性互动的平衡发展过程和理想状态。

(三) 协调性

教育系统中"协调性"基于教育公平性与持续发展原则,杨欢认为"注

---

① 任启平:《人地关系地域系统结构研究——以吉林省为例》,博士学位论文,东北师范大学,2005年。
② 程钰:《人地关系地域系统演变与优化研究——以山东省为例》,博士学位论文,山东师范大学,2014年。
③ 金相郁:《中国区域经济不平衡与协调发展》,上海人民出版社2007年版,第254页。
④ 段从宇:《中国高等教育区域协调发展研究》,科学出版社2015年版,第36页。

重教育各次级系统间或者内部要素间的发展关系性以实现教育总系统的相对均衡的理想状态"[1]。人地系统中"协调性"指"通过协同进化促进人地系统、子系统及要素间的结构的和谐发展,旨在管理、协动构成总系统的非线性复合子系统而达到协作发展的动态调控过程,内涵聚焦于人与自然、社会的协调以及生态系统内部协调、生态环境资源与人、生产与消费等的协调"[2]。

本书中的"协调性"统合教育系统、结构、组织及要素的特点,根据多元学科领域关于协调发展的诠释,基于"人地关系地域系统"理论中的区域分层空间维度视域,探究在教育系统与其相互关联系统(或各系统内部要素)间及其与外部区域支撑条件系统间的良性互动的发展状态和过程中,区内、区际各系统或要素间相互作用形成的和谐共生关系。

(四)空间协调性

已有文献成果分析中较少有提及"空间协调性"的概念解释,基于"人地关系地域系统及其协调共生"原理,主要从"要素关系"和"地域关系"角度进行分析,进而解析为"要素协调"和"空间协调"。"要素协调"是基于"要素空间系统"理论,对区域内部各个系统或各因素间协调共生关系的研究(即区内协调问题),在本书中特指学前教育系统与区域系统内各要素间的协调,即"学前教育发展水平要素"与"区域支持教育发展条件要素"间的协调。根据上述相关概念梳理、分类与综合,结合研究重点与核心问题,本书中的"空间协调性"则是基于"地域空间系统"理论,根据"地域关系"角度中的协调性,研究区际协调、区域内部的和谐与区域外部的共生问题,具体解析为区域间的"区域教育资源均衡配置"研究和区域内的"教育资源与区域发展关系"研究两大维度,并将两者合二为一。

(五)学前教育资源配置空间协调性

在综合前述"教育资源配置"与"空间协调性"的内涵分析基础上,本

---

[1] 杨欢:《高等教育可持续发展系统的协调理论方法与应用研究》,博士学位论文,天津大学,2005年。
[2] 程钰:《人地关系地域系统演变与优化研究——以山东省为例》,博士学位论文,山东师范大学,2014年。

书中"学前教育资源配置的空间协调性"并不是两者的简单叠加,而是有机结合并以地理空间视角切入来创新学前教育资源配置水平的时空格局分析模式,根据学前教育现阶段"后普及时代"进程中其改革发展的普及与普惠、均衡与公平、优质与健康的价值追求及趋势,在宏观层面实现以教育资源配置为核心载体的区域学前教育协调发展。将"学前教育资源配置的空间协调性"内涵界定为"区域间"的学前教育资源配置差异性比较、均衡测度及"区域内"的学前教育资源与区域协调发展的研究,主要指在特定时空格局中,以学前教育系统内普惠、普及与格局水平、园区状态水平及资源水平要素为核心,基于所在区域系统内支持教育发展的经济社会供给条件要素,在各时间序列下,将两大系统要素进行交叉性、关联性的分析,考察学前教育各类资源在各级区内、区际的配置流动的动态过程是否与所在区域条件的支持相适应、一致,以期实现在特定时空格局内学前教育发展水平与区域发展条件间协调共生发展,使资源在空间层面由失衡到均衡,最终实现区域全体学龄儿童享受相对公平的教育产品,从而促进区域层面学前教育公益、普惠、优质、公平、均衡的发展。

三 学前教育资源发展条件

"学前教育资源发展条件"是在特定区域系统内的区域支持学前教育发展的基础性外部条件,具体指区域系统内与学前教育发展密切联系的社会、经济、政治、人口、文化等要素,是区域与教育协调发展的关键性因素及途径,切合本书研究核心来看,主要包括教育需求、区域条件和政府支持三个层面。

"教育需求"在社会层面的定义为由社会的科技和经济发展规模、水平和速度及社会创新科技等决定,是制定相应教育发展规划的基本依据,意指特定时期内社会经济发展、国民经济各部门及社会对人才培养、具有教育层次的劳动者质量、数量及结构等的客观需求。"教育需求"在宏观层面上看,受人口增长、流动及结构变化的影响;微观上则受家庭经济条件、收入、就业选择及对子女未来期望值等因素的影响,为满足个人某种物质与精神在教育方面的需求。因此,结合本书的核心主题,本书中的"教育需求"指人对教育起点的需求，涉及社会层面的人口受教育结构、从业人口受教育结构等因素。此外，居民对教育需求与对其他商品的需求有着较多类似之处，那么理论层面上可将教育需求视为对"教育服务"这种商品的消费需求。已有研究表明，居民收入水平与其教育消费金额趋势呈正相关，若用"恩格尔曲线"来表示居民收入与教育需求间变化关系，"恩格尔曲线"则呈右上方倾斜。因此，本书中的"教育需求"也包含个人层面的教育经费需求。

"区域条件"指区域内社会、经济、生态、人口、资源、环境等具有特点的属性或资质要求，是区域系统内自然与人文要素结构相互关联的构成要素并涉及自然环境、资源、地理区位、社会、经济、政治、文化等方面的综合性集合概念。本书中的区域条件涵盖区域支持学前教育活动开展的各类基础性的条件，包括经济条件中的人均GDP、产业结构演进系数、第三产业人员比重、地区GDP年增长率、第三产业值占GDP比重，以及社会条件中的人均消费水平指数、人均财政支出与收入、城镇化率、恩格尔系数及固定资产投资总额等。

"政府支持"是各级政府通过财政手段，以无偿拨付的方式（如财政拨款、补贴等）对国家扶持的产业、部门、企业及项目等在资金上进行实质性的给予与支持。学前教育作为国民教育的基础性教育，具有"准公共产品"的属性，因此，政府是学前教育事业发展的关键性决策者与主导者，特定区域学前教育的财政投入水平取决于政府的财政支持程度。随着人力资本理论、成本分担理论等的引入，建立健全以政府主导、社会参与、公办民办并举的多元化办园体制，在加大政府投入的同时，完善成本合理分担机制、引入市场竞争机制，但现阶段政府仍掌握学前教育发展经济大权，如"教育券"思想广泛实施于各类普惠性幼教机构中。因此，本书中"政府支持"主要涉及政府财政方面的教育经费的投入，包括学前教育经费/财政教育经费占GDP比、学前财政性教育经费占教育财政经费比、财政教育经费占教育经费比等。

四 学前教育资源发展水平

从资源配置理论角度看，教育资源是衍生于教育发展过程中的各类适宜性配置要素总称，而学前教育资源配置则将物力、财力、人力等资源合理调配至各区域学前教育系统内，以期实现资源供给和需求在区域间相对协调、平衡。学前教育系统由内在组织结构、水平、分布及发展过程等环节的要素流动、互动而组成，基于各级各类要素的组成内容、功能及构成形态特征，学前教育资源发展水平要素固然密切关联于学前教育系统的运行。"学前教育资源发展水平"是以学前教育资源配置为核心载体，根据学前教育"普惠、优质、均衡、公平"改革发展必然的价值追求及趋势，主要指特定区域内学前教育"资源水平"与"配置状态"等整体时空格局。本书中的学前教育"资源水平"涉及人力、物力、财力资源水平；学前教育"配置状态"指普惠状态、普及状态、集约状态，聚焦到微观区域来看，具体指幼儿园园区状态、教育普及与格局水平。

教育资源作为服务于教育发展及人才培养的综合性社会资源，其发展水平是教育过程中所必需的要素流动、组合的定量结果，包括教育所创造和积累的知识经验、观念制度、设施资产等层次及状态，亦指在教育资源配置过程中使用、消耗的物力、财力及人力资源的时空格局水平。"学前教育资源水平"基于学前教育公平发展及资源空间配置的视角，以学前教育系统内发展的核心要素为研究重点，意指社会为学前教育均衡、优质发展所提供的物力、财力和人力三大维度的资源配置水平和发展程度。

"物力资源水平"指在学前教育过程中物化劳动所占用与耗费各类物质资料的程度，是教职人员工作和幼儿作息、生活不可或缺的基础性物质条件或技术利用的水平状态，如教育系统中较常使用的教玩具、多媒体设备、图书、固定资产等物资的使用和分配情况，主要涉及满足师幼基本生活需求的校舍建筑、教学及行政用房、运动场馆及绿化场地、生活用房等基本设施；满足教学需求的教玩具、仪器设备等；满足学习需求的图书、资料等。

"人力资源水平"指构成规范性幼儿园正常管理、运行及发展最基本的、主体的、能动的及创新的负责管理、教学、科研、工勤人员及幼儿等资源配置的静态结果及程度，包括幼儿园工作人员和幼儿两大类。在实际人力资源配置水平实证测度中，主要涉及师生比、班均教师数、在园幼儿数与教师数比、已评职称教师比、本科以上学历比、专任教师比、教师工资与人均收入比、教师接受专业教育比等指标来进行定量分析。

"财力资源水平"是学前教育稳定发展的经济保障，是影响教育公平与效率的关键因素，是政府、社会、个人等以财政拨款、集资、交费、捐赠等方式作用于学前教育的总投资水平，意指以各类物资的"货币"形态及劳动报酬存在并用于园所生存及幼儿发展所必需的资金要素流动的状态程度，具体用于开办幼儿园建造校舍、采购教玩具、环境创设、仪器设备等财力投入情况；维持幼儿园正常运行的教职工工资、课程设置等财力支出状况等。本书聚焦于宏观层面学前教育财力资源水平的考察，主要涉及学前教育公共预算教育经费、教育事业费、公用经费、财政性教育经费、财政补助等指标。

本书以"云南"作为研究地域对象，以云南各级省域及州市域作为地域尺度，其"学前教育资源配置空间协调性"的内涵，具体解析为：按照分层空间的维度，以云南作为本级区域对其各级区域进行划分，即云南与全国（背景区域）、云南与各省（背景区域）、云南各州市（次级区域）。根据"人地关系地域系统"理论剖析研究核心问题，具体解析为"区域间协调"与"区域内协调"两个维度，其中"区域间协调"研究"区域教育资源均衡配置"问题，即云南与全国、云南与各省及云南州市域间学前教育资源发展条件与水平综合指数、水平单项指数的差异性比较或均衡研究；"区域内协调"主要研究"教育资源与区域发展关系"问题，即云南各级区域内部的学前教育资源水平与区域发展条件要素之间的协调测度分析。基于基础性理论的"要素协调"维度及教育系统、区域系统内相关要素建构学前教育资源配置空间协调性评价模型，根据"地域协调"维度及建构的指标体系进行上述区际、区内各类要素空间协调性分析，再依据上述实证测度得出的结论动因层面的"驱动机制"分析，承接上述研究思路的两条主线，从"要素—地域"交融互动的二元视角来明确学前教育资源配置空间协调发展思路（见图1.2）。

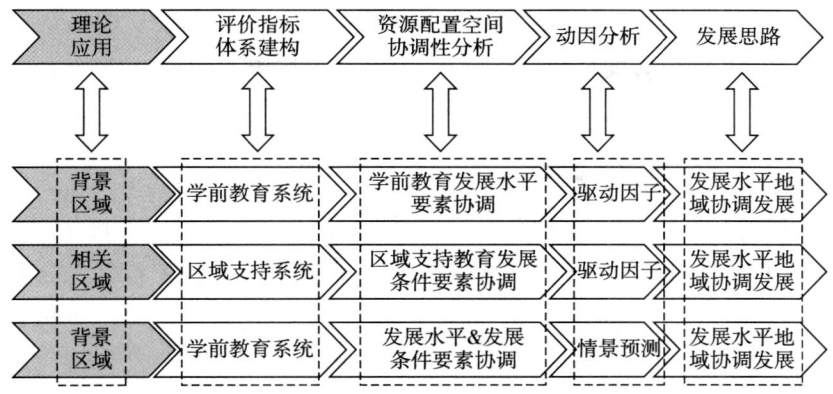

图 1.2　云南学前教育资源配置空间协调性研究流程

第二节　理论基础

理论基础是认识、分析和解决问题的重要依据、桥梁和纽带，旨在依据理论对实际问题的探讨进行理论指引性分析，从而形成"提出问题→分析问题→解决问题"的理论范式。本节对人地关系理论、区域协调理论、资源基础理论进行系统梳理，分别从宏观、中观及微观层面探寻这些基础理论与研究问题的结合点，并根据基础性理论对研究的逻辑思路框架进行整体设计与架构，逐层探析"教育资源配置空间协调性"核心问题，进而构建"理论拓展及应用→问题研究过程模拟→问题的区域实证分析"的内容分析框架。

一　人地关系理论

"人地关系研究是地理学基础理论研究的关键性科学命题，其本质是地球表层自然环境与人类活动交互作用、影响及反馈机制。"[1] 由于人地关系错综复杂、包罗万象，学者们从不同视域释义其内涵。李振泉认为"人地关系的本质是改造、重组，强调在这个改造重组过程中人的主体地位和作用"[2]，人

---

[1] 陆大道、郭来喜：《地理学的研究核心——人地关系地域系统——论吴传钧院士的地理学思想与学术贡献》，《地理学报》1998年第2期。

[2] 李振泉等：《中国经济地理》，华东师范大学出版社1999年版，第15页。

地关系是自人类起源就存在的客观实在并在适应、协调、适应的系统构架中抽象、升华及发展。李旭旦则提出人地关系是人文地理学的基本理论,并强调其核心关系是协调共生。①

(一) 人地关系理论概述

"人地关系是自然生态环境与人类实践活动间相互作用、影响及反馈的关系。"②"人"是自然界进化发展的产物,其生存繁衍依赖于自然界的物质给予,但又赋予主动性及创造性并反馈于自然,从而与自然环境结成相互依存的社会属性关系,在对自然的认识、改造及创造中又是社会的产物,是从事社会生产活动的个体或群体,因此"人"具有自然与社会双重属性。"地"是人类活动所依存的自然地理环境和人文地理环境两大类。自然地理环境是由水、地质、土壤、气候等自然要素构成的人类赖以生存的自然界;人文地理环境是由人口、政治、经济、文化、民族等人文要素构成的人类创造的社会财富的总称。人地关系的核心旨在研究人类与自然环境相互关系、人与人的社会关系。

由人类社会和地理环境两大系统按照规律性交错组成功能、结构及机制复杂的庞大系统称为"人地关系地域系统",两系统间物质能量的循环及转化相交互的机制不仅总体调控对策、途径及研究两系统间相互作用的机理、结构、功能,也为有效合理地保护和利用自然资源、制定科学的社会经济发展战略及开发整治国土规划服务。我国著名地理学家吴传钧院士认为:"人地关系系统是两个性质迥异又以秩序性交互关联的变量的统合系统,具有自然与社会两大属性,其中'人'兼有生物和社会双重属性,其特有的活动社会性可主体性认识、保护、利用及改造自然;'地'是按照各类自然要素交互发展规律而组成的地理环境系统。"③ "人地关系及人地关系地域系统贯穿于地理学研究整体发展进程中,是人文地理学研究的核心。"④ 吴传钧于1991年提出

---

① 李旭旦:《大力开展人地关系与人文地理的研究》,《地理学报》1982年第4期。
② 吴传钧:《论地理学的研究核心——人地关系地域系统》,《经济地理》1991年第3期。
③ 吴传钧:《人地关系地域系统的理论研究及调控》,《云南师范大学学报》(哲学社会科学版) 2008年第2期。
④ 吴传钧:《论地理学的研究核心——人地关系地域系统》,《经济地理》1991年第3期。

"人地关系地域系统是地理学的研究核心"[①] 这一思想，标志着人地关系的研究开始进入科学化和系统化研究阶段。

1. 人地关系地域系统理论

"'人地关系地域系统'由社会要素构成的人类社会综合子系统和自然要素构成的自然环境综合子系统统合而成"[②]，富有整体复杂性、开放流动性、地域层次性、结构功能性、动态发展性等特质。随着时代变迁及发展演变，"自然环境人类社会系统内部要素间愈加呈现交互作用多元化、内生化趋势加剧、作用关系复杂化、交融程度深入化的态势"[③]。

"人地关系地域系统"研究的核心范畴是地理环境与人类社会活动交互影响、作用及反馈关系，旨在实现并促动地理环境（自然资源子系统）与人类活动（社会经济子系统）的协调共生可持续发展。[④] 吴传钧认为，"人地关系地域系统"是"人"与"地"以地球表层特定地域为基础并依此交互关联与作用所构成动态性结构的人地关系系统。[⑤]

　　"人地关系地域系统"主要研究内容包括：①人地关系地域系统形成过程、结构特点及发展趋向等理论研究；②不同层次、类型及尺度地域的人地关系协调发展的优化调控模型（即区域开发多元目标及属性优化模型）；③人地系统的地域类型及分异规律研究；④特定地域的人地关系系统动态仿真模型研究，主要依据各系统内要素间交互作用的结构与潜力来预测地域系统的发展演变态势；⑤分析及预测特定地域人口承载能力及粮食增产幅度；⑥系统整体调控对策、与途径及系统间物质、信息及能量传递和转化的机理、结构、功能的交互作用影响；⑦人地系统中各级系统相互作用影响程度测算、潜力评估、风险测析及效果评价。[⑥]

[①] 吴传钧：《论地理学的研究核心——人地关系地域系统》，《经济地理》1991 年第 3 期。
[②] 杨青山、梅林：《人地关系、人地关系系统与人地关系地域系统》，《经济地理》2001 年第 5 期。
[③] 樊杰：《人地系统可持续过程、格局的前沿探索》，《地理学报》2014 年第 8 期。
[④] 李杨、汤青：《中国人地关系及人地关系地域系统研究方法述评》，《地理研究》2018 年第 8 期。
[⑤] 吴传钧：《论地理学的研究核心——人地关系地域系统》，《经济地理》1991 年第 3 期。
[⑥] 吴传钧：《人地关系地域系统的理论研究及调控》，《云南师范大学学报》（哲学社会科学版）2008 年第 2 期。

"人地关系地域系统"中的"地域系统"分为"地域关系"和"要素关系"两大维度。潘玉君认为"'要素关系'角度指特定地域内地理要素间通过物质流、信息流和能量流等与其因果反馈关系而形成与维持的系统"①。"地域关系"角度指按照分层空间的维度,特定地域与其背景区域、相关区域和次级区域间通过物质流、信息流和能量流等与其因果反馈关系而形成和维持的系统,分为三重"系统":"①要素空间系统指特定地域内各级各类地理要素间的交互作用;②时间系统指特定区域不同发展阶段间的历时、共时及未来发展间的相互关联;③地域空间系统指特定区域与其背景区域、相关区域及次级区域间的相互联系、作用。"② 任何地域都是特定地域系统的"地域","人类系统和地理环境系统构成了更高级的系统"③(见表1.1)。按照分层空间的维度,以地域 R 作为本级区域,划分或分异出若干次级的地域 R_1、R_2、R_3,再分异出更次级的地域 R_{11}、R_{12}、R_{13}、R_{21}、R_{22}、R_{23}、R_{31}、R_{32}、R_{33},可用树形结构来表示(见图1.3)。R_1、R_2、R_3 具有同等级性、同从属性和地域性等特点。R_{11}、R_{21} 和 R_{31} 有同级性,无同从属性和地域性;R_{21} 和 R_{23} 有同级性和同从属性。

表1.1 地域 R 与各级区域相互关系

R_1	R_2	R_3
R_{11}	R_{21}	R_{31}
R_{12}	R_{22}	R_{32}
R_{13}	R_{23}	R_{33}

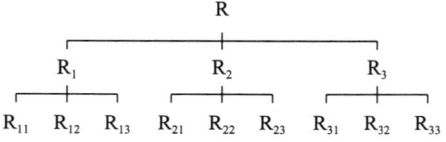

图1.3 "地域空间系统"树形结构

---

① 潘玉君、武友德:《地理科学导论》,科学出版社2021年版,第35页。
② 潘玉君、武友德:《地理科学导论》,科学出版社2021年版,第55页。
③ 潘玉君:《地理学基础》,科学出版社2001年版,第92页。

2. 人地关系协调理论

潘玉君提出并释义"人地关系地域系统"概念及"人地关系地域系统的协调共生"应用理论,认为"将地理科学研究核心'人地关系地域系统'与最先进的人地关系思想'协调共生'结合起来可以有一个新的地理科学基本概念'人地关系地域系统协调共生'"[①],根据反馈学理论创建"人地关系地域系统的协调共生原理",并基于熵值原理阐释了"人地关系地域系统"的三大核心。许然提出"人地关系系统理论与可持续发展间关系,注重人地系统内部及其与外部系统的协调发展的理论、观念、方法及途径等"[②]。方创琳认为:"新型人地关系理论不断出现,正在逐步形成理论体系,具体可归结为人地系统协调共生与耦合优化理论、人地系统危机冲突与错位异化理论、人地关系分形辩证与系统构型理论共三大类理论研究流派。"[③] 杨青山首次诠释人地关系协调发展原理,其概念性维度分为"自然环境有序利用、区域关系与系统自组织及人类活动结构协同进化的原理"[④]。"人地关系协调理论"在实现人地关系协调发展基础上着重探求人地关系系统中自然地理环境与人类社会活动协同共生的条件、过程、方法、途径及机制,其中内源性有时空协调与结构协调,外延性有共生协调、发展协调及共生协调,协调的目的在于"人类价值取向及开发创造活动不仅遵循自然发展演变规律,又符合社会经济发展规律,以期实现相对平衡、优化及协调的状态"[⑤]。"人地关系协调发展"指系统整体或各级子系统、结构、组织、要素间互补关系、解决矛盾、供需均衡、转化能力及反馈机制等的协同流动与进化。程钰认为"'人地系统协调'是通过各级非线性复合子系统的管理协同及动态调控进而达到和谐共生状态,旨在自然环境及社会环境自身的协调、人与自然及社会资源的协调、

---

① 潘玉君:《人地关系地域系统协调共生应用理论初步研究》,《人文地理》1997 年第 3 期。
② 许然:《人地关系的系统理论与可持续发展》,《地域研究与开发》1997 年第 S1 期。
③ 方创琳:《中国人地关系研究的新进展与展望》,《地理学报》2004 年第 S1 期。
④ 杨青山:《对人地关系地域系统协调发展的概念性认识》,《经济地理》2002 年第 3 期。
⑤ 陈国阶:《可持续发展的人文机制——人地关系矛盾反思》,《中国人口·资源与环境》2000 年第 3 期。

生产与消费的协调等"[①]。有学者认为人地关系协调理论旨在从整体效应、时空结构、组织序变、协同互补等探求系统的统合均衡、协同优化及有效调控的作用机理[②]，其研究根本在于从整体可持续发展角度，合理调配及调动区域发展过程中的利益和矛盾，"使人地系统处于循环再生、协调共生和持续自生，达到整体协调"[③]。

本书试图从地理学研究核心——"人地关系地域系统及其协调共生"原理来看欠发达省区（云南省）各级系统空间协调发展状况，主要探索有：①云南与其背景区域（全国）平均水平状态间是否协调；②云南与其相关区域（其他30个省区）特别是发达省区间是否协调；③云南内部次级区域间（各州市间）是否协调。研究中的"空间协调"是一种"社会发展空间和谐"，由特定区域中的人地关系、区际关系、要素关系、时空历程四大因素共同决定，直接关联研究区域发展路径与幅度。

（二）人地关系理论在本书中的运用

本书以"人地关系地域系统"为核心基础理论，内化"人—地"概念，探析特定地域内诸多资源环境与人类诸多社会活动间相互作用影响的关系，研究重点是"各因素相互作用的机理及人地系统演进的动力机制"[④]，将研究问题解析为基本层次的"人——学前教育"与"地——社会经济环境和资源"间相互协动共生的发展，其中区域社会经济环境条件与学前教育发展间应形成良性的正因果反馈关系。

基于地理学的人地关系理论中研究的核心"人地关系地域系统及其协调共生"原理，以"人地关系地域系统理论"中的"人—人"关系为基点，从其区际关系中的区域活动引出关于学前教育系统与区域社会经济条件系统协调发展的问题，探讨学前教育发展水平与区域支持其发展条件中各类要素间的协调性状态，根据学前教育发展现状及"普及与普惠""优质与均衡""效

[①] 程钰：《人地关系地域系统演变与优化研究——以山东省为例》，博士学位论文，山东师范大学，2014年。
[②] 王黎明：《面向PRED问题的人地关系系统构型理论与方法研究》，《地理研究》1997年第2期。
[③] 潘玉君、武友德：《地理科学导论》，科学出版社2021年版，第41页。
[④] 潘玉君、武友德：《地理科学导论》，科学出版社2021年版，第41页。

率与公平"改革发展的价值追求及趋势，以学前教育资源配置作为研究的核心载体，结合区域学前教育资源配置的时空格局，将研究问题聚焦为"学前资源配置空间协调性研究"。本书中学前教育资源配置存在的时空格局差异体现在区域间、区域内资源配置水平在"地域间"的均衡程度和构成"要素间"的协调程度。

本书将人地关系地域系统理论中的"地域空间系统""要素空间系统"及"时间系统"作为问题分析的理论逻辑基点（见图1.4）。

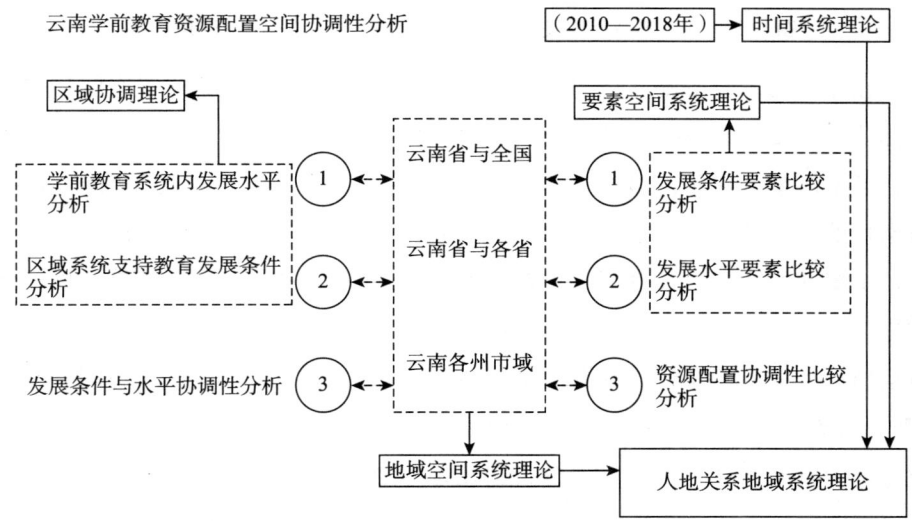

图1.4 "人地关系地域系统理论"在本书中的应用图解

"地域空间系统"强调的分层空间维度由本级、次级区域、相关及背景区域间相互联系、作用构成。本书中区域解析尺度为云南省域、州市域，从空间维度来看，其背景区域、相关区域及次级区域分别为全国、其余30个省域、云南16个州市域（见图1.5）。

基于人地关系理论中的"人地关系协调"理论，聚焦核心问题为"云南学前教育资源配置空间协调性研究"，其中"协调性"主要从"要素关系"和"地域关系"角度进行分析，进而解析为要素协调和空间协调。基于上述"要素空间系统"理论，要素协调包含学前教育系统与区域系统内各要素间的协调，即学前教育发展水平要素与区域支持教育发展条件要素间的协调。因

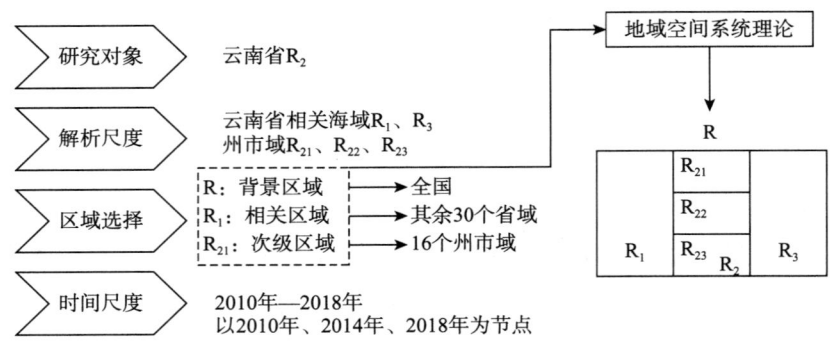

图 1.5　"地域空间系统"与"时间系统"在本书中的应用图解

此，在分析两者间协调性之前，应依据建构的学前教育资源配置空间协调性指标体系测度云南各级区域的学前教育资源发展条件水平与学前教育发展水平，其中区域支持学前教育发展条件要素是学前教育发展的地理环境基础，考察目的是评估教育水平相应的区域支持条件，根据教育与区域协调发展关系，主要涉及区域对教育需求、发展教育的区域条件及政府支持等方面的评估指标；学前教育发展水平要素实测的目的是评估区域学前教育资源配置与时空格局，主要涉及教育资源水平（人力、物力、财力资源等）与配置状态（教育普惠、普及与格局水平、园区状态水平、集约状态等）。基于云南学前教育资源发展条件与发展水平分析得出时空格局的变化规律，进而从空间和要素维度深层次比较分析云南各级区域学前教育资源配置的空间协调性问题。

"空间协调"包含区域内协调、区域间协调，按照云南作为本级区域的分层空间维度，即云南与全国（背景区域）、云南与各省（背景区域）、云南各州市（次级区域），区域内协调主要研究云南各级区域内部的学前教育资源水平与区域发展条件之间的协调；区域间的协调是指云南与全国、云南与各省及云南州市域间学前教育资源发展条件、发展水平的差异性（即均衡程度）研究。

依据人地关系理论中"时间系统"，为确保研究的真实有效性、科学性及数据的翔实性，本书中关于云南各级区域学前教育资源发展条件及发展水平测度的时间跨度为 2010—2018 年（共 9 年时段），揭示云南学前教育资源发展水平与发展条件在时间与空间上的分异格局演变规律（见图 1.5）。

二 区域发展理论

随着"二战"后工业化的深入发展,各级区域发展不平衡问题日益突出。区域规划的地理学家和经济学家均聚焦于区域经济均衡发展领域来探讨特定地域空间的经济结构协调问题,因而发展了区域"均衡发展""非均衡发展"等理论。

(一) 区域发展理论概述

20世纪50年代后期,基于拉纳格·纳克斯、罗森斯坦·罗丹等学者提出的均衡增长理论,沃尔特·罗托斯、艾伯特·赫希曼等学者先后论证了经济增长的非均衡过程,认为"创造事先的、短期的、局部的非均衡才能实现事后的、长期的、整体的相对均衡"[1],部分经济学家为证实此经济问题并为发展中国家和欠发达地区经济增长提供政策及理论依据,也相继提出特有观点并统称为区域发展理论。随着近年来经济全球化及区域一体化的发展态势,"协调"已成为区域发展的决定性因素,区域间相互影响作用、关联联动关系逐渐加强,其经济联系、技术创新、信息交流及生产要素流动日益频繁和广泛。"区域协调论"源于西方发达工业化的国家,涉及地理学、社会学、经济学、政治学、文化学等多元领域,我国关于"区域协调论"的实践与理论研究在经济地理区域空间加速统合的背景及概貌下也日益丰富。

1. 区域均衡发展理论

"区域均衡发展理论"认为地域间经济的均衡是基于国民经济发展规律作用的发挥,根据政府有计划、有目的协调统筹而不依赖于市场调节作用,其中生产力布局是为了缩减经济区域差异并创造满足更多需求的社会物质财富,注重区域间的相互协调共生和区域内特色、优势的发挥及经济效率的提升。"区域均衡发展理论"在计划经济下的大推动理论的背景下更加注重区域间经济发展、资源配置、生产力布局及资金流动的均衡,其中大推动理论由英国经济学家罗森斯坦·罗丹在研究发展中国家工业化问题时提出,是为促动经济发展和区域经济效果提升而同时对国民经济的较强关联性部门采取大规模投资的均衡布局战略。

---

[1] 张颖:《区域经济学基础及应用》,中国经济出版社2012年版,第64页。

2. 区域非均衡发展理论

德裔学者赫希曼在修正"区域均衡发展理论"的基础上最早提出"区域非均衡发展理论",旨在提高区域整体社会经济发展水平,进而缩小区域差距以实现区域总体均衡、协调发展。从深层内涵来看,非均衡发展理论以增长极理论为基础,强调非均衡发展是区域经济发展最有效的方式,认为区域经济发展早期先经过必要的累积、集中而形成后期有效的扩散机制,并逐步缩小区域发异。"区域非均衡发展理论"是由"增长极"理论、"不平衡增长"理论、"循环累积因果论"、"核心—边缘区"理论、"倒U形"理论、"经济梯度推移"理论等统合建构成的理论体系。

"增长极"理论由富朗佩鲁最早提出,提出特定地域空间的社会经济发展是呈不同强度而非均衡的点状空间分布以形成具有空间聚集效应的"增长极",其存在于是否促动特定区域社会经济发展的工业部门(如发动型工业)。"若某地域发动型工业产生聚集效应,可在产业关联与规模经济的双重作用下通过'扩散'和'回流'机制、'乘数'和'关联'效应形成具有增长与创新能力'增长极'以点带面、以极带域"[①],从而推动区域整体经济的增长并获得相对较高的经济效益。

"不平衡增长"理论(即空间传递理论、极化—涓滴效应理论)由赫希曼最早提出,指出经济发展中的"经济增长"态势会围绕起点形成特定地域空间上的集聚,"增长极"所影响的区域间的不平衡是"经济增长"必然的伴随物,并提出"扩散效应"(涓滴效应)和"回流效应"(极化效应),因"回流效应"在经济发展初期阶段占主导地位而加剧地域空间差距,但"扩散效应"从宏观长期发展周期时段看将缩减地域空间差异。

"循环累积因果论"强调区域社会经济发展中优先发展条件较好的区域并占据初始优势进而超前发展成为"增长区",较劣势地区则成为"滞后区",其科学地阐释了经济发展在地域空间上并非均衡产生与均时扩散的现象,认为经济增长首先必然会进行累积聚焦从而形成增长极,而增长极又促动其他地域经济增长以实现空间性传递,在此过程中逐渐形成"涓滴效应"与"极

---

① [法]弗朗索瓦·佩鲁:《新发展观》,张宁等译,华夏出版社1987年版,第206页。

化效应",分别体现了增长区正向/负向影响其他区域经济发展的受益/损益过程,即增长极会产生集聚效应,致使空间累积聚集有限制地辐散而缩减区域间差距,在此过程中,"政府干预手段可有效调控上述两种效应的相互影响,同时伴随'扩散效应'和'回流效应'(即生产要素在发达地区与欠发达地区相互流动),一般在市场机制调控作用情况下,'扩散效应'小于'回流效应'"[1]。

"核心—边缘区"理论认为"经济系统空间结构"是由核心区(中心区)和边缘区(外围区)构成的二元空间结构,其中"核心区处于支配主导地位并具有较高的经济效益和优越的经济发展条件,而边缘区则相反"[2]。此理论强调经济过渡时期的"中心区"的发展战略应以特定地域政策为导向,不断提升经济发展环境及空间组织能力,进而创建新的"核心区"以实现"经济空间一体化"较完善的"核缘"结构,同时经过实证研究得出,经济增长和空间结构的演变也存有相互制约与作用,其中区域经济"中心区"居于主导地位,"外围区"的发展则依赖并活跃于"中心区"。

"倒U形"理论由威廉逊(J. G. Williamson)最早提出,强调经济发展遵循从"不发达"的均衡状态通过区域间非均衡作用才实现"发达"的重新均衡状态的区域经济发展倒"U"形过程(见图1.6),故区域差异和发展阶段间呈现倒"U"形关系,其特质在于"增长和均衡间的替代关系根据时间推移而呈非线性变动态势,该理论将时间序列引入地域空间结构变动分析"[3]。

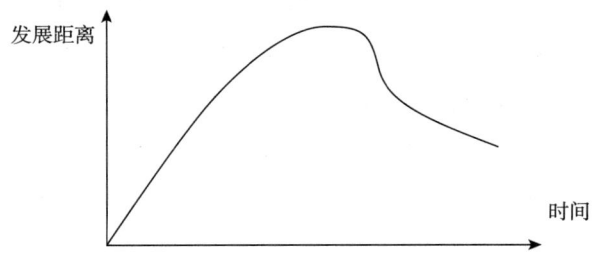

图1.6 区域经济发展倒"U"形[4]

---

[1] 朱捷:《我国外商直接投资地区差异研究》,中国物资出版社2010年版,第40页。
[2] 冯云廷:《区域经济学》,东北财经大学出版社2013年版,第44页。
[3] 朱捷:《我国外商直接投资地区差异研究》,中国物资出版社2010年版,第64页。
[4] 卢晓旭:《基于空间视角的县域义务教育发展均衡性测评研究——以江苏省常熟市为例》,博士学位论文,南京师范大学,2011年。

"经济梯度推移"理论由雷蒙得·弗农（R. Vernon）最早提出，他指出各级区域社会经济发展的不平衡在客观上构成了地域空间经济技术梯度差及空间推移。任何区域均处在特定的经济发展梯度上并保持各梯度区域间交互关联，"区域经济的兴衰密切关联于其主导部门的优化程度及经济产业结构的合理性，而区域间的新行业、技术及产品的推广发展均存在随时间推移进而由高向低梯度传递的效应"[①]。

3. 区域协调理论

"区域协调论是人类对人与自然相互作用的关系进行区域性调整的理论与方法"[②]，以人地关系一元论及人地关系协调论为理论基石，其目的在于解决特定区域人地关系协调发展关系，旨在对人与自然相协调关系进行区域性调控、调配的理念、方法及理论，其重要的实践方法是区域规划。区域规划从微观上看是以"区域"为空间单位对经济发展建设进行总体部署；从中观上看是对特定地域空间上的人类社会活动进行系统科学的规划及调整；从宏观上看是地理学根据自然与人类交互作用而统合发展的科学原理。区域规划分为全国性和地区性两大类，在体现各类规划方案的整体协调性的同时又注重各区域差异性，其核心内容主要涉及："①调整、改善及区域经济生产结构布局；②评估区域社会经济生产条件并指明发展方向；③规划并实行土地开发与利用；④明确区域城乡关系、城镇规模及人口等；⑤完善生活服务、交通网络等基础设施建设；⑥保护环境、资源及防止自然灾害等。"[③]

区域协调论的核心旨在区域协调发展，其作为区域经济发展战略较多涉及区域间合作、区域分配政策及政策的调整等，因此有学者对区域协调发展的认知聚焦于非均衡与非趋同的发展态势，强调"特定区域在宏观调控作用下的国民经济应坚持均衡与非均衡发展相互交替的动态协作的过程，不仅要维持区域总体经济水平的高效增长，也要缩减区域经济条件水平差距"[④]，同时极大限度地利用与发挥区域整体比较优势及互补的综合优势，使其差异稳

---

① 高洪深：《区域经济学》，中国人民大学出版社2019年版，第89页。
② 陈慧琳主编：《人文地理学》，科学出版社2013年版，第284页。
③ 陈慧琳主编：《人文地理学》，科学出版社2013年版，第285页。
④ 陈秀山主编：《区域协调发展目标、路径、评价》，商务印书馆2013年版，第26页。

定在适度合理的范畴内并呈现逐步空间收敛态势，以形成东、中、西部地区交互关联、互动、促动、互补及协同发展的"新时代"新格局。

有部分学者将区域协调发展分为经济、社会、空间和环境四大维度并强调四者间良性互动、协同及可持续发展，其核心涵盖"缩减居民生活水平与基本公共服务差距""资源环境循环利用与再生""主体功能明确"等，其具体内容解析为区域产业结构科学性、空间结构合理性、发展机会公平性、市场统一性与开放性、区域发展可持续性、发展战略互动性六大维度（见图1.7）。

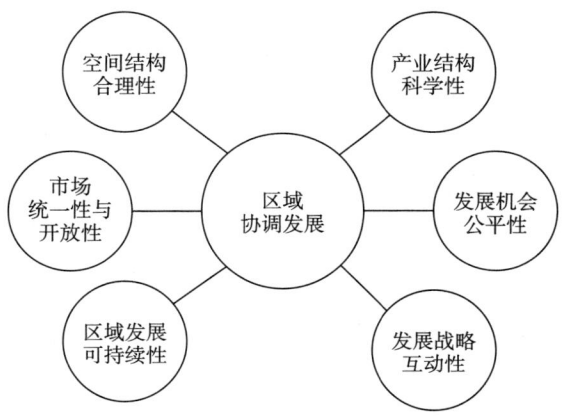

图 1.7　区域协调发展的层次与内涵[1]

胡乃武基于整体区域经济发展格局来统筹区域发展，以政府主导的宏观调控来分阶段、分步骤、有重心地协调区域发展并构造协同发展新格局。黄勤提出应在国民经济与社会发展全局中通盘统筹规划各级区域发展，采取自然资源高效利用与保护、调整城乡生产力布局等措施，从而优化经济空间结构以实现各类资源要素空间流动。陈栋生提出从"区域写作水平"与"区域产品使用消耗水平与收入水平"两大层面检测区域协调发展状态。本书基于"区域协调论"解析核心问题的"外延"为区际的共生和区内的和谐系统的统一，强调区际发展是整体性、系统性及内在性的发展聚合，区内有机体各结构、组织及要素相互协作与促动，以良性的合作与竞争方式关联于区际发

---

[1] 李国平、陈红霞等：《协调发展与区域治理：京津冀地区的实践》，北京大学出版社2012年版，第4页。

展并促进各方利益同向增长,从而构造区域间优势互补、协作联动的社会、经济、空间和资源四维度高效益阶段的协调发展新格局。

(二) 区域发展理论在本书中的运用

1. 均衡发展理论在本书中的运用

本书在学前教育"后普及时代"的发展改革进程中,基于现阶段学前教育普及普惠、均衡公平发展,实现宏观层面以学前教育资源配置为核心载体的区域上的学前教育均衡、协调、优质、健康的发展。目前,我国学前教育以政府为主导所提供的公共产品,根据学前教育"普及与普惠"改革的发展现状及趋势,学前教育均衡发展研究可借鉴区域经济均衡发展理论来指导区域间资源均衡配置及区域内要素的协调发展,可体现理论夯实性。本书中"教育资源配置空间协调性研究"这一核心问题可具体解析为"区域间的协调"和"区域内的协调",前者具体指区域间教育资源配置均衡研究,这种"均衡"是区域间教育资源配置水平差异性的比较,在某种程度上可视为一种"协调",大推动理论下的均衡发展可指导学前教育整体基础投资建设;计划经济下的均衡发展理论可指导区域间学前教育资源均衡配置研究。

2. 非均衡发展理论在本书中的运用

首先,有无时间变量的非均衡发展理论给予本书的指引在于:基于各级区域地理环境、资源、人口及社会经济发展水平、条件和结构等多元因素影响,区域间的学前教育资源空间配置状态固然会因"区域支持教育发展条件"和"学前教育资源发展水平"两大指标集合而协同组合,可分化为区际协调&区内协调、区内协调&区际失调、区内失调&区际协调、区内失调&区际失调等。"区域学前教育资源发展水平高与其区域支持发展条件协调"可产生区域间学前教育增长极,其中必然会存在相应的"极化效应"和"扩散效应",而从区域学前教育配置空间协调发展的角度看,应统合政府主导政策调节与市场自主资源配置,避免区域"极化效应"的长期存在;而从"区域学前教育资源发展水平低与其区域支持发展条件不协调"来看,会呈现特定区域规模性的分布,因而在学前教育"后普及时代"的改革发展进程中仍存有短板,如某区域学前教育资源配置存在结构性或区域间的不均衡或不协调,亟待培育区域内增长极，同时规避固有增长极对区域的极化效应，从而促动区域发展条件支持学前教育资源的富集从而形成区域增长。

其次，以云南省作为本级区域对各级区域进行划分，在其背景区域及相关区域中比较学前教育资源的配置水平状态均存有显著梯度差异。基于非均衡发展理论观点，若学前教育资源效率相对等同，那么区域学前教育资源的发展条件与水平均高，且两者较协调的学前教育发展必然强于其他区域，呈现梯度分化并向不均衡区域逐步扩散，逐渐形成"学前教育发展的向下渗透"的发展态势。在研究学前教育均衡发展问题时，对于区域存有显著的情况可应用"涓滴效应"的原理，将优先发展的较发达地区学前教育发展理念、技术及措施示范、辐射、传播于欠发达地区，以实现区域间学前教育发展的相对均衡。基于理论启示，云南学前教育资源空间格局与其相关区域比较会随时间序列推移而走向无差异化，即在极长历史时限中实现区域学前教育发展从不协调趋于协调的演化，若从资源配置的政策手段上看，政府宏观调控可在云南学前教育资源增量供给上缩短或改变此梯度演化过程，从而促进云南区际、区内发展条件与发展水平均衡发展。因此，建立健全政府主导、社会参与、公办民办并举的多元化办园体制，大力发展公办幼儿园，积极扶持惠普性民办幼儿园，在加大政府投入的同时，完善成本合理分担机制、引入市场竞争机制、拓宽渠道鼓励创办普惠性民办幼教机构提供优质学前教育资源。

最后，根据"循环累积因果论"的核心观点，就云南次级区域而言，政府应将学前教育资源集中配置在区域内经济发展条件好的昆明、玉溪、曲靖等地，而随着时空经济的发展，先发区域可反哺后发区域，政府资源分配逐步侧重并倾斜于欠发达地区，即云南省内现阶段及未来相当时段内的学前资源配置应侧重于让"学前教育资源配置空间协调区域"不断反哺"学前教育资源配置空间不协调区域"；从背景区域及相关区域层面来看，从政策的角度可引申出我国实施中央财政支持学前发展的政策、重大项目及中西部学前教育推进工程，极大促进云南学前教育跨越式发展。在学前教育的资源投入和调配模式上，各级区域间应有先有后、有主有次、特色发展、各有所专，采取非均衡协调发展的思路以实现区域学前教育整体功能和效益的最大化。

本书以"云南"作为研究地域对象，关于区域学前教育协调发展无论是采用"培育增长极模式"还是"梯度推进模式"，云南学前教育资源配置水平与区域条件协调发展均属于非均衡协调范畴内，其次级区域、背景区域及相关区域的学前教育发展均持有高度一致性的协调程度。

3. 区域协调论在本书中的运用

本书基于区域协调论中的"人地关系协调论"来创建学前教育资源配置空间协调性评价模型，根据区域协调发展战略核心思想重构研究逻辑思路框架并创新其研究价值与意义。将"教育资源配置空间协调性研究"这一核心问题再进行关键词的聚焦，"空间协调性"则为核心中的"重心"，分为"要素关系"与"地域关系"两大维度。从"要素关系"角度上看，根据人地关系协调论并切合研究主题，在"人—地"关系的两大系统中，"人"对应本书中的"学前教育"，"地"对应"社会经济环境"；从"空间协调性"的要素协调的角度来看核心问题，具体指区域系统与学前教育系统内的相关要素间的协调，而"空间协调性"的地域协调主要指区域间与区域内教育水平与区域条件要素间的协调。

区域协调发展对于"新时代"我国建设现代化经济体制中的科学、协调发展思路具有深远的战略发展意义。本书基于区域协调发展内涵创建逻辑思路模式，其中在定位于缩减区域经济水平差异上，依据区域与教育相互联系的关键性因素与途径，在区域系统的要素选取中，主要涉及各级区域的经济水平与区域支持教育活动开展的基础性条件；在空间、社会、经济及环境四维度间的良性互动、协调发展上，注重空间上区际、区内的社会经济环境与学前教育本身的关联性与协动性。

三　资源配置理论

资源配置理论是以资源经济学理论为前期基础来研究经济层面的资源最优使用、合理配置及其与环境、人口的协调可持续发展等问题，主要涉及最优、效率和协调性三大主题，其研究内容包括：相关政策法规对资源调配的影响、资源效用利用率及其对环境和经济等的影响、资源与经济增长协调可持续发展、资源配置的时空格局态势等。

(一) 资源配置理论概述

1. 资源配置优化理论

著名的"帕累托最优"准则（帕累托效率准则）由意大利经济学家费尔弗雷多·帕累托（Vilfredo Pareto）率先提出，他认为若社会资源的配置已达到某种状态程度，"对有限的资源经过合理地配置到社会各阶层而实现资源的优化配置，'物尽其用'与'人尽其才'的资源配置状态是最优效的"[1]。因此，该理论强调需求无限性与资源有限性间矛盾趋于和谐，旨在将有限资源按照特定比例合理调配于国民经济组成部分来实现市场供求相对平衡，维持经济中对峙力量呈相对静止、平衡状态以实现资源均衡配置。

2. 教育资源配置原理

多数学科均有借鉴经济均衡发展理论精髓，其中教育均衡发展及其资源配置也不乏参考及移植资源配置优化理论。从社会视角看，教育均衡发展旨在通过法律法规保障公民受基本教育权的同时，权威部门制定、调整及修正规划政策以合理调控区域间教育资源，使公民享有相对平等的受教育的权力与条件，保障其受教育权力在起点、过程及终点的相对均等；从经济角度看，教育均衡发展意在探讨教育"供给"与"需求"、"投入"与"产出"间的均衡，以教育资源要素在各级系统中的合理调配为核心载体，主要涉及教育资源在社会区域、教育事业、教育行业及学校机构间的调控与分配。

"教育资源配置公平"是教育资源配置原理的核心理念，具体解析为教育资源配置"均等""补偿"和"差异"三大层面。"均等"指受教育机会、权力及条件的相对平等，其中"权利公平是一种法律规定，实现权利公平首先要保证立法权的公平"[2]；"补偿"是基于教育补偿理念，强调在教育资源配置过程中适度倾斜于欠发达的地区、农村边远地区、弱势群体或教育机构并补助供给各类资源等；"差异"注重多样性、多元化的发展理念在教育持续高效发展中的价值与意义，强调教育基本理论的研究及政策法规的制定应依据

---

[1] 卢晓旭：《基于空间视角的县域义务教育发展均衡性测评研究——以江苏省常熟市为例》，博士学位论文，南京师范大学，2011年。

[2] 牛先锋：《社会公平的多重内涵及其政策意义》，《理论探讨》2006年第5期。

各级区域经济水平、生源需求、地域特色等差异性,"差异不代表均衡,代表差异的差异性或差异度可以用方法测量,而反映均衡发展的均衡性或均衡度则是基于评价或判断"①。区域教育资源的有限性与需求的无限性间矛盾淡化需要教育资源的公平、均衡配置。

(二) 资源配置理论在本书中的运用

各级区域支持教育发展的社会经济条件及同步发展的学前教育资源水平间的异质性与差异性是区域间学前教育发展失衡、失调的重要肇因。为缩减区域间国民教育水平间差距并实现区域间学前教育公平、均衡、协调发展,其根本途径即为教育资源的均衡配置。本书基于资源配置理论中"资源均衡"的视角切入,在明确"学前教育资源配置空间协调性研究"的适切性的同时,为其内涵创新厘定提供理论参照,更从理论层面厘清学前教育资源水平与区域发展条件要素间的关系。

学前教育资源是组成、维系学前教育系统正常运行并促动学前教育公平、均衡及协调发展的各类要素统称。"优化资源配置"是学前教育资源配置空间协调发展的理性路径。本书基于资源配置优化理论中"资源配置"的视角来探析核心问题,不仅为区域学前教育资源协调程度估测方案提供坚实的理论参考,也为明确学前教育资源配置空间协调性发展路径提供理论指导。

现阶段,我国教育发展理念侧重于优先发展教育事业,合理配置教育资源,促进教育公平,办好学前教育,重点向中国中西部农村、贫困地区、边疆及少数民族等地区倾斜。那么在国家政策导向作用下,结合教育资源配置补偿理论应用,依据各地区社会经济发展条件、水平及结构,区域学前教育均衡、协调发展应因地制宜地设定资源配置制度,有效盘活各类教育资源,增加资源存量与供给量的同时,在"增长极"地区汇集优质教育资源,拓宽资源渠道并提升配置效率,创建及优化各级区域间学前教育发展外部网络集合,以资源夯实的教育发达地区优先发展并示范、辐射于欠发达地区,保障区域整体学前教育协调发展的物资、财政支持。

---

① 卢晓旭:《基于空间视角的县域义务教育发展均衡性测评研究——以江苏省常熟市为例》,博士学位论文,南京师范大学,2011年。

第二章　学前教育资源配置空间协调性评价模型建构

从人地关系理论看，学前教育资源配置空间协调性研究是学前教育与区域社会经济发展条件协调发展的有机统一，是特定时空格局内学前教育资源水平与相关区域发展条件的要素协调性、差异性的探讨。本章在前述章节"人—地"关系理论的层次性分析及多维度学前教育资源配置空间协调性内涵厘定的基础上，依据"全面可行""科学简易""合理适用""客观可测"等原则，以"要素协调"维度来探析学前教育资源配置空间协调性指标体系中要素的选取与构成，运用德尔菲法确定指标集合，兼采用主观（层次分析法）与客观（熵值法）赋权结合确立权重结果，从而较科学地创建了以"学前教育资源水平评价指标集合"和"学前教育发展外部评价指标集合"为核心的学前教育资源配置空间协调性评价模型，其由"学前教育资源发展条件""学前教育资源发展水平"两个维度，教育需求、区域条件、政府支持、学前教育资源水平及学前教育配置状态五大模块，共30个三级指标建构而成，是后续云南学前教育资源均衡配置及空间协调性的实证研究的关键性测度工具。

第一节　相关理论应用

一　体系建构的理论应用

本书以"人—地"关系中"人地关系地域系统"理论作为基础，对整体研究的逻辑思路研究框架进行系统、科学的架构，分别从"地域空间系统""时间系统"及"要素空间系统"三大维度来对"教育资源配置空间协调性"

核心问题进行层层剖析，基于"地域空间系统"理论中的地域关系角度，具体解析为"区域间的协调"与"区域内的协调"两个维度，即区域间教育资源均衡配置问题与区域内教育资源与区域协调发展研究；而从"要素空间系统"理论中的要素关系角度来探讨主题，具体指教育系统与区域系统内相关构成要素水平间的协调（见图2.1）。

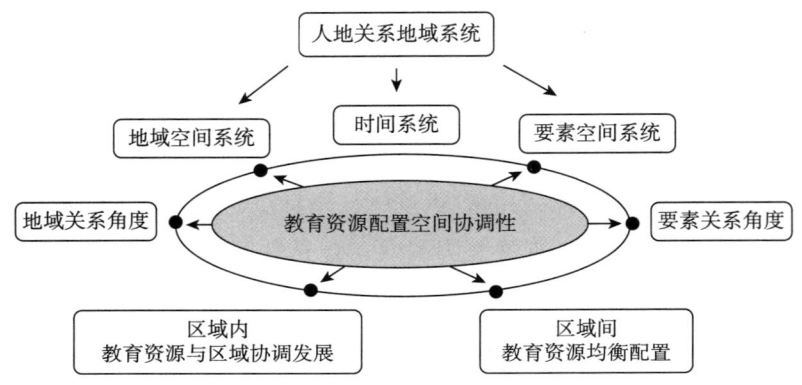

图2.1 "教育资源配置空间协调性"的理论应用

将研究核心问题"教育资源配置空间协调性"再进行关键词聚焦，本书的研究重心为"空间协调性"。根据"人地关系地域系统及其协调共生"的原理，承接上述研究思路的"要素关系"和"地域关系"两条主线来进行探讨（见图2.2）。首先，从要素关系的角度来看"人"与"地"两大系统，结合本书的主旨来看，"人"对应学前教育，"地"对应社会经济环境，而"空

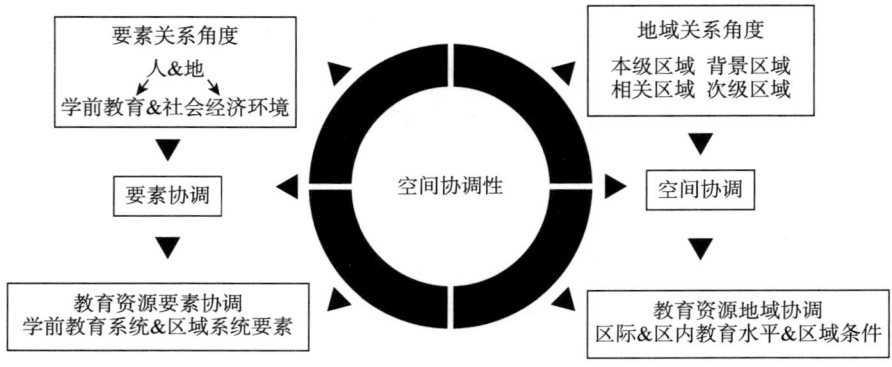

图2.2 "空间协调性"的理论应用

间协调性"的第一个维度是"要素协调",具体指学前教育系统和区域系统内教育水平与发展条件要素间的协调;其次,基于"地域关系角度"以云南作为本级区域,按照分层空间维度对其各级区域进行划分,"空间协调性"的第二个维度是"空间协调",指在要素协调的基础上进行时空格局范围内的各类要素区际、区内协调。

二 指标选取的理论应用

基于前述理论的层次性分析的两个维度及界定的"学前教育资源配置空间协调性"的内涵,本书主要以"要素协调"维度来探析学前教育资源配置空间协调性指标体系中要素的选取与构成(见图2.3),分别从区域系统与学前教育系统提炼关键性要素并构建"学前教育发展外部评价指标集合"和

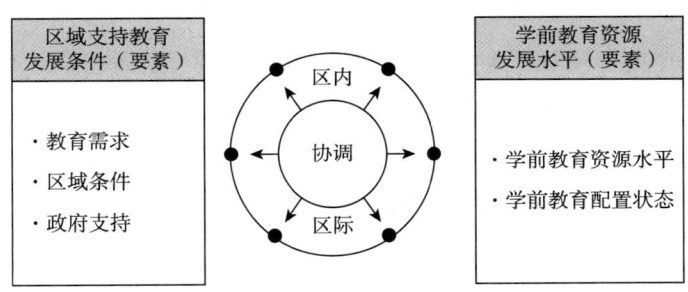

图 2.3 学前教育资源配置空间协调性指标体系要素的构成

"学前教育资源水平评价指标集合"。本书中"区域系统"内的要素主要涉及区域支持学前教育发展的外部条件。区域发展条件是区域与教育发展相互联系的关键性因素及途径,切合研究核心来看,主要包括教育需求、区域条件和政府支持三个层面,其中教育需求指人对教育起点的需求,包括人口受教育结构、从业人口受教育结构、教育经费需求即人口收入水平等;区域条件涵盖区域支持教育活动开展的各类基础性的条件,包括经济条件中的人均GDP、产业结构演进系数、第三产业人员比重、地区GDP年增长率、第三产业值占GDP比重,以及社会条件中的居民消费水平指数、人均财政支出与收入、城镇化率、恩格尔系数及固定资产投资总额等;政府支持具体涉及财政方面的教育经费的投入,包括学前教育经费/财政教育经费占GDP比、学前财

政性教育经费占教育财政经费比、财政教育经费占教育经费比等。

学前教育系统内的要素包含学前教育资源发展水平。学前教育资源发展水平涵盖"学前教育资源水平"和"学前教育配置状态"两大层面，指学前教育资源普惠水平、普及与格局以及配置状态、园区状态水平等的整体分布情况，本书中教育普惠水平涉及人力、物力、财力资源水平，其中人力资源水平的要素指标包括师生比、班均教师数、在园幼儿数与教师数比、已评职称教师比、本科以上学历比、专任教师比、教师工资与人均收入比、教师接受专业教育比等；物力资源水平指标包括生均占地面积、校舍建筑面积增长比、生均校舍面积、生均教学及行政用房面积、生均生活用房面积、生均运动场馆面积、生均绿化面积、生均图书等；财力资源水平指标包括生均教育经费收入、生均教育经费支出、生均学前教育经费收入、生均学前教育经费支出、生均学前财政补助支出、生均学前教育经费、生均公用经费、生均学前教育财政性教育经费、生均教育经费、生均财政性教育经费、生均学前教育经费增长率、生均学前教育财政性经费增长率等。

第二节　指标体系构建原则

学前教育资源配置空间协调性评价模型是由表征评价对象"学前教育资源配置"的特质及其外延"空间协调性"相互关联指标所建构的具有内在结构性的有机整体，是区域空间上反映"学前教育资源配置水平"整体状况的指导性框架，在建构过程中应遵循以下原则。

一　全面可行原则

若要系统评价某对象的 x 项要素，其评价要素集为 $F = \{F_1, F_2, \cdots F_x\}$，指标体系 I 由 y 项指标构成为 $I = \{I_1, I_2, \cdots I_y\}$，其要素集为 $F' = \{F'_1, F'_2, \cdots F'_x\}$。假设评价指标集与要素集是一一对应关系，则 $k = y$，同时可通过评价要素覆盖率来测度指标体系的全面性：如果评价要素的重要程度等同，其覆盖率则为：

$$E_e = \frac{k}{x} \tag{2.1}$$

若不等同，可设定适合的权重，则权重集为 $W = \{W_1, W_2, \cdots W_x\}$，$W_n$ 即为第 n 项要素权重。指标集则反映的权重集为 $W' = \{W'_1, W'_2, \cdots W'_k\}$，$W_m'$ 为第 m 项要素的权重，覆盖率为：

$$E_u = \sum_{m=1}^{k} W'_m \bigg/ \sum_{n=1}^{i} W_n \tag{2.2}$$

其中"$0 \leq E_e \leq 1$；若 $E_e = 0$，指标集为 $\varnothing$；若 $E_e = 1$，指标集为绝对全面的，因而指标的'全面可行'原则表达为 $E_e(E_u)$ 趋近于 1"[1]。

基于要素集和指标集的构成规律，在创建学前教育资源配置空间协调性评价模型时，既要充分符合基本概念和逻辑结构上的科学性，又要适度契合评价要素自身特质以体现要素集的全面性与覆盖率在理论与实践层面的可行性。因此，本书以人地关系中的"人地关系地域系统"理论为核心指导，基于地域空间系统与要素空间系统下属的地域关系与要素关系角度，提出以"要素协调"和"空间协调"两维度为研究主线，创新界定学前教育资源配置空间协调性的内涵，进而运用文献分析法、德尔菲法、变异系数法等主客观方法，结合遴选学前教育发展水平与学前教育外部发展条件两大指标集合，再联合采用主观赋权（AHP）与客观赋权（熵值法）相结合法确定指标权重。通过国家各级区域各类权威统计年鉴、报告及网站等渠道收集选用权威、科学的数据，并严格控制数据的可靠性及确保其精准性。

二 科学简易原则

本书基于"学前教育资源配置空间协调性"内涵界定，进而整体性构建逻辑结构思路框架，在评价模型建构过程中应采用科学简易的创建方法。首先，在指标筛选环节中运用德尔菲法和变异系数法（即定性与定量、主观与客观）遴选要素指标；其次，在数据处理环节中均进行标准化处理，以规避因各级区域绝对差距造成测量低效度的缺陷；最后，在指标权重确定中采用层次分析法和熵值法（即主客观组合）赋权方法，同时通过乘法合成归一化处理方式以确定综合权重。此外，在评价模型指标要素确定过程中应考虑数

---

[1] 邵强、李友俊、田庆旺：《综合评价指标体系建构方法》，《大庆石油学院学报》2004 年第 3 期。

据收集的便利性，一般采用难度系数来度量指标获取难易程度，可分为Ⅰ（容易）、Ⅲ（较易）、Ⅴ（较难）、Ⅶ（困难）四个级别，若用D_j表示第j项指标获取的难度系数，则要素集的平均难度系数为：

$$\bar{D} = \frac{1}{m} \sum_{j=1}^{m} D_j \quad ① \qquad (2.3)$$

因此，为确保"学前教育资源配置空间协调性"评价模型科学的度量效用，思路结构应系统合理，模型设计应繁简适中，评价方法应科学可行，指标数据应适于采集，估测结果应客观全面。

三 合理适用原则

评价指标合理适用性可通过要素的重叠率（即重复率）高低来度量。若用T_j代表要素集中的第i项要素重复次数，其次数集设为$T = \{T_1, T_2, \cdots T_x\}$。若评价要素重要程度不同，则重复率为：

$$R_e = \sum_{j=1}^{x} T_j \cdot w_j / \sum_{j=1}^{x} W_j \qquad (2.4)$$

若要素均有同等的重要程度，则重复率为：

$$R_i = \frac{1}{x} \sum_{j=1}^{x} T_j \qquad (2.5)$$

"若$R_i = 0$，则指标不存在重叠；R_i值越小，指标重叠现象越乐观并可表述为R_i接近0。"②

学前教育资源配置空间协调性评价模型构架是一项科学复杂的系统工程，其各系统结构、要素及指标多元繁杂。在区域系统和学前教育系统构成要素的筛选确立过程中，应首要合理组建要素指标的层次维度，同时根据科学适用、客观关联、不重叠交叉原则筛选核心指标，使评价体系均有合理化与最优化的效果，同时避免单因素选择或过于庞杂，力求以科学精简的指标较系统地估测研究对象。本书遵循合理适用原则，规避了重叠交叉、单因素罗列，

---

① 邵强、李友俊、田庆旺：《综合评价指标体系建构方法》，《大庆石油学院学报》2004年第3期。
② 邵强、李友俊、田庆旺：《综合评价指标体系建构方法》，《大庆石油学院学报》2004年第3期。

经过层层遴选而确立了两大维度五个层次的 30 项指标的学前教育资源配置空间协调性评价指标体系。

四　客观可测原则

任何评价的目的均是切实反映评价对象的客观实在，评价系统中的要素、指标、方法、数据等的筛选同样如此。[①] 本书基于"人地关系地域系统及其协调共生"原理中的"要素协调"视角，分别根据区域系统和学前教育系统中遴选核心要素来建构学前教育外部条件指标集合与学前教育发展水平指标集合。为确保关键性指标的客观真实与可得可测，研究中数据选取及统计均以权威部门公布结果为准。本书的数据获取渠道主要有各市域的统计年鉴、社会年鉴，各省域的统计年鉴、教育事业统计摘要、教育年度报告，国家层面的《中国教育统计年鉴》《中国城市统计年鉴》《中国经济统计年鉴》《中国劳动力统计年鉴》《中国教育经费统计年鉴》《中国人口和就业统计年鉴》《区域经济统计年鉴》等。根据上述评价模型建构的四项原则，本书主要选取数据统计口径一致及可深度测量的高效度指标，其数据截取时段为 2010—2018 年，每三年为一时间节点，时间节点为 2010 年、2014 年、2018 年。因统计所涉年份跨度较大且云南各级区域对学前教育发展的关注程度不同，云南个别次级区域存在某个年份的指标变化或缺失的情况，因而本书在评价模型建构过程中尽量规避了数据指标不统一或缺失等情况，基本遵循了全面可行、科学简易、合理适用、客观可测等原则。

第三节　指标体系建构过程

基于前述相关理论的应用及指标体系建构原则的确立，结合学前教育资源配置空间协调性内涵的界定，本书初步遴选相关指标 80 余项，再根据专家评定结果确定核心指标 30 项，兼采用主客观赋权相结合的方式对关键性指标进行赋权，最终确立学前教育资源配置空间协调性评价指标体系（见图 2.4）。

[①] 张秀萍：《中国省域高等教育竞争力研究》，博士学位论文，大连理工大学，2013 年。

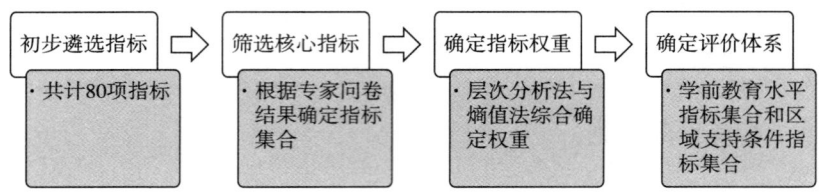

图 2.4　学前教育资源配置空间协调性评价指标体系建构思路

一　指标遴选

（一）评价指标初步遴选

本书通过文献法梳理相关学术成果，从已有关于教育评价、学前教育评价、区域社会经济水平条件评价及国家教育统计指标中进行分类、整理与综合，初步对学前教育资源水平要素和学前教育发展外部条件要素的100余项指标进行了遴选，并剔除重复率高且不相关的指标20余项，初步确定备用于学前教育资源空间协调性评价的末级指标，包含学前教育资源发展条件、学前教育资源发展水平评价两大维度指标集合，共计80项（见表2.1、表2.2）。

表 2.1　学前教育资源发展条件评价指标初级遴选

目标层	一级指标	二级指标	三级指标	指标来源
学前教育资源发展条件	社会需求	地理区位	市辖区	既有研究
			县级市	既有研究
			县	既有研究
		人口基础	学龄人口数	既有研究
			在校学生数	既有研究
			少数民族学生数	既有研究
		民族构成	汉族为主地区	既有研究
			少数民族为主地区	既有研究
		政策支持	政策制定	既有研究
			政策执行	既有研究

续表

目标层	一级指标	二级指标	三级指标	指标来源
学前教育资源发展条件	教育需求	从业人口受教育结构	劳动力平均受教育年限	既有研究
		教育事业经费	人均教育事业经费	既有研究
		人类发展指数	综合入学率	既有研究
			成人识字率	既有研究
		人口受教育结构	人均受教育年限	既有研究
		人口收入水平	人均地区人口收入	既有研究
	区域条件	经济条件	人均GDP	既有研究
			地区GDP年增长率	既有研究
			产业结构演进系数	既有研究
			第三产业值占GDP比重	既有研究
			第三产业人员比重	既有研究
			第三产业增加率	既有研究
		社会条件	居民消费水平指数	既有研究
			现代化指数	既有研究
			人均财政收入	既有研究
			人均财政支出	既有研究
			城镇人口比重	既有研究
			恩格尔系数	既有研究
			固定资产投资总额	既有研究
	政府支持	教育经费投入	学前财政教育经费占教育财政经费比	既有研究
			财政性教育经费占教育经费比	既有研究
			学前财政教育经费占GDP比	既有研究
			学前教育经费占GDP比	既有研究

学前教育资源发展条件是区域与教育发展相互联系的关键性因素及途径，具体指区域层面上支持学前教育发展的外部社会经济条件，初步遴选指标主要涉及社会需求、教育需求、区域条件和政府支持四个层面（见表2.1）。

表 2.2　学前教育资源发展水平评价指标初级遴选

目标层	一级指标	二级指标	指标来源
学前教育资源发展水平	物力资源水平	生均占地面积	既有研究
		校舍面积增长比	既有研究
		生均校舍建筑面积	既有研究
		生均教学及行政用房面积	既有研究
		生均生活用房面积	既有研究
		生均运动场馆面积	既有研究
		生均绿化面积	既有研究
		生均玩教具数量	既有研究
		生均固定资产值	既有研究
		生均图书册	既有研究
	财力资源水平	生均教育经费收入	既有研究
		生均教育经费支出	既有研究
		生均学前教育经费收入	既有研究
		生均学前教育经费支出	既有研究
		生均学前财政补助支出	既有研究
		生均学前教育经费	既有研究
		生均公用经费	既有研究
		生均学前财政性教育经费	既有研究
		生均教育经费	既有研究
		生均财政性教育经费	既有研究
		生均学前教育经费增长率	既有研究
		生均学前教育财政性经费增长率	既有研究
	人力资源水平	教师工资与人均收入的比例	既有研究
		中高级职称教师比	既有研究
		已评职称教师比	既有研究
		本科以上学历比	既有研究
		教师接受专业教育比例	既有研究

续表

目标层	一级指标	二级指标	指标来源
学前教育资源发展水平	人力资源水平	师生比	既有研究
		专任教师比	既有研究
		班均教师数	既有研究
		在园幼儿数与专任教师数比	既有研究
	园区状态水平	三年毛入园率	既有研究
		一年毛入园率	既有研究
		一年级新生接受学前教育比例	既有研究
		学前女童入园率	既有研究
		农村幼儿园在校生比	既有研究
		少数民族幼儿园比	既有研究
		普惠性民办幼儿园在校生比	既有研究
		示范园比例	既有研究
		班级规模	既有研究
		公办园比例	既有研究
		公办园在园儿童数比例	既有研究
		公办幼儿园招生率	既有研究
		公办幼儿园毕业率	既有研究
		普惠性民办幼儿园比	既有研究
		普惠性幼儿园覆盖率	既有研究

学前教育资源发展水平是社会为保证学前教育活动正常开展所提供的人力、物力、财力资源等基本要素的构成状态。在初步遴选此指标集合过程中，重点涉及学前教育资源水平，包括学前物力资源水平、财力资源水平、人力资源水平及教育普惠水平、普及与格局状态等（见表2.2），其中学前教育发展与改革所追求的普惠、普及、优质、均衡的发展与价值主要聚焦于特定区域范围内的园区状态水平层面。

（二）评价指标体系确定

基于上述学前教育资源发展条件与发展水平指标集合的初步建构，进而将 80 项指标以无序排列方式制成调查问卷，邀请 10 位人文地理学、教育学领域的专家进行德尔菲法及问卷调查并开展焦点小组讨论，对选定的末级评价指标再次进行确定及分类，确立为评价指标体系的二级指标和三级指标，最终建构了学前教育资源发展条件与发展水平两大维度，教育需求、区域条件、政府支持、学前教育资源水平及学前教育配置状态五大分项模块，30 个三级指标的学前教育资源配置空间协调性评价指标体系（见表 2.3）。

表 2.3　学前教育资源配置空间协调性评价指标体系

目标层	一级指标	二级指标	三级级指标	指标方向
学前教育资源发展条件	教育需求	经济支持	居民消费水平	+
		人口抚养比	少儿人口抚养比	−
		受教育年龄结构	人均受教育年限	+
	区域条件	经济水平	人均地区人口收入	+
			人均 GDP	+
			人均财政支出	+
		经济结构	第二、三产业从业人口比重	+
			产业结构演进系数	−
		社会条件	教育恩格尔系数	+
			城镇人口比重	+
	政府支持	政府经费支持	教育经费占地区 GDP 比	+
			教育经费占财政支出比	+
学前教育资源发展水平	资源水平	物力资源水平	生均校舍建筑面积	+
			生均教学及行政用房面积	+
			生均生活用房及其他用房面积	+
			生均运动场馆及绿化面积	+
			生均图书册	+
		财力资源水平	生均一般公共预算教育经费支出	+
			生均一般公共预算教育事业费支出	+
			生均一般公共预算教育公用经费支出	+

续表

目标层	一级指标	二级指标	三级级指标	指标方向
学前教育资源发展水平	资源水平	人力资源水平	已评职称教师比	+
			本科以上学历比	+
			师生比	+
			专任教师比	+
	配置状态	普及状态	学前三年毛入园率	+
			一年级新生接受学前教育比	+
		普惠状态	公办园比例	+
			公办园在园儿童数比	+
		集约状态	班额	—
			农村幼儿在校生比	—

二 数据来源

本书截取数据时间段为2010—2018年，地域尺度是以云南省作为本级区域所涉及的各州市域及其他30个省区。研究数据来源分为两块，宏观层面上看，各级区域政府权威机构公布的区域社会经济发展统计数据和教育相关部门公布的学前教育发展统计数据；微观层面上看，在云南次级区域抽取典型公办、普惠性民办幼儿园实证考察其学前教育物力、财力及人力资源配置水平，以作为研究的基础性社会调查并辅助佐证宏观层面统计数据的价值性、客观性及真实性。

（一）数据来源

基于建构的评价指标体系，统计数据主要用于测度以云南为地域解析尺度的区域内16个州市域学前教育资源水平与其区域发展条件之间的协调度、云南同其他省域学前教育发展水平与区域发展条件总指数间的差异性比较、单维度区域间学前教育资源水平间的均衡性研究等。研究的时间尺度为2010—2018年共9年的时间，每三年为一时间截取点。本书中的数据获取渠道主要有政府公布或公开出版发行的各类年鉴、统计年鉴和政府公报：

1. 云南次级区域涉及相关数据来源

云南省全省教育事业发展统计公报、云南教育经费执行情况统计公报、云南省基础教育统计分析表、云南16个州市统计年鉴、《云南教育经费年度发展报告》、《云南统计年鉴》、《云南年鉴》、《云南教育事业统计摘要》、云南省教育厅相关处室提供数据等（2010—2018各年度）。

2. 云南相关区域涉及统计数据来源

全国各省统计年鉴、教育年鉴、教育事业发展统计公报、儿童发展规划统计监测报告、政府工作报告、国民经济和社会发展统计公报、学前"三年行动计划"、妇女儿童发展纲要检测报告等，《中国教育统计年鉴》《中国城市统计年鉴》《中国经济统计年鉴》《中国劳动力统计年鉴》《中国教育经费统计年鉴》《中国人口和就业统计年鉴》《区域经济统计年鉴》《全国2018县市统计年鉴》等（2010—2018各年度）。

（二）数据处理

由于根据关键性指标所收集的统计数据间存在量纲、正逆向指标、单位数量级等的差异，需要进行实证测度前对基础数据进行标准化处理，使不同量纲的数据具有可比性，本书采用"极差标准化"方法处理指标量纲，具体方式如下（见式2.6、式2.7）：

$$\text{正向指标}: X_{ij} = \frac{x_{ij} - \min(x_{ij})}{\max(x_{ij}) - \min(x_{ij})} \tag{2.6}$$

$$\text{负向指标}: X_{ij} = \frac{\max(x_{ij}) - x_{ij}}{\max(x_{ij}) - \min(x_{ij})} \tag{2.7}$$

式中，X_{ij}代表第i个系统第j项指标标准化后结果，x_{ij}为某项指标的原始指数，$\max(x_{ij})$、$\min(x_{ij})$分别为系统指标中的极大值与极小值，其中正向指标为"效益型"指标，即该指数值越高越好；负向指标为"成本型"指标，即该指数值越低越好。

三 权重确定

根据指标体系建构的四项原则，本书采取主客观赋权结合的方法。"主观赋权法"采用德尔菲法、层次分析法等，虽有一定权威性与合理性，但仍属于主观判断推测，缺乏认知内客观信息的科学系统认定；而"客观赋权法"则弥补主观赋权法的不足，具有较强的科学性、客观性，如熵值法可依据原始数据指数值的变异程度赋权并深度挖掘指标数据所涵盖信息，但指标实际中重要程度与其权重也存在相悖的情况。因此，本书将层次分析法与熵值法综合运用以确定两大指标集合各级指标的权重。

（一）层次分析法赋权

根据学前教育资源发展条件目标层，将教育需求、区域条件和政府支持3个一级指标进行两两比较，基于目标层得出较重要的比较判断矩阵。对于指标评价体系的二级、三级指标同样构造相应的两两比较的判断矩阵。本书编写过程中邀请人文地理学、学前教育领域10位专家进行问卷与访谈调查研究，其中9位专家问卷结果均通过一致性检验，如表2.4是某位专家其问卷所得判断矩阵数据处理的结果。

由于学前教育资源配置及其发展的特殊性，对学前教育资源发展水平指标集合采用结构等权法来确定其主观赋权所得值，其过程与层次分析法大体一致，计算过程不再赘述。

（二）熵值法赋权

层次分析法虽整合了决策者、专家对指标层次程度的判定，但此研究也亟须对学前教育资源的发展条件与发展水平耦合协调性的客观评价，因此熵值法计算权重较为合理可靠及客观科学，其对指标赋权的具体公式如下：

$$Y_{ij} = \frac{X_{ij}}{\sum_{i=1}^{m} X_{ij}} \quad (2.8)$$

$$e_j = -k \sum_{i=1}^{m} (Y_{ij} \cdot \ln Y_{ij}) \quad (2.9)$$

$$W_j = \frac{1 - e_j}{\sum_{j=1}^{n} (1 - e_j)} \quad (2.10)$$

式中，X_{ij}表示第i项系统中第j项指标标准化数值；Y_{ij}代表第j项指标项中第i项区域指标的比重，m为研究年数；e_j为第j项指标的信息熵，$k = \frac{1}{\ln m}$；W_j代表标权重，n为指标数。

表 2.4 对某专家关于学前教育资源发展条件问卷处理结果

方案	得分	同级权重	上级	同级权重	全局权重
居民消费水平	0.0912492	0.557143	教育需求	0.163781	0.163781
抚养比	0.0524488	0.320238			
人均受教育年限	0.0200826	0.122619			
人均收入	0.181086	0.335991	区域条件	0.538961	0.538961
人均GDP	0.146991	0.27273			
第二、三产业从业人员	0.0787894	0.146188			
产业结构演进系数	0.0634151	0.117662			
恩格尔系数	0.0364433	0.0676178			
人均财政支出	0.0187814	0.0348474	政府支持	0.297258	0.297258
城镇化率	0.0134552	0.0249651			
教育经费占GDP	0.198172	0.666667			
教育经费占财政支出	0.0990861	0.333333			

权重矩阵：发展条件：λ max = 3.0092；CR = 0.00885【原 λ max = 3.0092；CR = 0.00885】

	教育需求	区域条件	政府支持	权重（wi）
教育需求	1 (1)	0.333333	0.5 (0.5)	0.163781
区域条件	3 (3)	1 (1)	2 (2)	0.538961
政府支持	2 (2)	0.5 (0.5)	1 (1)	0.297258

续表

权重矩阵—发展条件—教育需求：λmax = 3.01829; CR = 0.01759

	居民消费水平	抚养比	人均受教育年限	权重（wi）
居民消费水平	1 (1)	2 (2)	4 (4)	0.557143
抚养比	0.5 (0.5)	1 (1)	3 (3)	0.320238
人均受教育年限	0.25 (0.25)	0.333333	1 (1)	0.122619

权重矩阵—发展条件—区域条件：λmax = 7.40106; CR = 0.04915

	人均收入	人均GDP	二三产业从业人员	产业结构演进系数	恩格尔系数	人均财政支出	城镇化率	权重（wi）
人均收入	1 (1)	2 (2)	3 (3)	4 (4)	5 (5)	7 (7)	8 (8)	0.335991
人均GDP	0.5 (0.5)	1 (1)	3 (3)	4 (4)	5 (5)	7 (7)	8 (8)	0.27273
第二、三产业从业人员	0.333333	0.333333	1 (1)	2 (2)	3 (3)	5 (5)	6 (6)	0.146188
产业结构演进系数	0.25 (0.25)	0.25 (0.25)	0.5 (0.5)	1 (1)	3 (3)	5 (5)	6 (6)	0.117662
恩格尔系数	0.2 (0.2)	0.2 (0.2)	0.333333	0.333333	1 (1)	3 (3)	4 (4)	0.0676178
人均财政支出	0.142857	0.142857	0.2 (0.2)	0.2 (0.2)	0.333333	1 (1)	2 (2)	0.0348474
城镇化率	0.125 (0.125)	0.125 (0.125)	0.166667	0.166667	0.25 (0.25)	0.5 (0.5)	1 (1)	0.0249651

权重矩阵—发展条件—政府支持：λmax = 2; CR = 0

	教育经费占GDP	教育经费占财政支出	权重（wi）
教育经费占GDP	1 (1)	2 (2)	0.666667
教育经费占财政支出	0.5 (0.5)	1 (1)	0.333333

本书以全国31个省区市及云南16个州市2010—2018年各项指标数据均值为基础，在对指数进行标准化处理的基础上采用上述熵值法公式进行计算，得到熵值法客观赋权的权重值（见表2.5）。

表 2.5　熵值法计算权重结果汇总

项	信息熵值 e	信息效用值 d	权重系数 w
居民消费水平	0.9225	0.0775	10.16%
少儿人口抚养比	0.9462	0.0538	7.05%
人均受教育年限	0.9833	0.0167	2.19%
人均地区人口收入	0.9022	0.0978	12.82%
人均 GDP	0.9021	0.0979	12.84%
人均财政支出	0.8607	0.1393	18.27%
第二、三产业从业人口比重	0.9551	0.0449	5.88%
产业结构演进系数	0.9777	0.0223	2.93%
教育恩格尔系数	0.9834	0.0166	2.18%
城镇人口比重	0.9701	0.0299	3.92%
教育经费占地区 GDP 比	0.8755	0.1245	16.32%
教育经费占财政支出	0.9586	0.0414	5.43%
生均校舍建筑面积	0.9186	0.0814	6.39%
生均教学及行政用房面积	0.9302	0.0698	5.49%
生均生活用房及其他用房面积	0.9057	0.0943	7.41%
生均运动场馆及绿化面积	0.9504	0.0496	3.90%
生均图书册	0.9376	0.0624	4.90%
生均一般公共预算教育经费支出	0.8522	0.1478	11.61%
生均一般公共预算教育事业费支出	0.8572	0.1428	11.22%
生均一般公共预算教育公用经费支出	0.8746	0.1254	9.86%

续表

项	信息熵值 e	信息效用值 d	权重系数 w
已评职称教师比	0.9279	0.0721	5.67%
本科以上学历比	0.9677	0.0323	2.54%
师生比	0.9252	0.0748	5.88%
专任教师比	0.9501	0.0499	3.92%
学前三年毛入园率	0.9613	0.0387	3.04%
一年级新生接受学前教育比	0.989	0.011	0.86%
公办园比例	0.9117	0.0883	6.94%
公办园在园儿童数比	0.9543	0.0457	3.59%
班额	0.953	0.047	3.69%
农村幼儿在校生比	0.9608	0.0392	3.08%

（三）主客观组合赋权

为保证各级区域单元统计数据的精准性、权重分配的合理性及指标特质的稳定性，本书将层次分析法主观赋权与熵值法客观赋权相结合，通过乘法合成归一化处理方式确定指标的综合权重，具体计算方式如下：

$$\lambda_i = \frac{\sqrt{a_i b_i}}{\sum_{i=1}^{m} \sqrt{a_i b_i}} \tag{2.11}$$

式中，λ_i 为第 i 项指标的综合权重，a_i、b_i 分别为第 i 项指标的主观权重和客观权重。通过主客观赋权获得各项指标的综合权重，最终构建出学前教育资源配置空间协调性评价指标体系（见表 2.6）。

运用主客观赋权的指标权重来考察云南学前教育资源水平及区域发展条件状态，不仅能确保数据处理结果的相对科学、客观，更为后续精确研究各级区域间的教育资源水平与区域条件综合指数间的差异性比较、均衡性分析以及区域内的指标集合间的空间协调测度提供标准参照模型。

表 2.6 学前教育资源配置空间协调性评价指标体系及权重

目标层	一级指标	二级指标	三级指标	层次分析法权重	熵值法权重	综合权重
学前教育资源发展条件	教育需求	经济支持	居民消费水平	0.0912	0.1016	0.1047
		人口抚养比	少儿人口抚养比	0.0524	0.0705	0.0661
		受教育年龄结构	人均受教育年限	0.0201	0.0219	0.0228
	区域条件	经济水平	人均地区人口收入	0.1811	0.1282	0.1657
			人均 GDP	0.1470	0.1284	0.1494
			人均财政支出	0.0188	0.1827	0.0637
		经济结构	第二、三产业从业人口比重	0.0788	0.0588	0.0740
			产业结构演进系数	0.0634	0.0293	0.0469
		社会条件	教育恩格尔系数	0.0364	0.0218	0.0307
			城镇人口比重	0.0135	0.0392	0.0250
学前教育资源发展水平	政府支持	政府经费支持	教育经费占地区 GDP 比	0.0991	0.1632	0.1383
			教育经费占财政支出	0.1982	0.0543	0.1128
	资源水平	物力资源水平	生均校舍建筑面积	0.0333	0.0639	0.0494
			生均教学及行政用房面积	0.0333	0.0549	0.0458
			生均生活用房及其他用房面积	0.0333	0.0741	0.0532
			生均运动场馆及绿化面积	0.0333	0.0390	0.0386
			生均图书册	0.0333	0.0490	0.0433

续表

目标层	一级指标	二级指标	三级指标	层次分析法权重	熵值法权重	综合权重
学前教育资源发展水平	资源水平	财力资源水平	生均一般公共预算教育经费支出	0.0556	0.1161	0.0860
			生均一般公共预算教育事业费支出	0.0556	0.1122	0.0846
			生均一般公共预算教育公用经费支出	0.0556	0.0986	0.0793
		人力资源水平	已评职称教师比	0.0417	0.0567	0.0521
			本科以上学历比	0.0417	0.0254	0.0349
			师生比	0.0417	0.0588	0.0530
			专任教师比	0.0417	0.0392	0.0433
	配置状态	普及状态	学前三年毛入园率	0.0833	0.0304	0.0539
			一年级新生接受学前教育比	0.0833	0.0086	0.0287
		普惠状态	公办园比例	0.0833	0.0694	0.0815
			公办园在园儿童数比	0.0833	0.0359	0.0586
		集约状态	班额	0.0833	0.0369	0.0594
			农村幼儿在校生比	0.0833	0.0308	0.0543

第四节　测度方法选择说明

基于"教育资源配置空间协调性"核心问题的确立及内涵的界定,学前教育资源配置空间协调性评价模型建构的实证考察主要从区域间的"区域教育资源均衡配置"研究和区域内的"教育资源与区域发展关系"研究两个维度分别进行测度。

一　区域间学前教育资源均衡配置的衡量指标

本书主要采用变异系数、教育基尼系数及泰尔指数对全国 31 个省区市间及云南 16 个州市间学前教育资源发展条件和发展水平差异程度(离散程度或均衡度)进行研究,其中"基尼系数"和"泰尔指数"的功效类似,选择此两种方法测析均衡程度主要是为了保证区际差异测量的合理性及检验指数计算精准性,而泰尔指数不仅可反映离散程度的变化趋势,还能分解区域内差异与均衡发展极化间的关联。

(一) 变异系数

变异系数(coefficient of variation)是实测数据差异程度的相对指标,用于比较总体数据或不同样本的离散程度,通常教育发展差异测度均以其作为常用指标,因此可用其测度区域间学前教育均衡发展状态,其计算公式为:

$$CV = \frac{S}{\bar{Y}} \qquad (2.12)$$

式中,S 为学前教育资源发展条件/发展水平标准差,$\bar{Y}$ 表示学前教育资源发展条件/发展水平的平均值。变异系数值越小,说明数据总体差异程度越小,表明均衡程度相对越高;反之亦然。

(二) 基尼系数

基尼系数(Gini Coefficient)原始于分析收入分配差距问题,近年来逐渐被用于均衡性研究,教育基尼系数则是基尼系数在教育领域的演变与延伸,教育基尼系数越小代表均衡度相对较高;反之亦然。其取值同样在 0—1 之间，本书主要借用张建华推导的基尼系数公式来测评学前教育资源发展条件/发展水平均衡程度，运算公式为：

$$G = 1 - \frac{1}{n}\left(2\sum_{i=1}^{n-1} W_i + 1\right) \quad (2.13)$$

其中，n 为将有效指标数据的区域分成 n 组，W_i 为每组指标指数占样本总指数的百分比，$\sum W_i$ 为每组区域指标指数占样本总指数比的累计百分比。联合国有关组织规定及解释了基尼系数划分的均衡等级（见表2.7），确定"0.4"为分配差距的警戒线。

表 2.7　基尼系数均衡等级分类

数值	<0.2	0.2—0.3	0.3—0.4	0.4—0.5	>0.5
均衡程度	绝对均衡	比较均衡	相对合理	差距较大	差距悬殊

由于基尼系数对应的"洛伦兹曲线"并不唯一，不能较科学地反映不同层次区域的学前教育资源发展水平/发展条件的变化，因此本书研究主要结合"变异系数"和"泰尔指数"来共同衡量区域间差异程度。

（三）泰尔指数

泰尔指数（即锡尔系数）（Theil index）区别于基尼系数的突出特点是将样本总体差异分解为组间与组内差异并进一步分析各自变动方向、幅度及其总差异中的贡献率。本书在研究估测区域学前教育资源配置的差异程度中利用泰尔指数的分组数据来对区际或区内差异进行分解，进而反映各级差异的变化规律，从而弥补上述基尼系数测度的不足，其测算公式为：

$$T = \sum_{i=1}^{n}\left[\left(\frac{1}{n}\right)\cdot\left(\frac{F_i}{\mu}\right)\cdot\ln\left(\frac{F_i}{\mu}\right)\right] \quad (2.14)$$

式中，T 是学前教育资源发展条件/发展水平的区域总体差异，n 为全国省区市/云南州市的个数，F_i 为省区市/州市学前教育资源发展条件/发展水平指数，μ 为省区市/州市学前教育资源发展条件/发展水平在 2010—2018 年的均值，区间大小为 $[0, \ln(n)]$，T 越小说明区域总体差异越小；反之越大。

若 $T = \ln(n)$，说明区域间学前教育资源发展条件/发展水平差异程度最高；若 $T = 0$，则说明区域间学前教育资源发展条件/发展水平处于绝对均衡状态。

二 区域内学前教育资源与区域协调测度模型

（一）水平测度模型

基于所建构的学前教育资源配置空间协调性评价指标体系、计算指标权重及数据标准化值，本书选取学前教育资源发展条件和学前教育资源发展水平指标分别建构其发展水平指数测度模型：

$$CU = \sum_{i=1}^{m} W_i X_i \quad (2.15)$$

$$LU = \sum_{j=1}^{n} W_j Y_j \quad (2.16)$$

式中，CU 和 LU 分别为学前教育资源发展条件和学前教育资源发展水平内部要素加权求和得到的综合评价水平指数，设 X_i（$i = 1, 2, 3, \cdots, m$）为学前教育资源发展条件指标标准化值，Y_j（$j = 1, 2, 3, \cdots, n$）为学前教育资源发展水平指标标准化值，W_i、W_j 为相对应权重值。

（二）耦合度模型

"耦合度是系统、要素间相关程度的度量，指两个或两个以上的系统或运动形式相互关联、作用及影响的现象。"[①] 由于学前教育资源发展条件和发展水平耦合关系存有差异性、复杂性等问题，本书借鉴区域协调发展理论及资源配置理论来建构耦合度模型，将学前教育资源发展条件与发展水平的耦合元素交互作用及影响的状态厘定为学前教育发展条件与发展水平的耦合，并以模型实际测定两大系统间要素关联作用程度。"耦合度越大，要素间关系越趋向稳定，其发展方向也越有序"[②]；反之亦然，其建构模型如下：

$$C = \frac{2\sqrt{CU \cdot LU}}{CU + LU} \quad (2.17)$$

---

① 孙东琪、张京祥等:《长江三角洲城市化效率与经济发展水平的耦合关系》,《地理科学进展》2013年第7期。

② 吴文恒、牛叔文等:《中国人口与资源环境耦合的演进分析》,《自然资源学报》2006年第6期。

式中，CU 和 LU 分别为学前教育资源发展条件系统和学前教育资源发展水平系统。C 为耦合度，$C \in [0, 1]$，C 值高低由发展条件与发展水平间功能决定，C 值越高，代表两系统间交互作用及影响程度越强。参照已有研究成果并结合研究实际情况，可将发展条件与发展水平间耦合程度划分为四种类型（见表2.8）。

表 2.8　学前教育资源发展条件与发展水平耦合度类型划分

耦合度 C 值	耦合类型	耦合特征
0—0.4	低水平耦合	学前教育发展条件与发展水平间存在联系，但交互作用较小，当 $C=0$ 时，两者间呈现无关联、无序的发展状态
0.4—0.6	拮抗型耦合	学前教育发展条件与发展水平间交互作用加强并呈现关联性并存有复杂的拮抗作用
0.6—0.8	磨合型耦合	学前教育发展条件与发展水平间联系较为密切并呈有不断磨合及适应状态
0.8—1.0	高水平耦合	学前教育发展条件与发展水平间交互作用较强且有发展同步趋势，当 $C=1$ 时，两者处于有序发展态势

（三）耦合协调度模型

耦合度仅表明学前教育资源发展条件与发展水平两系统间交互作用及影响程度，但不能深度考察两系统间的协调发展程度及各自综合发展水平，即两者间协调关系是低水平/高水平的交互制约/促进。本书基于耦合度模型架构出学前教育资源发展条件与发展水平间"耦合协调度"模型，同时引入协调指数 T，科学估测两者间协调发展程度并评判两者的发展水平，耦合协调度模型建构为：

$$T = \alpha \cdot CU + \beta \cdot LU \tag{2.18}$$

$$D = \sqrt{C \times T} \tag{2.19}$$

式中，D 为学前教育资源发展条件与发展的耦合协调度，T 为发展条件与发展水平综合评价指数，α、β 为发展条件与发展水平的待定系数，即两者对区域发展的贡献程度，由于发展条件与发展水平皆为学前教育资源配置空间协调性研究的关键性要素,因此本书将两者视为同等重要指标,故设定 $\alpha = \beta = 0.5$,CU、LU 分别为学前教育资源发展条件系统和学前教育资源发展水平系统的序列值。参考已有研究成果并结合本书核心问题将学前教育资源发展条件与发展水平耦合协调关系,可将其具体细化为十种类型(见表2.9)。

表2.9 学前教育资源发展条件与发展水平耦合协调度等级划分标准

协调大类区间	耦合协调度D值区间	协调等级	耦合协调程度	相对发展度E值	对比类型
失调衰退区间	0.0—0.1	Ⅰ	极度失调	E > 1	极度失调水平滞后型
				E = 1	极度失调同步型
				E < 1	极度失调条件滞后型
	0.1—0.2	Ⅱ	严重失调	E > 1	严重失调水平滞后型
				E = 1	严重失调同步型
				E < 1	严重失调条件滞后型
	0.2—0.3	Ⅲ	中度失调	E > 1	中度失调水平滞后型
				E = 1	中度失调同步型
				E < 1	中度失调条件滞后型
	0.3—0.4	Ⅳ	轻度失调	E > 1	轻度失调水平滞后型
				E = 1	轻度失调同步型
				E < 1	轻度失调条件滞后型
过度调和区间	0.4—0.5	Ⅴ	濒临失调	E > 1	濒临失调水平滞后型
				E = 1	濒临失调同步型
				E < 1	濒临失调条件滞后型
	0.5—0.6	Ⅵ	勉强协调	E > 1	勉强协调水平滞后型
				E = 1	勉强协调同步型
				E < 1	勉强协调条件滞后型
协调发展区间	0.6—0.7	Ⅶ	初级协调	E > 1	初级协调水平滞后型
				E = 1	初级协调同步型
				E < 1	初级协调条件滞后型

续表

协调大类区间	耦合协调度 D 值区间	协调等级	耦合协调程度	相对发展度 E 值	对比类型
协调发展区间	0.7—0.8	Ⅷ	中级协调	E > 1	中级协调水平滞后型
				E = 1	中级协调同步型
				E < 1	中级协调条件滞后型
	0.8—0.9	Ⅸ	良好协调	E > 1	良好协调水平滞后型
				E = 1	良好协调同步型
				E < 1	良好协调条件滞后型
	0.9—1.0	Ⅹ	优质协调	E > 1	优质协调水平滞后型
				E = 1	优质协调同步型
				E < 1	优质协调条件滞后型

（四）相对发展度模型

由于耦合协调度模型较难测定学前教育资源发展条件与发展水平的相对发展程度，为科学判定特定时段内学前教育资源发展条件与发展水平间的发展速度及变动方向的同步性问题，本书特建立相对发展度模型为：

$$E = \frac{CU}{LU} \qquad (2.20)$$

式中，E 为相对发展度，CU 为学前教育资源发展条件综合评定值，LU 为学前教育资源发展水平综合评定值，评定标准见表2.9。

学前教育资源配置的空间协调性研究是学前教育与区域社会经济发展条件协调发展的有机统一。学前教育资源发展条件与学前教育资源发展水平是测度区域间差异程度及区域内协调发展的关键所在，学前教育资源配置空间协调性评价体系更是测度发展条件与发展水平两大集合不可或缺的重要工具。本书在"人—地"关系理论的层次性分析及多维度学前教育资源配置空间协调性内涵厘定的基础上，根据全面可行、科学简易、客观可测、合理适用等原则，以其"要素协调"维度来分析学前教育资源配置空间协调性指标体系中要素的选取与构成，兼采用主观（层次分析法）与客观（熵值法）赋权结合获得最终权重结果，从而较科学地创新了学前教育资源配置空间协调性评价指标，其由"学前教育资源发展条件""学前教育资源发展水平"两个维度，教育需求、区域条件、政府支持、学前教育资源水平及学前教育配置状态五个分项，共30个三级指标建构而成。

第三章　区域实证Ⅰ：云南学前教育资源发展条件分析

特定区际的学前教育资源配置与区域支持条件之间的关系是本书的核心，因此，在具体解析学前教育资源配置时应首先探究支持学前教育发展的区域条件。本章节在第二章学前教育资源配置空间协调性评价模型建构基础上，对2010—2018年云南与全国、云南与各省、云南各州市的教育资源发展条件状况进行综合考察，每三年为一时间节点，在对各级指标测度分析的基础上，分维度比较其趋势、空间、差异及协调等方面，客观、系统地评价分层空间中云南学前教育资源发展条件的贡献度及区域间的协调程度。

第一节　云南与全国学前教育资源发展条件的比较

学前教育资源发展条件是在特定区域系统内的区域社会经济发展支持学前教育发展的基础性外部条件，指区域系统内与学前教育发展密切联系的社会、经济、人口、文化等要素。学前教育资源发展条件是区域与学前教育发展相互联系的关键性因素及途径，其中教育需求、区域条件和政府支持等因素共同影响区域学前教育资源发展条件水平。自"新时代"建构更加系统完备定型的市场经济体制以来，社会、经济、教育类指标始终保持量的高效增长，同时逐步从量向质的提升转变。因此，在不考虑其他影响因素的前提下，"学前教育资源发展条件"的指数值越高，所反映的区域社会经济支持学前教育发展条件越优越。

根据2010—2018年全国和云南学前教育资源发展条件指数及趋势比较可见，两区域发展条件综合指数均呈持续增长趋势，但云南学前教育发展条件指数水平均明显低于全国平均水平，全国指数从 2010 年的 0.2591 增加至 2018 年的 0.4125，总增长率为 59.2%，年增长率的平均值为 6.06%；云南指数从 2010 年的 0.1822 增加至 2018 年的 0.3326，总增长率为 82.55%，年增长率的平均值为 8.09%。2010 年云南省发展条件指数低于全国 0.0769，到 2012 年，两区域发展条件指数有大幅度增长趋势，其中云南与全国指数差距缩小为 0.0758。2013—2018 年，全国发展条件指数持续缓慢增长，而云南省在 2013 年、2014 年指数明显下降，与全国差距进一步加大，指数差值分别为 0.0935 和 0.1034，2015 年后仍保持增长趋势（见表 3.1、图 3.1）。显然，两级区域的发展条件指数保持大体一致的增长趋势，其中云南的增长幅度高于全国，但受云南省本区域社会、经济、人口、地理等原有条件因素的影响，2012—2014 年，云南与全国差距加大，这将直接关联该时段内的学前教育资源发展水平指数的差距及空间协调性的分析。

表 3.1　云南与全国学前教育资源发展条件指数比较

年 地区	2010	2011	2012	2013	2014	2015	2016	2017	2018
全国	0.2591	0.2888	0.3286	0.3326	0.3481	0.3626	0.3796	0.3981	0.4125
云南	0.1822	0.2046	0.2528	0.2391	0.2447	0.2691	0.2930	0.3159	0.3326

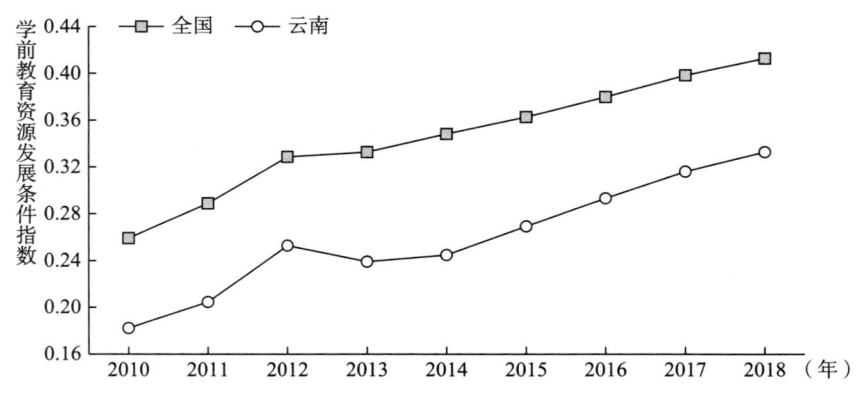

图 3.1　云南与全国学前教育资源发展条件的比较

一 云南与全国学前教育需求条件比较

教育需求指人对教育服务商品及各类资源消费的需求,理论上涵盖社会层面的人口受教育结构、从业人口受教育结构等因素,随着居民生活及经济收入水平的提高,其用于教育消费的金额也逐渐增加,若用"恩格尔曲线"来表示居民教育需求与收入的变动趋势域关系,则"恩格尔曲线"将向右上方倾斜。因此,本书中教育需求涉及居民消费水平、人均受教育年限及少儿人口抚养率三个要素。

全国和云南学前教育需求条件指数水平均呈持续增长趋势,全国指数从 2010 年的 0.0608 增加至 2018 年的 0.0868,总增长率为 42.76%,年增长率的平均值为 4.56%,其增长趋势较平稳;而云南指数从 2010 年的 0.0332 增加至 2018 年的 0.0647,总增长率为 94.88%,年增长率的平均值为 8.92%,呈波浪式增长趋势。2010 年云南省教育需求指数低于全国 0.0276,在整体缓慢增长趋势过程中,2013 年、2016 年云南省教育需求指数均呈回落趋势,与全国教育需求指数差距明显加大,其差值分别为 0.0267、0.026,其余年份差距均保持在 0.0229—0.0244,截至 2018 年,云南与全国差距逐步缩小(见表 3.2、图 3.2)。该时段内,根据《国家中长期教育改革和发展规划纲要(2010—2010 年)》《中共中央国务院关于学前教育深化改革规范若干意见》及《云南省教育领域综合改革方案》等文件精神,通过两级区域积极地贯彻实施,其教育需求指数保持大体一致的增长趋势,但由于云南省居民消费水平、人均受教育年限及少儿人口抚养比均与全国有一定的差距,因此云南教育需求均低于全国平均水平,但就云南本区域发展而言,其总增长率和年增长率显著高于全国,说明学前教育需求在不断增加,云南学前教育改革发展取得了一定的成效。

表 3.2　云南与全国学前教育需求条件指数比较

年 地区	2010	2011	2012	2013	2014	2015	2016	2017	2018
全国	0.0608	0.0657	0.0689	0.0722	0.0747	0.0778	0.0806	0.0834	0.0868
云南	0.0332	0.0414	0.0445	0.0455	0.0518	0.0539	0.0546	0.0598	0.0647

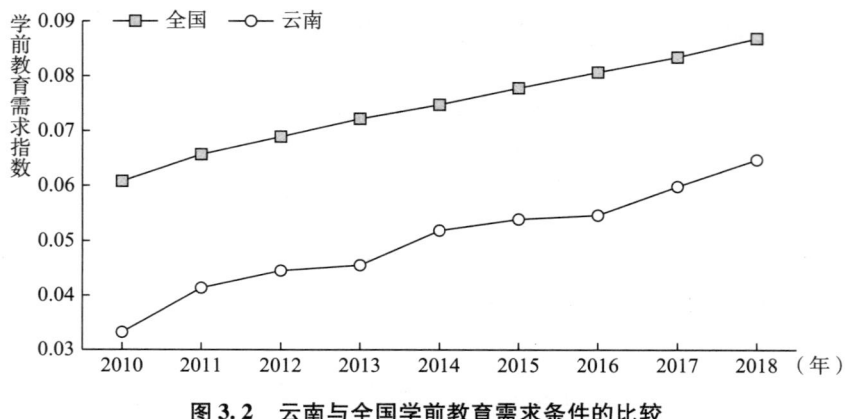

图 3.2　云南与全国学前教育需求条件的比较

二　云南与全国学前教育区域条件比较

区域条件是具有属性、特质或资质的区域系统内社会、经济、生态、资源、环境、人口、文化发展等"自然"与"人文"要素结构交互关联的构成因素。本书中的区域条件涵盖区域支持学前教育活动开展的各类基础性的条件，包括经济条件中的人均地区人口收入、人均 GDP、产业结构演进系数、第三产业人员比重、人均财政支出、城镇化率、恩格尔系数等。

学前教育区域条件反映了特定区域地理位置中的社会、经济、教育等要素支持学前教育发展的程度。2010—2018 年全国和云南学前教育区域条件指数水平均呈线性上升趋势，除恩格尔系数指标外，云南其余经济、社会各类相关区域条件指数值均低于全国平均水平，且两级区域间指数差异不断加大，2010 年、2014 年及 2018 年指数差值分别从 0.0791、0.872 增加到 0.992。全国指数从 2010 年的 0.1278 增加至 2018 年的 0.2541，总增长率为 98.83%，年增长率的平均值为 8.99%；云南指数从 2010 年的 0.0487 增加至 2018 年的 0.1549，总增长率超过 100%，年增长率的平均值为 15.75%，增长幅度较大（见表 3.3、图 3.3）。受自然资源、地理位置，以及社会、经济、科技、管理、政治、文化、教育等因素影响，云南与全国的学前教育区域条件仍有一定的差距，但从云南本区域经济、社会发展水平来看，其条件指数增长幅度显著高于全国，说明云南支持学前教育发展的外在基础性条件在不断提升，这将直接关联区域内学前教育资源配置的空间协调性发展程度。

表 3.3 云南与全国学前教育区域条件指数比较

年份 地区	2010	2011	2012	2013	2014	2015	2016	2017	2018
全国	0.1278	0.1443	0.1575	0.1720	0.1924	0.2055	0.2194	0.2367	0.2541
云南	0.0487	0.0620	0.0764	0.0875	0.1052	0.1134	0.1237	0.1396	0.1549

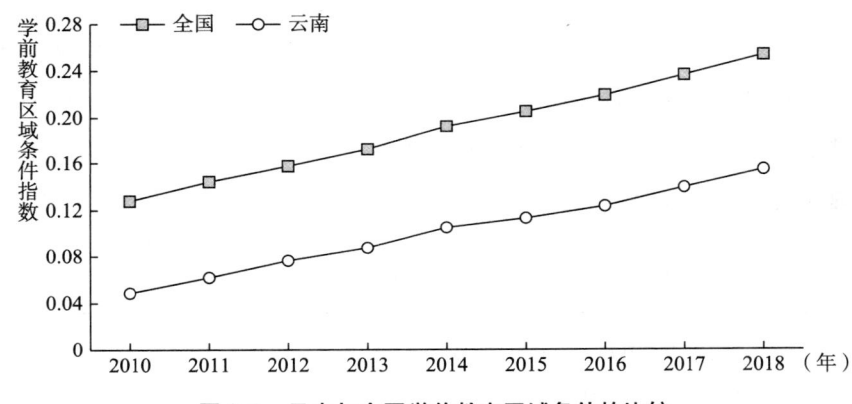

图 3.3 云南与全国学前教育区域条件的比较

三 云南与全国学前教育政府支持比较

特定区域内学前教育的财政投入程度取决于该地区政府的财政支持，财政支持又直接关联经济层面的地区 GDP 及财政支出，考虑到学前教育发展的特殊性及地区政府政策，本书中政府支持条件主要涉及教育恩格尔系数及教育经费占地区 GDP 比重等方面。

2010—2018 年全国和云南学前教育政府支持指数均呈无序波浪态势，总体呈增长趋势，云南学前教育政府支持指数水平均明显高于全国平均水平，全国指数从 2010 年的 0.0705 增加至 2018 年的 0.0716，总增长率为 1.56%，年增长率的平均值为 0.96%；云南指数从 2010 年的 0.1003 增加至 2018 年的 0.1130，总增长率为 12.56%，年增长率的平均值为 2.71%。2010 年云南省政府支持指数高于全国 0.0298，到 2012 年，两级区域政府支持指数大幅度增长并达到顶峰值，此发展态势与教育需求条件保持一致。直到 2014 年，政府支持大幅度下降，两级区域差距缩小到 0.0066，云南省政府支持指数达到最低点 0.0876，随后又呈上升态势；而全国政府支持指数从 2013 年呈持续下降趋势，两级区域政府支持差距继续加大，截至 2018 年最大差值为 0.0414（见表 3.4、图 3.4）。显然，2010—2012 年，政府支持指数与教育需求、区域条件指数趋势大体保持一致并呈一定的正相关关系，2012 年起，由于区域社会经济的加速发展，政府对教育的财政支持程度占整体财政比例有所减少，在"经济起飞，教育先行"的二者应有的关系中，教育滞后于经济发展，应提高财政性教育经费比例，多渠道增加学前教育经费投入。此外，近年来我国实施了中央财政支持中西部学前教育推进工程，特别是经过学前三年行动计划的推进，云南学前教育政府财政支持力度加大，显著高于全国平均水平，这极大地促进了云南学前教育的跨越式发展。

表 3.4　云南与全国学前教育政府支持指数比较

地区＼年	2010	2011	2012	2013	2014	2015	2016	2017	2018
全国	0.0705	0.0788	0.1022	0.0885	0.0810	0.0793	0.0796	0.0780	0.0716
云南	0.1003	0.1013	0.1319	0.1061	0.0876	0.1018	0.1147	0.1165	0.1130

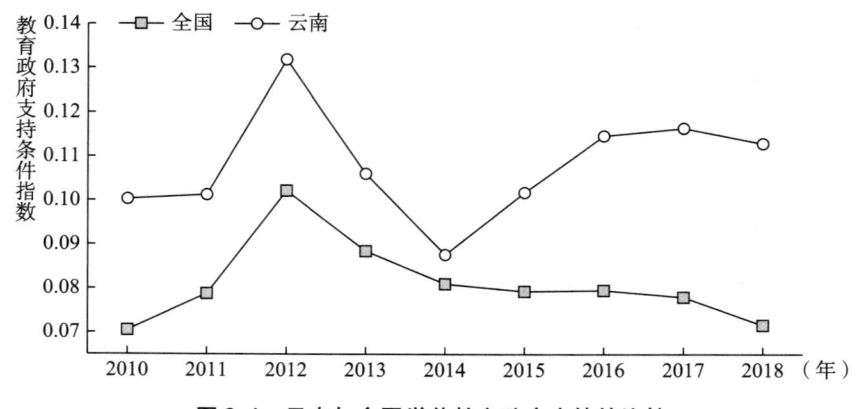

图 3.4　云南与全国学前教育政府支持的比较

第二节 云南与其他省区市学前教育资源
发展条件的比较

我国各级区域社会经济发展水平的参差不齐与高低互见是各级政府对学前教育政策的前瞻性与规划性差异的肇因，以致区域间学前教育财政投入同样存有差距而使学前教育需求程度有所差别，因此区域支持条件差异正是区域间学前教育资源发展条件互异的经济根源。

趋势比较：基于2010—2018年全国31个省区市时序和省际面板数据，学前教育资源发展条件呈逐年递增的态势，各省区增长趋势差异明显。在学前教育资源发展条件的省域差距比较中，2010年学前教育资源发展条件指数最高的省市为北京、上海、天津、浙江和江苏，指数值最低的省区为甘肃、云南、四川、西藏自治区（以下简称西藏）和贵州。极高值北京的学前教育资源发展条件指数为0.5133，极低值贵州指数为0.1674，极差为3.07倍，云南指数值为0.1822，在全国位序为第28位，北京指数是云南的2.82倍，云南处于全国较低水平，云南学前教育资源发展条件的贡献率为0.7033。至2014年，学前教育资源发展条件最高的省市为北京、上海、天津、浙江和江苏，指数值最低的省区为四川、广西、甘肃、贵州和云南。极高值北京的学前教育资源发展条件指数为0.6399，极低值云南指数为0.2447，极差为2.61倍，较2010年有所缩减，云南学前教育资源发展条件的贡献率为0.7031，较2010年有所下降。至2018年，学前教育资源发展条件指数最高的省市为北京、上海、天津、浙江和江苏，指数值最低的省区为云南、四川、黑龙江、甘肃和广西。极高值北京的学前教育资源发展条件指数为0.7591，极低值广西的指数为0.3052，极差为2.49倍，较2014年有所缩减，云南指数值为0.3326，在全国位序为第27位，北京指数是云南的2.28倍，较2014年有所降低，云南学前教育资源发展条件的贡献率为0.8063，较2014年有所上涨（见表3.5）。

表 3.5 云南与其他省区市学前教育资源发展条件指数的比较

年 地区	2010	2011	2012	2013	2014	2015	2016	2017	2018
北京	0.5133	0.5374	0.5738	0.6066	0.6399	0.6587	0.6821	0.7218	0.7591
天津	0.4329	0.4737	0.5052	0.5280	0.5524	0.5520	0.5533	0.5713	0.6052
河北	0.2514	0.2689	0.3098	0.2993	0.3066	0.3216	0.3374	0.3630	0.3589
山西	0.2647	0.2938	0.3350	0.3286	0.3260	0.3557	0.3598	0.3652	0.3672
内蒙古	0.2664	0.2881	0.3069	0.3238	0.3438	0.3617	0.3750	0.3779	0.3893
辽宁	0.2791	0.3186	0.3675	0.3601	0.3665	0.3849	0.4012	0.4082	0.4058
吉林	0.2447	0.2668	0.3267	0.3152	0.3143	0.3345	0.3389	0.3498	0.3560
黑龙江	0.2261	0.2461	0.2967	0.2816	0.3021	0.3066	0.3141	0.3143	0.3141
上海	0.4830	0.5284	0.5620	0.5810	0.6087	0.6247	0.6615	0.6921	0.7214
江苏	0.3536	0.3837	0.4224	0.4372	0.4618	0.4894	0.5205	0.5546	0.5725
浙江	0.3991	0.4333	0.4677	0.4799	0.5053	0.5155	0.5341	0.5691	0.5805
安徽	0.2065	0.2464	0.2779	0.2769	0.2868	0.3037	0.3201	0.3290	0.3497
福建	0.3199	0.3370	0.3837	0.3712	0.3964	0.4136	0.4246	0.4456	0.4877
江西	0.1990	0.2581	0.2954	0.3035	0.3100	0.3182	0.3363	0.3540	0.3775
山东	0.2924	0.3393	0.3712	0.3778	0.3927	0.4107	0.4326	0.4446	0.4549
河南	0.2124	0.2569	0.2959	0.2967	0.3016	0.3037	0.3127	0.3352	0.3462
湖北	0.2193	0.2404	0.3026	0.2811	0.3033	0.3199	0.3508	0.3688	0.3774
湖南	0.2027	0.2246	0.2795	0.2780	0.2890	0.3000	0.3178	0.3392	0.3458
广东	0.3348	0.3697	0.4118	0.4268	0.4380	0.4257	0.4556	0.4802	0.5035
广西	0.1959	0.2061	0.2397	0.2497	0.2646	0.2825	0.2981	0.3034	0.3052
海南	0.2062	0.2202	0.2572	0.2718	0.2797	0.3068	0.3105	0.3308	0.3473
重庆	0.2356	0.2468	0.2987	0.2982	0.3211	0.3406	0.3642	0.3813	0.3975
四川	0.1821	0.2156	0.2705	0.2680	0.2743	0.3015	0.3104	0.3258	0.3302
贵州	0.1674	0.1766	0.2173	0.2254	0.2516	0.2826	0.3024	0.3274	0.3349
云南	0.1822	0.2046	0.2528	0.2391	0.2447	0.2691	0.2930	0.3159	0.3326
西藏	0.1723	0.1974	0.2281	0.2475	0.2913	0.3354	0.3188	0.3820	0.3687
陕西	0.2488	0.2823	0.3396	0.3260	0.3298	0.3406	0.3555	0.3654	0.3849
甘肃	0.1875	0.2081	0.2483	0.2423	0.2545	0.2840	0.3042	0.3151	0.3078
青海	0.1996	0.2587	0.3010	0.2495	0.3002	0.3029	0.3182	0.3383	0.3506

续表

年 地区	2010	2011	2012	2013	2014	2015	2016	2017	2018
宁夏	0.2190	0.2439	0.2370	0.2567	0.2787	0.3002	0.3164	0.3424	0.3393
新疆	0.2303	0.2497	0.2630	0.2811	0.2912	0.3058	0.3094	0.3258	0.3423

2010—2018年时段内云南学前教育资源发展条件指数均落后于全国平均水平。2010年高于全国平均水平的省区市有北京、上海、天津、浙江、江苏、广东、福建、山东、辽宁、内蒙古和山西，其余省区市均低于全国平均水平；2014年高于全国平均水平的省区市有北京、上海、天津、浙江、江苏、广东、福建、山东和辽宁，其余省区市均低于全国平均水平；2018年高于全国平均水平的省区市有北京、上海、天津、浙江、江苏、广东、福建和山东，其余省区市均低于全国平均水平（见图3.5）。

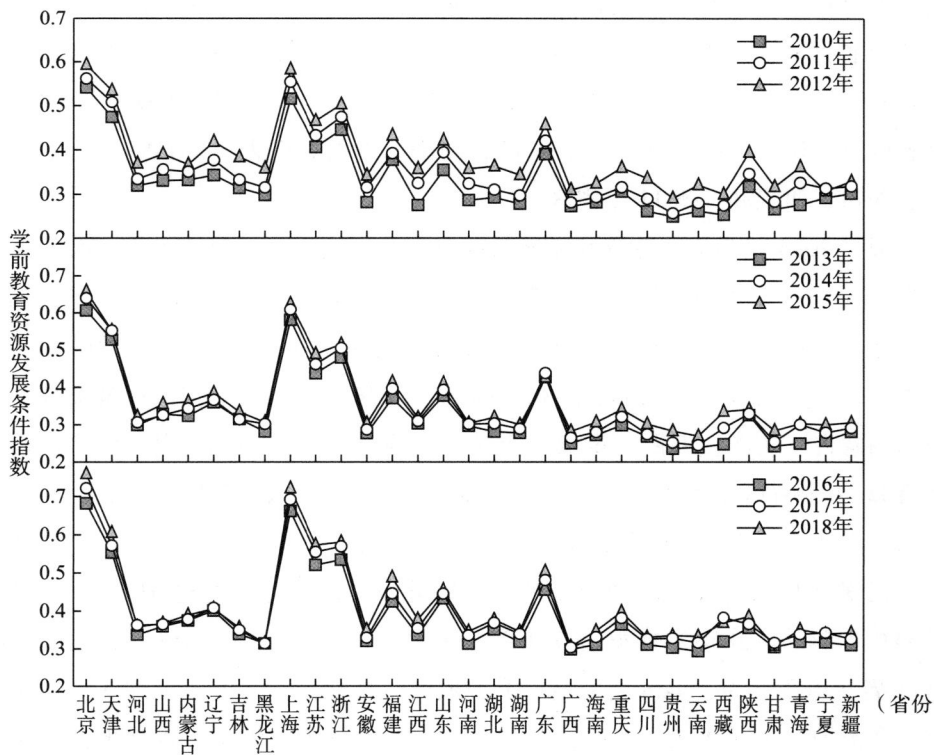

图3.5　云南与其他省区市学前教育资源发展条件趋势的比较

2010—2018年时段内，我国各省区市学前教育资源发展条件年增长率的平均值较高的为西藏、贵州、江西、青海和云南5个省区，较低的为浙江、河北、黑龙江、山西和天津5个省市；极高值西藏学前教育资源发展条件年增长率的平均值为10.36%，极低值天津年增长率的平均值为4.32%，极差为2.4倍，云南年增长率为8.09%，低于西藏2.27%，高于天津3.77%。从该时段内的变动趋势来看，各省份均有不同程度的增长，其中浙江、天津、北京三省市一直维持在高位发展水平，但增长幅度不大；西藏、贵州、云南、四川等省区水平均处于全国落后排名，但增长幅度相对较高。可见，云南与其他省区市比较中，其学前教育资源发展条件仍有进一步提升的空间。

空间比较：根据2010年学前教育资源发展条件聚类分析结果（Ⅰ类型≥0.3581，Ⅱ类型0.2622—0.3581，Ⅲ类型0.2094—0.2622，Ⅳ类型＜0.2094），将我国31个省区市划分为4类区域类型：Ⅰ类地区包括北京、上海、天津和浙江4个省市；Ⅱ类地区包括江苏、广东、福建、山东、辽宁、内蒙古和山西7个省区；Ⅲ类地区包括河北、陕西、吉林、重庆、新疆维吾尔自治区（以下简称新疆）、黑龙江、湖北、宁夏回族自治区（以下简称宁夏）、河南9个省区市；Ⅳ类地区包括安徽、海南、湖南、青海、江西、广西、甘肃、云南、四川、西藏和贵州11个省区。

根据2014年学前教育资源发展条件聚类分析结果（Ⅰ类型≥0.4846，Ⅱ类型0.3493—0.4846，Ⅲ类型0.2939—0.3493，Ⅳ类型＜0.2939），将我国31个省区市划分为4类区域类型：Ⅰ类地区包括北京、上海、天津和浙江4个省市；Ⅱ类地区包括江苏、广东、福建、山东、辽宁5个省份；Ⅲ类地区包括内蒙古、陕西、山西、重庆、吉林、江西、河北、湖北、黑龙江、河南和青海11个省区市；Ⅳ类地区包括西藏、新疆、湖南、安徽、海南、宁夏、四川、广西、甘肃、贵州和云南11个省区。

根据2018年学前教育资源发展条件聚类分析结果（Ⅰ类型≥0.5856，Ⅱ类型0.4134—0.5856，Ⅲ类型0.3534—0.4134，Ⅳ类型＜0.3534），将我国31个省区市划分为4类区域类型：Ⅰ类地区包括北京、上海和天津3个直辖市；Ⅱ类地区包括浙江、江苏、广东、福建和山东5个省份；Ⅲ类地区包括辽宁、重庆、内蒙古、陕西、江西、湖北、西藏、山西、河北、吉林10个省区市；Ⅳ类地区包括青海、安徽、海南、河南、湖南、新疆、宁夏、贵州、云南、四川、黑龙江、甘肃和广西 13 个省区。

对 2010 年、2014 年和 2018 年学前教育资源发展条件聚类结果比较分析可得：云南在此研究时段内均属于Ⅳ类地区。在 2010—2014 年时段内，Ⅰ类、Ⅳ类地区数量不变，Ⅱ类地区减少 2 个省区，Ⅲ类地区增加 2 个省区；在 2014—2018 年时段内，Ⅰ类地区减少 1 个省区，Ⅱ类地区数量不变，Ⅲ类地区减少 1 个省区，Ⅳ类地区增加 2 个省区。

差异比较： 从各省区学前教育资源发展条件的差异性情况来看，2010—2018 年全国学前教育资源发展条件的区域相对差异随着时序变化呈波动下降再上升态势。2010—2012 年时段内，CV 由最高值 0.3448 直降至 0.283，降低了 6.19%；随后至 2015 年时段内，呈先上涨后回落趋势；2015—2018 年时段内，2017 年降至最低值 0.2745，均衡程度相对提高，极差值为 0.0703，2018 年增至 0.2858，全国区域间学前教育资源条件相对差异逐年缩小并趋向相对均衡发展趋势（见图 3.6）。

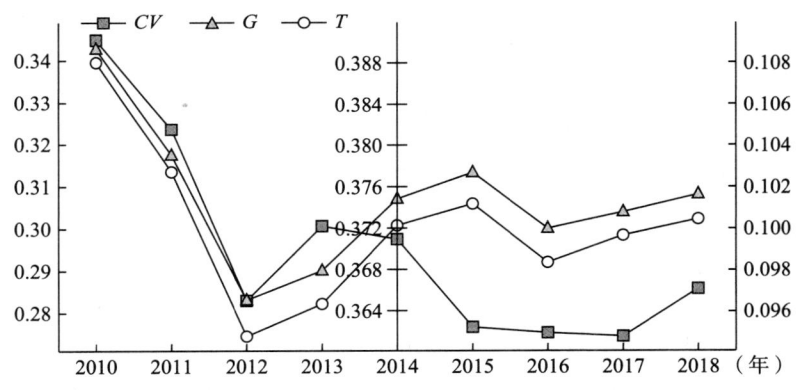

图 3.6 全国学前教育资源发展条件 CV、G、T 变化情况

2010—2018 年全国学前教育资源发展条件区域差距的基尼系数和泰尔指数随着时序变化均呈先下降后阶段性上升趋势。在 2010—2012 年时段内，G、T 均由最高值 0.3893（<0.4）、0.108 直线降至最低值 0.379（<0.4）、0.1027，根据表 2.7 对照可得，该时段内学前教育资源条件区域差距相对合理，极差值分别为 0.0243、0.0132；随后至 2015 年时段内均逐年增长至

0.3774、0.1012；在 2015—2018 年时段内均有先回落后上升，2018 年增至 0.3753、0.1005（见图 3.6）。全国区域间学前教育资源发展条件差异大体呈缩小态势，在基尼系数的均衡性等级判别中属于相对合理的发展类别，区域间差异呈收敛状态，离散程度相对较高，但区域间均衡呈现出起伏不定的变化态势，仍为较低水平的均衡。

在 2010—2018 年时段内，云南在全国学前教育资源发展条件的均衡水平下均处于低位水平，其对全国学前资源发展条件区域差异状态的影响程度呈波浪式上升的趋势。2010—2012 年云南与全国平均值之间差值的绝对值由 0.0769 降至最低 0.0758，云南对该指标在此研究时段内区域差距状态的影响逐渐减小；2014 年绝对值增至最高值 0.1034，对该年份区域差距状态影响相对最大；随后至 2018 年时段内，绝对值逐年缩小至 0.0799，对区域差异状态影响程度逐年降低。

一　云南与其他省区市学前教育需求条件比较

从教育需求角度上看，特定区域社会经济发展条件、人口结构因素直接关联学前教育供需量。社会经济发展相对富庶的省区市，其居民整体支付能力更强，对学前教育供需量也较大，从而促动该地区学前教育良性循环发展。特定区域学前教育需求程度与学前教育资源数量和质量的供给水平密切相关，从而影响学前教育资源的发展条件和资源发展水平。

（一）趋势比较

2010—2018 年云南与其他各省区市学前教育需求条件大体呈持续增长趋势，与学前教育资源发展条件指数的发展态势一致，各省区市上升幅度差异明显。2010 年学前教育需求条件指数最高的省市依次为上海、北京、天津、浙江和辽宁，指数值最低的省区依次为江西、云南、广西、贵州和西藏。极高值上海的学前教育需求条件指数为 0.1356，极低值西藏指数为 0.0086，极差为 15.7 倍，云南指数值为 0.0332，在全国位序为第 28 位，上海指数是云南的 4.08 倍，云南处于全国较低水平，云南学前教育需求条件的贡献率为 0.5465。至 2014 年，学前教育需求条件最高的省市依次为北京、上海、天津、浙江和辽宁，指数值最低的省区依次为新疆、河南、广西、贵州和西藏。极高值北京的学前教育需求条件指数为 0.1555，极低值西藏指数为 0.0134，极差为 11.6 倍，较 2010 年有所缩减，云南指数值为 0.0518，在全国位序为第 25 位，北京指数是云南的 3 倍，云南学前教育需求条件的贡献率为 0.6939，较 2010 年有所提高。至 2018 年，学前教育需求条件指数最高的省市依次为北京、上海、天津、江苏和浙江，指数值最低的省区为河南、新疆、广西、贵州和西藏。极高值北京的学前教育需求条件指数为 0.1855，极低值西藏的指数为 0.0288，极差为 6.44 倍，较 2014 年大幅度缩小，云南指数值为 0.0647，在全国位序为第 22 位，位序继续上升，北京指数是云南的 2.87 倍，较 2014 年有所降低，云南学前教育需求条件的贡献率为 0.7449，较 2014 年有所上涨（见表 3.6）。

表 3.6　云南与其他省区市学前教育需求条件指数的比较

年 地区	2010	2011	2012	2013	2014	2015	2016	2017	2018
北京	0.1324	0.1389	0.1439	0.1509	0.1555	0.1618	0.1659	0.1740	0.1855
天津	0.1026	0.1057	0.1067	0.1147	0.1203	0.1313	0.1362	0.1410	0.1511
河北	0.0543	0.0543	0.0547	0.0574	0.0553	0.0577	0.0591	0.0640	0.0635
山西	0.0553	0.0620	0.0657	0.0687	0.0725	0.0758	0.0766	0.0819	0.0840
内蒙古	0.0715	0.0786	0.0812	0.0869	0.0909	0.0947	0.0990	0.0992	0.1034
辽宁	0.0849	0.0901	0.0997	0.1044	0.1077	0.1091	0.1089	0.1127	0.1133
吉林	0.0750	0.0756	0.0811	0.0848	0.0840	0.0856	0.0840	0.0847	0.0855
黑龙江	0.0748	0.0790	0.0795	0.0829	0.0887	0.0940	0.0972	0.1006	0.1008
上海	0.1356	0.1434	0.1459	0.1477	0.1530	0.1605	0.1670	0.1737	0.1806
江苏	0.0801	0.0865	0.0903	0.0976	0.1056	0.1130	0.1203	0.1289	0.1347
浙江	0.0870	0.0961	0.1005	0.1056	0.1094	0.1091	0.1129	0.1216	0.1199
安徽	0.0479	0.0499	0.0522	0.0529	0.0584	0.0604	0.0642	0.0595	0.0644
福建	0.0694	0.0720	0.0701	0.0721	0.0741	0.0768	0.0783	0.0834	0.0948
江西	0.0337	0.0391	0.0410	0.0506	0.0484	0.0479	0.0516	0.0523	0.0621
山东	0.0644	0.0691	0.0711	0.0790	0.0819	0.0841	0.0878	0.0887	0.0921

续表

年 地区	2010	2011	2012	2013	2014	2015	2016	2017	2018
河南	0.0369	0.0404	0.0436	0.0455	0.0476	0.0492	0.0529	0.0557	0.0564
湖北	0.0675	0.0693	0.0730	0.0737	0.0734	0.0792	0.0819	0.0846	0.0902
湖南	0.0519	0.0538	0.0525	0.0573	0.0600	0.0639	0.0668	0.0697	0.0683
广东	0.0749	0.0788	0.0861	0.0888	0.0908	0.0966	0.0983	0.1029	0.1061
广西	0.0319	0.0333	0.0334	0.0413	0.0419	0.0402	0.0483	0.0463	0.0498
海南	0.0425	0.0463	0.0526	0.0554	0.0571	0.0617	0.0653	0.0705	0.0784
重庆	0.0539	0.0616	0.0638	0.0701	0.0750	0.0777	0.0825	0.0825	0.0839
四川	0.0505	0.0563	0.0598	0.0603	0.0631	0.0674	0.0691	0.0733	0.0745
贵州	0.0095	0.0177	0.0253	0.0316	0.0353	0.0368	0.0415	0.0490	0.0464
云南	0.0332	0.0414	0.0445	0.0455	0.0518	0.0539	0.0546	0.0598	0.0647
西藏	0.0086	0.0155	0.0203	0.0174	0.0134	0.0208	0.0217	0.0241	0.0288
陕西	0.0633	0.0657	0.0729	0.0715	0.0749	0.0759	0.0791	0.0796	0.0873
甘肃	0.0432	0.0511	0.0545	0.0557	0.0600	0.0594	0.0619	0.0616	0.0628
青海	0.0342	0.0389	0.0416	0.0478	0.0578	0.0545	0.0590	0.0598	0.0660
宁夏	0.0384	0.0444	0.0449	0.0528	0.0585	0.0607	0.0669	0.0745	0.0702
新疆	0.0406	0.0460	0.0473	0.0478	0.0482	0.0475	0.0475	0.0493	0.0537

2010—2018年时段内云南学前教育需求条件指数均低于全国平均水平。2010年高于全国平均水平的省区市有上海、北京、天津、浙江、辽宁、江苏、吉林、广东、黑龙江、内蒙古、福建、湖北、山东和陕西，其余省区市均低于全国平均水平；2014年高于全国平均水平的省区市有北京、上海、天津、浙江、辽宁、江苏、内蒙古、广东、黑龙江、吉林、山东、重庆和陕西，其余省区市均低于全国平均水平；2018年高于全国平均水平的省区市有北京、上海、天津、浙江、江苏、辽宁、广东、内蒙古、黑龙江、福建、山东、湖北和陕西，其余省区市均低于全国平均水平（见图3.7）。

2010—2018年时段内，我国各省区市学前教育需求条件年增长率的平均值较高的为贵州、西藏、云南、青海和江西5个省区，较低的为上海、新疆、湖南、河北和吉林5个省区市。极高值贵州学前教育需求条件年增长率的平

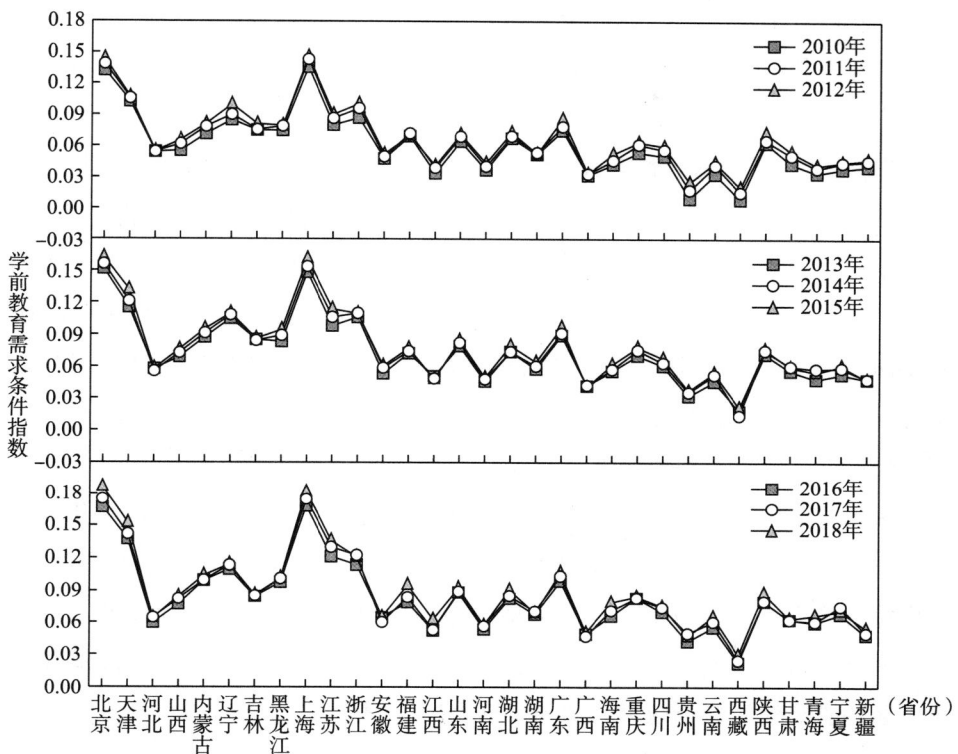

图 3.7 云南与其他省区市学前教育需求条件趋势的比较

均值为 24.51%，极低值吉林年增长率的平均值为 1.69%，极差为 14.5 倍，云南年增长率为 8.91%，低于贵州 15.6%，高于吉林 7.22%。从该时段内的变动趋势来看，各省区市均有不同程度的增长，其中上海、辽宁、吉林三省市均维持在高位发展水平，但增长幅度较小；贵州、西藏、云南等省区水平指数均处于全国落后排名，但增长幅度相对较高。因此，云南学前教育需求条件在同期水平区域比较中亟待提升。

（二）空间比较

根据 2010 年学前教育需求条件聚类分析结果（Ⅰ类型≥0.0845，Ⅱ类型 0.0597—0.0845，Ⅲ类型 0.0392—0.0597，Ⅳ类型＜0.0392），将我国 31 个省区市划分为 4 类区域类型：Ⅰ类地区包括上海、北京、天津、浙江和辽宁 5 个省市；Ⅱ类地区包括江苏、吉林、广东、黑龙江、内蒙古、福建、湖北、山东和陕西9个省区；Ⅲ类地区包括山西、河北、重庆、湖南、四川、安徽、甘肃、海南和新疆9个省区市；Ⅳ类地区包括宁夏、河南、青海、江西、云南、广西、贵州和西藏8个省区。

根据2014年学前教育需求条件聚类分析结果（Ⅰ类型≥0.1029，Ⅱ类型0.0747—0.1029，Ⅲ类型0.0543—0.0747，Ⅳ类型＜0.0543），将我国31个省区市划分为4类区域类型：Ⅰ类地区包括北京、上海、天津、浙江、辽宁和江苏6个省市；Ⅱ类地区包括内蒙古、广东、黑龙江、吉林、山东、重庆和陕西7个省区市；Ⅲ类地区包括福建、湖北、山西、四川、湖南、甘肃、宁夏、安徽、青海、海南和河北11个省区；Ⅳ类地区包括云南、江西、新疆、河南、广西、贵州和西藏7个省区。

根据2018年学前教育需求条件聚类分析结果（Ⅰ类型≥0.1227，Ⅱ类型0.0878—0.1227，Ⅲ类型0.0658—0.0878，Ⅳ类型＜0.0658），将我国31个省区市划分为4类区域类型：Ⅰ类地区包括北京、上海、天津和江苏4个省市；Ⅱ类地区包括浙江、辽宁、广东、内蒙古、黑龙江、福建、山东和湖北8个省区；Ⅲ类地区包括陕西、吉林、山西、重庆、海南、四川、宁夏、湖南和青海9个省区市；Ⅳ类地区包括云南、安徽、河北、甘肃、江西、河南、新疆、广西、贵州和西藏10个省区。

对2010年、2014年和2018年学前教育需求条件聚类结果比较分析可得：云南在此研究时段内均属于Ⅳ类地区。在2010—2014年时段内，Ⅰ类地区增加1个省区，Ⅱ类地区减少2个省区，Ⅲ类地区增加2个省区，Ⅳ类地区减少1个省区，表明学前教育需求条件总体呈增长趋势；在2014—2018年时段内，Ⅰ类地区减少2个省区，Ⅱ类地区增加1个省区，Ⅲ类地区减少2个省区，Ⅳ类地区增加3个省区，表明学前教育需求条件总体略有下降趋势。

（三）差异比较

从各省区市学前教育需求条件的差异性情况来看，2010—2018年全国学前教育需求条件的区域相对差异、基尼系数和泰尔指数随着时序变化均呈阶段性下降趋势，在2010—2013年时段内，CV、G、T均有线性下降，CV由最高值0.424降至0.126，较2010年缩小了6.65%，G、T均由最高值0.4925

（＞0.4）、0.4136 降至最低值 0.3967（＜0.4）、0.112，极差值分别为 0.0169、0.0121，根据表2.7 对照可得，该时段内学前教育需求条件区域差距由差异显著到相对合理；在 2014—2018 年时段内，CV 呈波动下降，G、T 均有上升，到 2018 年，CV 降至最低值 0.4161，极差为 0.0763，G、T 均分别增至 0.404、0.1162（见图 3.8）。全国区域间学前教育需求条件差异大体呈缩小态势，但在基尼系数的均衡性等级判别中属于非均衡类别，集聚程度相对较高且差异显著，区域间均衡呈现出起伏不定的变化态势。

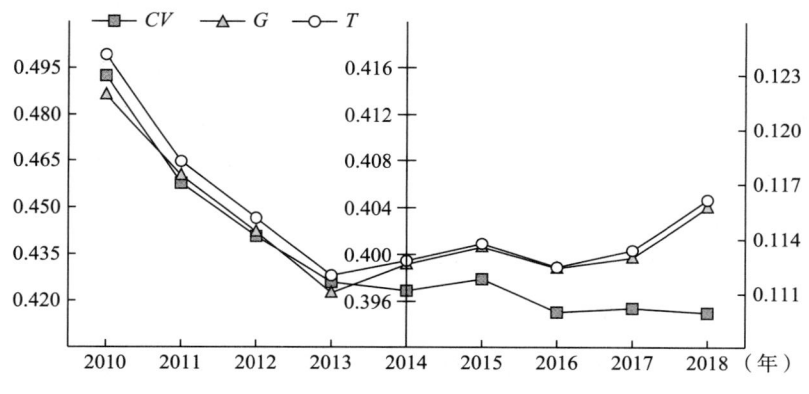

图 3.8　全国学前教育需求条件 CV、G、T 变化情况

2010—2018 年时段内，在全国学前教育需求条件的省际差异从失衡到均衡再至失衡水平的过程中，云南均处于低水平状态，其对全国区域差异状态的影响程度呈波动下降态势。2010 年云南与全国平均值之间差值的绝对值为 0.0276，云南对该指标该年份区域差距状态的影响最高；2013 年、2016 年的绝对值分别为 0.0267、0.026，对该年份区域差距状态影响也相对较大；2018 年的绝对值降至最低点 0.0221，对区域差异状态影响程度相对最小。

二　云南与其他省区市学前教育区域条件比较

区域社会经济发展条件深刻影响消费、产业及行业等经济结构变革的同时也深刻作用于教育结构变革，为教育改革发展提供经济上的财力支撑。

（一）趋势比较

基于 2010—2018 年实证数据来看，云南与其他各省区市学前教育区域条件总体呈现逐年递增的态势,与学前教育资源发展条件指数的变化一致,各省区市指数排名变动较小,基本处于稳定的固化状态,但增长趋势差异明显。

2010 年学前教育区域条件指数最高的省市依次为上海、北京、天津、浙江和江苏,指数值最低的省区依次为西藏、海南、甘肃、云南和贵州。极高值上海的学前教育区域条件指数为 0.3171,极低值贵州指数为 0.0388,极差为 8.18 倍,云南指数值为 0.0487,在全国位序为第 30 位,上海指数是云南的 6.5 倍,云南处于全国较低水平,云南学前教育区域条件的贡献率为 0.3811。至 2014 年,学前教育区域条件指数最高的省市依次为上海、北京、天津、浙江和江苏,指数值最低的省区依次为海南、广西、云南、甘肃和贵州。极高值上海的学前教育区域条件指数为 0.4036,极低值贵州指数为 0.0935,极差为 4.31 倍,较 2010 年有所减小,云南指数值为 0.1052,在全国位序为第 29 位,上海指数是云南的 3.83 倍,云南学前教育区域条件的贡献率为 0.5468,比 2010 年明显提高。至 2018 年,学前教育区域条件指数最高的省市依次为北京、上海、天津、浙江和江苏,指数值最低的省区为黑龙江、广西、云南、贵州和甘肃。极高值北京的学前教育区域条件指数为 0.5258,极低值甘肃的指数为 0.1405,极差为 3.74 倍,较 2014 年有所降低,云南指数值为 0.1549,在全国位序为第 29 位,北京指数是云南的 3.39 倍,较 2014 年有所降低,云南学前教育区域条件的贡献率为 0.6096,较 2014 年有所上涨(见表 3.7)。

表 3.7 云南与其他省区市学前教育区域条件指数的比较

年 地区	2010	2011	2012	2013	2014	2015	2016	2017	2018
北京	0.3053	0.3261	0.3452	0.3755	0.4036	0.4320	0.4628	0.4933	0.5258
天津	0.2639	0.2959	0.3163	0.3269	0.3468	0.3612	0.3803	0.3954	0.4085
河北	0.1132	0.1296	0.1404	0.1501	0.1629	0.1710	0.1819	0.1960	0.2066
山西	0.1249	0.1398	0.1517	0.1622	0.1690	0.1751	0.1822	0.1981	0.2101
内蒙古	0.1480	0.1731	0.1906	0.2055	0.2226	0.2308	0.2407	0.2379	0.2522
辽宁	0.1625	0.1842	0.2020	0.2216	0.2371	0.2382	0.2433	0.2518	0.2609
吉林	0.1208	0.1366	0.1521	0.1667	0.1825	0.1898	0.2032	0.2157	0.2221

续表

年份地区	2010	2011	2012	2013	2014	2015	2016	2017	2018
黑龙江	0.1096	0.1249	0.1326	0.1399	0.1560	0.1607	0.1682	0.1732	0.1804
上海	0.3171	0.3382	0.3515	0.3733	0.4036	0.4294	0.4624	0.4918	0.5217
江苏	0.1984	0.2220	0.2404	0.2557	0.2796	0.2972	0.3180	0.3425	0.3656
浙江	0.2194	0.2394	0.2543	0.2707	0.2920	0.3104	0.3296	0.3516	0.3745
安徽	0.0937	0.1074	0.1235	0.1352	0.1527	0.1617	0.1747	0.1893	0.2042
福建	0.1557	0.1780	0.1957	0.2085	0.2281	0.2438	0.2595	0.2806	0.3011
江西	0.0962	0.1147	0.1278	0.1412	0.1582	0.1690	0.1811	0.1963	0.2126
山东	0.1484	0.1658	0.1815	0.1927	0.2106	0.2243	0.2389	0.2541	0.2674
河南	0.0917	0.1075	0.1207	0.1307	0.1446	0.1563	0.1680	0.1849	0.1993
湖北	0.0994	0.1154	0.1311	0.1449	0.1687	0.1845	0.1987	0.2159	0.2360
湖南	0.0928	0.1086	0.1214	0.1382	0.1545	0.1647	0.1777	0.1957	0.2098
广东	0.1890	0.2064	0.2198	0.2271	0.2449	0.2609	0.2770	0.2969	0.3141
广西	0.0657	0.0783	0.0902	0.1011	0.1152	0.1261	0.1358	0.1436	0.1577
海南	0.0629	0.0785	0.0940	0.1109	0.1302	0.1404	0.1509	0.1683	0.1871
重庆	0.1220	0.1418	0.1573	0.1661	0.1871	0.2032	0.2205	0.2379	0.2496
四川	0.0839	0.0967	0.1099	0.1233	0.1384	0.1477	0.1598	0.1747	0.1905
贵州	0.0388	0.0508	0.0637	0.0780	0.0935	0.1035	0.1175	0.1333	0.1499
云南	0.0487	0.0620	0.0764	0.0875	0.1052	0.1134	0.1237	0.1396	0.1549
西藏	0.0636	0.0839	0.1032	0.1180	0.1384	0.1561	0.1737	0.1907	0.2062
陕西	0.0993	0.1176	0.1334	0.1426	0.1637	0.1733	0.1830	0.2009	0.2235
甘肃	0.0505	0.0632	0.0743	0.0845	0.0981	0.1060	0.1160	0.1280	0.1405
青海	0.1094	0.1300	0.1477	0.1602	0.1757	0.1893	0.1972	0.2028	0.2169
宁夏	0.1093	0.1255	0.1397	0.1522	0.1682	0.1803	0.1952	0.2103	0.2194
新疆	0.0761	0.0969	0.1083	0.1261	0.1410	0.1499	0.1585	0.1803	0.1938

2010—2018年时段内云南学前教育区域条件指数均低于全国平均水平。2010年高于全国平均水平的省区市有北京、上海、天津、浙江、江苏、广东、辽宁、福建、山东和内蒙古，其余省区市均低于全国平均水平；2014年高于

全国平均水平的省区市有北京、上海、天津、浙江、江苏、广东、辽宁、福建、内蒙古和山东，其余省区市均低于全国平均水平；2018 年高于全国平均水平的省市有北京、上海、天津、浙江、江苏、广东、福建、山东和辽宁，其余省区市均低于全国平均水平（见图 3.9）。

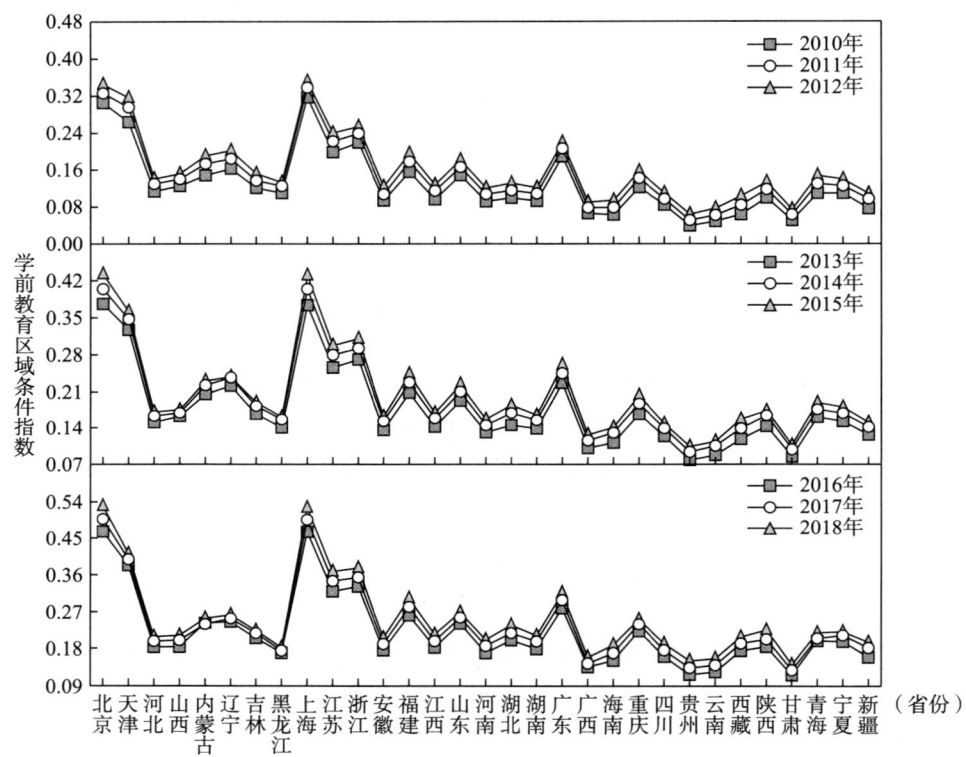

图 3.9　云南与其他省区市学前教育区域条件趋势的比较

2010—2018 年时段内，我国各省区市学前教育区域条件年增长率的平均值较高的为贵州、西藏、云南、海南和甘肃 5 个省区，较低的为广东、黑龙江、上海、辽宁和天津 5 个省市。极高值贵州学前教育区域条件年增长率的平均值为 18.61%，极低值天津年增长率的平均值为 5.65%，极差为 3.3 倍，云南年增长率为 15.75%，低于贵州 2.86%，高于天津 10.11%。从该时段内的增长趋势来看，各省区市均有不同幅度的上升，其中上海、广东、天津和辽宁 4 个省市均处于高位发展水平，但增长趋势较缓；贵州、云南、甘肃、海南和西藏等省区指数均处于全国较低水平，但增长幅度相对较高。因此，云南学前教育区域社会经济支持条件在同期水平区域比较中相对滞后并亟待提升。学前教育区域支持条件直接影响学前教育资源发展水平,再加上云南地理自然条件的限制,其学前教育资源水平与配置状态势必低于东、中部省区的同期水平。

(二) 空间比较

根据2010年学前教育区域条件聚类分析结果(Ⅰ类型≥0.2108,Ⅱ类型0.1284—0.2108,Ⅲ类型0.0892—0.1284,Ⅳ类型<0.0892),将我国31个省区市划分为4类区域类型:Ⅰ类地区包括上海、北京、天津和浙江4个省市;Ⅱ类地区包括江苏、广东、辽宁、福建、山东和内蒙古6个省区;Ⅲ类地区包括山西、重庆、吉林、河北、黑龙江、青海、宁夏、湖北、陕西、江西、安徽、湖南和河南13个省区市;Ⅳ类地区包括四川、新疆、广西、西藏、海南、甘肃、云南和贵州8个省区。

根据2014年学前教育区域条件聚类分析结果(Ⅰ类型≥0.2869,Ⅱ类型0.1927—0.2869,Ⅲ类型0.1478—0.1927,Ⅳ类型<0.1478),将我国31个省区市划分为4类区域类型:Ⅰ类地区包括上海、北京、天津和浙江4个省市;Ⅱ类地区包括江苏、广东、辽宁、福建、内蒙古和山东6个省区;Ⅲ类地区包括重庆、吉林、青海、山西、湖北、宁夏、陕西、河北、江西、黑龙江、湖南和安徽12个省区市;Ⅳ类地区包括河南、新疆、西藏、四川、海南、广西、云南、甘肃和贵州9个省区。

根据2018年学前教育区域条件聚类分析结果(Ⅰ类型≥0.3592,Ⅱ类型0.2504—0.3592,Ⅲ类型0.1986—0.2504,Ⅳ类型<0.1986),将我国31个省区市划分为4类区域类型:Ⅰ类地区包括北京、上海、天津、浙江和江苏5个省市;Ⅱ类地区包括广东、福建、山东、辽宁和内蒙古5个省区;Ⅲ类地区包括重庆、湖北、陕西、吉林、宁夏、青海、江西、山西、湖南、河北、西藏、安徽和河南13个省区市;Ⅳ类地区包括新疆、四川、海南、黑龙江、广西、云南、贵州和甘肃8个省区。

对2010年、2014年和2018年学前教育区域条件聚类结果比较分析可得:云南在此研究时段内均属于Ⅳ类地区。在2010—2014年时段内,Ⅰ类、Ⅱ类地区数量不变，Ⅲ类地区减少 1 个省区，Ⅳ类地区增加 1 个省区，表明学前教育区域条件基本保持平稳；在 2014—2018 年时段内，Ⅰ类地区增加 1 个省区，Ⅱ类地区减少 1 个省区，Ⅲ类地区增加 1 个省区，Ⅳ类地区减少 1 个省区，表明学前教育区域条件总体呈增长趋势。

（三）差异比较

从各省区市学前教育区域条件的差异性情况来看，2010—2018 年全国学前教育区域条件的区域相对差异、基尼系数和泰尔指数随着时序变化均呈逐年下降趋势，2010 年，CV、G、T 均为研究时段内最高值，分别为 0.5514、0.435（>0.4）和 0.1355，根据表 2.7 对照可得，该时段内学前教育区域条件区域差距悬殊；至 2018 年均降至最低值 0.3878、0.3972（<0.4）和 0.1128，极差值分别为 0.1636、0.0378 和 0.0227（见图 3.10）。全国区域间学前教育区域条件差异逐年缩小，由显著不均衡趋向相对合理的均衡发展，区域间差异呈逐年收敛状态，离散程度逐年提高，但区域间均衡呈现出起伏不定的变化态势，仍为较低水平的均衡。全国区域间学前教育不均衡的根本原因是区域社会结构、经济条件使然。

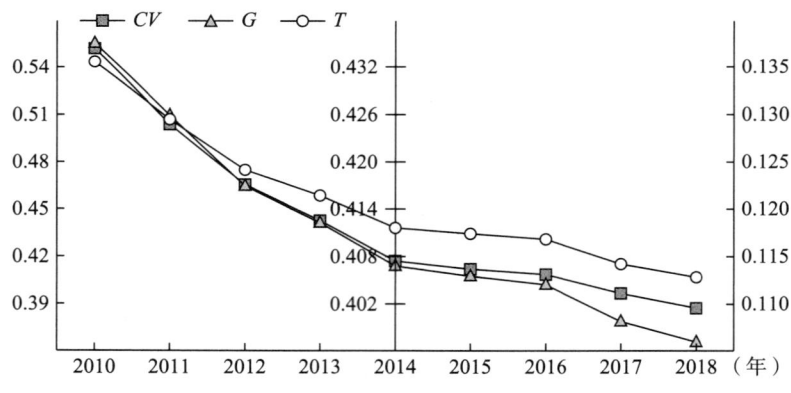

图 3.10　全国学前教育区域条件 CV、G、T 变化情况

2010—2018 年时段内，在全国学前教育区域条件省际差异从失衡至均衡水平过程中，云南均处于低位水平，其对全国学前区域条件区域差异状态的影响程度逐年增强。2010 年云南与全国平均值之间差值的绝对值为 0.0791，云南对该指标该年份区域差距状态的影响相对最低；2014 年绝对值为 0.0872，

对该年份区域差距状态影响增强；2018年绝对值增至最高点0.0992，对区域差异状态影响程度相对最高。

三 云南与其他省区市学前教育政府支持比较

学前教育是一种外溢性较强的准公共产品，从财政投入能力角度看，各级政府是学前教育财政的承担主导者，通过各种渠道将外部性财力转入内部化资本。提升政府支持学前教育公共投资主体层次，不仅从政府层面保证学前教育公平的财力保障，更益于教育资本投入均衡及稳定。《国务院关于当前发展学前教育的若干意见》中提到完善学前教育财力投入保障机制体制建设，多途径、多渠道加大对学前教育财力投入，加强以省级政府财政统筹的教育财政转移支付能力，基于"教育优先发展"的战略精神，各级政府要将学前教育经费单列并列入预算范畴，增加财政性学前教育经费占总教育经费的合理比例及学前教育经费的投入倾斜力度。

（一）趋势比较

2010—2018年云南与其他各省区市学前教育政府支持指数的变动态势差异显著，近1/2省区总体呈阶段性递减态势，约1/3省区水平指数变化趋势忽高忽低、波动停滞。2010年学前教育政府支持指数最高的省区依次为贵州、新疆、海南、云南和西藏，指数值最低的省区市依次为四川、内蒙古、黑龙江、辽宁和上海。极高值贵州的学前教育政府支持指数为0.1191，极低值上海指数为0.0302，极差为3.94倍，云南指数值为0.1003，在全国位序为第4位，云南指数是上海的3.32倍，云南处于全国较高水平，云南学前教育政府支持的贡献率为1.4227。至2014年，学前教育政府支持最高的省区依次为西藏、贵州、河南、广西和浙江，指数值最低的省区市依次为上海、宁夏、吉林、内蒙古和辽宁。极高值西藏的学前教育政府支持指数为0.1394，极低值辽宁指数为0.0217，极差为6.44倍，较2010年有所增加，云南指数值为0.0876，在全国位序为第15位，云南指数是辽宁的4.05倍，处于全国中等水平，云南学前教育政府支持的贡献率为1.0819，较2010年明显降低。至2018年，学前教育政府支持指数最高的省区依次为贵州、西藏、云南、甘肃和江西,指数值最低的省区市为天津、内蒙古、黑龙江、辽宁和上海。极高值贵州的学前教育政府支持指数为0.1387,极低值上海的指数为0.0191,极差为7.26倍,较2014年继续增加,云南指数值为0.1130,在全国位序为第3位,位序继续上升,云南指数是上海的5.92倍,处于全国较高水平,较2014年有所增加,云南学前教育政府支持的贡献率为1.5776,较2014年有大幅度上升(见表3.8)。

表3.8 云南与其他省区市学前教育政府支持指数的比较

年地区	2010	2011	2012	2013	2014	2015	2016	2017	2018
北京	0.0757	0.0724	0.0847	0.0801	0.0809	0.0649	0.0534	0.0544	0.0478
天津	0.0665	0.0721	0.0821	0.0864	0.0853	0.0595	0.0367	0.0349	0.0456
河北	0.0839	0.0850	0.1146	0.0918	0.0884	0.0930	0.0965	0.1029	0.0889
山西	0.0845	0.0920	0.1176	0.0977	0.0846	0.1048	0.1010	0.0852	0.0730
内蒙古	0.0468	0.0364	0.0351	0.0313	0.0303	0.0362	0.0354	0.0408	0.0336
辽宁	0.0318	0.0443	0.0658	0.0341	0.0217	0.0376	0.0490	0.0437	0.0315
吉林	0.0490	0.0545	0.0936	0.0637	0.0479	0.0591	0.0517	0.0494	0.0483
黑龙江	0.0417	0.0422	0.0846	0.0587	0.0574	0.0519	0.0487	0.0405	0.0329
上海	0.0302	0.0469	0.0646	0.0601	0.0521	0.0348	0.0321	0.0266	0.0191
江苏	0.0751	0.0753	0.0917	0.0839	0.0767	0.0792	0.0823	0.0832	0.0721
浙江	0.0927	0.0977	0.1129	0.1036	0.1040	0.0961	0.0917	0.0959	0.0861
安徽	0.0650	0.0891	0.1021	0.0887	0.0756	0.0816	0.0812	0.0802	0.0811
福建	0.0948	0.0871	0.1179	0.0906	0.0942	0.0931	0.0868	0.0816	0.0918
江西	0.0691	0.1044	0.1267	0.1116	0.1033	0.1013	0.1036	0.1055	0.1028
山东	0.0796	0.1044	0.1187	0.1062	0.1002	0.1024	0.1059	0.1018	0.0954
河南	0.0838	0.1091	0.1316	0.1204	0.1094	0.0982	0.0918	0.0946	0.0905
湖北	0.0524	0.0556	0.0984	0.0625	0.0611	0.0562	0.0701	0.0684	0.0512
湖南	0.0580	0.0622	0.1055	0.0824	0.0746	0.0714	0.0733	0.0737	0.0677
广东	0.0708	0.0845	0.1058	0.1108	0.1022	0.0682	0.0803	0.0804	0.0833

续表

年 地区	2010	2011	2012	2013	2014	2015	2016	2017	2018
广西	0.0983	0.0945	0.1161	0.1073	0.1075	0.1162	0.1140	0.1135	0.0978
海南	0.1008	0.0953	0.1107	0.1055	0.0924	0.1047	0.0943	0.0920	0.0818
重庆	0.0596	0.0434	0.0777	0.0620	0.0589	0.0597	0.0612	0.0608	0.0640
四川	0.0477	0.0626	0.1009	0.0844	0.0727	0.0865	0.0815	0.0777	0.0652
贵州	0.1191	0.1081	0.1283	0.1262	0.1228	0.1423	0.1434	0.1450	0.1387
云南	0.1003	0.1013	0.1319	0.1061	0.0876	0.1018	0.1147	0.1165	0.1130
西藏	0.1000	0.0980	0.1045	0.1120	0.1394	0.1586	0.1234	0.1672	0.1337
陕西	0.0862	0.0990	0.1333	0.1119	0.0912	0.0914	0.0933	0.0849	0.0742
甘肃	0.0938	0.0938	0.1195	0.1021	0.0964	0.1186	0.1263	0.1256	0.1045
青海	0.0559	0.0898	0.1117	0.0415	0.0667	0.0591	0.0619	0.0757	0.0677
宁夏	0.0712	0.0740	0.0523	0.0517	0.0520	0.0592	0.0542	0.0576	0.0497
新疆	0.1136	0.1068	0.1074	0.1073	0.1021	0.1084	0.1034	0.0962	0.0948

2010—2018年时段内云南学前教育政府支持指数均高于全国平均水平。2010年高于全国平均水平的省区市有贵州、新疆、海南、云南、西藏、广西、福建、甘肃、浙江、山西、河北、河南、山东、北京、江苏、宁夏和广东，其余省区市均低于全国平均水平；2014年高于全国平均水平的省区市有西藏、贵州、河南、广西、浙江、江西、广东、新疆、山东、甘肃、福建、海南、陕西、河北、云南、天津和山西，其余省区市均低于全国平均水平；2018年高于全国平均水平的省区有贵州、西藏、云南、甘肃、江西、广西、山东、新疆、福建、河南、河北、浙江、广东、海南、安徽、陕西、陕西和江苏，其余省区市均低于全国平均水平（见图3.11）。

2010—2018年时段内，我国各省区市学前教育政府支持年增长率的平均值较高的为青海、辽宁、四川、江西和西藏5个省区，增长率为负的省区市为江苏、山西、陕西、浙江、上海、海南、天津、新疆、内蒙古、宁夏和北京。极高值青海学前教育政府支持指数年增长率的平均值为10.99%，极低值北京年增长率的平均值为 −4.95%，极差为0.1594，云南年增长率为2.7%，

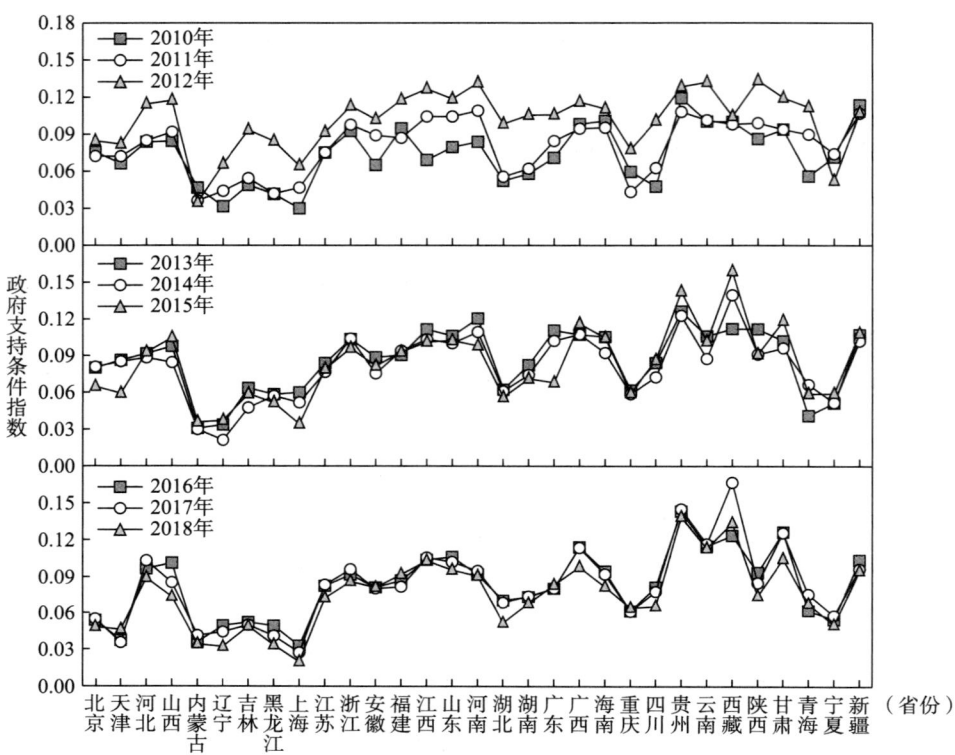

图 3.11　云南与其他省区市学前教育政府支持趋势的比较

低于青海 8.29%，高于北京 7.65%。从该时段内的变动趋势来看，各省份均呈无序波浪形态势，20 个省区市总体呈增长趋势，其中西藏、江西二省区均维持在高位发展水平，增长幅度较大；辽宁、四川等省份指数水平均处于全国落后排名，其增长幅度相对较高；上海、天津、内蒙古、宁夏和北京等省区市水平处于全国较低排名，其整体态势波浪式下降；浙江、海南和新疆等省区处于全国领先水平，其趋势也有大幅度降低；云南水平处于全国高位水平，其增长幅度相对较大。结果表明，区域社会经济条件越优越地区，其地区 GDP 总量及财政支出总额水平越高，政府对教育的财政支持程度占整体财政比例低于其他第二、三产业的资金投入支持。云南省经济发展以第一、二产业为主，其 GDP 总量低于全国水平，但教育财政投入比例占总体份额相对较大，再加上近年来我国实施了中西部学前教育推进工程，加大对西部地区学前教育的支持力度，因此，云南地区政府支持学前教育发展的条件指数及增长幅度均排在全国领先水平。

（二）空间比较

根据 2010 年学前教育政府支持条件聚类分析结果（Ⅰ类型≥0.0926，Ⅱ类型 0.0741—0.0926，Ⅲ类型 0.0544—0.0741，Ⅳ类型＜0.0544），将我国 31 个省区市划分为 4 类政府支持类型：Ⅰ类地区包括贵州、新疆、海南、云南、西藏、广西、福建、甘肃和浙江 9 个省区；Ⅱ类地区包括陕西、山西、河北、河南、山东、北京和江苏 7 个省市；Ⅲ类地区包括宁夏、广东、江西、天津、安徽、重庆、湖南和青海 8 个省区市；Ⅳ类地区包括湖北、吉林、四川、内蒙古、黑龙江、辽宁和上海 7 个省区市。

根据 2014 年学前教育政府支持条件聚类分析结果（Ⅰ类型≥0.1007，Ⅱ类型 0.0819—0.1007，Ⅲ类型 0.0592—0.0819，Ⅳ类型＜0.0592），将我国 31 个省区市划分为 4 类政府支持类型：Ⅰ类地区包括西藏、贵州、河南、广西、浙江、江西、广东和新疆 8 个省区；Ⅱ类地区包括山东、甘肃、福建、海南、陕西、河北、云南、天津和山西 9 个省市；Ⅲ类地区包括北京、江苏、安徽、湖南、四川、青海和湖北 7 个省市；Ⅳ类地区包括重庆、黑龙江、上海、宁夏、吉林、内蒙古和辽宁 7 个省区市。

根据 2018 年学前教育政府支持条件聚类分析结果（Ⅰ类型≥0.0989，Ⅱ类型 0.0751—0.0989，Ⅲ类型 0.0527—0.0751，Ⅳ类型＜0.0527），将我国 31 个省区市划分为 4 类政府支持类型：Ⅰ类地区包括贵州、西藏、云南、甘肃和江西 5 个省区；Ⅱ类地区包括广西、山东、新疆、福建、河南、河北、浙江、广东、海南和安徽 10 个省区；Ⅲ类地区包括陕西、山西、江苏、青海、湖南、四川和重庆 7 个省市；Ⅳ类地区包括湖北、宁夏、吉林、北京、天津、内蒙古、黑龙江、辽宁和上海 9 个省区市。

对 2010 年、2014 年和 2018 年学前教育政府支持条件聚类结果比较分析可得：云南在 2010 年和 2018 年均属于Ⅰ类地区，2014 年为Ⅱ类地区。在 2010—2014 年时段内，Ⅰ类地区减少 1 个省区，Ⅱ类地区增加 2 个省区，Ⅲ类地区减少 1 个省区，Ⅳ类地区数量不变，表明学前教育政府支持条件大体呈略增长趋势；在 2014—2018 年时段内，Ⅰ类地区减少 3 个省区，Ⅱ类地区增加 1 个省区，Ⅲ类地区数量不变，Ⅳ类地区增加 2 个省区，表明学前教育政府支持条件总体呈下降趋势。

（三）差异比较

从各省区市学前教育政府支持条件的差异性情况来看，2010—2018 年全国学前教育政府支持条件的区域相对差异、基尼系数和泰尔指数随着时序变化均呈现先下降后上升趋势，在 2010—2012 年时段内，CV、G、T 均有线性下降，G、T 均由最高值 0.4017（>0.4）、0.1151 降至最低值 0.3301（<0.4）、0.0791，极差分别为 0.0346 和 0.0174，根据表 2.7 对照可得，该时段内学前教育政府支持条件区域差距由差异悬殊发展为相对合理均衡；在 2012—2018 年时段内，CV 呈阶段上涨趋势并由最低值 0.3263 增至最高值 0.3864，极差值为 0.1502，而 G、T 均呈波动上升后下降再增长趋势，到 2018 年 G、T 分别增至 0.3686（<0.4）、0.0991（见图 3.12）。可见，全国区域间学前教育政府支持条件差异呈缩小趋势并由差距悬殊趋向相对合理的均衡发展，区域间差异整体呈收敛状态且集聚度相对降低，但区域间均衡指数呈波浪起伏态势，个别研究时段内仍为较低水平的均衡。因此，各级区域政府积极稳妥推进财政性学前教育投入的增长，在区域经济发展成熟度较高或政府财政充足的省份或学前教育资源配置较为优化的地区，可采取试点先行的办法，分步骤、分阶段地推行减免乃至"免费"的学前教育政策。

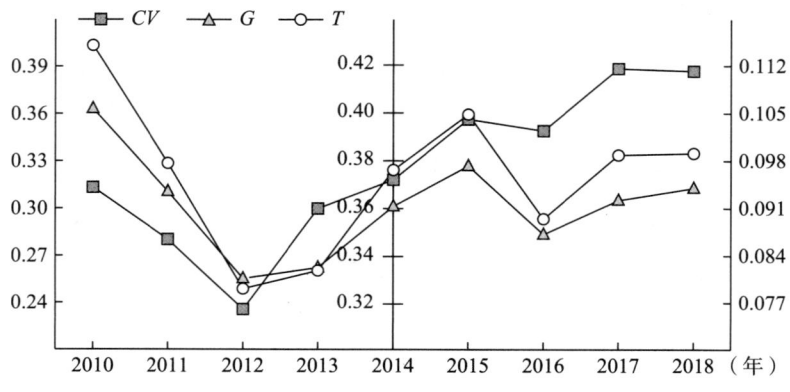

图 3.12　全国学前教育政府支持条件 CV、G、T 变化情况

2010—2018年时段内,在全国学前教育政府支持条件的省际差异从失衡至均衡水平过程中,云南均处于高水平状态,其对全国区域差异状态的影响程度先降低后逐年增强。2010—2014年时段内,云南与全国平均值之间差值的绝对值由0.0298降至最低值0.0066,云南对该时段政府支持差距状态的影响逐年缩小到最低;随后至2018年,绝对值增至最高点0.0414,云南对区域政府支持的差异状态影响程度相对最高。

第三节 云南各州市学前教育资源发展条件的时空格局

趋势比较:基于2010—2018年云南省16个州市的时序和市域间面板数据,学前教育资源发展条件大体呈逐年递增的态势,各州市增长趋势差异显著,昭通市、怒江傈僳族自治州(以下简称怒江州)等地区个别时段内呈现阶段性下降趋势。学前教育资源发展条件的市域间差距比较中,2010年学前教育资源发展条件指数最高的5个州市为昆明市、玉溪市、曲靖市、丽江市和楚雄彝族自治州(以下简称楚雄州),指数值最低的5个州市为迪庆藏族自治州(以下简称迪庆州)、临沧市、昭通市、普洱市和怒江州。极高值昆明市的学前教育资源发展条件指数为0.4524,极低值怒江州的指数为0.2060,极差为2.2倍。至2014年,学前教育资源发展条件最高的5个州市为昆明市、玉溪市、迪庆州、曲靖市和丽江市,指数值最低的5个州市为德宏傣族景颇族自治州(以下简称德宏州)、临沧市、普洱市、昭通市和怒江州。极高值昆明市的学前教育资源发展条件指数为0.6281,极低值怒江州的指数为0.2409,极差为2.61倍,较2010年有所增加。至2018年,学前教育资源发展条件指数最高的5个州市为昆明市、玉溪市、曲靖市、迪庆州和楚雄州,指数值最低的5个州市为德宏州、昭通市、普洱市、临沧市和怒江州。极高值昆明市的学前教育资源发展条件指数为0.7985,极低值怒江州的指数为0.3746,极差为2.13倍,较2014年有所缩减(见表3.9)。

表 3.9　云南各州市学前教育资源发展条件指数的比较

年 地区	2010	2011	2012	2013	2014	2015	2016	2017	2018
昆明市	0.4524	0.4939	0.5634	0.5903	0.6281	0.6617	0.7043	0.7439	0.7985
曲靖市	0.3112	0.3309	0.3576	0.3854	0.3945	0.4230	0.4489	0.4822	0.5070
玉溪市	0.3658	0.3750	0.4107	0.4469	0.4777	0.5176	0.5662	0.5879	0.5981
保山市	0.2350	0.2383	0.2772	0.2955	0.3112	0.3312	0.3640	0.4022	0.4401
昭通市	0.2236	0.2384	0.2749	0.2914	0.2714	0.3175	0.3673	0.4080	0.4350
丽江市	0.2869	0.2782	0.3131	0.3587	0.3773	0.3968	0.4259	0.4714	0.4869
普洱市	0.2141	0.2396	0.2711	0.2670	0.2811	0.3251	0.3677	0.3980	0.4186
临沧市	0.2248	0.2394	0.2634	0.2766	0.2813	0.3093	0.3315	0.3667	0.3947
楚雄州	0.2796	0.2931	0.3193	0.3521	0.3529	0.4042	0.4387	0.4801	0.4949
红河州	0.2507	0.2793	0.3078	0.3285	0.3349	0.3862	0.4210	0.4385	0.4648
文山州	0.2462	0.2579	0.2962	0.3129	0.3092	0.3717	0.4084	0.4324	0.4437
版纳州	0.2630	0.2761	0.3006	0.3270	0.3375	0.3512	0.4001	0.4371	0.4676
大理州	0.2631	0.2845	0.3345	0.3602	0.3672	0.4115	0.4454	0.4617	0.4872
德宏州	0.2298	0.2512	0.2669	0.2776	0.3033	0.3537	0.3827	0.3977	0.4375
怒江州	0.2060	0.1937	0.2265	0.2583	0.2409	0.2927	0.3186	0.3429	0.3746
迪庆州	0.2249	0.3381	0.3403	0.3427	0.4009	0.4206	0.4359	0.4581	0.4989

2010 年云南省学前教育资源发展条件平均水平为 0.2673，高于全省平均水平的有昆明市、玉溪市、曲靖市、丽江市和楚雄州，其余州市均低于全省平均水平；2014 年云南省学前教育资源发展条件平均水平为 0.3543，高于全省平均水平的有昆明市、玉溪市、迪庆州、曲靖市、丽江市和大理白族自治州（以下简称大理州），其余州市均低于全省平均水平；2018 年云南省学前教育资源发展条件平均水平为 0.4843，高于全省平均水平的有昆明市、玉溪市、曲靖市、迪庆州、楚雄州、大理州和丽江市，其余州市均低于全省平均水平（见图 3.13）。

2010—2018 年时段内，云南省 16 个州市学前教育资源发展条件增长幅度较平缓且差异显著，其中年增长率的平均值较高的为迪庆州、昭通市、普洱

第三章 区域实证Ⅰ：云南学前教育资源发展条件分析

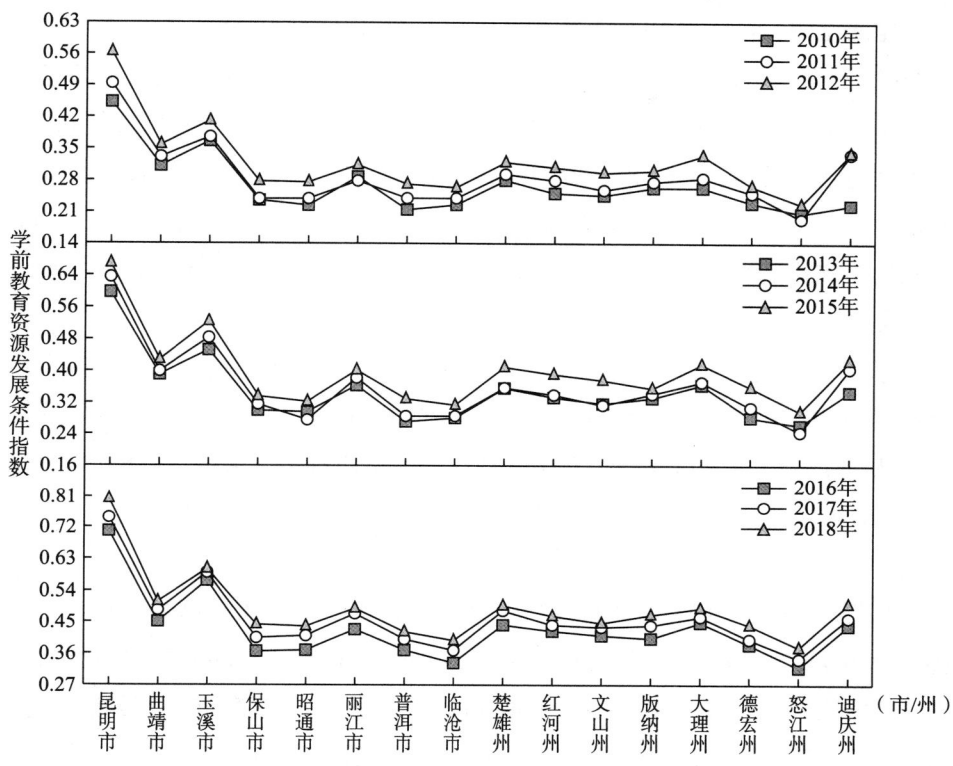

图 3.13 云南各州市学前教育资源发展条件趋势的比较

市、德宏州和保山市 5 个州市，较低的为昆明市、临沧市、丽江市、玉溪市和曲靖市 5 个州市。极高值迪庆州学前教育资源发展条件年增长率的平均值为 11.4%，极低值曲靖市年增长率的平均值为 6.31%，极差为 1.81 倍。从该时段内的变动趋势来看，各州市均有不同程度的增长，其中昆明市、玉溪市和曲靖市等市一直维持在高位发展水平，但增长幅度较小；昭通市、普洱市等市水平均处于全省落后排名，但增长幅度相对较高；迪庆州水平指数与其增长幅度均位于全省较高水平；保山市、德宏州等州市水平均处于全省中下水平，但增长幅度却不低。可见，昭通市、普洱市、保山市和德宏州等州市的学前教育资源发展条件在同期水平区域比较中仍有进一步提升的空间。云南各州市学前教育资源发展条件高低互见的原因是社会经济条件、教育科学文化等多因素联动，各级区域地理气候温度降水等生态环境条件也产生间接的影响。

91

空间比较：根据2010年学前教育资源发展条件聚类分析结果（Ⅰ类型≥0.3392，Ⅱ类型0.2673—0.3392，Ⅲ类型0.2347—0.2673，Ⅳ类型<0.2347），将云南省16个州市划分为4类区域类型：Ⅰ类地区包括昆明市、玉溪市；Ⅱ类地区包括曲靖市、丽江市、楚雄州；Ⅲ类地区包括大理州、西双版纳傣族自治州（以下简称版纳州）、红河哈尼族彝族自治州（以下简称红河州）、文山壮族苗族自治州（以下简称文山州）、保山市；Ⅳ类地区包括德宏州、迪庆州、临沧市、昭通市、普洱市、怒江州。

根据2014年学前教育资源发展条件聚类分析结果（Ⅰ类型≥0.4409，Ⅱ类型0.3543—0.4409，Ⅲ类型0.3024—0.3543，Ⅳ类型<0.3024），将云南省16个州市划分为4类区域类型：Ⅰ类地区包括昆明市、玉溪市；Ⅱ类地区包括迪庆州、曲靖市、丽江市、大理州；Ⅲ类地区包括楚雄州、版纳州、红河州、保山市、文山州、德宏州；Ⅳ类地区包括临沧市、普洱市、昭通市、怒江州。

根据2018年学前教育资源发展条件聚类分析结果（Ⅰ类型≥0.5531，Ⅱ类型0.4843—0.5531，Ⅲ类型0.4307—0.4843，Ⅳ类型<0.4307），将云南省16个州市划分为4类区域类型：Ⅰ类地区包括昆明市、玉溪市；Ⅱ类地区包括曲靖市、迪庆州、楚雄州、大理州、丽江市；Ⅲ类地区包括版纳州、红河州、文山州、保山市、德宏州、昭通市；Ⅳ类地区包括普洱市、临沧市、怒江州。

对2010年、2014年和2018年云南省学前教育资源发展条件聚类结果比较分析可得：在2010—2014年时段内，Ⅰ类地区数量不变，Ⅱ类地区增加1个州市，Ⅲ类地区增加1个州市，Ⅳ类地区减少2个州市，其中迪庆州由Ⅳ类升为Ⅱ类地区，大理州由Ⅲ类升为Ⅱ类地区，楚雄州由Ⅱ类降为Ⅲ类地区，德宏州由Ⅳ类升为Ⅲ类地区；在2014—2018年时段内，Ⅰ类、Ⅲ类地区数量不变，Ⅱ类地区增加1个州市，Ⅳ类地区减少1个州市，其中楚雄州由Ⅲ类升为Ⅱ类地区，昭通市由Ⅳ类升为Ⅲ类地区。

差异比较：2010—2018年云南省学前教育资源发展条件的区域差距的变异系数随着时序变化呈波浪式下降态势，在2010—2013年时段内，变异系数上升了0.15%，稳定在0.24—0.2463之间，呈相对平缓且略微上升趋势，均衡程度相对降低；在2014—2018年时段内，学前教育资源发展条件相对差异逐年减小，2014年增至最高值0.265，2018年降至最低值为0.2036，下降了

6.14%，云南省市域间学前教育资源条件相对差异逐年缩小并趋向相对均衡发展趋势。

2010—2018年云南省学前教育资源发展条件的区域差距的基尼系数和泰尔指数随着时序变化均呈现阶段性上升的趋势，在2010—2014年时段内，基尼系数和泰尔指数呈波浪式增长趋势，2012年均降至最低值分别为0.3057、0.0686，根据表2.7对照可得，该时段内学前教育资源条件区域差距相对合理；2014年基尼系数和泰尔指数增至最高值分别为0.3239（<0.4）、0.0767，分别高于2010年1.38%和0.74%；在2014—2018年时段内，两者均呈"U"形下降趋势，至2018年分别降至0.51%和0.33%（见图3.14），云南省市域间学前教育资源发展条件差异呈逐年缩小态势，在基尼系数的均衡性等级判别中属于相对合理发展类别，学前教育资源发展条件普遍出现空间收敛，集聚度相对较低，但区域间均衡呈现出起伏不定的变化态势，仍为较低水平的均衡。

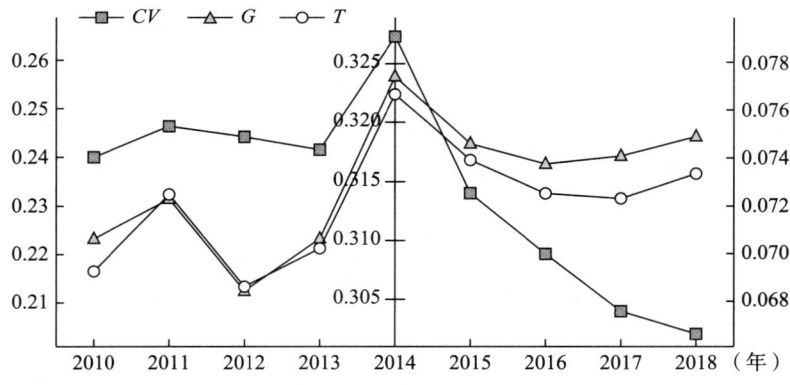

图3.14　云南省学前教育资源发展条件 *CV*、*G*、*T* 变化情况

一　云南各州市学前教育需求条件比较

（一）趋势比较

2010—2018年云南省16个州市学前教育需求条件大体呈持续增长趋势，与学前教育资源发展条件指数的发展态势一致，各州市上升幅度差异明显。在学前教育需求条件的市域间差距比较中，2010年学前教育需求条件指数最高的5个州市为昆明市、楚雄州、玉溪市、版纳州和丽江市，指数值最低的5

个州市为红河州、曲靖市、文山州、怒江州和昭通市。极高值昆明市的学前教育需求条件指数为 0.1123，极低值昭通市的指数为 0.0117，极差为 9.56 倍。至 2014 年，学前教育需求条件最高的 5 个州市为昆明市、玉溪市、大理州、楚雄州和丽江市，指数值最低的 5 个州市为临沧市、红河州、怒江州、文山州和昭通市。极高值昆明市的学前教育需求条件指数为 0.1511，极低值昭通市的指数为 0.0357，极差为 4.23 倍，较 2010 年有所缩减。至 2018 年，学前教育需求条件指数最高的 5 个州市为昆明市、玉溪市、保山市、楚雄州和大理州，指数值最低的 5 个州市为曲靖市、红河州、怒江州、文山州和昭通市；极高值昆明市的学前教育需求条件指数为 0.1950，极低值昭通市的指数为 0.0561，极差为 3.47 倍，较 2014 年有所降低（见表 3.10）。

表 3.10　云南各州市学前教育需求条件指数的比较

年 地区	2010	2011	2012	2013	2014	2015	2016	2017	2018
昆明市	0.1123	0.1222	0.1316	0.1409	0.1511	0.1645	0.1762	0.1848	0.1950
曲靖市	0.0369	0.0469	0.0542	0.0618	0.0664	0.0723	0.0745	0.0755	0.0776
玉溪市	0.0695	0.0778	0.0841	0.0906	0.0988	0.1052	0.1139	0.1189	0.1247
保山市	0.0487	0.0572	0.0633	0.0663	0.0693	0.0771	0.0817	0.0994	0.1095
昭通市	0.0117	0.0190	0.0260	0.0333	0.0357	0.0412	0.0483	0.0515	0.0561
丽江市	0.0631	0.0691	0.0721	0.0756	0.0793	0.0883	0.0911	0.0955	0.0989
普洱市	0.0593	0.0678	0.0698	0.0693	0.0717	0.0809	0.0839	0.0851	0.0917
临沧市	0.0467	0.0541	0.0564	0.0589	0.0603	0.0681	0.0720	0.0757	0.0797
楚雄州	0.0726	0.0795	0.0845	0.0872	0.0895	0.0979	0.1017	0.1053	0.1090
红河州	0.0441	0.0522	0.0535	0.0568	0.0589	0.0656	0.0690	0.0716	0.0742
文山州	0.0288	0.0359	0.0371	0.0359	0.0367	0.0451	0.0501	0.0528	0.0568
版纳州	0.0643	0.0723	0.0784	0.0800	0.0792	0.0854	0.0921	0.0978	0.1038
大理州	0.0610	0.0716	0.0775	0.0843	0.0900	0.0984	0.1011	0.1030	0.1075
德宏州	0.0542	0.0601	0.0640	0.0697	0.0708	0.0755	0.0767	0.0811	0.0851
怒江州	0.0266	0.0330	0.0336	0.0328	0.0375	0.0477	0.0506	0.0565	0.0608
迪庆州	0.0589	0.0661	0.0673	0.0678	0.0727	0.0812	0.0850	0.0889	0.0918

2010年云南省学前教育需求条件平均水平为0.0537,高于全省平均水平的有昆明市、楚雄州、玉溪市、版纳州和丽江市5个州市,其余州市均低于全省平均水平;2014年云南省学前教育需求条件平均水平为0.073,高于全省平均水平的有昆明市、玉溪市、大理州、楚雄州、丽江市和版纳州6个州市,其余州市均低于全省平均水平;2018年云南省学前教育需求条件平均水平为0.0951,高于全省平均水平的有昆明市、玉溪市、保山市、楚雄州、大理州、版纳州和丽江市7个州市,其余州市均低于全省平均水平(见图3.15)。

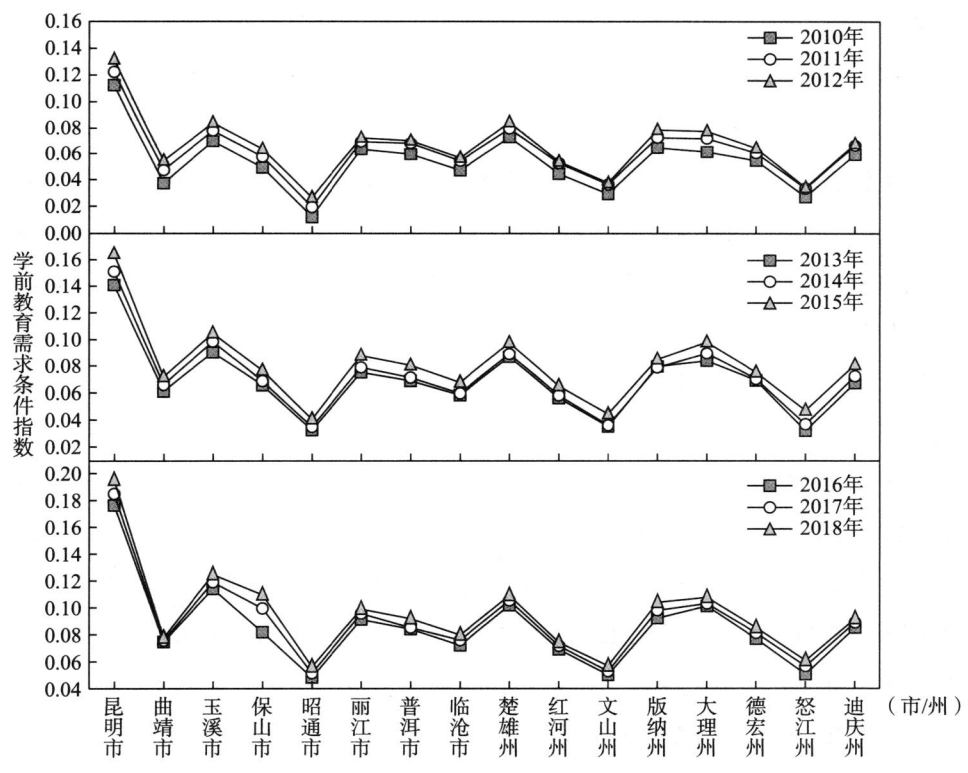

图3.15 云南各州市学前教育需求条件趋势的比较

2010—2018年时段内,云南省16个州市学前教育需求条件水平增长幅度较小且差异显著,其中年增长率的平均值较高的为昭通市、怒江州、保山市、曲靖市和文山州5个州市,较低的为德宏州、丽江市、迪庆州、普洱市和楚雄州5个州市。极高值昭通市学前教育需求条件年增长率的平均值为22.78%,极低值楚雄州年增长率的平均值为5.24%,极差为4.34倍。从该时段内的变动趋势来看，各州市均有不同程度的上涨，其中楚雄州位于全省较高水平，但增长幅度较小；昭通市、怒江州、曲靖市和文山州等州市水平均处于全省落后位序，但增长幅度相对较高；昆明市、玉溪市和大理州等州市水平指数一直维持在高位发展水平，其上升幅度均处于中等水平；德宏州、迪庆州、丽江市和普洱市等州市水平均处于全省中等水平，但增长幅度较小。因此，昭通市、怒江州、曲靖市和文山州等州市学前教育需求条件在同期水平区域比较中亟待提升。云南是我国少数民族聚居区，共有25个少数民族，表现出"大杂居与小聚居"交错分布的特点，各地区不同民族历史文化传统、社会文化氛围差异在一定程度上影响了学前教育需求条件的均衡。

（二）空间比较

根据2010年学前教育需求条件聚类分析结果（Ⅰ类型≥0.0684，Ⅱ类型0.0537—0.0684，Ⅲ类型0.0348—0.0537，Ⅳ类型<0.0348），将云南省16个州市划分为4类区域类型：Ⅰ类地区包括昆明市、楚雄州、玉溪市；Ⅱ类地区包括版纳州、丽江市、大理州、普洱市、迪庆州、德宏州；Ⅲ类地区包括保山市、临沧市、红河州、曲靖市；Ⅳ类地区包括文山州、怒江州、昭通市。

根据2014年学前教育需求条件聚类分析结果（Ⅰ类型≥0.0980，Ⅱ类型0.0730—0.0980，Ⅲ类型0.0580—0.0730，Ⅳ类型<0.0580），将云南省16个州市划分为4类区域类型：Ⅰ类地区包括昆明市、玉溪市；Ⅱ类地区包括大理州、楚雄州、丽江市、版纳州；Ⅲ类地区包括迪庆州、普洱市、德宏州、保山市、曲靖市、临沧市、红河州；Ⅳ类地区包括怒江州、文山州、昭通市。

根据2018年学前教育需求条件聚类分析结果（Ⅰ类型≥0.1212，Ⅱ类型0.0951—0.1212，Ⅲ类型0.0749—0.0951，Ⅳ类型<0.0749），将云南省16个州市划分为4类区域类型：Ⅰ类地区包括昆明市、玉溪市；Ⅱ类地区包括保山市、楚雄州、大理州、版纳州、丽江市；Ⅲ类地区包括迪庆州、普洱市、德宏州、临沧市、曲靖市；Ⅳ类地区包括红河州、怒江州、文山州、昭通市。

对2010年、2014年和2018年云南省学前教育需求条件聚类结果比较分析可得：在2010—2014年时段内，Ⅰ类地区减少1个州市，Ⅱ类地区减少2

个州市，Ⅲ类地区增加 3 个州市，Ⅳ类地区数量不变，其中楚雄州由Ⅰ类降为Ⅱ类地区，普洱市、迪庆州、德宏州由Ⅱ类降为Ⅲ类地区；在 2014—2018 年时段内，Ⅰ类地区数量不变，Ⅱ类地区增加 1 个州市，Ⅲ类地区减少 2 个州市，Ⅳ类地区增加 1 个州市，其中保山市由Ⅲ类升为Ⅱ类地区，红河州由Ⅲ类降为Ⅳ类地区。

(三) 差异比较

2010—2018 年云南省学前教育需求条件的区域差距的变异系数随着时序变化呈波浪式下降态势，在 2010—2012 年时段内，变异系数下降了 5.19%，稳定在 0.4278—0.3760，下降幅度明显，均衡程度相对提高；随后至 2014 年区域差距又逐步拉大，差异系数高于 2012 年的 0.81%；在 2014—2018 年时段内，学前教育需求条件相对差异逐年减小，2018 年降到最低值为 0.3515，下降了 3.26%（见图 3.16），云南省市域间学前教育需求条件相对差异程度逐年缩小，各地区均趋向均衡发展。

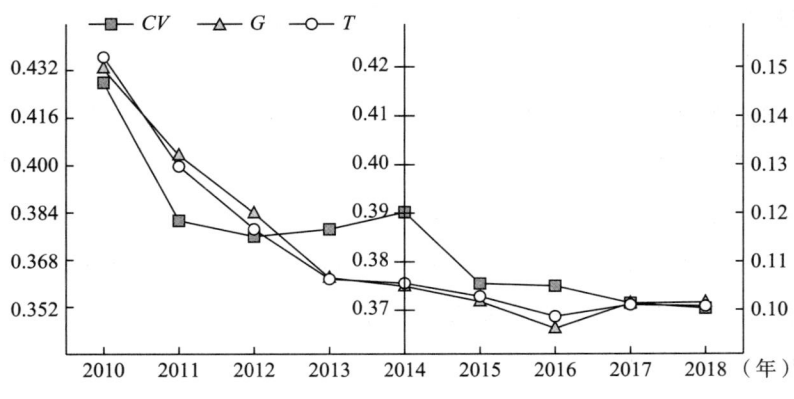

图 3.16　云南省学前教育需求条件 CV、G、T 变化情况

2010—2018 年云南省学前教育需求条件的区域差距的基尼系数和泰尔指数随着时序变化均呈现阶段性下降的趋势，2010 年基尼系数和泰尔指数均增至最高值分别为 0.4195、0.1521，根据表 2.7 对照可得，该时段内学前教育需求条件区域差距较大，呈相对不均衡状态；至 2016 年基尼系数和泰尔指数降至最低值，分别为 0.3662、0.0987，分别低于 2010 年的 5.33% 和 5.34%，下降幅度明显，其区域差距相对合理；至 2018 年基尼系数和泰尔指数略有平

稳回升,数值分别为 0.3716(<0.4)和 0.1008,较 2016 年增长 0.54% 和 0.21%(见图 3.16),云南省市域间学前教育需求条件差异呈逐年缩小态势,集聚度相对较低,在基尼系数的均衡性等级分类中属于相对合理发展类别。

二 云南各州市学前教育区域条件比较

(一)趋势比较

基于 2010—2018 年云南省 16 个州市的实证数据来看,学前教育区域条件总体呈现逐年递增的态势,与学前教育资源发展条件指数的变化一致,基本处于稳定的固化状态,但增长趋势差异明显。在学前教育区域条件的市域间差距比较中,2010 年学前教育区域条件指数最高的 5 个州市为昆明市、玉溪市、曲靖市、红河州和大理州,指数值最低的 5 个州市为保山市、普洱市、昭通市、怒江州和临沧市。极高值昆明市的学前教育区域条件指数为 0.2891,极低值临沧市指数为 0.0550,极差为 5.25 倍。至 2014 年,学前教育区域条件指数最高的 5 个州市为昆明市、玉溪市、迪庆州、曲靖市和大理州,指数值最低的 5 个州市为普洱市、文山州、临沧市、昭通市和怒江州。极高值昆明市的学前教育区域条件指数为 0.4225,极低值怒江州的指数为 0.1083,极差为 3.9 倍,较 2010 年有所降低。至 2018 年,学前教育区域条件指数最高的 5 个州市为昆明市、玉溪市、迪庆州、楚雄州和红河州,指数值最低的 5 个州市为普洱市、文山州、怒江州、临沧市和昭通市。极高值昆明市的学前教育区域条件指数为 0.5317,极低值昭通市的指数为 0.1736,极差为 3.01 倍,较 2014 年有所缩减(见表 3.11)。

表 3.11 云南各州市学前教育区域条件指数的比较

年 地区	2010	2011	2012	2013	2014	2015	2016	2017	2018
昆明市	0.2891	0.3241	0.3574	0.3913	0.4225	0.4425	0.4656	0.5034	0.5317
曲靖市	0.1446	0.1592	0.1818	0.2005	0.2136	0.2265	0.2439	0.2602	0.2787
玉溪市	0.2100	0.2387	0.2666	0.2904	0.3232	0.3401	0.3577	0.3814	0.4040
保山市	0.0629	0.0797	0.0992	0.1209	0.1505	0.1693	0.1870	0.2093	0.2278

续表

年 地区	2010	2011	2012	2013	2014	2015	2016	2017	2018
昭通市	0.0584	0.0745	0.0894	0.1014	0.1195	0.1355	0.1472	0.1605	0.1736
丽江市	0.0997	0.1182	0.1374	0.1554	0.1834	0.2003	0.2156	0.2341	0.2470
普洱市	0.0592	0.0807	0.0939	0.1184	0.1390	0.1499	0.1710	0.1957	0.2129
临沧市	0.0550	0.0726	0.0966	0.1135	0.1274	0.1410	0.1587	0.1787	0.1917
楚雄州	0.1063	0.1242	0.1460	0.1726	0.1971	0.2174	0.2407	0.2656	0.2906
红河州	0.1172	0.1379	0.1590	0.1755	0.2009	0.2190	0.2375	0.2589	0.2858
文山州	0.0635	0.0800	0.0961	0.1159	0.1334	0.1495	0.1655	0.1906	0.2060
版纳州	0.0951	0.1077	0.1246	0.1459	0.1749	0.1946	0.2129	0.2277	0.2454
大理州	0.1164	0.1403	0.1614	0.1808	0.2066	0.2191	0.2357	0.2594	0.2819
德宏州	0.0924	0.1080	0.1216	0.1364	0.1682	0.1836	0.1999	0.2200	0.2392
怒江州	0.0556	0.0594	0.0755	0.0928	0.1083	0.1238	0.1424	0.1615	0.1938
迪庆州	0.1143	0.1475	0.1778	0.2173	0.2409	0.2634	0.2802	0.3110	0.3400

2010年云南省学前教育区域条件平均水平为0.1087，高于全省平均水平的有昆明市、玉溪市、曲靖市、红河州、大理州和迪庆州6个州市，其余州市均低于全省平均水平；2014年云南省学前教育区域条件平均水平为0.1944，高于全省平均水平的有昆明市、玉溪市、迪庆州、曲靖市、大理州、红河州和楚雄州7个州市，其余州市均低于全省平均水平；2018年云南省学前教育区域条件平均水平为0.2719，高于全省平均水平的有昆明市、玉溪市、迪庆州、楚雄州、红河州、大理州和曲靖市7个州市，其余州市均低于全省平均水平（见图3.17）。

2010—2018年时段内，云南省16个州市学前教育区域条件增长幅度较低且差异显著，其中年增长率的平均值较高的为普洱市、保山市、临沧市、怒江州和文山州5个州市，较低的为红河州、大理州、曲靖市、玉溪市和昆明市5个州市。极高值普洱市学前教育区域条件年增长率的平均值为17.66%，极低值昆明市年增长率的平均值为7.94%，极差为2.22倍。从该时段内的增长趋势来看，各州市均有不同幅度的上升，其中昆明市、玉溪市、曲靖市、大理州和红河州等州市水平均维持在高位发展水平，但增长幅度相对较低；

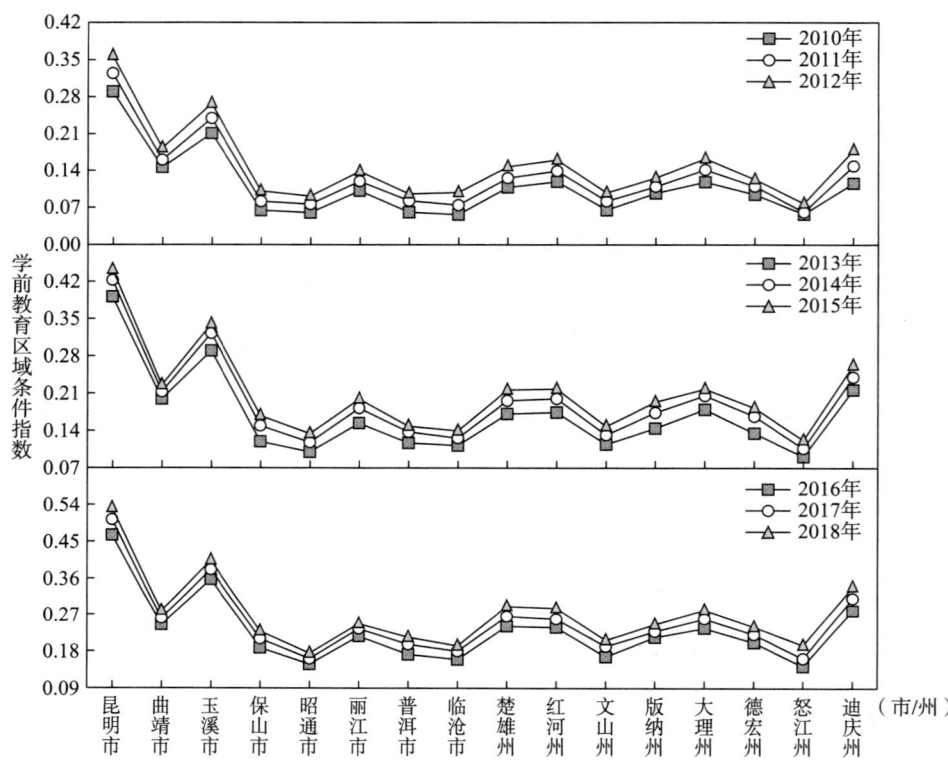

图 3.17 云南各州市学前教育区域条件趋势的比较

普洱市、保山市、临沧市、怒江州和文山州等州市均处于全省低位发展水平，但增长幅度相对较高；昭通市水平指数均位于全省落后位序，其上升幅度处于中上水平；迪庆州位于全省较高水平，其增长幅度也向相对较高。因此，普洱市、保山市、临沧市、怒江州和文山州等州市学前教育区域条件在同期水平区域比较中亟待提升。由于云南省各州市地理自然环境及经济发展政策大相径庭，各区域间社会经济发展条件水平也呈现显著的差异，特定区域社会经济发展条件及结构在相当程度上决定了各级政府对学前教育发展的支持程度，政府支持教育程度间接关联居民对学前教育需求，教育区域条件直接影响学前教育各类资源发展水平及配置状态。

（二）空间比较

根据2010年学前教育区域条件聚类分析结果（Ⅰ类型≥0.1653，Ⅱ类型0.1087—0.1653，Ⅲ类型0.0748—0.1087，Ⅳ类型＜0.0748），将云南省16

个州市划分为4类区域类型：Ⅰ类地区包括昆明市、玉溪市；Ⅱ类地区包括曲靖市、红河州、大理州、迪庆州；Ⅲ类地区包括楚雄州、丽江市、版纳州、德宏州；Ⅳ类地区包括文山州、保山市、普洱市、昭通市、怒江州、临沧市。

根据2014年学前教育区域条件聚类分析结果（Ⅰ类型≥0.2578，Ⅱ类型0.1944—0.2578，Ⅲ类型0.1450—0.1944，Ⅳ类型＜0.1450），将云南省16个州市划分为4类区域类型：Ⅰ类地区包括昆明市、玉溪市；Ⅱ类地区包括迪庆州、曲靖市、大理州、红河州、楚雄州；Ⅲ类地区包括丽江市、版纳州、德宏州、保山市；Ⅳ类地区包括普洱市、文山州、临沧市、昭通市、怒江州。

根据2018年学前教育区域条件聚类分析结果（Ⅰ类型≥0.3447，Ⅱ类型0.2719—0.3447，Ⅲ类型0.2153—0.2719，Ⅳ类型＜0.2153），将云南省16个州市划分为4类区域类型：Ⅰ类地区包括昆明市、玉溪市；Ⅱ类地区包括迪庆州、楚雄州、红河州、大理州、曲靖市；Ⅲ类地区包括丽江市、版纳州、德宏州、保山市；Ⅳ类地区包括普洱市、文山州、怒江州、临沧市、昭通市。

对2010年、2014年和2018年云南省学前教育区域条件聚类结果比较分析可得：在2010—2014年时段内，Ⅰ类、Ⅲ类地区数量不变，Ⅱ类地区增加1个州市，Ⅳ类地区减少1个州市，其中楚雄州由Ⅲ类升为Ⅱ类地区，保山市由Ⅳ类升为Ⅲ类地区；在2014—2018年时段内，四类地区数量与州市均不变。

（三）差异比较

2010—2018年云南省学前教育区域条件的区域差距的变异系数随着时序变化呈线性下降趋势，2010年变异系数达到最高值0.5798，均衡程度相对降低，2014年系数为0.4176，低于2010年16.22%，至2018年变异系数降至最低值0.3353，较2014年、2010年分别下降了8.23%、22.45%（见图3.18），云南省市域间学前教育区域条件相对差异逐年收敛并趋向相对均衡发展。

2010—2018年云南省学前教育区域条件的区域差距的基尼系数和泰尔指数随着时序变化均呈现波浪式下降的态势，在2010—2012年时段内，基尼系数和泰尔指数呈线性下降趋势，2010年均为研究时段内的最高值，分别为0.3551、0.0922，2012年均降至最低点0.3376、0.0843，较2010年分别下降

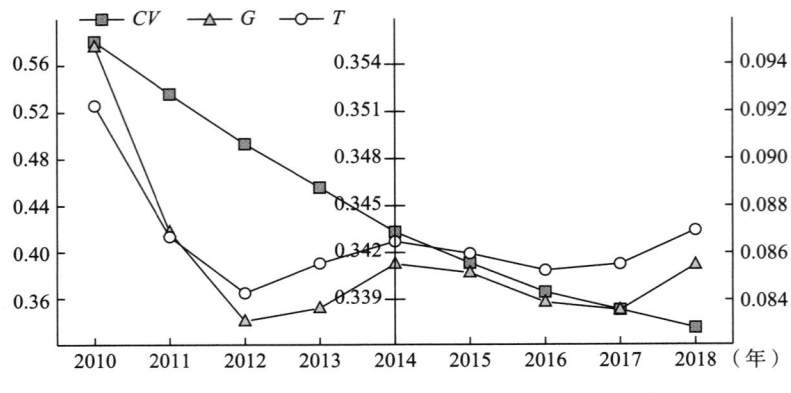

图 3.18　云南省学前教育区域条件 *CV*、*G*、*T* 变化情况

了 1.75%、0.79%，根据表 2.7 对照可知，该时段内学前教育区域条件区域差距相对合理；至 2014 年基尼系数和泰尔指数又呈逐渐上升态势，高于 2012 年的 0.37% 和 0.22%；在 2014—2018 年时段内，两者均呈"U"形上升趋势，至 2018 年分别增至 0.3412（<0.4）和 0.0870（见图 3.18），云南省市域间学前教育区域条件差异整体逐年缩小，集聚度相对较低，在基尼系数的均衡性等级分类中属于相对合理发展类别，但区域学前教育区域条件均衡仍呈现出波动的趋势。

三　云南各州市学前教育政府支持比较

（一）趋势比较

区域社会经济条件支持程度对学前教育的影响主要涉及地区政府的财政投入。2010—2018 年云南省 16 个州市的学前教育政府支持指数的变动态势差异显著，约 1/4 州市总体呈阶段性递减态势，近 1/5 州市水平指数变化趋势忽高忽低、波动停滞，约有 1/2 州市整体呈阶段性的先下降后增长趋势。

在云南省学前教育政府支持条件的市域间差距比较中，2010 年学前教育政府支持条件指数最高的 5 个州市为文山州、昭通市、曲靖市、丽江市和怒江州，指数值最低的 5 个州市为玉溪市、大理州、德宏州、迪庆州和昆明市。极高值文山州学前教育政府支持条件指数为 0.1539，极低值昆明市的指数为 0.0511，极差为 3.01 倍。至 2014 年，学前教育政府支持条件指数最高的 5 个州市为文山州、昭通市、丽江市、曲靖市和怒江州,指数值最低的 5 个州市为普洱市、楚雄州、德宏州、玉溪市和昆明市。极高值文山州的学前教育政府支持条件指数为 0.1390,极低值昆明市的指数为 0.0545,极差为 2.55 倍,较 2010 年有所降低。至 2018 年,学前教育政府支持条件指数最高的 5 个州市为昭通市、文山州、曲靖市、丽江市和临沧市,指数值最低的 5 个州市为大理州、楚雄州、昆明市、玉溪市和迪庆州。极高值昭通市的学前教育政府支持条件指数为 0.2053,极低值迪庆州的指数为 0.0672,极差为 3.06 倍,较 2014 年有所增加(见表 3.12)。

表 3.12 云南各州市学前教育政府支持指数的比较

年\地区	2010	2011	2012	2013	2014	2015	2016	2017	2018
昆明市	0.0511	0.0476	0.0744	0.0582	0.0545	0.0548	0.0625	0.0557	0.0718
曲靖市	0.1296	0.1248	0.1216	0.1232	0.1145	0.1242	0.1304	0.1465	0.1507
玉溪市	0.0863	0.0585	0.0600	0.0659	0.0557	0.0723	0.0945	0.0875	0.0693
保山市	0.1233	0.1013	0.1147	0.1083	0.0914	0.0849	0.0953	0.0935	0.1028
昭通市	0.1535	0.1449	0.1594	0.1567	0.1162	0.1408	0.1718	0.1960	0.2053
丽江市	0.1241	0.0909	0.1037	0.1277	0.1145	0.1081	0.1192	0.1417	0.1410
普洱市	0.0955	0.0910	0.1073	0.0793	0.0704	0.0943	0.1127	0.1172	0.1139
临沧市	0.1231	0.1127	0.1104	0.1042	0.0936	0.1002	0.1008	0.1123	0.1233
楚雄州	0.1007	0.0895	0.0888	0.0922	0.0664	0.0889	0.0962	0.1092	0.0953
红河州	0.0894	0.0892	0.0954	0.0962	0.0751	0.1016	0.1145	0.1080	0.1048
文山州	0.1539	0.1420	0.1630	0.1611	0.1390	0.1771	0.1927	0.1889	0.1809
版纳州	0.1036	0.0960	0.0976	0.1011	0.0833	0.0712	0.0951	0.1116	0.1184
大理州	0.0856	0.0726	0.0956	0.0952	0.0706	0.0940	0.1086	0.0994	0.0978
德宏州	0.0831	0.0831	0.0814	0.0715	0.0644	0.0946	0.1060	0.0966	0.1133
怒江州	0.1237	0.1013	0.1174	0.1327	0.0951	0.1211	0.1257	0.1249	0.1200
迪庆州	0.0517	0.1245	0.0951	0.0577	0.0872	0.0761	0.0707	0.0582	0.0672

2010 年云南省学前教育政府支持条件平均水平为 0.1049,高于全省平均水平的有文山州、昭通市、曲靖市、丽江市、怒江州、保山市和临沧市 7 个

州市,其余州市均低于全省平均水平;2014年云南省学前教育政府支持条件平均水平为0.0870,高于全省平均水平的有文山州、昭通市、丽江市、曲靖市、怒江州、临沧市、保山市和迪庆州8个州市,其余州市均低于全省平均水平;2018年云南省学前教育政府支持条件平均水平为0.1172,高于全省平均水平的有昭通市、文山州、曲靖市、丽江市、临沧市、怒江州和版纳州7个州市,其余州市均低于全省平均水平(见图3.19)。

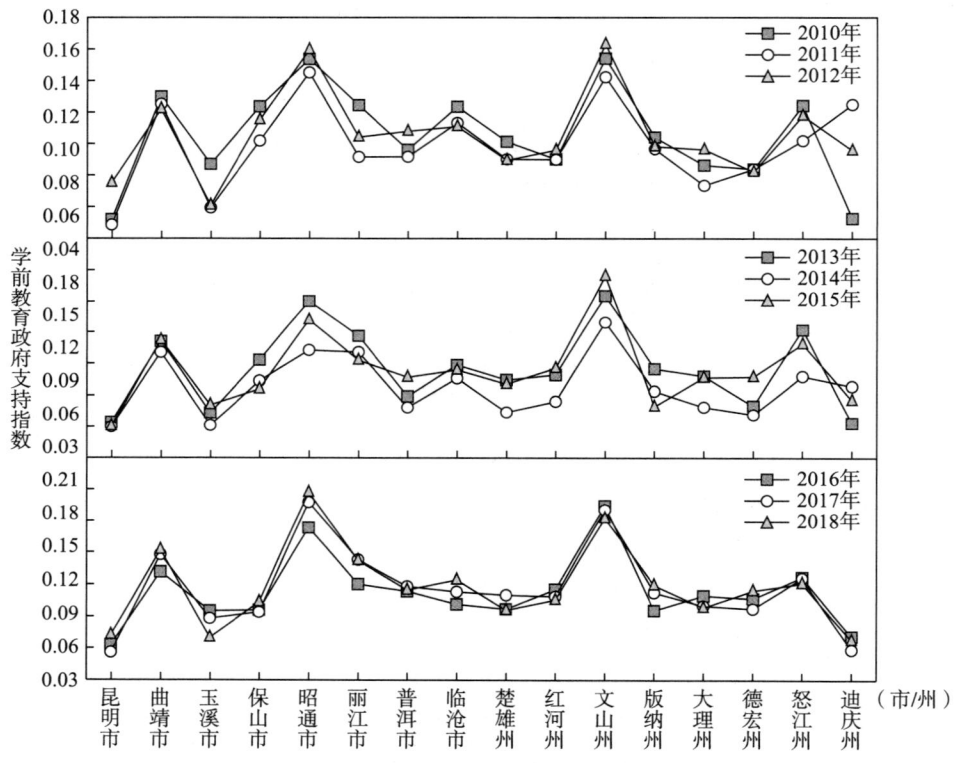

图3.19 云南各州市学前教育政府支持趋势的比较

2010—2018年时段内,云南省16个州市学前教育政府支持条件年增长率的平均值较高的为迪庆州、昆明市、德宏州、昭通市和普洱市5个州市,较低的为怒江州、楚雄州、临沧市、玉溪市和保山市5个州市,其中负增长的州市为玉溪市和保山市。极高值迪庆州学前教育政府支持条件年增长率的平均值为13.34%,极低值保山市年增长率的平均值为-1.58%,极差值为0.1492。从该时段内的变动趋势来看,各州市均呈无序波浪形态势,12个州市总体呈增长趋势，其中昭通市水平位于全省领先水平，其增长趋势也有大幅度提高；昆明市、迪庆州和德宏州等州市均处于全省低位发展水平，但增长幅度相对较高；玉溪市、楚雄州等地区水平指数和增长幅度均位于全省落后序列；保山市指数位于全省中等水平，整体却呈负增长态势。

结果表明，约 1/4 州市总体呈阶段性递减态势，如玉溪市、保山市、楚雄州和怒江州；约 1/5 州市水平指数变化趋势忽高忽低、波动停滞，如昆明市、临沧市、迪庆州等；约 1/2 州市整体呈阶段性的先下降后增长趋势，如昭通市、普洱市、红河州、文山州、版纳州、大理州、德宏州、曲靖市和丽江市等。因此云南各级政府应加强对学前教育资源配置的宏观调控，积极履行政策规划、组织管理、统筹协调、质量监管、动态调控等各项职能，规范学前教育财政拨款的使用，切实结合地区教育需求估算学前教育建设发展规模以合理规划资源配置空间格局方案，对于增长幅度较小的地区，如怒江州、楚雄州、临沧市、玉溪市和保山市等州市，在明确各级政府主导的主体责任的同时，加大对学前教育的财政投入、扶持及倾斜力度，强化学前教育资源配置行政管理权力以确保财政性学前教育经费合理比例并引导学前教育普及、普惠、均衡及协调发展。

（二）空间比较

根据 2010 年学前教育区域条件聚类分析结果（Ⅰ类型≥0.1330，Ⅱ类型 0.1049—0.1330，Ⅲ类型 0.0830—0.1049，Ⅳ类型＜0.0830），将云南省 16 个州市划分为 4 类区域类型：Ⅰ类地区包括文山州、昭通市；Ⅱ类地区包括曲靖市、丽江市、怒江州、保山市、临沧市；Ⅲ类地区包括版纳州、楚雄州、普洱市、红河州、玉溪市、大理州、德宏州；Ⅳ类地区包括迪庆州、昆明市。

根据 2014 年学前教育区域条件聚类分析结果（Ⅰ类型≥0.1064，Ⅱ类型 0.0870—0.1064，Ⅲ类型 0.0675—0.0870，Ⅳ类型＜0.0675），将云南省 16 个州市划分为 4 类区域类型：Ⅰ类地区包括文山州、昭通市、丽江市、曲靖市；Ⅱ类地区包括怒江州、临沧市、保山市、迪庆州；Ⅲ类地区包括版纳州、红河州、大理州、普洱市；Ⅳ类地区包括楚雄州、德宏州、玉溪市、昆明市。

根据 2018 年学前教育区域条件聚类分析结果（Ⅰ类型≥0.1485，Ⅱ类型

0.1172—0.1485，Ⅲ类型 0.0929—0.1172，Ⅳ类型＜0.0929），将云南省 16 个州市划分为 4 类区域类型：Ⅰ类地区包括昭通市、文山州、曲靖市；Ⅱ类地区包括丽江市、临沧市、怒江州、版纳州；Ⅲ类地区包括普洱市、德宏州、红河州、保山市、大理州、楚雄州；Ⅳ类地区包括昆明市、玉溪市、迪庆州。

对 2010 年、2014 年和 2018 年云南省学前教育区域条件聚类结果比较分析可得：在 2010—2014 年时段内，Ⅰ类地区增加 2 个州市，Ⅱ类地区减少 1 个州市，Ⅲ类地区减少 3 个州市，Ⅳ类地区增加 2 个州市，其中丽江市、曲靖市由Ⅱ类升为Ⅰ类地区，迪庆州由Ⅳ类升为Ⅱ地区，楚雄州、德宏州、玉溪市由Ⅲ类降为Ⅳ类地区；在 2014—2018 年时段内，Ⅰ类地区减少 1 个州市，Ⅱ类地区数量不变，Ⅲ类地区增加 2 个州市，Ⅳ类地区减少 1 个州市，其中丽江市由Ⅰ类降为Ⅱ类地区，版纳州由Ⅲ类升为Ⅱ类地区，保山市由Ⅱ类降为Ⅲ类地区，迪庆州由Ⅱ类降为Ⅳ类地区，楚雄州、德宏州由Ⅳ类升为Ⅲ类地区。

（三）差异比较

2010—2018 年云南省学前教育政府支持条件的区域差距的变异系数随着时序变化呈阶段性上升趋势，在 2010—2012 年时段内，变异系数稳定在 0.2916—0.2571，2012 年降至最低值 0.2571，均衡程度相对提高；至 2013 年又增至 0.3142，随后到 2014 年又降至 0.2796；在 2014—2018 年时段内，学前教育政府支持条件变异系数呈"W"形增长，2017 年增至最高值 0.3353，较 2014 年提高了 5.57%，2018 年又降至 0.3241，较 2010 年增加了 3.25%。由此可见，云南省市域间学前教育政府支持条件的相对差异整体拉大，但增长幅度较小，在研究时序节点比较中，其区域相对差异程度仍趋于均衡发展。

2010—2018 年云南省学前教育政府支持条件的区域差距的基尼系数和泰尔指数随着时序变化均呈现波浪式下降态势，在 2010—2012 年时段内，基尼系数和泰尔指数呈先上升后下降趋势，2011 年均增至最高值 0.3767、0.114，根据表 2.7 对照可得，该时段内学前教育政府支持条件区域差距相对缓和，2012 年泰尔指数降至最低值 0.0902，低于最高值 2.38%；至 2014 年时段内，两系数分别又增至 0.3700、0.1034，较 2012 年分别增长了 2.25% 和 1.33%；

在 2014—2018 年时段内，两者均呈波浪式下降态势，2016 年基尼系数降至最低值 0.3441，较 2014 年缩小了 2.59%，至 2018 年分别下降到 0.3481 和 0.0925（见图 3.20），云南省市域间学前教育政府支持条件差异大体呈下降趋势，在基尼系数的均衡性等级分类中属于相对合理发展类别，但区域间均衡指数呈波浪起伏态势，个别研究时段内仍为较低水平的均衡。因此，云南省各级财政部门应制订切实可行的财政计划，合理加大学前教育财力资源投入，以个体、制度及教育协同为基本向度，为地州农村及贫困地区适龄幼儿提供多层次和多形式的教育资源，以作为强有力的发展基础、动力及保障，从而促进云南各地区学前教育协调及均衡的发展。

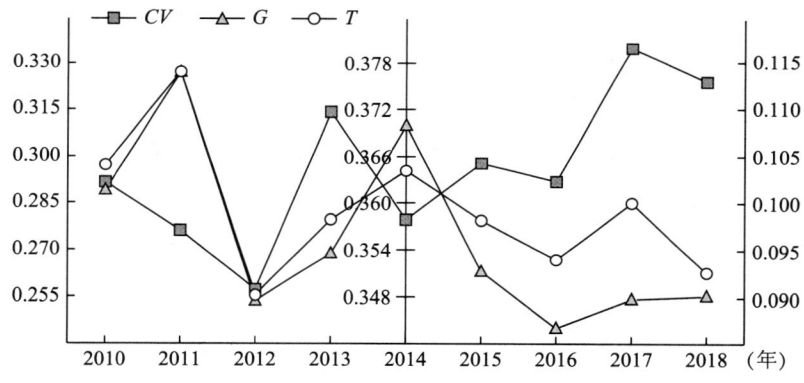

图 3.20　云南省学前教育政府支持条件 CV、G、T 变化情况

综上所述，运用学前教育资源配置空间协调性评价指标体系，对 2010—2018 年时段内全国 31 个省区市、云南 16 个州市的学前教育需求条件、区域条件及政府支持条件三个分项进行实证测度。总体上看，云南与全国、云南与其他省区市及云南各州市学前教育资源发展条件均存在显著的时序和空间差异。

从趋势比较层面来看，2010—2018 年全国和云南学前教育资源发展条件指数均呈持续增长趋势，但云南学前教育发展条件指数水平均显著低于全国平均水平，但云南的增长幅度高于全国。云南省 16 个州市学前教育资源发展条件大体呈逐年递增的态势，各州市增长趋势差异显著，昭通市、怒江州等地区个别时段内呈现阶段性下降趋势，其中年增长率的平均值较高的为迪庆州、昭通市、普洱市、德宏州和保山市 5 个州市，较低的为昆明市、临沧市、丽江市、玉溪市和曲靖市 5 个州市；从该时段内的变动趋势来看，各州市均有不同程度的增长，其中昆明市、玉溪市和曲靖市等市一直维持在高位发展水平，但增长幅度较小；昭通市、普洱市等市水平均处于全省落后排名，但增长幅度相对较高；迪庆州水平指数与其增长幅度均位于全省较高水平；保山市、德宏州等州市水平均处于全省中下水平，但增长幅度却不低。

从空间比较层面来看，基于全国 31 个省区市时序和省际面板数据，学前教育资源发展条件呈逐年递增的态势，各省区增长趋势差异明显，在学前教育资源发展条件的省域差异比较中，云南省在 2010 年、2014 年和 2018 年学前教育资源发展条件聚类分析中均属于Ⅳ类地区，截至 2018 年，云南省内学前教育资源发展条件聚类分析结果为：Ⅰ类地区包括昆明市、玉溪市；Ⅱ类地区包括曲靖市、迪庆州、楚雄州、大理州、丽江市；Ⅲ类地区包括版纳州、红河州、文山州、保山市、德宏州、昭通市；Ⅳ类地区包括普洱市、临沧市、怒江州。

从差异比较层面来看，云南在全国学前教育资源发展条件均衡下都处于低位水平，其对全国学前资源发展条件区域差异状态影响程度呈波浪式上升趋势。云南省市域间学前教育资源发展条件差异呈逐年缩小态势，在基尼系数均衡性等级判别中属于相对合理发展类别，学前教育资源发展条件普遍呈现空间收敛状态，集聚度相对较低，但区域间均衡呈现出起伏不定的变化态势，仍为较低水平均衡。

第四章 区域实证Ⅱ：云南学前教育资源发展水平分析

特定区域的学前教育资源发展水平依附于区域的地理环境基础及其支持教育发展的社会经济条件。本章根据第二章的评价指标体系、第三章学前教育资源发展的区域支持条件分析，结合学前教育发展特有的阶段性特点，对2010—2018年云南与全国、云南与各省、云南各州市的教育资源的配置与空间布局进行综合考察，每三年为一时间节点，以"资源水平"和"配置状态"为主要分析维度，分别测度发展水平的数量与质量层面指标，同时比较其趋势、空间分布及差异状态，以此客观评估云南学前教育资源发展水平贡献度及区域间均衡程度。

第一节 云南与全国学前教育资源发展水平的比较

学前教育发展水平是以学前教育资源配置为核心载体，根据学前教育"普惠、优质、均衡、公平"改革发展必然的价值追求及趋势，主要评估特定区域内学前教育资源水平和配置状态的时空格局状态。"学前教育资源水平"以人力、物力、财力资源作为数量性核心考察指标；"配置状态"结合学前教育发展的特殊性以普及、普惠、集约状态为质量性测度指标。

近年来，我国学前教育进入后普及时代，各级区域以优化学前教育资源配置为核心举措积极推进学前教育公益普惠、公平均衡、健康优质发展。2010—2018年全国和云南学前教育资源发展水平指数均呈线性增长趋势，云南学前教育发展指数水平均明显低于全国平均水平，全国指数从2010年的0.2673增加至2018年的0.4233，总增长率为58.36%，年增长率的平均值为

5.92%；而云南指数从 2010 年的 0.2134 增加至 2018 年的 0.4026，总增长率为 88.66%，年增长率的平均值为 8.28%（见表 4.1，图 4.1）。2010 年云南省学前教育资源发展水平指数低于全国 0.0539，在整体持续增长趋势过程中，2011 年两级区域差距增加到最大值 0.07，2013—2015 年指数差距逐步缩小，其差值分别为 0.0658、0.0582、0.0578，截至 2018 年，云南与全国差距最小差值为 0.0207。云南省积极构建与云南省经济社会发展相适应的学前教育体系并取得相应的成效，其学前教育资源发展水平指数增长幅度显著高于全国，但由于云南地理环境、人口、资源及社会经济发展结构与水平等因素影响，云南学前教育发展基础仍然较薄弱，其综合发展水平在区域比较中均低于全国平均水平，云南学前教育发展模式应该从数量扩张的外延式转变为优化教育资源配置的内涵式发展模式。

表 4.1　云南与全国学前教育资源发展水平指数的比较

年 地区	2010	2011	2012	2013	2014	2015	2016	2017	2018
全国	0.2673	0.2922	0.3071	0.3245	0.3373	0.3575	0.3770	0.3969	0.4233
云南	0.2134	0.2222	0.2438	0.2587	0.2791	0.2997	0.3325	0.3600	0.4026

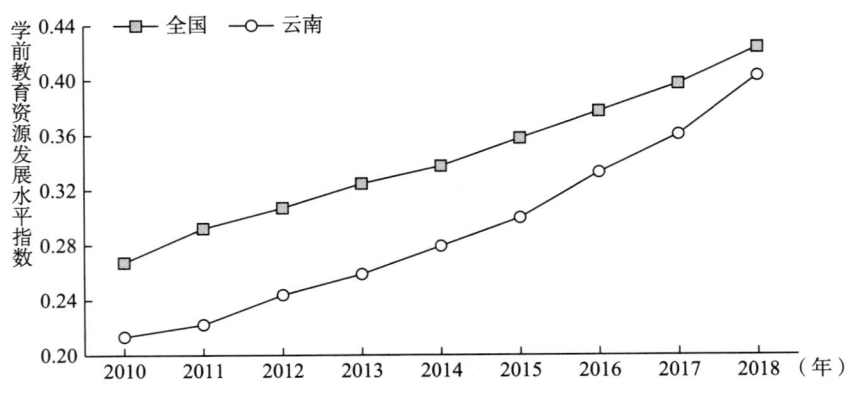

图 4.1　云南与全国学前教育资源发展水平的趋势

一 云南与全国学前教育资源水平比较

学前教育资源水平从学前教育公平优质发展和资源空间配置的视角出发，以学前教育系统内发展的核心要素为研究重点，强调对配置数量的评价，涉及社会所提供的在学前教育过程中所占用和消耗的人力、物力和财力三个方面的基本教育资源配置及发展程度。

2010—2018年全国和云南学前教育资源水平指数均呈逐年上升的势态，云南学前教育资源水平指数均低于全国平均水平，全国指数从2010年的0.1219增加至2018年的0.2364，总增长率为93.93%，年增长率的平均值为8.67%；而云南指数从2010年的0.0955增加值2018年的0.2282，总增长率超过100%，年增长率的平均值为11.57%（见表4.2，图4.2）。2010年云南省学前教育资源水平指数低于全国0.0264，到2012年，两级区域差距缩小到0.0241。2013—2018年，两级区域指数值大幅度增加，2015年差距增加到最

表4.2　云南与全国学前教育资源水平指数的比较

年 地区	2010	2011	2012	2013	2014	2015	2016	2017	2018
全国	0.1219	0.1257	0.1442	0.1579	0.1693	0.1861	0.2024	0.2182	0.2364
云南	0.0955	0.1005	0.1201	0.1302	0.1432	0.1583	0.1810	0.2026	0.2282

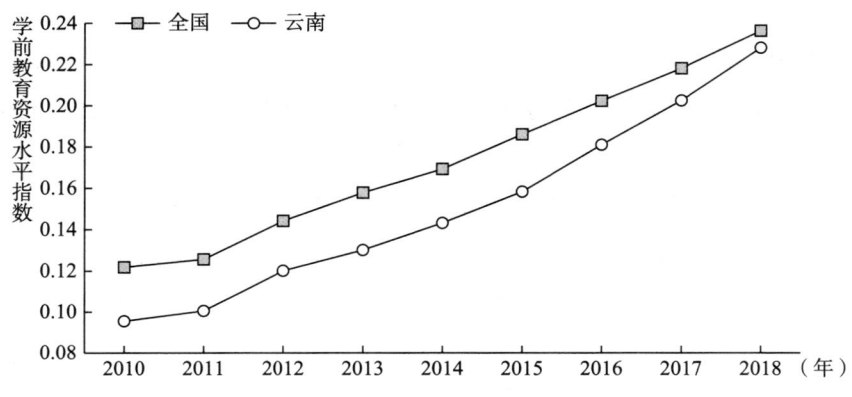

图4.2　云南与全国学前教育资源水平的发展趋势

大值 0.0278，随后几年指数差距逐步缩小，到 2018 年，云南与全国最小差值为 0.0082。近年来，云南省积极贯彻实施"学前教育三年行动计划"，合理布局及调配学前教育资源并初步构建条件均衡、质量优异、富有地域特色的学前教育发展体系，云南学前教育资源水平指数增长幅度显著高于全国，但云南本级学前教育城乡差异过大、各类资源短缺及配置失衡等问题仍显著存在，其资源综合水平整体仍均低于全国水平，云南应着力建设学前教育资源投入与支持体系。

（一）云南与全国学前教育物力资源水平比较

学前教育物力资源水平是学前教育物化劳动过程中所涉及各类物质资料的占用与消耗的状态及程度，是教育人员和幼儿在教育及生活中不可或缺的物质条件及技术利用的静态呈现结果，主要涉及生均校舍建筑面积、生均教学及行政用房面积、生均生活及其他用房面积、生均运动场馆及绿化面积及生均图书册数等。

学前教育物力资源主要用于满足幼儿园师生生活、教育教学基本需求的各类用房、设施设备、资料等。2010—2018 年全国和云南学前教育物力资源水平指数均呈持续增长趋向，总增长率均大于 100%，云南指数水平 9 年间均低于全国平均水平，全国指数从 2010 年的 0.0498 增加至 2018 年的 0.1188，年增长率的平均值为 11.54%；而云南指数从 2010 年的 0.0280 增加值 2018 年的 0.1130，年增长率的平均值为 19.09%（见表 4.3，图 4.3）。2010 年云南省学前教育物力资源水平指数低于全国的 0.0498，在整体持续增长趋势过程中，两级区域差距值呈波浪式降低态势，前三年时间段里有所减小，2014 年左右指数差值增加到 0.0210，随后至 2018 年，云南与全国差距逐步缩小且最小差值为 0.0058。根据《云南省教育事业发展"十三五"规划》的文件精神，云南省采取多种形式扩大学前教育物力资源，增加学前教育物力资源供给量，其物力资源水平指数增长幅度高于全国平均水平，但由于地域的教育需求条件和政府支持条件的有限性，云南学前教育物力资源水平仍未超过全国水平。

表 4.3　云南与全国学前教育物力资源水平指数的比较

年 地区	2010	2011	2012	2013	2014	2015	2016	2017	2018
全国	0.0498	0.0522	0.0588	0.0698	0.0799	0.0881	0.0969	0.1062	0.1188
云南	0.0280	0.0330	0.0399	0.0486	0.0589	0.0673	0.0819	0.0938	0.1130

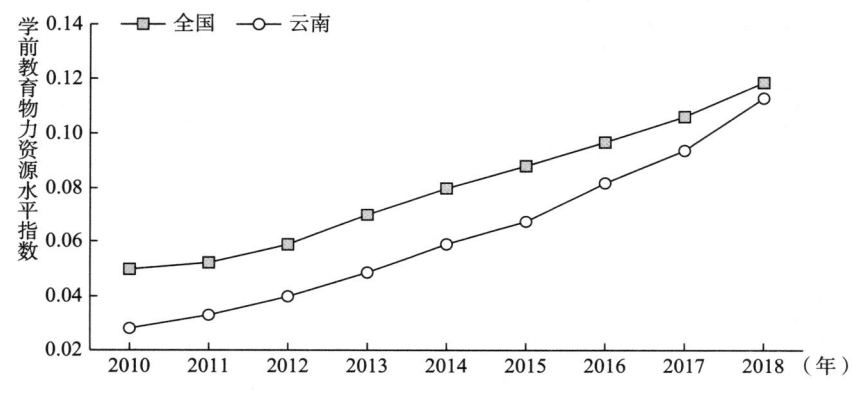

图 4.3　云南与全国学前教育物力资源水平的发展趋势（1）

2010—2018 年全国和云南学前教育各类物力资源水平的基础数据指数值与总体资源水平指数均保持大体一致的上升态势，云南各类物力资源水平均低于全国水平且两级区域差距值均不断缩小（见图 4.4）。9 年时间内，全国的生均校舍建筑面积方面和生均生活及其他用房面积均呈现先下降后持续增长的变动走向，云南则保持小幅度上升，其面积差值由 2010 年的 1.0627 平方米、0.2762 平方米分别降到 2018 年的 0.1483 平方米、0.0693 平方米；两级区域的生均教学及行政用房面积均呈现先持平后缓慢增长的趋势，其区域差距由 2012 年的 0.7865 平方米、2014 年的 0.7431 平方米大幅度下降到 2018 年的 0.0790 平方米；生均运动场馆及绿化面积及生均图书册数的指数值则保持稳步增长动向，2010—2014 年时段内，两级区域差距较大，2018 年分别缩减到最小值 0.5927 平方米、0.4311 册。显然，随着学前教育进入后普及时代，三年毛入园率不断增加，特别是在 2016 年开始新的生育政策影响下，我国学前教育物力资源水平会迎来一个新的增长时段。为满足学前教育物力资源供给水平，在该时段内，学前教育各类设施设备、资料及用房等仍需保持一定

云南学前教育资源配置的空间协调性研究

幅度的增长。

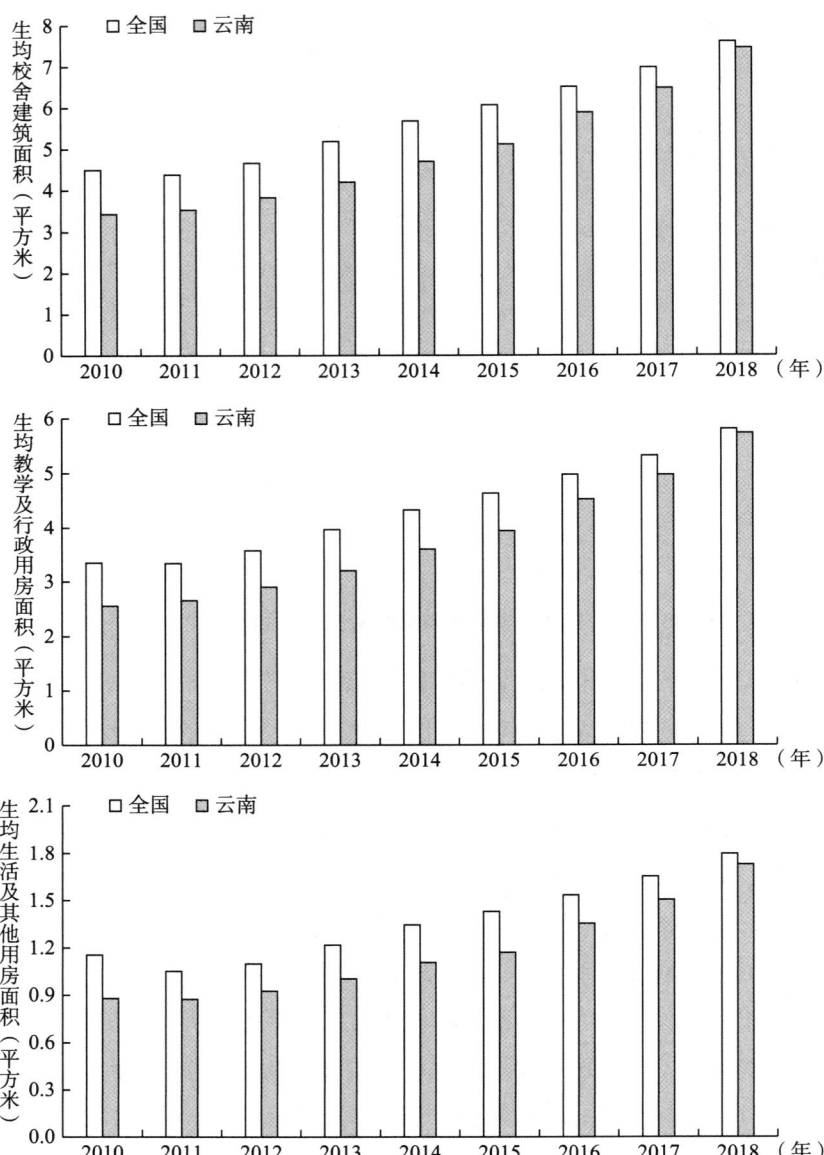

(续图)

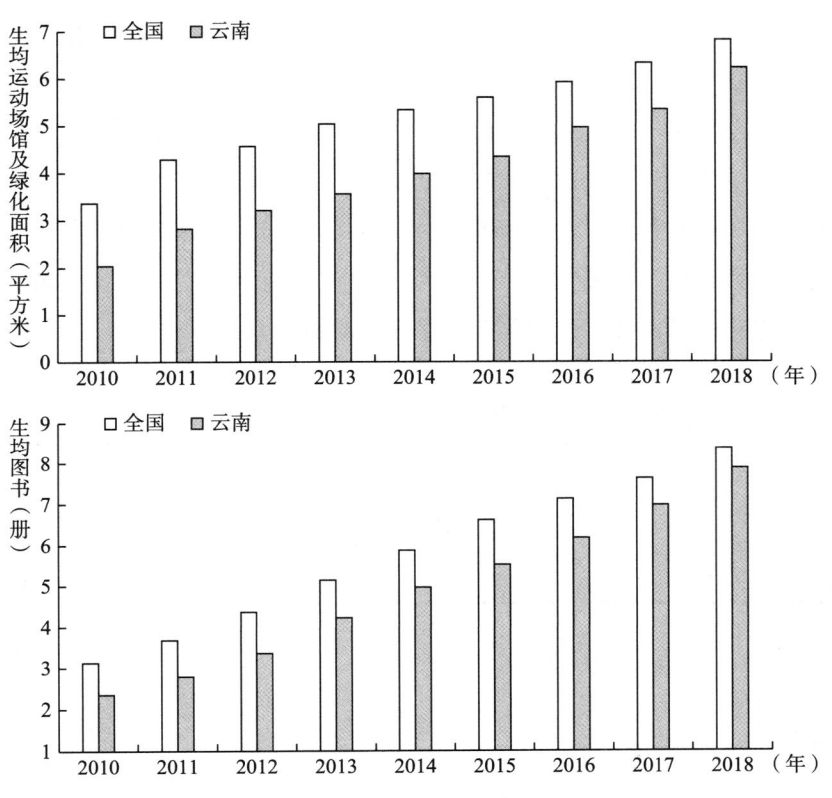

图 4.4 云南与全国学前教育物力资源水平的发展趋势（2）

（二）云南与全国学前教育财力资源水平比较

学前教育财力资源水平是以物力及人力货币形态存在并用于幼教机构生存发展所必需的财力要素流动结果呈现状态，包括所有物资的货币形态及劳动报酬支付水平，意指国家、社会及个人等以财政拨款、集资、交费及捐赠等所有劳动支付方式及物资货币形态。学前教育财力资源水平体现了国家和社会对学前教育发展的财政支持力度并侧重反映学前教育投入水平及供给能力。

2010—2018 年全国和云南学前教育财力资源水平指数均呈波浪式增长态势，总增长率均大于 100%，云南指数均显著低于全国平均水平，全国指数从 2010 年的 0.0073 增加至 2018 年的 0.0411，年增长率的平均值为 27.45%；而云南指数从 2010 年的 0.0029 增加值 2018 年的 0.0356，年增长率的平均值为47.02%，云南财力资源水平指数增长幅度高于全国平均水平（见表4.4，图4.5）。2010年云南省学前教育财力资源水平指数低于全国0.0044，至2012年两级指数值大幅度上升，2012—2014年又出现小幅度回落，指数差值不断加大，随后至2018年，云南与全国学前教育财力资源水平指数呈持续增长趋势，指标差值逐步缩小且最小差值为0.0040。2010年以来，云南不断加大对学前教育的关注和投入，有选择性地进行款项设计，有针对性地实施资金扶持，有规划性地进行支持资金使用，着力优化学前财力资源配置、拓宽财政资源供给渠道，学前教育财力资源总量大幅增加。

表4.4　云南与全国学前教育财力资源水平指数的比较

年 地区	2010	2011	2012	2013	2014	2015	2016	2017	2018
全国	0.0073	0.0121	0.0229	0.0237	0.0219	0.0276	0.0324	0.0370	0.0411
云南	0.0029	0.0065	0.0177	0.0171	0.0161	0.0206	0.0258	0.0330	0.0356

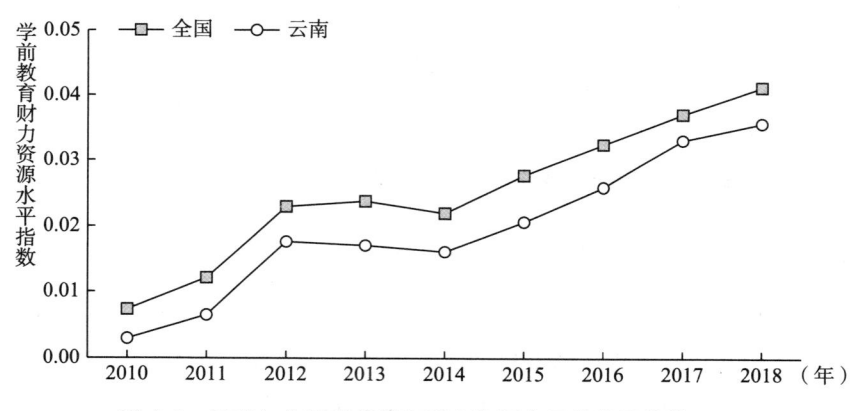

图4.5　云南与全国学前教育财力资源水平的发展趋势（1）

学前生均教育经费（即均教育经费支出/人均GDP）是衡量学前教育财力资源水平最关键性指标之一，旨在反映区域社会经济发展水平与学前教育财政经费投入间的交互关联性；学前"生均教育事业经费"是教育经费的基本保障，指政府主管部门拨付的用于学前教育发展的专项财政性资金；学前"生均公用经费"（即公用经费支出/在园幼儿数）侧重反映生均公用经费的充足程度和支出水平。

影响我国2010—2018年时段内学前教育财力资源水平变动的三个基础数据中，全国与云南生均教育经费支出、生均教育事业费支出均呈阶段性增长趋势，生均公用经费支出呈波浪式增长态势（见图4.6）。2010—2012年时段内三组基础数据有大幅度上升，随后至2014年均有不同程度的回落趋势。

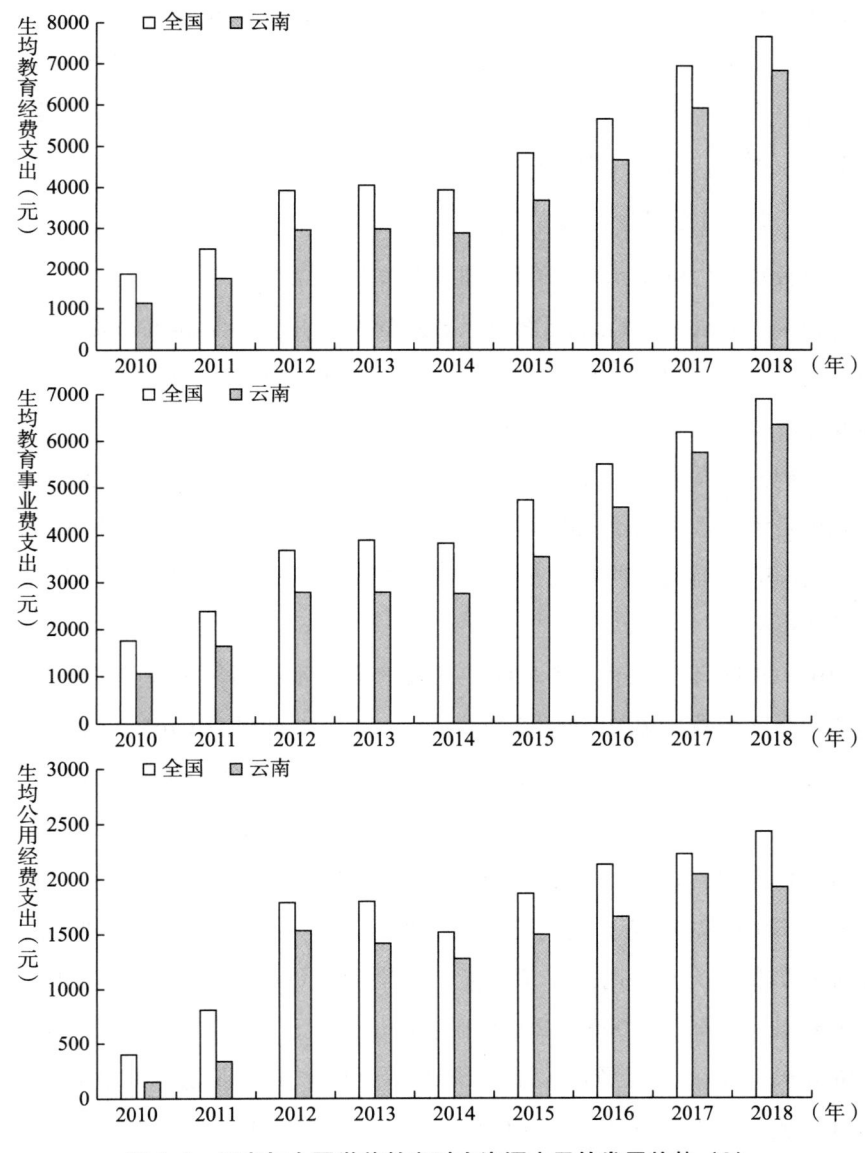

图4.6　云南与全国学前教育财力资源水平的发展趋势（2）

2015年两级区域生均教育经费支出、生均教育事业费支出差距最大，差值分别为1159.3元、1192.87元，随后至2018年两组基础数据均保持缓慢增长趋向，而生均公用经费支出则呈先增长后下降趋势，截至2018年，此指标差距值达到最高为505.14元。自2016年国家颁布新的生育政策以来，居民的学前教育需求不断增强，学前三年毛入园率不断增加，中央及地方政府的财政支持力度也相应加大，虽然云南在学前教育改革发展中已采取切实新举措，但学前教育财力资源水平仍未超过全国平均水平，云南本级地区应拓宽学前教育经费补充渠道，国家应加大对西部地区的投入力度。

（三）云南与全国学前教育人力资源水平比较

学前教育人力资源水平指幼儿园运行发展所需要的各类教学、管理、科研、工勤人员和幼儿等资源配置的状态及程度。在实际学前人力资源水平考察中，主要涉及生师比、班均教师数、已评职称教师比、本科以上学历比、学前专任教师比、教师接受学前专业教育比等指标来进行定量分析。学前教师学历、职称和专业情况是反映幼儿教师整体素质水平的重要标志，提升学历、职称是建设教师队伍的基本内容；师生比是指专任教师总数与在园幼儿数比，是影响学前教育质量的重要结构性指标，普遍作为学前教育质量考察的替代性指标。

2010—2018年全国和云南学前教育人力资源水平指数大体呈先下降后增长趋势，全国指数从2010年的0.0648增加至2018年的0.0765，总增长率为18.06%，年增长率的平均值为2.14%；而云南指数从2010年的0.0646增加至2018年的0.0795，总增长率为27.03%，年增长率的平均值为2.68%，云南学前教育人力资源水平指数增长幅度明显高于全国平均水平（见表4.5，图4.7）。2010—2011年，全国与云南学前教育人力资源水平有大幅度下降，2011年指数值降到9年时段内最低点，分别为0.0614、0.0611，全国指数分别高于云南0.0002、0.0003，2012年起又呈逐渐上升态势，且云南学前教育人力资源水平反超全国平均水平，2014年两级区域差距值为0.0008，截至2018年达到最大差值0.003。2010年以来，云南省积极贯彻实施《国家中长期教育改革和发展规划纲要（2010—2020）》的改革要求，在全省各类师范类院校中增设学前教育专业或完善学前教育专业学科建设,并实施扩招学前师范类本科生、研究生、专科生等措施,大力培育学前教育专业优秀输出型人才,积极推动落实教师配置标准,严格规范幼儿教师资质的认定及考核,建立教师动态补充机制,采取"促帮扶、强师训"的教育培训模式及"请进来、走出去"的培养方式,从本质上提升教师的学历和质量层次。

表4.5 云南与全国学前教育人力资源水平指数的比较

年 地区	2010	2011	2012	2013	2014	2015	2016	2017	2018
全国	0.0648	0.0614	0.0625	0.0643	0.0674	0.0703	0.0731	0.0750	0.0765
云南	0.0646	0.0611	0.0626	0.0645	0.0682	0.0704	0.0733	0.0757	0.0795

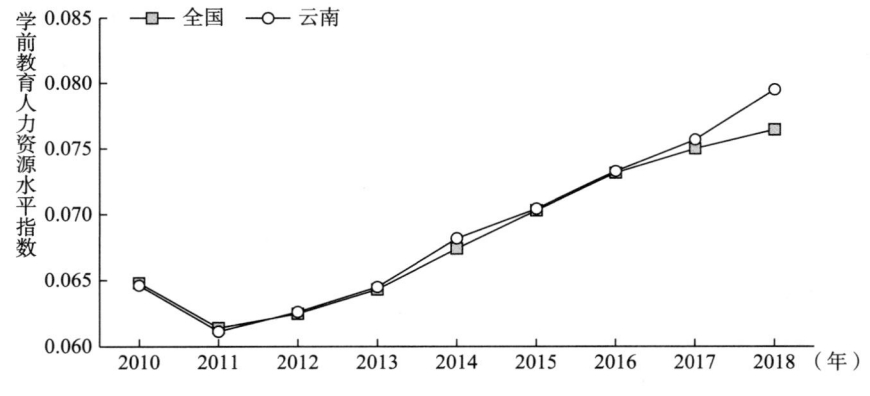

图4.7 云南与全国学前教育人力资源水平的发展趋势(1)

学前教师专业素质与教育质量密切关联,是确保学前教育规范化、优质化发展的基本保障。"本科以上学历比"与"专任教师比"是衡量学前教育质量的基础性指标与幼师职业准入的刚性指标,旨在提升幼师队伍专业化水平、业务能力及职业素养;"生师比"是衡量幼教与幼师质量及数量是否充足的关键性指标,直观反映学前人力资源配置水平;"已评职称教师比"是幼教机构激励及奖励机制的公共核心要素,也是衡量幼师专业能力与素质的重要标尺。

2010—2018年衡量学前教育人力资源水平的四组基础数据中,全国与云南的专任教师比呈阶段性下降趋势,已评职称教师比呈持续降低趋向,而生师比和本科以上学历比均呈持续增长态势（见图4.8）。此时段内，全国生师比均高于云南水平且差距值逐渐加大，2010年、2014年及2018年两级区域差距值分别为0.089、0.097、0.096；在已评职称教师比指标中，云南水平均高于全国且差距逐步加大，2010年、2014年及2018年差距值分别为0.064、0.0774、0.0808；在本科以上学历比数据中，云南指数值呈波浪式增长态势，2010—2014年时段内，除2014年云南水平高于全国平均水平外，其余年份指数值均呈相反态势，而2015—2018年时段内，云南指数值均低于全国水平，且差距值逐渐加大；在专任教师比指标中，云南水平显著高于全国平均水平，云南水平呈逐步下降趋势，而全国呈先下降后缓慢增长态势，2010年两级区域指标水平达到最高值，分别为0.6187、0.6213，2010—2012年均有大幅度下降，云南降到最低值为0.5969，截至2018年，全国降到最低值为0.5697，与云南指数值差距最大值为0.0353。近年来，为夯实、巩固学前教育基层特色性、实践性及扎实性发展，云南幼儿园专任教师招聘准入条件已逐步从专科

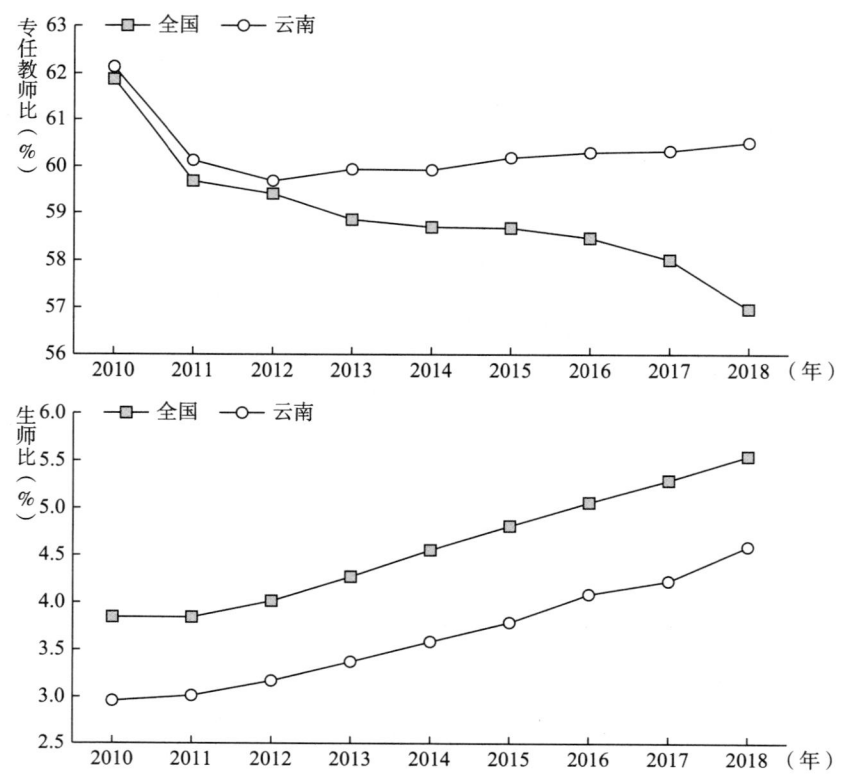

(续图)

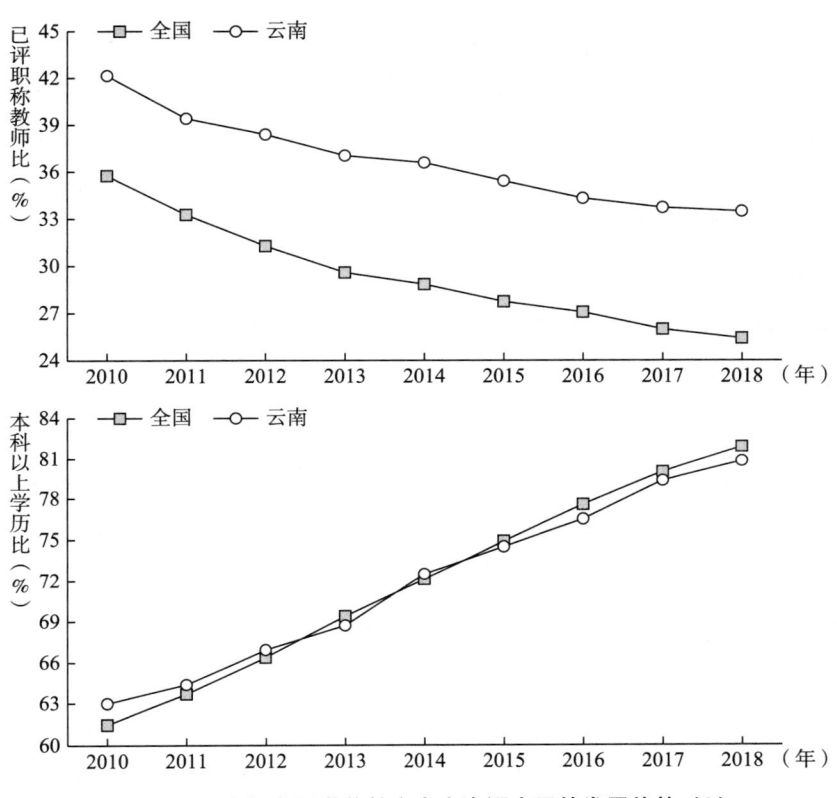

图 4.8 云南与全国学前教育人力资源水平的发展趋势（2）

提升为本科及以上学历要求，师资队伍学历结构不断优化，并采取多种形式鼓励、培训教师职称评定，多渠道、多手段地提升教师的教学能力和职业素养，但由于"全面二孩"政策的实施、城市化进程导致的人口流动，学前教育人力资源仍处于供不应求状态，培育、培养专业性学前教育人才已成为云南学前教育改革发展的首要途径。

二 云南与全国学前教育配置状态比较

普及、普惠、优质已成为学前教育改革发展的价值追求及趋势。学前教育资源配置状态是基于人力、物力、财力资源的数量评价来判断资源发展水平的质量，强调通过什么结果来呈现和评估配置情况，不仅包含学前教育资源配置的数量状态和质量状态，也注重特定空间内教育资源的充分利用及其所发挥的积极效应,本书中具体包含普及状态、普惠状态及集约状态。

学前教育配置状态主要客观地评价资源配置的优劣程度。2010—2018 年全国和云南学前教育配置状态指数大体呈上升的趋势,云南学前教育资源配置状态指数均低于全国平均水平,全国指数从 2010 年的 0.1455 增加至 2018 年的 0.1869,总增长率为 28.45%,年增长率的平均值为 3.28%;而云南指数从 2010 年的 0.1178 增加值 2018 年的 0.1745,总增长率超过 48.13%,年增长率的平均值为 5.07%(见表 4.6,图 4.9)。2010 年云南省学前教育配置状态指数低于全国 0.0277,2011 年全国学前教育配置状态指数大幅度上升,两级区域指数差值增加到最大值到 0.0449,2012 年全国指数有所回落,随后呈逐年持续增长趋势;云南配置状态指数则大幅度上升,且逐渐缩小与全国的差距,截至 2018 年,云南与全国最小差值为 0.0124。近年来,云南学前教育发展在提升质量发展的同时,注重云南少数民族地区文化渗透并培育云南省学前教育特色,使云南省学前教育普及、质量与特色三者兼顾且交互辅助,云南学前教育配置状态指数增长幅度显著高于全国水平,由于各地域少数民

表 4.6　云南与全国学前教育配置状态指数的比较

年 地区	2010	2011	2012	2013	2014	2015	2016	2017	2018
全国	0.1455	0.1665	0.1629	0.1667	0.1680	0.1714	0.1747	0.1786	0.1869
云南	0.1178	0.1216	0.1236	0.1285	0.1359	0.1413	0.1514	0.1574	0.1745

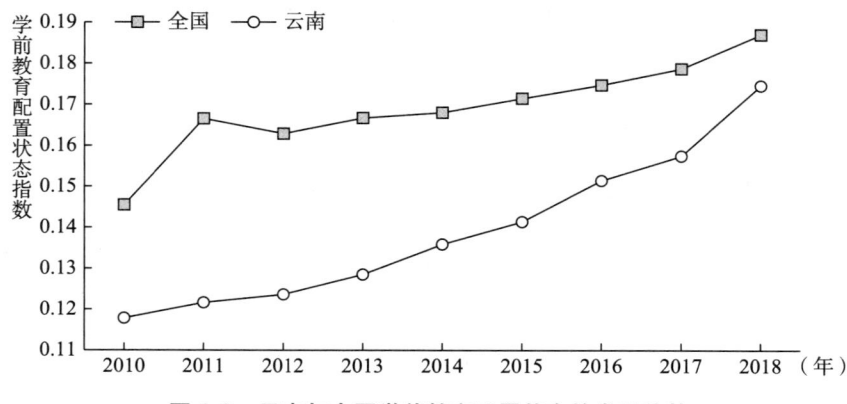

图 4.9　云南与全国学前教育配置状态的发展趋势

族地区的社会经济发展水平及现代化指数、人类发展指数等的差异,云南学前教育配置状态仍未达到全国平均水平。

（一）云南与全国学前教育普及状态比较

学前教育普及状态强调评价教育资源配置数量状态并通过教育机会程度来衡量,为了使教育机会充裕、公平程度的指标选择具有典型性和代表性,此研究选择学前三年毛入园率和一年级新生接受学前教育比评估学前教育普及状态。

《教育规划纲要》提出要基本普及学前教育,建立政府主导、社会参与、公办民办并举的办园体制。2010—2018 年全国和云南学前教育普及状态指数呈持续增长趋势,云南指数均低于全国平均水平,全国指数从 2010 年的 0.0461 增加至 2018 年的 0.0682,总增长率为 47.94%,年增长率的平均值为 5.04%;而云南指数从 2010 年的 0.0288 增加至 2018 年的 0.0619,总增长率超过 100%,年增长率的平均值为 10.13%（见表 4.7,图 4.10）。云南与全国学前教育普及状态指数差距总体呈缩小态势,2010 年、2014 年及 2018 年

表 4.7　云南与全国学前教育普及状态指数的比较

地区＼年	2010	2011	2012	2013	2014	2015	2016	2017	2018
全国	0.0461	0.0501	0.0525	0.0549	0.0571	0.0601	0.0618	0.0633	0.0682
云南	0.0288	0.0343	0.0388	0.0431	0.0466	0.0500	0.0532	0.0548	0.0619

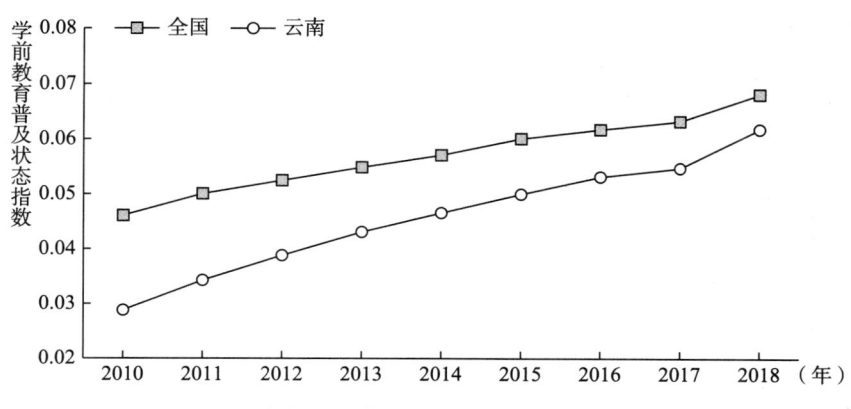

图 4.10　云南与全国学前教育普及状态的发展趋势（1）

指数差值分别为 0.0173、0.0105、0.0063。

自 2010 年我国学前教育普及率得到大幅度提升并提前完成预期目标，在一定程度上缓解了"入园难"的问题。云南省大力推进学前教育普及、安全、优质发展，将学前教育列入各级政府重点工作、惠民工程，实施第二期、第三期学前教育行动计划，学前教育普及状态指数增长幅度均高于全国。

"学前三年毛入园率"是衡量学龄幼儿接受教育机会的核心指标，"一年级新生接受学前教育比"是反映学前教育入学机会的情况，普遍作为三年毛入园率的代理指标，该指数值越高，代表实际享有学前教育资源的幼儿数量规模越大，适龄幼儿实际获得教育的机会就越多。影响我国 2010—2018 年时段内学前教育普及状态变动的两个基础数据中，全国与云南学前三年毛入园率、一年级新生接受学前教育比均呈上升态势，云南两项指数值均显著低于全国平均水平（见图 4.11）。云南与全国学前三年毛入园率差距呈逐年缩减趋势，2010 年、2014 年及 2018 年指数值差分别为 0.1917、0.1126、0.0741；云南与全国一年级新生接受学前教育比在 2010—2012 年时段内均有大幅度上升，2010 年两级区域差距达到最大值为 0.1431，2013—2015 年内两级区域指

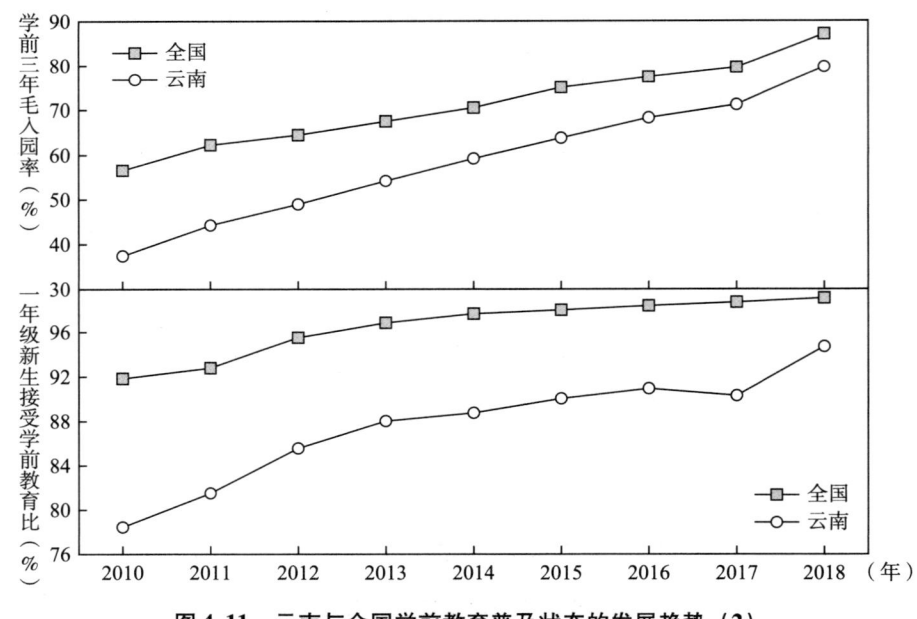

图 4.11 云南与全国学前教育普及状态的发展趋势（2）

标数值呈缓慢增长态势，2014年两级区域差距值为0.0889，2016—2018年全国继续保持小幅度增长，云南指数在2017年有所回落后又大幅度增长，两级区域差距在2018年降到最小值0.0437。该时段内，三年毛入园率明显提高，学前教育需求逐年增加，云南因地域少数民族文化、自然、经济、人口因素等差异性影响，一年级新生接受学前教育比远低于全国平均水平。

（二）云南与全国学前教育普惠状态比较

学前教育普惠性目的是使更多幼儿公平享受公益性服务，在大力发展公办园的同时，积极扶持民办幼儿园，并引导和支持民办园提供普惠性服务，从而实现公办、民办并举的办园体制形态，其普惠状态通过对普惠性幼儿园质量、数量的考察来呈现评估结果。

2010—2018年时段内，全国学前教育普惠状态呈持续缓慢下降态势，而云南学前教育普惠状态呈先下降后增长趋势，全国指数从2010年的0.0529降低至2018年的0.0496，云南指数从2010年的0.0493增加至2018年的0.0608，总增长率为1.15%，年增长率的平均值为3.07%（见表4.8，图4.12）。2010—2013年云南指数均低于全国平均水平，2011年两级普惠状态有大幅度下降，指数差值从0.0036增加到0.0089，2012年起，云南指数有大幅度上升，2014年以后，云南则反超全国并逐年加大两级区域差距，其中2015年有小幅度回落，2018年最大差距值为0.0112。目前，就学前教育整体普惠性程度而言，公办幼儿园数量及公办幼儿园在园儿童数仍是衡量普惠状态的标准，在增加幼儿园资源总量的同时，民办幼儿园比例远超公办幼儿园，虽有效缓解"入园贵"的难题，但普惠性民办幼儿园质量评估及监管体制仍然不够健全，因此，建立普及、普惠、优质的学前教育质量评估体系已成为新时代我国学前教育事业发展的核心主题。

表4.8 云南与全国学前教育普惠状态指数的比较

年 地区	2010	2011	2012	2013	2014	2015	2016	2017	2018
全国	0.0529	0.0496	0.0493	0.0500	0.0495	0.0490	0.0490	0.0496	0.0496

续表

年地区	2010	2011	2012	2013	2014	2015	2016	2017	2018
云南	0.0493	0.0407	0.0414	0.0475	0.0507	0.0501	0.0527	0.0566	0.0608

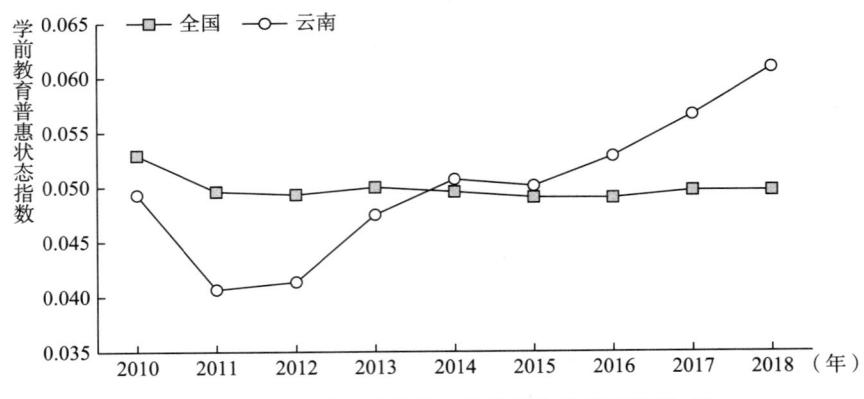

图 4.12　云南与全国学前教育普惠状态的发展趋势（1）

在 2010—2018 年衡量学前教育普惠状态的两个基础数据中，全国与云南公办幼儿园在园幼儿数比均呈持续下降态势且云南指数均高于全国平均水平，而公办幼儿园比呈不同程度的上升趋势（见图 4.13）。在公办幼儿园在园幼儿数比数据中，全国与云南的差距整体呈缩小态势，2010 年、2014 年及 2018 年差距值分别为 0.0492、0.0169、0.0150。在公办幼儿园比数据中，2010—2014 年时段内，全国与云南均呈先下降后增长态势，两级区域差距从 0.0867 下降到 0.0041，2015 年起，云南指数值反超全国，两级差距不断增加，到 2018 年最大差值为 0.1074。

虽然"入园难""入园贵"得到一定程度的缓解，但学前优质教育资源仍集中在公办幼儿园层面，普惠性民办幼儿园质量评估和监管亟待加强，支持民办幼儿园提供普惠性服务是扩大普惠性资源的关键方式，促进普惠性民办幼儿园的非营利转向更适合中国国情。

（三）云南与全国学前教育集约状态比较

学前教育集约状态是特定区域或空间内教育资源充分利用及所发挥的积极效应的一种集散状态，本书分别从宏观和微观两个维度来进行客观评价，

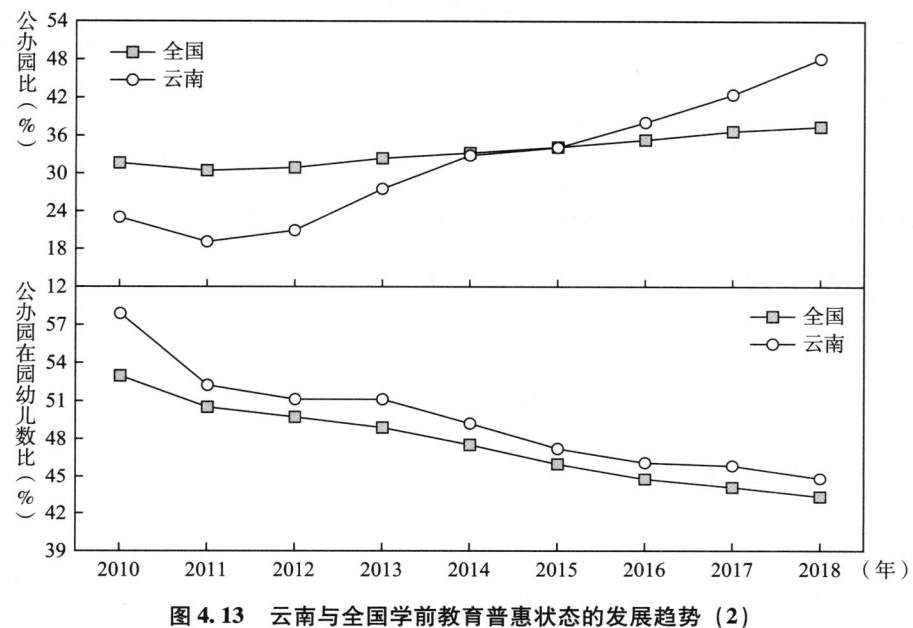

图 4.13　云南与全国学前教育普惠状态的发展趋势（2）

即对城乡幼儿在园比和班额的集散状态进行测度。

2010—2018 年全国和云南学前教育集约状态指数均呈先增长再下降后上升趋势，云南指数水平均显著低于全国平均水平，全国指数从 2010 年的 0.0465 增加至 2018 年的 0.0691，总增长率为 48.6%，年增长率的平均值为 5.97%；而云南指数从 2010 年的 0.0397 增加至 2018 年的 0.0518，总增长率为 30.48%，年增长率的平均值为 3.82%（见表 4.9，图 4.14）。2010 年两级区域差距为时段内最小值 0.0068，2011—2013 年时段内先有大幅度上升后又下降，两级区域差距为时段内最大值 0.0239，云南指数降到最低值为 0.0379。2013—2018 年时段内，云南与全国均保持阶段性增长态势。学前教育集约状态属于逆向指标，云南的增长幅度高于全国，说明云南学前教育资源配置优化和利用效应不如全国水平，随着"全面二孩"政策的实施中幼儿出生率的提高及城镇化进程中的人口流动，新的人口高峰给学前教育集约状态的优化带来了更严峻的挑战，优化配置学前教育资源，挖掘现有教育资源潜力已成为核心应对策略。

表 4.9　云南与全国学前教育集约状态指数的比较

年 地区	2010	2011	2012	2013	2014	2015	2016	2017	2018
全国	0.0465	0.0669	0.0611	0.0618	0.0613	0.0623	0.0639	0.0657	0.0691
云南	0.0397	0.0467	0.0434	0.0379	0.0386	0.0413	0.0455	0.0461	0.0518

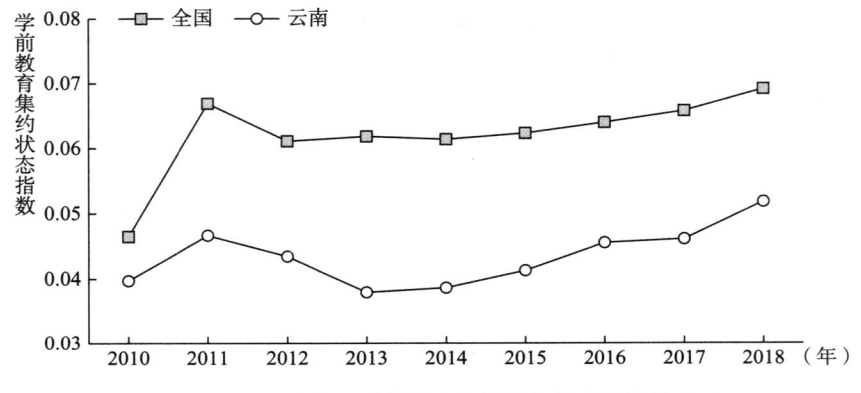

图 4.14　云南与全国学前教育集约状态的发展趋势（1）

在影响我国 2010—2018 年时段内学前教育集约状态变动的两个基础数据中，全国与云南班额人数呈阶段性波浪式下降趋势，农村幼儿在园人数比呈缓慢下降态势且云南均高于全国水平（见图 4.15）。在班额基础数据中，2010 年全国平均班额指数值高于云南 0.07 人，随后时段内云南均高于全国平均水平，2010—2013 年时段内，两级区域指数值先有大幅度下降后又上升，2011 年班额人数均降到最小值，分别为 27.3 人和 29.9 人，2013 年云南班额人数到达最高值 32.7 人，两级区域差距达到最大差值为 3.7 人，2014—2018 年均保持小幅度下降态势。在农村幼儿在园人数比数据中，2010—2011 年两级区域指数值均有大幅度下降，随后几年差距值均呈渐趋缩小，2010 年差距值为最小值 0.0954，2012 年差距值为最大值 0.1522。上述两项指标均属于逆向指标，近年来区域社会经济加速发展带来的城镇化率逐渐提高，农村户籍人口大量涌入城镇，农村幼儿在园人数比呈逐年缩小态势。

随着云南适龄人口的变化，学前教育需求不断增强，班额人数呈现阶段性缩小趋势，但优质学前教育资源仍相对短缺。云南属于典型"大杂居、小

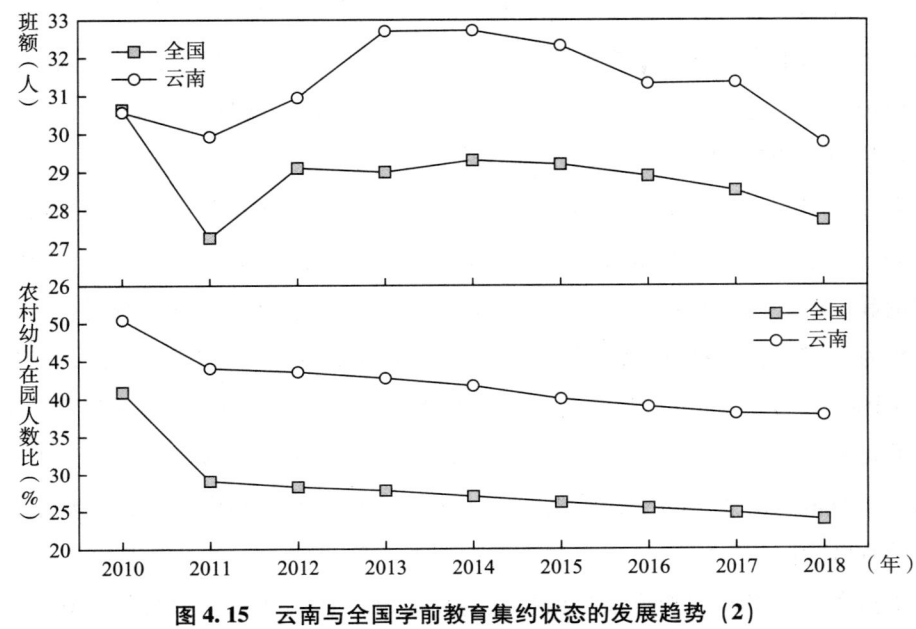

图 4.15　云南与全国学前教育集约状态的发展趋势（2）

聚居"的人口居住状况，农村人口高于全国平均水平，应积极推进云南城乡学前教育公平、均衡发展，从而实现资源配置的相对均衡，追求高效、优质的教育状态。

第二节　云南与其他省区市学前教育资源发展水平的比较

区域间学前教育资源发展水平的差异比较是基于教育公平理念使不同地域但同层次幼教机构、幼儿及教师等均享有同等质量、数量和水平的学前教育资源，以实现各区域的学前教育保持高位的相对平衡发展。

趋势比较：2010—2018 年云南与其他省区学前教育资源发展水平比较的客观情况是均有不同程度的递增态势，且增长趋势有显著差异，我国社会经济发展水平直接影响教育事业的发展，因此该项指数与学前教育资源发展条件、区域支持条件指数发展趋势一致。

2010 年学前教育资源发展水平指数最高的省区市依次为上海、北京、天津、江苏和内蒙古，指数值最低的省区依次为湖南、贵州、广西、四川和江西。极高值上海的学前教育资源发展水平指数为 0.6221，极低值江西指数为 0.1570，极差为 3.96 倍，云南指数值为 0.2134，在全国排名第 23 位，上海指数是云南的 2.92 倍，云南处于全国中下水平，云南学前教育资源发展水平指数贡献率为 0.7982。至 2014 年，学前教育资源发展水平最高省区市依次为上海、北京、西藏、天津和江苏，指数值最低省区依次为四川、江西、湖南、河南和广西。极高值上海的学前教育资源发展水平指数为 0.6603，极低值广西指数为 0.2283，极差为 2.89 倍，较 2010 年稍微缩小，云南指数值为 0.2791，在全国排名第 25 位，上海指数是云南的 2.37 倍，云南学前教育资源发展水平的贡献率为 0.8276，较 2010 年有所增加。至 2018 年，学前教育资源发展水平指数最高的省区市依次为北京、上海、西藏、天津和内蒙古，指数值最低的省区为四川、安徽、湖南、河南和广西。极高值北京学前教育资源发展水平指数为 0.8084，极低值广西指数为 0.2836，极差为 2.85 倍，较 2014 年有所降低，云南指数值为 0.4026，在全国排名第 23 位，北京指数是云南的 2.01 倍，较 2014 年有所降低，云南学前教育资源发展水平指数贡献率为 0.952，较 2014 年有所上涨（见表 4.10）。

表 4.10　云南与其他省区市学前教育资源发展水平指数的比较

年 地区	2010	2011	2012	2013	2014	2015	2016	2017	2018
北京	0.5578	0.5539	0.5848	0.6193	0.6422	0.6915	0.7179	0.7538	0.8084
天津	0.4354	0.4338	0.4611	0.4898	0.5099	0.5141	0.5127	0.5573	0.5974
河北	0.3257	0.3594	0.3545	0.3483	0.3578	0.3715	0.3830	0.3922	0.4125
山西	0.3490	0.3657	0.3647	0.3833	0.3968	0.4159	0.4298	0.4324	0.4531
内蒙古	0.3496	0.3658	0.3890	0.4155	0.4513	0.4947	0.5211	0.5222	0.5600
辽宁	0.2908	0.3434	0.3721	0.3994	0.4085	0.4162	0.4345	0.4372	0.4647
吉林	0.3254	0.3233	0.3674	0.3626	0.3850	0.3985	0.4158	0.4308	0.4592
黑龙江	0.2583	0.3019	0.3596	0.3913	0.4021	0.4197	0.4466	0.4412	0.4713
上海	0.6221	0.6322	0.6245	0.6393	0.6603	0.6676	0.6767	0.6984	0.7177
江苏	0.3807	0.4176	0.4408	0.4671	0.4875	0.4956	0.5072	0.5233	0.5508

续表

年 地区	2010	2011	2012	2013	2014	2015	2016	2017	2018
浙江	0.3205	0.3435	0.3725	0.4005	0.4256	0.4524	0.4757	0.5018	0.5376
安徽	0.2146	0.2464	0.2587	0.2773	0.2920	0.2993	0.3203	0.3360	0.3552
福建	0.2766	0.2775	0.2896	0.3114	0.3375	0.3572	0.3716	0.3832	0.4023
江西	0.1570	0.2050	0.2278	0.2587	0.2593	0.2790	0.3521	0.3944	0.4329
山东	0.3173	0.3500	0.3736	0.4033	0.4211	0.4310	0.4451	0.4600	0.4682
河南	0.2121	0.2376	0.2344	0.2491	0.2564	0.2699	0.2809	0.2958	0.3134
湖北	0.2185	0.2284	0.2670	0.2914	0.3057	0.3277	0.3381	0.3471	0.3731
湖南	0.2015	0.2333	0.2681	0.2676	0.2571	0.2756	0.2889	0.3076	0.3360
广东	0.2912	0.3121	0.3241	0.3541	0.3505	0.3699	0.3788	0.3973	0.4150
广西	0.1871	0.2000	0.2218	0.2160	0.2283	0.2437	0.2526	0.2667	0.2836
海南	0.2095	0.2561	0.2983	0.3439	0.3066	0.3920	0.4041	0.4136	0.4400
重庆	0.2041	0.2222	0.2401	0.2458	0.2640	0.2827	0.3111	0.3285	0.3670
四川	0.1858	0.1990	0.2299	0.2457	0.2621	0.2875	0.3124	0.3409	0.3610
贵州	0.1872	0.2130	0.2210	0.2545	0.2804	0.3228	0.3550	0.3870	0.4234
云南	0.2134	0.2222	0.2438	0.2587	0.2791	0.2997	0.3325	0.3600	0.4026
西藏	0.3251	0.3479	0.3918	0.4603	0.5203	0.5635	0.5961	0.6623	0.6900
陕西	0.2566	0.3012	0.3416	0.3609	0.3860	0.4153	0.4543	0.4729	0.5018
甘肃	0.2972	0.3118	0.3567	0.3666	0.3829	0.4086	0.4329	0.4496	0.4714
青海	0.2583	0.3133	0.3402	0.3387	0.3426	0.3770	0.4185	0.4356	0.4563
宁夏	0.2565	0.2632	0.2872	0.3258	0.3337	0.3715	0.3985	0.4154	0.4248
新疆	0.3121	0.3752	0.3893	0.4104	0.4280	0.4380	0.4544	0.4971	0.4726

2010—2018年时段内云南学前教育资源发展水平指数均低于全国平均水平。2010年高于全国平均水平的省区市有上海、北京、天津、江苏、内蒙古、山西、河北、吉林、西藏、浙江、山东、新疆、甘肃、广东、辽宁和福建，其余省区均低于全国平均水平；2014年高于全国平均水平的省区市有上海、北京、西藏、天津、江苏、内蒙古、新疆、浙江、山东、辽宁、黑龙江、山西、陕西、吉林、甘肃、河北、广东、青海和福建，其余省区市均低于全国

平均水平；2018年高于全国平均水平的省区市有北京、上海、西藏、天津、内蒙古、江苏、浙江、陕西、新疆、甘肃、黑龙江、山东、辽宁、吉林、青海、山西、海南、江西、宁夏和贵州，其余省区市均低于全国平均水平（见图4.16）。此外，长期以来的城乡二元结构更使区域间的不均衡性发展日益彰显，在二元经济结构和发展格局的背景下，我国学前教育在顶层制度设计上就存有"东部优先发展""城市优先发展"的社会结构价值取向，因此，东部地区的学前教育在人力、物力、财力资源配置上均高于中西部地区。

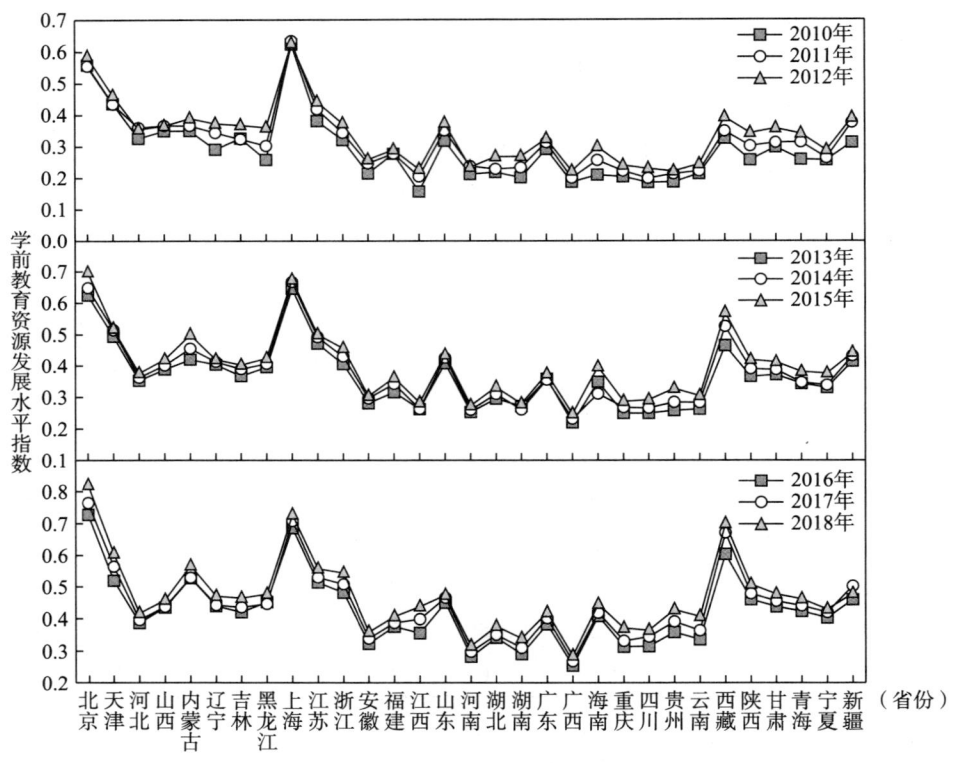

图4.16 云南与其他省区市学前教育资源发展水平趋势的比较

2010—2018年时段内，我国各省区学前教育资源发展水平指数年增长率的平均值较高的为江西、贵州、海南、西藏和陕西，较低的为吉林、天津、山西、河北和上海。极高值江西学前教育资源发展水平年增长率的平均值为13.89%，极低值上海年增长率的平均值为1.81%，极差为7.66倍；云南年增长率的平均值为 8.29%，低于江西 5.6%，高于上海 6.47%（见图 4.16）。从该时段内的增长趋势来看，各省区均有不同幅度的上升，其中上海、北京、天津和江苏四省市均处于在高位发展水平，但增长幅度较小；四川、贵州、江西和重庆等省市指数均处于全国较低水平，但增长幅度相对较高；其中西藏指数均处在全国较高水平，但有较大增长幅度；云南指数虽处于全国中下水平，但其增长幅度也较高。因此，云南学前教育资源发展水平在同期区域比较中相对滞后并亟待提升。由于我国政治经济改革梯度发展战略的实施及东、中、西部经济发展的差异性，这从根本上导致我国学前教育资源发展水平存在不均衡的区域特征。

空间比较：根据 2010 年学前教育资源发展水平聚类分析结果（Ⅰ类型 ≥ 0.3667，Ⅱ类型 0.2902—0.3667，Ⅲ类型 0.2186—0.2902，Ⅳ类型 < 0.2186），将我国 31 个省区市划分为 4 类区域类型：Ⅰ类地区包括上海、北京、天津和江苏 4 个省市；Ⅱ类地区包括内蒙古、山西、河北、吉林、西藏、浙江、山东、新疆、甘肃、广东和辽宁 11 个省区；Ⅲ类地区包括福建、青海、黑龙江、陕西和宁夏 5 个省区；Ⅳ类地区包括湖北、安徽、云南、河南、海南、重庆、湖南、贵州、广西、四川和江西 11 个省区市。

根据 2014 年学前教育资源发展水平聚类分析结果（Ⅰ类型 ≥ 0.4605，Ⅱ类型 0.3749—0.4605，Ⅲ类型 0.2946—0.3749，Ⅳ类型 < 0.2946），将我国 31 个省区市划分为 4 类政府支持类型：Ⅰ类地区包括上海、北京、西藏、天津和江苏 5 个省区市；Ⅱ类地区包括内蒙古、新疆、浙江、山东、辽宁、黑龙江、山西、陕西、吉林和甘肃 10 个省区；Ⅲ类地区包括河北、广东、青海、福建、宁夏、海南和湖北 7 个省区；Ⅳ类地区包括安徽、贵州、云南、重庆、四川、江西、湖南、河南和广西 9 个省区市。

根据 2018 年学前教育资源发展水平聚类分析结果（Ⅰ类型 ≥ 0.5706，Ⅱ类型 0.4653—0.5706，Ⅲ类型 0.3987—0.4653，Ⅳ类型 < 0.3987），将我国 31 个省区市划分为 4 类政府支持类型：Ⅰ类地区包括北京、上海、西藏和天津 4 个省市；Ⅱ类地区包括内蒙古、江苏、浙江、陕西、新疆、甘肃、黑龙江和山东 8 个省区；Ⅲ类地区包括辽宁、吉林、青海、山西、海南、江西、宁夏、贵州、广东、河北、云南和福建 12 个省区；Ⅳ类地区包括湖北、重

庆、四川、安徽、湖南、河南和广西 7 个省市。

对 2010 年、2014 年和 2018 年学前教育资源发展水平聚类结果比较分析可得：云南在 2010 年和 2014 年均属于Ⅳ类地区，2018 年为Ⅲ类地区。在 2010—2014 年时段内，Ⅰ类地区增加 1 个省区，Ⅱ类地区减少 1 个省区，Ⅲ类地区增加 2 个省区，Ⅳ类地区减少 2 个省区；在 2014—2018 年时段内，Ⅰ类地区减少 1 个省区，Ⅱ类地区减少 2 个省区，Ⅲ类地区增加 5 个省区，Ⅳ类地区减少 2 个省区。2010—2018 年云南学前教育资源发展水平的空间格局呈现短期变动的态势，因而后续两类问题需拓展研究，一是关于实施学前教育系列政策及行动计划前后的状态对比；二是聚焦于区域间学前教育资源稀缺程度及合理调配方案。

差异比较：学前教育均衡发展属于一种历史范畴，指在特定时空格局背景下呈现的差异状态，由于我国学前教育处于改革发展阶段，其均衡发展的重心旨在实现区域间资源发展水平的相对平衡。

从各省区市学前教育资源发展水平差异性情况来看，2010—2018 年全国学前教育资源发展水平区域相对差异随着时序变化呈阶段性下降趋势，2010—2013 年时段内，CV 由最高值 0.3575 直降至 0.2830，降低了 7.45%；2014 年较 2013 年回升 0.44%；随后至 2018 年时段内呈逐年缩小趋势，2018 年降至最低值 0.2497，极差值为 0.1078，全国省际学前教育资源条件相对差异有缩减趋势（见图 4.17）。

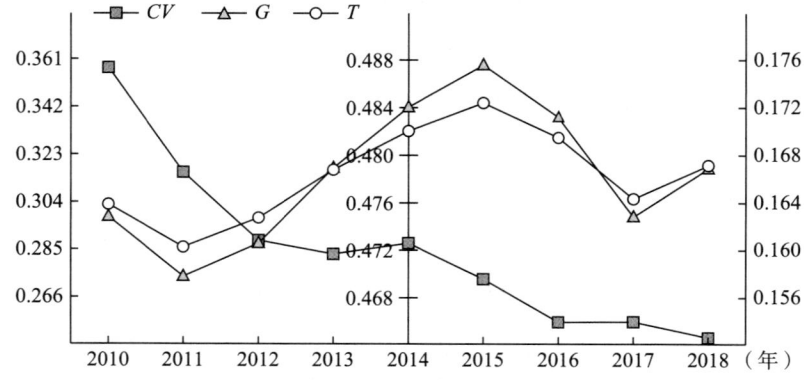

图 4.17　2010—2018 年全国学前教育资源发展水平 CV、G、T 变化情况

2010—2018 年全国学前教育资源发展水平的区域差距的基尼系数和泰尔指数随着时序变化均呈波动下降再上升趋势,2010—2015 年时段内,2011 年 G、T 均降至最低值 0.4698（>0.4）、0.1603,后至 2015 年线性升至最高值 0.4876（>0.4）、0.1724,根据表 2.7 对照可得,该时段内学前教育资源条件区域差距悬殊,极差值分别为 0.0178、0.0121;至 2018 年时段内均有先下降后略回升,2018 年增至 0.4789、0.1672。我国学前教育资源发展水平不均衡,在基尼系数的均衡性等级判别中属于差异悬殊类别,个别时段内省际差异呈收敛状态,但整体集聚程度较高。

基于 2010—2018 年主要年份省际板面数据的研究可见,自 2010 年两期"学前教育三年行动计划"实施以来,学前教育发展速度加快,学前教育资源发展水平的省际均衡度普遍改善,政府补偿性功能彰显,但仍为失衡状态,大部分省区存在不同程度的教育资源匮乏状态。云南在全国学前教育资源发展的失衡水平下均处于低水平状态,其对全国学前教育资源发展水平区域差异状态的影响程度呈波浪式下降的趋势。2010—2011 年云南与全国平均值之间差值的绝对值由 0.0539 增至最高 0.0700,云南对该指标在此研究时段内区域差距状态的影响逐渐增强;随后至 2018 年时段内,绝对值逐年减小至最低值 0.0207,对区域差异状态影响程度逐年降低。

一 云南与其他省区学前教育资源水平差异比较

区域间学前教育资源水平差异比较是基于均衡配置理论,强调分类及动态的相对协调、平衡发展,以期实现共同利益最大化及教育资源配置最优化。

趋势比较:2010—2018 年云南与其他各省区市学前教育资源水平整体呈持续增长趋势,与学前教育资源综合发展水平变化趋势大体一致,各省区水平指数均有不同程度的增长,上升幅度差异明显。2010 年学前教育资源水平指数最高的省区市依次为上海、北京、天津、西藏和江苏,指数值最低省区市依次为四川、重庆、江西、广西和贵州。极高值上海的学前教育资源水平指数 0.3624,极低值贵州指数为 0.0597,极差为 6.1 倍;云南指数值为 0.0955,在全国位序为第 24 位,上海指数是云南的 3.8 倍,云南处于全国较低水平,云南学前教育资源水平指数的贡献率为 0.7839。至 2014 年,学前教育资源水平最高省区市依次为上海、北京、西藏、天津和江苏，指数值最低的省区市依次为江西、四川、河南、重庆和广西。极高值上海的学前教育资源水平指数为 0.4104，极低值广西指数为 0.0848，极差为 4.84 倍，较 2010 年有所缩减，云南指数值为 0.1432，在全国位序为第 23 位，上海指数是云南 2.87 倍，云南学前教育资源水平指数贡献率为 0.8462，较 2010 年有所提高。至 2018 年，学前教育资源水平指数最高的省区市依次为北京、上海、西藏、天津和浙江，指数值最低的省区为四川、湖南、安徽、河南和广西。极高值北京学前教育资源水平指数为 0.5663，极低值广西指数为 0.1365，极差为 4.15 倍，较 2014 年有缩小，云南指数值为 0.2282，在全国位序为第 21 位，位次继续上升，北京指数是云南的 2.48 倍，较 2014 年有所降低，云南学前教育资源水平指数贡献率为 0.9652，较 2014 年有所上涨（见表 4.11）。

表 4.11　云南与其他省区市学前教育资源水平指数比较

年 地区	2010	2011	2012	2013	2014	2015	2016	2017	2018
北京	0.3188	0.3121	0.3354	0.3716	0.3933	0.4457	0.4744	0.5118	0.5663
天津	0.1888	0.2012	0.2242	0.2580	0.2790	0.2837	0.2884	0.3326	0.3699
河北	0.1326	0.1350	0.1467	0.1479	0.1543	0.1703	0.1800	0.1902	0.2061
山西	0.1411	0.1403	0.1518	0.1592	0.1649	0.1818	0.1942	0.1987	0.2170
内蒙古	0.1718	0.1811	0.2061	0.2244	0.2522	0.2910	0.3131	0.3121	0.3435
辽宁	0.1160	0.1527	0.1779	0.1982	0.2050	0.2142	0.2275	0.2319	0.2574
吉林	0.1421	0.1364	0.1794	0.1806	0.1966	0.2061	0.2236	0.2368	0.2576
黑龙江	0.1083	0.1290	0.1766	0.2049	0.2080	0.2237	0.2476	0.2432	0.2656
上海	0.3624	0.3793	0.3759	0.3876	0.4104	0.4197	0.4287	0.4491	0.4651
江苏	0.1758	0.1911	0.2153	0.2366	0.2565	0.2696	0.2805	0.2983	0.3242
浙江	0.1621	0.1765	0.2008	0.2253	0.2466	0.2719	0.2937	0.3175	0.3468
安徽	0.0889	0.0929	0.1033	0.1142	0.1292	0.1379	0.1551	0.1651	0.1819
福建	0.0983	0.1008	0.1162	0.1348	0.1557	0.1747	0.1879	0.1985	0.2161
江西	0.0648	0.0780	0.1041	0.1260	0.1247	0.1405	0.1951	0.2243	0.2547
山东	0.1348	0.1437	0.1646	0.1869	0.2009	0.2143	0.2278	0.2420	0.2476

续表

年份 地区	2010	2011	2012	2013	2014	2015	2016	2017	2018
河南	0.0983	0.0923	0.1029	0.1142	0.1168	0.1260	0.1339	0.1458	0.1588
湖北	0.1000	0.0946	0.1222	0.1413	0.1480	0.1659	0.1753	0.1824	0.2011
湖南	0.0944	0.0996	0.1277	0.1314	0.1267	0.1397	0.1511	0.1632	0.1850
广东	0.1425	0.1361	0.1493	0.1624	0.1738	0.1903	0.1997	0.2154	0.2299
广西	0.0622	0.0587	0.0782	0.0775	0.0848	0.0994	0.1117	0.1228	0.1365
海南	0.1025	0.1369	0.1746	0.2068	0.1691	0.2412	0.2576	0.2599	0.2850
重庆	0.0657	0.0608	0.0820	0.0922	0.1087	0.1283	0.1535	0.1673	0.2006
四川	0.0720	0.0755	0.0980	0.1094	0.1213	0.1396	0.1583	0.1821	0.1946
贵州	0.0597	0.0667	0.0820	0.1022	0.1265	0.1548	0.1766	0.2026	0.2308
云南	0.0955	0.1005	0.1201	0.1302	0.1432	0.1583	0.1810	0.2026	0.2282
西藏	0.1877	0.1788	0.1944	0.2438	0.2989	0.3351	0.3616	0.4245	0.4485
陕西	0.1287	0.1323	0.1715	0.1839	0.2078	0.2247	0.2503	0.2670	0.2932
甘肃	0.1348	0.1414	0.1732	0.1778	0.1882	0.2099	0.2185	0.2254	0.2425
青海	0.1144	0.1367	0.1503	0.1473	0.1497	0.1828	0.2211	0.2310	0.2427
宁夏	0.1206	0.1314	0.1484	0.1691	0.1823	0.2097	0.2314	0.2413	0.2428
新疆	0.1364	0.1734	0.1830	0.2013	0.2179	0.2277	0.2439	0.2625	0.2389

2010—2018年时段内云南学前教育资源水平指数均低于全国平均水平。2010年高于全国平均水平省区市有上海、北京、天津、西藏、江苏、内蒙古、浙江、广东、吉林、山西、新疆、山东、甘肃、河北和陕西，其余省区市均低于全国平均水平；2014年高于全国平均水平的省区市有上海、北京、西藏、天津、江苏、内蒙古、浙江、新疆、黑龙江、陕西、辽宁、山东、吉林、甘肃、宁夏和广东，其余省区市均低于全国平均水平；2018年高于全国平均水平省区市有北京、上海、西藏、天津、浙江、内蒙古、江苏、陕西、海南、黑龙江、吉林、辽宁、江西、山东、宁夏、青海、甘肃和新疆，其余省区市均低于全国平均水平（见图4.18）。

2010—2018年时段内，我国各省区学前教育资源水平指数年增长率的平均值较高的为江西、贵州、重庆、海南和四川，较低的为河南、广东、河北、

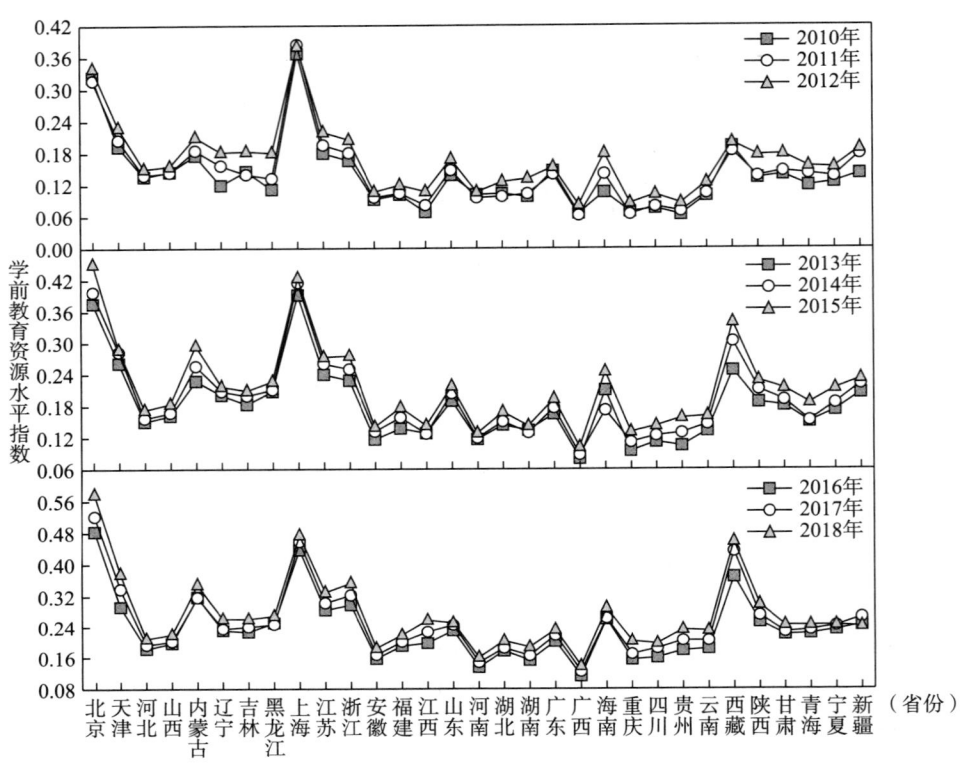

图 4.18 云南与其他省区市学前教育资源水平趋势的比较

山西和上海。极高值江西学前教育资源水平指数年增长率的平均值为 19.23%，极低值上海年增长率的平均值为 3.19%，极差为 6.03 倍，云南年增长率的平均值为 11.57%，低于江西 7.66%，高于上海 8.38%（见图 4.18）。从该时段内的变化趋势来看，各省区市均有不等程度的增长，其中上海、北京等省市均处于在高位水平，其增长幅度较小；江西、贵州、重庆和四川等省市指数均处于全国较低水平，其增长幅度相对较高。其中西藏指数均处在全国较高水平，但也有较大增长幅度；云南指数处于全国中下水平，其增长幅度也较高。因此，云南学前教育资源水平在同期区域比较中仍有进一步提升的空间，中央及地方各级政府应采取差别对待政策，创新机制加大扶持云南发展学前教育的力度。

空间比较：根据 2010 年学前教育资源水平聚类分析结果（Ⅰ 类型 ≥ 0.1845，Ⅱ 类型 0.1330—0.1845，Ⅲ 类型 0.0957—0.1330，Ⅳ 类型 < 0.0957），

将我国 31 个省区市划分为 4 类政府支持类型：Ⅰ类地区包括上海、北京、天津和西藏 4 个省区市；Ⅱ类地区包括江苏、内蒙古、浙江、广东、吉林、山西、新疆、山东和甘肃 9 个省区；Ⅲ类地区包括河北、陕西、宁夏、辽宁、青海、黑龙江、海南、湖北、河南和福建 10 个省区；Ⅳ类地区包括云南、湖南、安徽、四川、重庆、江西、广西和贵州 8 个省区市。

根据 2014 年学前教育资源水平聚类分析结果（Ⅰ类型≥0.2595，Ⅱ类型 0.1916—0.2595，Ⅲ类型 0.1427—0.1916，Ⅳ类型＜0.1427），将我国 31 个省区市划分为 4 类政府支持类型：Ⅰ类地区包括上海、北京、西藏、天津和江苏 5 个省区市；Ⅱ类地区包括内蒙古、浙江、新疆、黑龙江、陕西、辽宁、山东和吉林 8 个省区；Ⅲ类地区包括甘肃、宁夏、广东、海南、山西、福建、河北、青海、湖北和云南 10 个省区；Ⅳ类地区包括安徽、湖南、贵州、江西、四川、河南、重庆和广西 8 个省区市。

根据 2018 年学前教育资源水平聚类分析结果（Ⅰ类型≥0.3825，Ⅱ类型 0.2671—0.3825，Ⅲ类型 0.2198—0.2671，Ⅳ类型＜0.2198），将我国 31 个省区市划分为 4 类政府支持类型：Ⅰ类地区包括北京、上海和西藏 3 个区市；Ⅱ类地区包括天津、浙江、内蒙古、江苏、陕西和海南 6 个省区市；Ⅲ类地区包括黑龙江、吉林、辽宁、江西、山东、宁夏、青海、甘肃、新疆、贵州、广东和云南 12 个省区；Ⅳ类地区包括山西、福建、河北、湖北、重庆、四川、湖南、安徽、河南和广西 10 个省区市。

对 2010 年、2014 年和 2018 年学前教育资源水平聚类结果比较分析可得：云南在 2010 年为Ⅳ类地区，2014 年、2018 年均为Ⅲ类地区。在 2010—2014 年时段内，Ⅰ类地区增加 1 个省区，Ⅱ类地区减少 1 个省区，Ⅲ类、Ⅳ类地区数量不变，表明学前教育资源水平大体呈增长趋势；在 2014—2018 年时段内，Ⅰ类地区减少 2 个省区，Ⅱ类地区减少 2 个省区，Ⅲ类地区增加 2 个省区，Ⅳ类地区增加 2 个省区，表明学前教育资源水平总体呈略下降趋势。

差异比较：从各省区市学前教育资源水平的差异性情况来看，2010—2018 年全国学前教育资源水平的区域相对差异随着时序变化呈阶段性下降态势，2010—2014 年时段内，CV 由 2010 年最高值 0.4981 直降至 0.3998，下降了 9.84%；随后至 2018 年时段内逐年降低，2018 年降至最低值 0.3499，极差值为 0.1483，全国省际学前教育资源条件相对差异有缩减趋势（见图 4.19）。

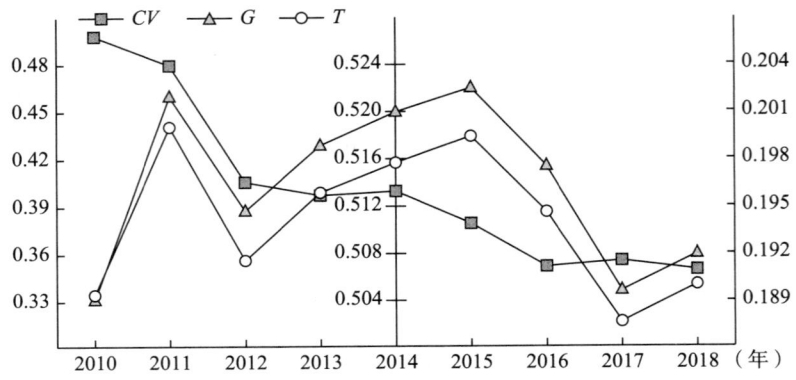

图 4.19　2010—2018 年全国学前教育资源水平 CV、G、T 变化情况

2010—2018 年全国学前教育资源水平的区域差距的基尼系数和泰尔指数随着时序变化均呈波动上升再下降态势，2010—2012 年时段内，2011 年 G、T 均增至最高值 0.5213（>0.4）、0.2；2012—2015 年时段均有先上升后下降；至 2018 年时段内，G、T 均有先下降后略微回升，2017 年均降至最低值 0.5049、0.1877，极差值分别为 0.0164、0.0123，2018 年又增至 0.5080、0.1900。该研究时段内我国学前教育资源水平区域间均呈不均衡状态，在基尼系数的均衡性等级判别中属于差异悬殊类别，个别时段内省际差异呈略收敛状态，但整体离散程度相对较低。

2010—2018 年时段内，云南在全国学前教育资源水平的失衡状态下均处于低位水平，其对全国学前教育资源水平区域差异状态的影响程度呈先上升后下降的趋势。2010—2015 年云南与全国平均值之间差值的绝对值由 0.0264 增至最高 0.0278，云南对该指标在此研究时段内区域差距状态的影响逐渐增强；随后至 2018 年时段内，绝对值线性降至最低值 0.0082，对区域差异状态影响程度逐年减弱。

（一）云南与其他省区学前教育物力资源水平比较

1. 趋势比较

2010—2018 年云南与其他各省区市学前教育物力资源水平呈现逐年递增的趋势，与学前教育资源水平的变化趋势保持一致，各省区市均有不同程度的上涨，增长趋势差异显著。2010年学前教育物力资源水平指数最高的省市依次为上海、北京、广东、江苏和浙江，指数值最低的省区市依次为重庆、四川、安徽、广西和贵州。极高值上海的学前教育物力资源水平指数为0.1581，极低值贵州指数为0.017，极差为9.3倍；云南指数值为0.028，在全国位序为第25位，上海指数是云南的5.65倍，云南处于全国较低水平，云南学前教育物力资源水平指数的贡献率为0.5624。至2014年，学前教育物力资源水平最高的省区市依次为北京、上海、江苏、浙江和内蒙古，指数值最低的省区依次为四川、河南、贵阳、安徽和广西。极高值北京的学前教育物力资源水平指数为0.1755，极低值广西指数为0.0332，极差为5.29倍，较2010年有所缩减；云南指数值为0.0589，在全国位序为第24位，上海指数是云南的2.98倍，云南学前教育物力资源水平指数的贡献率为0.7373，较2010年有所提高。至2018年，学前教育物力资源水平指数最高的省区市依次为北京、上海、江苏、内蒙古和西藏，指数值最低的省区为甘肃、四川、河南、安徽和广西。极高值北京的学前教育物力资源水平指数为0.1937，极低值广西的指数为0.0708，极差为2.74倍，较2014年有所缩小；云南指数值为0.1130，在全国位序为第20位，位次继续上升，北京指数是云南的1.71倍，较2014年有所降低，云南学前教育物力资源水平指数的贡献率为0.9516，较2014年有所上涨（见图4.20）。

2010—2018年时段内云南学前教育物力资源水平指数均低于全国平均水平。2010年高于全国平均水平的省区市有上海、北京、广东、江苏、浙江、山东、西藏、天津、内蒙古、山西和海南，其余省区市均低于全国平均水平；2014年高于全国平均水平的省区市有北京、上海、江苏、浙江、内蒙古、山东、广东、天津、黑龙江、辽宁、新疆、宁夏、山西、海南和吉林，其余省区均低于全国平均水平；2018年高于全国平均水平的省区市有北京、上海、江苏、内蒙古、西藏、浙江、天津、陕西、黑龙江、辽宁、广东、山东、宁夏、青海、海南、江西、吉林和湖南，其余省区市均低于全国平均水平（见图4.20）。

2010—2018年时段内，我国各省区学前教育物力资源水平指数年增长率的平均值较高的为贵州、黑龙江、江西、安徽和辽宁，较低的为山东、浙江、广东、北京和上海。极高值贵州的学前教育物力资源水平指数年增长率的平

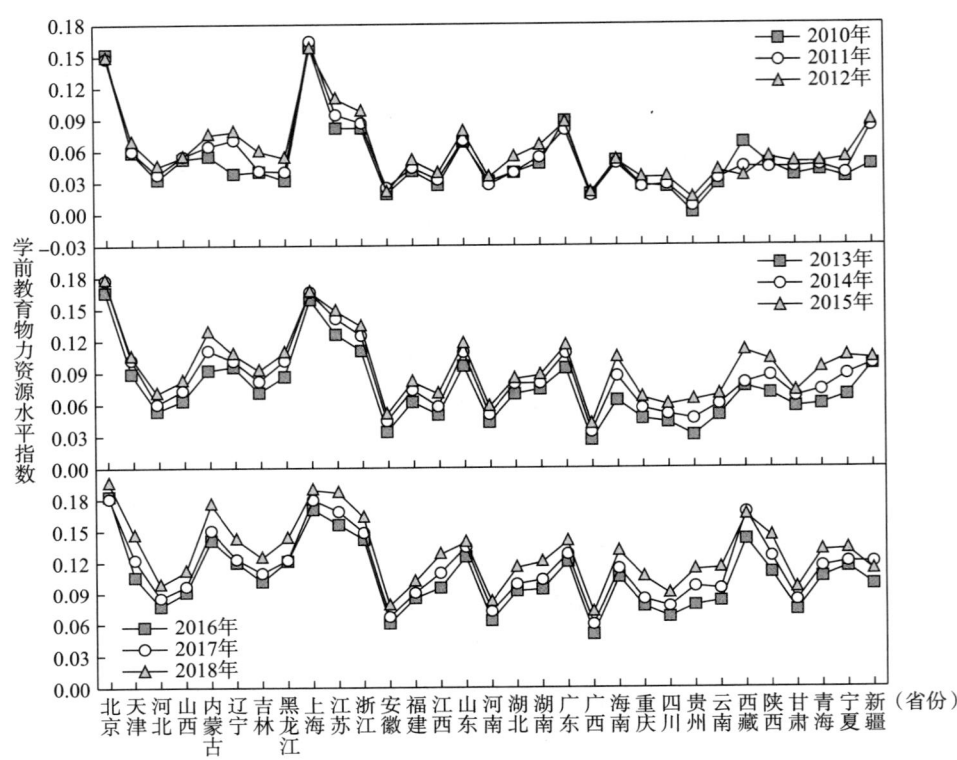

图 4.20 云南与其他省区市学前教育物力资源水平趋势的比较

均值为 150.66%，极低值上海年增长率的平均值为 2.17%，极差为 69.37 倍；云南年增长率的平均值为 19.10%，低于江西 131.56%，高于上海 16.93%。从该时段内的变化态势来看，各省区市均有不同程度的上涨，其中上海、北京、江苏和浙江等省市均处于在高位水平，其增长幅度较小；江西、贵州、安徽和重庆等省市指数均处于低位水平，其增长幅度相对较高。其中西藏指数均处在全国较高水平，其增长幅度也较大；云南指数处于全国中下水平，其增长幅度较高。自 2010 年几期"学前教育三年行动计划"实施以来，云南学前教育改革发展已取得一定成效，根据国家政策的指引，云南各级区域已广泛新开或改扩建公办园，拓宽渠道鼓励社会多方力量多元形式开设普惠性民办幼教机构，使得云南学前教育物力资源水平和贡献率在省际比较中有普遍改善及提高，并且政府补偿性功能得到彰显。

2. 空间比较

根据2010年学前教育物力资源水平聚类分析结果（Ⅰ类型≥0.0828，Ⅱ类型0.0503—0.0828，Ⅲ类型0.0324—0.0503，Ⅳ类型<0.0324），将我国31个省区市划分为4类政府支持类型：Ⅰ类地区包括上海、北京和广东3个省市；Ⅱ类地区包括江苏、浙江、山东、西藏、天津、内蒙古、山西和海南8个省区；Ⅲ类地区包括湖南、陕西、新疆、福建、青海、吉林、湖北、辽宁、甘肃、宁夏和河北11个省区；Ⅳ类地区包括黑龙江、河南、云南、江西、重庆、四川、安徽、广西和贵州9个省区市。

根据2014年学前教育物力资源水平聚类分析结果（Ⅰ类型≥0.1129，Ⅱ类型0.0849—0.1129，Ⅲ类型0.0618—0.0849，Ⅳ类型<0.0618），将我国31个省区市划分为4类政府支持类型：Ⅰ类地区包括北京、上海、江苏和浙江4个省市；Ⅱ类地区包括内蒙古、山东、广东、天津、黑龙江、辽宁、新疆、宁夏、陕西和海南10个省区；Ⅲ类地区包括吉林、湖南、西藏、湖北、福建、山西、青海和甘肃8个省区；Ⅳ类地区包括河北、云南、江西、重庆、四川、河南、贵州、安徽和广西9个省区市。

根据2018年学前教育物力资源水平聚类分析结果（Ⅰ类型≥0.1532，Ⅱ类型0.1271—0.1532，Ⅲ类型0.1026—0.1271，Ⅳ类型<0.1026），将我国31个省区市划分为4类政府支持类型：Ⅰ类地区包括北京、上海、江苏、内蒙古、西藏和浙江6个省区；Ⅱ类地区包括天津、陕西、黑龙江、辽宁、广东、山东、宁夏、青海和海南9个省区市；Ⅲ类地区包括江西、吉林、湖南、湖北、云南、贵州、新疆、山西和重庆9个省区市；Ⅳ类地区包括福建、河北、甘肃、四川、河南、安徽和广西7个省区。

对2010年、2014年和2018年学前教育物力资源水平聚类结果比较分析可得：云南在2010年、2014年均为Ⅳ类地区，2018年为Ⅲ类地区。在2010—2014年时段内，Ⅰ类地区增加1个省区，Ⅱ类地区增加2个省区，Ⅲ类地区减少3个省区，Ⅳ类地区数量不变，表明学前教育物力资源水平大体呈大幅度增长趋势；在2014—2018年时段内，Ⅰ类地区增加2个省区，Ⅱ类地区减少1个省区，Ⅲ类地区增加1个省区，Ⅳ类地区减少2个省区，表明学前教育物力资源水平总体呈快速增长趋势。

3. 差异比较

从各省区学前教育物力资源水平的差异性情况来看，2010—2018 年全国学前教育物力资源水平的区域相对差异、基尼系数和泰尔指数随着时序变化均呈线性下降趋势，2010—2011 年，CV、G、T 均为研究时段内最高值，分别为 0.6766、0.5194（>0.4）和 0.2179，对照表 2.7 可得，该时段内学前教育物力资源水平区域差距悬殊；2017—2018 年时段内均降至最低值 0.2522、0.4698（>0.4）和 0.1616，极差值分别为 0.4244、0.0519 和 0.5630（见图 4.21）。全国区域间学前教育物力资源水平均呈失衡状态，区域间差异虽呈逐年收敛状态，但集聚程度仍相对较高。

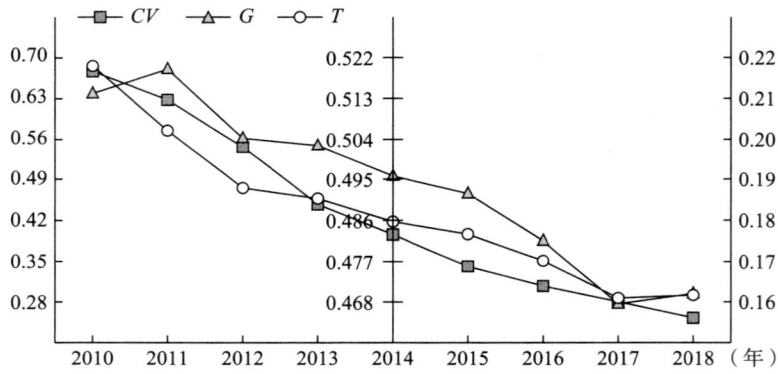

图 4.21　2010—2018 年全国学前教育物力资源水平 CV、G、T 变化情况

在 2010—2018 年时段内，云南在全国学前教育物力资源水平的失衡状态下均处于较低水平，其对全国学前物力资源水平区域差异状态的影响程度呈逐年缩减趋势。2010—2014 年云南与全国平均值之间差值的绝对值由最高点 0.0218 降至 0.0210，云南对该指标在此研究时段内区域差距状态的影响逐渐缩小；随后至 2018 年时段内，绝对值直线降至最低值 0.0058，极差为 0.0160，对区域差异状态影响程度逐年减弱。

（二）云南与其他省区学前教育财力资源水平比较

各区域的社会经济发展水平在相当程度上决定了社会和政府对学前教育财力资源的投入，教育的财力投入是教育事业的物质基础。我国学前教育的财力资源投入主要是地方政府投入，分配实行"倾斜式分配"体制，主要投向公办园，公办园与民办园发展的"此消彼长"态势使得优质学前教育资源相对集中，因此普惠性民办幼儿园的增加有效缓解了"入园难""入园贵"的难题，从某种程度上讲，也是学前教育财力资源有效投入的途径和手段。

1. 趋势比较

基于2010—2018年云南与其他省区市时序和省际面板数据，学前教育财力资源水平呈阶段性上升的趋势，各省区市增长趋势差异明显。2010年学前教育财力资源水平指数最高的省区市依次为上海、北京、西藏、新疆和天津，指数值最低的省区市依次为四川、江西、山东、广西和重庆。极高值上海的学前教育财力资源水平指数为0.0602，极低值重庆指数为0.0005，极差为119.7倍；云南指数值为0.0029，在全国位序为第23位，上海指数是云南的20.48倍，云南处于全国中下水平，云南学前教育财力资源水平的贡献率为0.4028。至2014年，学前教育财力资源水平最高的省区市依次为西藏、北京、上海、天津和陕西，指数值最低的省市依次为河北、重庆、广西、河南和广东。极高值西藏的学前教育财力资源水平指数为0.1098，极低值广东指数为0.0105，极差为10.46倍，较2010年大幅度缩减；云南指数值为0.0161，在全国位序为第23位，西藏指数是云南的6.81倍，云南学前教育财力资源水平的贡献率为0.7346，较2010年有所提高。至2018年，学前教育财力资源水平指数最高的省区市依次为北京、西藏、上海、天津和海南，指数值最低的省区为湖南、广东、广西、山西和河南。极高值北京的学前教育财力资源水平指数为0.2499，极低值河南的指数为0.0171，极差为14.59倍，较2014年有所增加；云南指数值为0.0356，在全国位序为第21位，北京指数是云南的7.02倍，较2014年有所增加，云南学前教育财力资源水平的贡献率为0.8659，较2014年有所上涨（见图4.22）。

2010—2018年时段内云南学前教育财力资源水平指数均低于全国平均水平。2010年高于全国平均水平的省区市有上海、北京、西藏、新疆、天津、内蒙古、青海、浙江、海南、陕西、黑龙江和吉林，其余省区市均低于全国平均水平；2014年高于全国平均水平的省区市有西藏、北京、上海、天津、陕西、内蒙古、海南、浙江、吉林、新疆、青海、黑龙江、辽宁、福建、宁夏、江西和甘肃，其余省区市均低于全国平均水平；2018年高于全国平均水

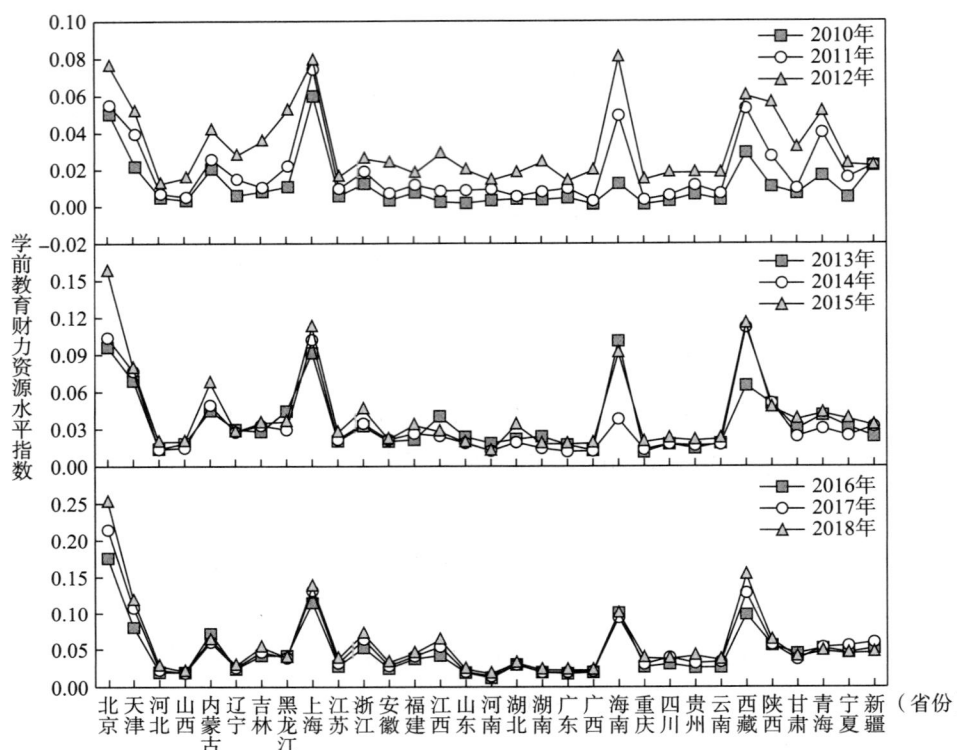

图 4.22 云南与其他省区市学前教育财力资源水平趋势的比较

平的省区市有北京、西藏、上海、天津、海南、浙江、江西、陕西、内蒙古、吉林、青海、新疆、福建、宁夏和贵州，其余省区市均低于全国平均水平（见图 4.22）。

在 2010—2018 年时段内，我国各省区学前教育财力资源水平指数年增长率的平均值较高的为广西、重庆、山东、江西和海南，较低的为北京、青海、内蒙古、新疆和上海。极高值广西的学前教育财力资源水平指数年增长率的平均值为 130.74%，极低值上海的年增长率的平均值为 10.94%，极差为 11.95 倍；云南年增长率的平均值为 46.62%，低于广西 84.13%，高于上海 35.67%。从该时段内的变化态势来看，各省区均有不等程度的上涨，其中上海、北京、天津、西藏和浙江等省区市均处于在高位水平，其增长幅度较小；广西、重庆、山东和江西等省区市指数均处于低位水平，其增长幅度相对较高；云南指数处于全国中下位水平，其增长幅度也相对较高。在学前教育财政投入总量有限的情况下，我国学前教育发展同样长期受"东部优先发展""城市优先发展"经济结构影响，东部沿海地区与城市的学前教育均属于优先发展层次，地方政府对学前财政投入力度普遍高于中西部地区，但广东、山东和河南等地区均属人口大省，学前人均教育经费比例相对较低，云南学前教育财力资源水平有较大幅度增长，但资源总量亟待增加。

2. 空间比较

根据2010年学前教育财力资源水平聚类分析结果（Ⅰ类型≥0.0270，Ⅱ类型0.0109—0.0270，Ⅲ类型0.0042—0.0109，Ⅳ类型＜0.0042），将我国31个省区市划分为4类政府支持类型：Ⅰ类地区包括上海、北京和西藏3个区市；Ⅱ类地区包括新疆、天津、内蒙古、青海、浙江和海南6个省区；Ⅲ类地区包括陕西、黑龙江、吉林、福建、甘肃、贵州、辽宁、江苏和宁夏9个省区；Ⅳ类地区包括河北、广东、湖北、湖南、云南、安徽、山西、河南、四川、江西、山东、广西和重庆13个省区市。

根据2014年学前教育财力资源水平聚类分析结果（Ⅰ类型≥0.0690，Ⅱ类型0.0321—0.0690，Ⅲ类型0.0193—0.0321，Ⅳ类型＜0.0193），将我国31个省区市划分为4类政府支持类型：Ⅰ类地区包括西藏、北京、上海和天津4个区市；Ⅱ类地区包括陕西、内蒙古、海南、浙江4个省区；Ⅲ类地区包括吉林、新疆、青海、黑龙江、辽宁、福建、宁夏、江西、甘肃、江苏和安徽11个省区市；Ⅳ类地区包括湖北、山东、四川、云南、贵州、山西、湖南、河北、重庆、广西、河南和广东12个省区市。

根据2018年学前教育财力资源水平聚类分析结果（Ⅰ类型≥0.1125，Ⅱ类型0.0568—0.1125，Ⅲ类型0.0339—0.0568，Ⅳ类型＜0.0339），将我国31个省区市划分为4类政府支持类型：Ⅰ类地区包括北京、西藏、上海和天津4个省区市；Ⅱ类地区包括海南、浙江、江西、陕西和内蒙古5个省区；Ⅲ类地区包括吉林、青海、新疆、福建、宁夏、贵州、甘肃、黑龙江、重庆、江苏、四川和云南12个省区市；Ⅳ类地区包括安徽、湖北、辽宁、河北、山东、湖南、广东、广西、山西和河南10个省区。

对2010年、2014年和2018年学前教育财力资源水平聚类结果比较分析可得：云南在2010年、2014年均为Ⅳ类地区，2018年为Ⅲ类地区。在

2010—2014 年时段内，Ⅰ类地区增加 1 个省区，Ⅱ类地区减少 2 个省区，Ⅲ类地区增加 2 个省区，Ⅳ类地区减少 1 个省区，表明学前教育财力资源水平大体呈上升趋势；在 2014—2018 年时段内，Ⅰ类地区数量不变，Ⅱ类地区增加 1 个省区，Ⅲ类地区增加 1 个省区，Ⅳ类地区减少 2 个省区，表明学前教育财力资源水平总体呈增长趋势。

3. 差异比较

学前教育财力资源水平衡量某区域政府和社会对学前教育重视程度和投入程度的差异。从各省区学前教育财力资源水平的差异性情况来看，2010—2018 年全国学前教育财力资源水平的区域相对差异、基尼系数和泰尔指数随着时序变化均呈阶段性下降趋势，2010—2012 年，CV、G、T 均由最高值 1.2813、0.7877（>0.4）和 0.5788 降至最低值 0.6447、0.6362（>0.4）和 0.3157，极差值分别为 0.6366、0.1516 和 0.2631，根据表 2.7 对照可得，该时段内学前教育财力资源水平区域差距悬殊；2013—2018 年时段均呈波动上升后下降态势，2018 年 CV、G、T 分别为 0.8633、0.6569 和 0.3479（见图 4.23）。该研究时段内全国区域间学前教育财力资源水平均呈非均衡状态，在基尼系数的均衡性等级判别中属于差异悬殊类别，个别节点区域间差异虽呈收敛状态，但整体集聚程度相对较高，因此，国家应动态调整财力资源配置的空间协调度，向落后地区倾斜，对财政经费使用情况实施监管、监督及问责制度，在补充财力资源时要尊重学前教育发展特点，提高财力资源配置及利用效率。

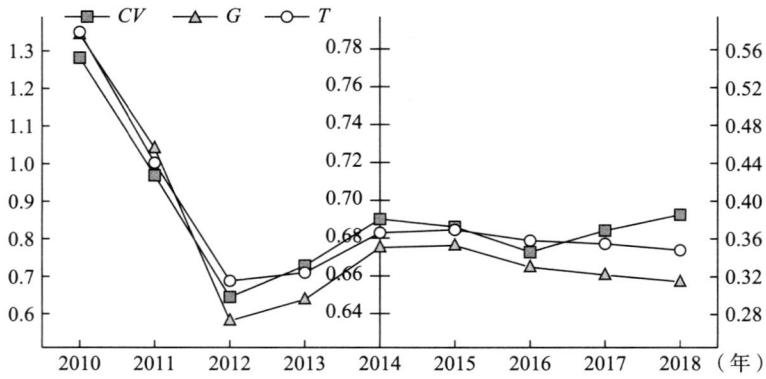

图 4.23　2010—2018 年全国学前教育财力资源水平 CV、G、T 变化情况

2010—2018 年时段内，云南在全国学前教育财力资源水平的非均衡发展中均处于低位，其对全国学前财力资源水平区域差异状态的影响程度呈阶段性增强趋势。2010—2014 年云南与全国平均值之间差值的绝对值由 0.0044 增至 0.0058，云南对该指标在此研究时段内区域差距状态的影响逐渐加大；2015 年绝对值增至最高值 0.007，2017 年又降至最低值 0.004，极差为 0.003，2018 年又增至 0.005，对区域差异状态影响程度相对较强。

（三）云南与其他省区学前教育人力资源水平比较

1. 趋势比较

学前教育人力资源水平决定学前教育发展的质量，人力资源合理配置是实现学前教育均衡发展的内源性途径。基于 2010—2018 年的实证数据来看，云南与其他各省区市学前教育人力资源水平整体呈现先下降后缓慢上升的趋势，各省区指数的变动幅度呈现结构性差异。2010 年学前教育人力资源水平指数最高的省区市依次为上海、北京、天津、内蒙古和河北，指数值最低的省区依次为湖南、广西、海南、重庆和江西。极高值上海的学前教育人力资源水平指数为 0.1440，极低值江西指数为 0.0361，极差为 3.99 倍；云南指数值为 0.0646，在全国位序为第 20 位，上海指数是云南的 2.23 倍，云南处于全国中下位水平，云南学前教育人力资源水平指数的贡献率为 0.997%。至 2014 年，学前教育人力资源水平指数最高的省区市依次为上海、北京、西藏、天津和甘肃，指数值最低的省区依次为海南、江西、重庆、广西和湖南。极高值上海的学前教育人力资源水平指数为 0.1463，极低值湖南指数为 0.0349，极差为 4.19 倍，较 2010 年有所减小；云南指数值为 0.0682，在全国位序为第 18 位，上海指数是云南的 2.14 倍，云南学前教育人力资源水平指数的贡献率为 1.0114，高于全国平均水平。至 2018 年，学前教育人力资源水平指数最高的省区市依次为上海、西藏、北京、浙江和甘肃，指数值最低的省区市为重庆、海南、湖北、广西和湖南。极高值上海的学前教育人力资源水平指数为 0.1414，极低值湖南的指数为 0.0437，极差为 3.24 倍，较 2014 年有所缩小；云南指数值为 0.0795，在全国位序为第 17 位，上海指数是云南的 1.798 倍，较 2014 年有所降低，云南学前教育人力资源水平指数的贡献率为

1.0398，较 2014 年有所提高（见图 4.24）。

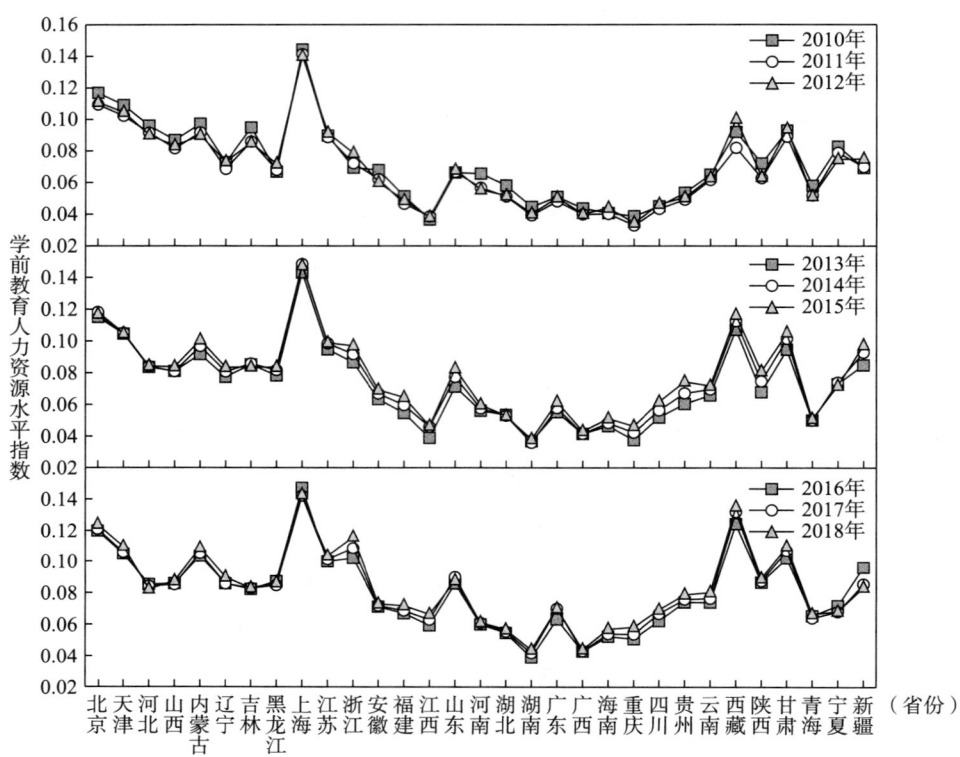

图 4.24　云南与其他省区市学前教育人力资源水平趋势的比较

2010—2012 年时段内，云南学前教育人力资源水平指数均高于全国平均水平，自 2012 年起，云南反超全国并保持持续上升趋势。2010 年高于全国平均水平的省区市有上海、北京、天津、内蒙古、河北、吉林、甘肃、西藏、江苏、山西、宁夏、辽宁、陕西、浙江、新疆、安徽、黑龙江、山东和河南；2014 年高于全国平均水平的省区市有上海、北京、西藏、天津、甘肃、江苏、内蒙古、新疆、浙江、吉林、河北、黑龙江、山西、辽宁、山东、陕西、宁夏和云南；2018 年高于全国平均水平的省区市有上海、西藏、北京、浙江、甘肃、天津、内蒙古、江苏、辽宁、陕西、山东、山西、黑龙江、新疆、吉林、河北、云南和贵州，其余省区市均低于全国平均水平（见图 4.24）。

2010—2018 年时段内，我国各省区市学前教育人力资源水平指数增长幅度较平缓，年增长率的平均值较高的为江西、浙江、重庆、四川和贵州 5 个省市，负增长的省区市有天津、湖北、上海、河南、吉林、河北和宁夏。极高值江西的学前教育人力资源水平指数年增长率的平均值为 8.22%，极低值宁夏的年增长率的平均值为 -2.41%，极差为 0.1064；云南年增长率的平均值为 2.68%，低于江西 5.54%，高于宁夏 5.09%。从该时段内的变化态势来看，各省区均有不等程度的变动，其中上海、天津和河北等省市均处于高位水平，却为负增长趋势；重庆、江西等省市指数均处于低位水平，其增长幅度相对较高；西藏指数与其增长趋势均位于全国较高水平；湖南、河北等省份指数与其增长幅度均位于全国落后水平；云南指数与其增长幅度均位于全国中等水平。自 2010 年的"三年行动计划"实施以来，云南省因地制宜地制定学前教师专业发展标准和基本规范，健全幼师资格准入考核制度，完善教师业务及素养培养、培训体系和学习交流互动机制，实现优质人力资源共享机制，使得云南省学前教育人力资源配置得到不断的优化与提升。

2. 空间比较

根据 2010 年学前教育人力资源水平聚类分析结果（Ⅰ类型≥0.0977，Ⅱ类型 0.0718—0.0977，Ⅲ类型 0.0555—0.0718，Ⅳ类型<0.0555），将我国 31 个省区市划分为 4 类政府支持类型：Ⅰ类地区包括上海、北京和天津 3 个直辖市；Ⅱ类地区包括内蒙古、河北、吉林、甘肃、西藏、江苏、山西、宁夏和辽宁 9 个省区；Ⅲ类地区包括陕西、浙江、新疆、安徽、黑龙江、山东、河南、云南、湖北和青海 10 个省区；Ⅳ类地区包括贵州、福建、广东、四川、湖南、广西、海南、重庆和江西 9 个省区。

根据 2014 年学前教育人力资源水平聚类分析结果（Ⅰ类型≥0.0954，Ⅱ类型 0.0746—0.0954，Ⅲ类型 0.0551—0.0746，Ⅳ类型<0.0551），将我国 31 个省区市划分为 4 类政府支持类型：Ⅰ类地区包括上海、北京、西藏、天津、甘肃和江苏 6 个省区市；Ⅱ类地区包括内蒙古、新疆、浙江、吉林、河北、黑龙江、山西、辽宁和山东 9 个省区；Ⅲ类地区包括陕西、宁夏、云南、贵州、安徽、福建、广东、河南和四川 9 个省区；Ⅳ类地区包括湖北、青海、海南、江西、重庆、广西和湖南 7 个省区市。

根据 2018 年学前教育人力资源水平聚类分析结果（Ⅰ类型≥0.1059，Ⅱ

类型 0.0832—0.1059，Ⅲ 类型 0.0669—0.0832，Ⅳ 类型 <0.0669），将我国 31 个省区划分为 4 类政府支持类型：Ⅰ 类地区包括上海、西藏、北京、浙江、甘肃、天津和内蒙古 7 个省区市；Ⅱ 类地区包括江苏、辽宁、陕西、山东、山西和黑龙江 6 个省份；Ⅲ 类地区包括新疆、吉林、河北、云南、贵州、安徽、福建、广东、四川和宁夏 10 个省区；Ⅳ 类地区包括青海、江西、河南、重庆、海南、湖北、广西和湖南 8 个省区市。

对 2010 年、2014 年和 2018 年学前教育人力资源水平聚类结果比较分析可得：云南在研究时段内均为 Ⅲ 类地区。在 2010—2014 年时段内，Ⅰ 类地区增加 3 个省区，Ⅱ 类地区数量不变，Ⅲ 类地区减少 1 个省区，Ⅳ 类地区减少 2 个省区，表明学前教育人力资源水平大体呈大幅度增长趋势；在 2014—2018 年时段内，Ⅰ 类地区增加 1 个省区，Ⅱ 类地区减少 3 个省区，Ⅲ 类地区增加 1 个省区，Ⅳ 类地区增加 1 个省区，表明学前教育人力资源水平总体呈下降趋势。

3. 差异比较

学前教育人力资源水平可以衡量某区域政府和社会对学前教育重视程度和投入程度的差异。从各省区学前教育人力资源水平的差异性情况来看，2010—2018 年全国学前教育人力资源水平的区域相对差异、基尼系数和泰尔指数随着时序变化均整体呈波动下降态势，2010—2012 年，CV、G、T 均增至最高值 0.3648、0.5028（>0.4）和 0.1835，对照表 2.7 可得，该时段内学前教育人力资源水平区域差距悬殊；2013—2018 年时段内，CV、G、T 均呈阶段性下降趋势，2017 年 CV 降至最低值 0.2954，极差值为 0.0694（见图 4.25）。该研究时段内全国区域间学前教育人力资源水平均呈失衡状态，在基尼系数的均衡性等级分类中属于差距悬殊类别，个别节点区域间差异虽呈空间收敛状态，但整体离散程度相对较低，因此为缩减区域间学前教育人力资源水平差距并实现相对均衡，不仅应根据社会不同阶层需求因地制宜地制定各类型办园标准并实行规范分类指导与管理，建立并修正学前教育准入及年检制度，同时应施行实时动态质量监管并严格推行幼儿园教师资质准入、考核及信息跟踪管理制度，建立健全教师业务能力及素养培训体系、同僚科研学习交流互动及优质人力资源共享机制。

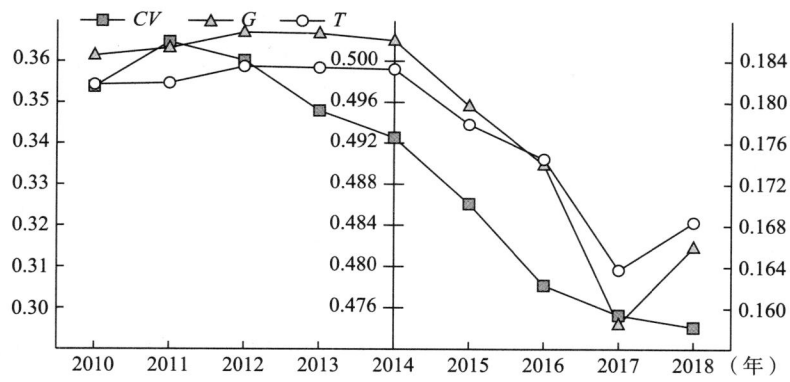

图 4.25　2010—2018 年全国学前教育人力资源水平 CV、G、T 变化情况

在 2010—2018 年时段内，2010—2011 年云南在全国学前教育人力资源水平的非均衡发展态势中均处于低水平状态，2012—2018 年均处于高位水平，其对全国学前人力资源水平区域差异状态的影响程度呈阶段性增强趋势。2010—2014 年云南与全国平均值之间差值的绝对值由 0.0002 增至最高点 0.0008，云南对该指标在此研究时段内区域差距状态的影响逐渐加强；2015 年绝对值降至最低值 0.0001，至 2018 年又升至最高值 0.003，极差为 0.007，对区域差异状态影响程度相对增强。

二　云南与其他省区学前教育配置状态比较

趋势比较：学前教育配置状态是学前教育资源在区域间统筹调配所呈现的静态结果，旨在实现学前教育资源高效利用与分享，以期促动学前教育的"公益普惠"和"优质与均衡"地发展。2010—2018 年云南与其他各省区市学前教育配置状态水平呈阶段性增长态势，各省区增长趋势差异明显。2010 年学前教育配置状态指数最高的省市依次为上海、天津、北京、山西和江苏，指数值最低的省份依次为四川、河南、湖南、海南和江西。极高值上海的学前教育配置状态指数为 0.2597，极低值江西的指数为 0.0921，极差为 2.82 倍；云南指数值为 0.1178，在全国位序为第 26 位，上海指数是云南的 2.2 倍，云南处于全国较低水平，云南学前教育配置状态指数的贡献率为 0.8101。至 2014 年，学前教育配置状态指数最高的省市依次为上海、北京、山西、江苏和天津，指数值最低的省份依次为河南、海南、云南、江西和湖南。极高值上海的学前教育配置状态指数为0.2499，极低值湖南的指数为0.1304，极差为1.92倍，较2010年有所减小；云南指数值为0.1359，在全国位序为第29位，较2010年有所降低，上海指数是云南的1.84倍，云南学前教育配置状态指数的贡献率为0.8089。至2018年，学前教育配置状态指数最高的省区市依次为上海、北京、西藏、山西和新疆，指数值最低的省区市为重庆、海南、河南、湖南和广西。极高值上海的学前教育配置状态指数为0.2526，极低值广西的指数为0.1471，极差为1.72倍，较2014年有所减小；云南指数值为0.1745，在全国位序为第23位，位序较2014年有所上升，上海指数是云南的1.45倍，较2014年有所降低，云南学前教育配置状态指数的贡献率为0.9334，较2014年有所增加（见表4.12）。

表4.12 云南与其他省区市学前教育配置状态指数的比较

地区\年	2010	2011	2012	2013	2014	2015	2016	2017	2018
北京	0.2391	0.2418	0.2494	0.2477	0.2489	0.2458	0.2435	0.2420	0.2421
天津	0.2466	0.2326	0.2369	0.2318	0.2308	0.2304	0.2243	0.2247	0.2274
河北	0.1932	0.2244	0.2078	0.2004	0.2035	0.2012	0.2030	0.2020	0.2064
山西	0.2079	0.2254	0.2129	0.2241	0.2319	0.2341	0.2357	0.2336	0.2361
内蒙古	0.1778	0.1848	0.1829	0.1911	0.1991	0.2037	0.2081	0.2101	0.2165
辽宁	0.1748	0.1907	0.1942	0.2011	0.2035	0.2020	0.2070	0.2054	0.2073
吉林	0.1833	0.1870	0.1880	0.1820	0.1884	0.1924	0.1921	0.1940	0.2016
黑龙江	0.1500	0.1729	0.1830	0.1864	0.1941	0.1960	0.1990	0.1980	0.2057
上海	0.2597	0.2529	0.2487	0.2517	0.2499	0.2479	0.2480	0.2493	0.2526
江苏	0.2049	0.2265	0.2255	0.2305	0.2310	0.2260	0.2268	0.2250	0.2265
浙江	0.1585	0.1670	0.1717	0.1752	0.1791	0.1805	0.1820	0.1844	0.1908
安徽	0.1257	0.1534	0.1554	0.1632	0.1629	0.1614	0.1652	0.1710	0.1733
福建	0.1783	0.1766	0.1734	0.1766	0.1818	0.1824	0.1837	0.1848	0.1862
江西	0.0921	0.1269	0.1238	0.1327	0.1346	0.1384	0.1570	0.1701	0.1782
山东	0.1825	0.2064	0.2090	0.2164	0.2202	0.2167	0.2172	0.2180	0.2206

续表

年份 地区	2010	2011	2012	2013	2014	2015	2016	2017	2018
河南	0.1138	0.1454	0.1314	0.1349	0.1396	0.1438	0.1470	0.1500	0.1546
湖北	0.1185	0.1338	0.1448	0.1501	0.1577	0.1617	0.1628	0.1647	0.1720
湖南	0.1071	0.1337	0.1404	0.1362	0.1304	0.1359	0.1377	0.1443	0.1510
广东	0.1487	0.1759	0.1748	0.1917	0.1767	0.1795	0.1791	0.1819	0.1850
广西	0.1248	0.1413	0.1437	0.1384	0.1435	0.1443	0.1409	0.1439	0.1471
海南	0.1070	0.1193	0.1237	0.1370	0.1375	0.1508	0.1465	0.1537	0.1550
重庆	0.1384	0.1614	0.1581	0.1536	0.1552	0.1544	0.1576	0.1612	0.1664
四川	0.1139	0.1235	0.1320	0.1362	0.1408	0.1479	0.1540	0.1589	0.1665
贵州	0.1274	0.1464	0.1390	0.1523	0.1539	0.1680	0.1783	0.1844	0.1927
云南	0.1178	0.1216	0.1236	0.1285	0.1359	0.1413	0.1514	0.1574	0.1745
西藏	0.1374	0.1691	0.1974	0.2165	0.2213	0.2285	0.2345	0.2378	0.2414
陕西	0.1279	0.1689	0.1702	0.1770	0.1783	0.1906	0.2040	0.2059	0.2085
甘肃	0.1624	0.1704	0.1835	0.1888	0.1947	0.1987	0.2143	0.2242	0.2289
青海	0.1439	0.1766	0.1899	0.1914	0.1929	0.1942	0.1974	0.2046	0.2136
宁夏	0.1358	0.1318	0.1388	0.1567	0.1514	0.1618	0.1672	0.1741	0.1820
新疆	0.1757	0.2018	0.2063	0.2091	0.2100	0.2103	0.2105	0.2346	0.2337

2010—2018年时段内，云南学前教育配置状态指数均低于全国平均水平。2010年高于全国平均水平的省区市有上海、天津、北京、山西、江苏、河北、吉林、山东、福建、内蒙古、新疆、辽宁、甘肃、浙江、黑龙江和广东；2014年高于全国平均水平的省区市有上海、北京、山西、江苏、天津、西藏、山东、新疆、辽宁、河北、内蒙古、甘肃、黑龙江、青海、吉林、福建、浙江、陕西和广东；2018年高于全国平均水平的省区市有上海、北京、西藏、山西、新疆、甘肃、天津、江苏、山东、内蒙古、青海、陕西、辽宁、河北、黑龙江、吉林、贵州和浙江，其余省区市均低于全国平均水平（见图4.26）。

2010—2018年时段内，我国各省区学前教育配置状态指数增长幅度较平缓且差异显著，年增长率的平均值较高的省区为江西、西藏、陕西、贵州和青海，较低的省市为河北、福建、北京、上海和天津，其中上海、天津呈负

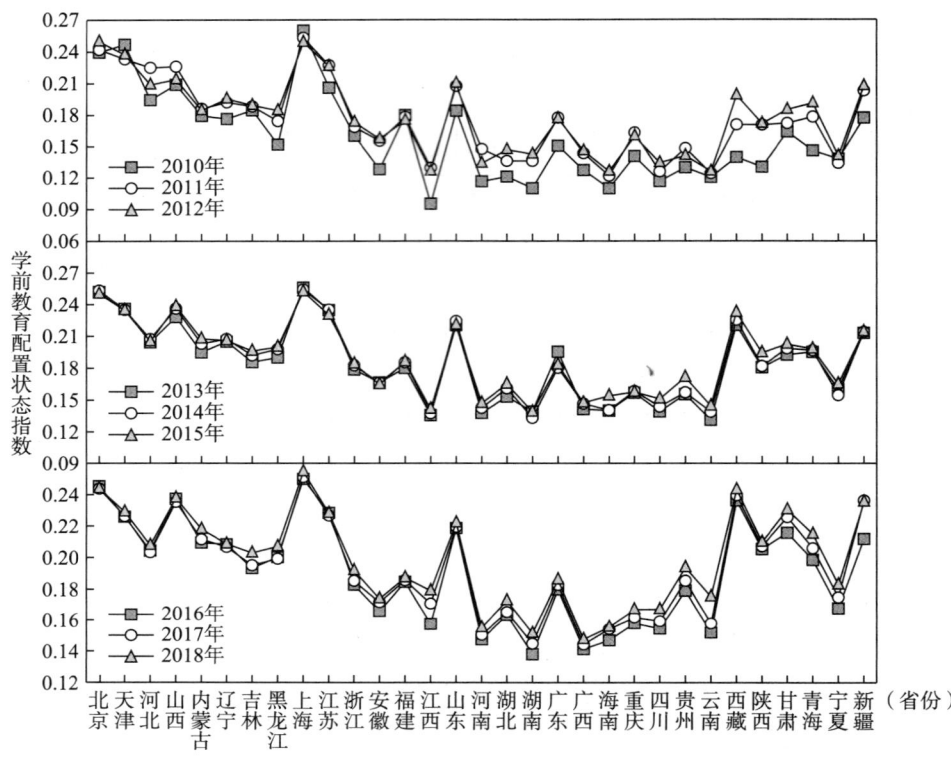

图 4.26 云南与其他省区市学前教育配置状态趋势的比较

增长趋势。极高值江西的学前教育配置状态指数年增长率的平均值为 9.16%，极低值天津的年增长率的平均值为 -0.98%，极差为 0.1014；云南年增长率的平均值为 5.06%，低于江西 4.10%，高于天津 6.04%。从该时段内的变化态势来看，各省区市呈有不等程度的变动，其中天津、上海两市均处于在高位水平，却为负增长趋势；西藏指数与其增长趋势均位于全国较高水平；江西、云南和四川等省份指数均处于低位水平，其增长幅度相对较高。近年来，云南省各级政府依据国家关于学前改革发展总体要求，拓展多元发展渠道并采取多种形式优化学前教育资源配置，建构覆盖全省的质量与特色并重、布局合理的学前教育公共服务体系，虽使云南学前教育配置状态指数有较大幅度增长，但其综合指数却相对滞后，其深层原因在于云南与其他省区市的经济发展条件、自然地理环境、少数民族文化及居民学前教育需求等因素的区域差异。

空间比较：根据 2010 年学前教育配置状态聚类分析结果（Ⅰ类型≥0.1960，Ⅱ类型 0.1573—0.1960，Ⅲ类型 0.1253—0.1573，Ⅳ类型<0.1253），将我国 31 个省区市划分为 4 类政府支持类型：Ⅰ类地区包括上海、天津、北京、山西和江苏 5 个省市；Ⅱ类地区包括河北、吉林、山东、福建、内蒙古、新疆、辽宁、甘肃和浙江 9 个省区；Ⅲ类地区包括黑龙江、广东、青海、重庆、西藏、宁夏、陕西、贵州和安徽 9 个省区市；Ⅳ类地区包括广西、湖北、云南、四川、河南、湖南、海南和江西 8 个省区。

根据 2014 年学前教育配置状态聚类分析结果（Ⅰ类型≥0.2147，Ⅱ类型 0.1832—0.2147，Ⅲ类型 0.1537—0.1832，Ⅳ类型<0.1537），将我国 31 个省区市划分为 4 类政府支持类型：Ⅰ类地区包括上海、北京、山西、江苏、天津、西藏和山东 7 个省区市；Ⅱ类地区包括新疆、辽宁、河北、内蒙古、甘肃、黑龙江、青海和吉林 8 个省区；Ⅲ类地区包括福建、浙江、陕西、广东、安徽、湖北、重庆和贵州 8 个省市；Ⅳ类地区包括宁夏、广西、四川、河南、海南、云南、江西和湖南 8 个省区。

根据 2018 年学前教育配置状态聚类分析结果（Ⅰ类型≥0.2231，Ⅱ类型 0.1982—0.2231，Ⅲ类型 0.1717—0.1982，Ⅳ类型<0.1717），将我国 31 个省区市划分为 4 类政府支持类型：Ⅰ类地区包括上海、北京、西藏、山西、新疆、甘肃、天津和江苏 8 个省区市；Ⅱ类地区包括山东、内蒙古、青海、陕西、辽宁、河北、黑龙江、吉林 8 个省区；Ⅲ类地区包括贵州、浙江、福建、广东、宁夏、江西、云南、安徽和湖北 9 个省区；Ⅳ类地区包括四川、重庆、海南、河南、湖南和广西 6 个省区市。

对 2010 年、2014 年和 2018 年学前教育配置状态聚类结果比较分析可得：云南在 2010 年和 2014 年均属于Ⅳ类地区，2018 年为Ⅲ类地区。2010—2014 年时段内，Ⅰ类地区增加 2 个省区，Ⅱ类地区减少 1 个省区，Ⅲ类地区减少 1 个省区，Ⅳ类地区数量不变，表明学前教育配置状态大体呈大幅度增长趋势；2014—2018 年时段内，Ⅰ类地区增加 1 个省区，Ⅱ类地区数量不变，Ⅲ类地区增加 1 个省区，Ⅳ类地区减少 2 个省区，表明学前教育配置状态总体呈上升趋势。

差异比较：学前教育资源的合理配置是实现教育公平的核心。从各省区市学前教育配置状态的差异性情况来看，2010—2018 年全国学前教育配置状态指数的区域相对差异随着时序变化呈线性下降趋势，在 2010—2014 年，CV 由 2010 年最高值 0.2737 直降至 0.1974，下降了 7.63%；随后至 2018 年时段内逐年下降，2018 年降至最低值 0.1514，极差值为 0.1224，全国区域间学前教育配置状态指数相对差异有缩小态势（见图 4.27）。

2010—2018 年全国学前教育配置状态的区域差距的基尼系数和泰尔指数随着时序变化均有大体波动下降态势，2010—2011 年，G、T 均由最高值 0.4560（>0.4）、0.1483 降至最低值 0.4365（>0.4）、0.1361，极差分别为 0.0195 和 0.0122，对照表 2.7 可得，该时段内学前教育配置状态区域差距悬殊；2012—2018 年，至 2015 年 G、T 均有线性上升增至 0.4522、0.1475，2015—2018 年均有先下降后略微增长，2018 年 G、T 均为 0.4434、0.1419（见图 4.27）。该研究时段内我国学前教育配置状态区域间均呈非均衡状态，在基尼系数的均衡性等级判别中属于差异悬殊类别，个别时段内省际差异呈略空间收敛状态，但整体聚集程度相对较高。由于全国各省区市区域经济条件发展程度大相径庭，受区域间经济、教育梯度推进模式影响，假定学前教育资源配置效率相对同等，学前教育资源高度富集区的学前教育发展显著高于其他地域并向资源低富集区扩散，学前教育整体发展向下渗透并倾斜于欠发达地区，可采取财政转移支付等措施途径促进区域学前教育资源相对均衡配置。

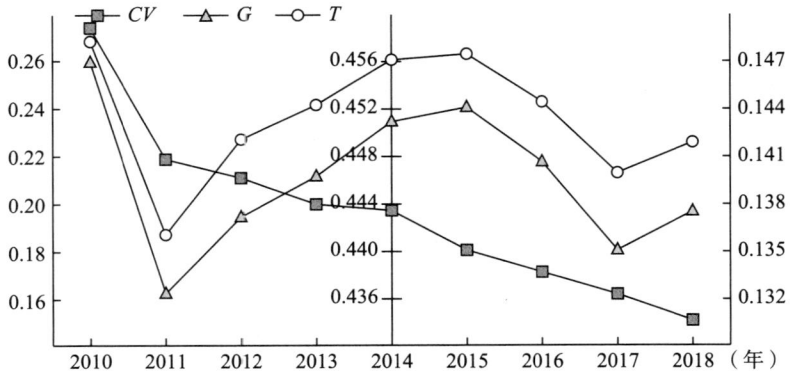

图 4.27 2010—2018 年全国学前教育配置状态 CV、G、T 变化情况

在 2010—2018 年时段内，云南在全国学前教育配置状态的非均衡发展态势中均处于低位水平状态，其对全国学前教育配置状态区域差异状态的影响程度呈先增强后减弱趋势。2010—2011 年云南与全国平均值之间差值的绝对值由 0.0277 增至最大值 0.0449，云南对该指标在此研究时段内区域差距状态的影响最强；2012—2018 年影响程度逐年下降，到 2018 年绝对值降至最低值 0.0124，极差为 0.0325，云南对学前教育配置状态区域差异状态影响程度相对较低。

(一) 云南与其他省区学前教育普及状态比较

坚持学前教育的普及性已成为学前教育发展战略与基本政策相互关联的基本问题，而实现区域间学前教育均衡发展已成为实现教育公平发展的重要内容。基于 2010—2018 年云南与其他省区时序和省际面板数据，学前教育普及状态指数呈逐年递增的趋势，与学前教育资源水平的变化趋势大体一致，各省区均有不同幅度的上涨，其增长趋势差异明显。

1. 趋势比较

2010 年学前教育普及状态指数最高的省市依次为上海、江苏、浙江、天津和福建，指数值最低的省区依次为海南、云南、青海、甘肃和西藏。极高值上海的学前教育普及状态指数为 0.0747，极低值西藏指数为 0.0002，极差为 338.5 倍；云南指数值为 0.0288，在全国位序为第 28 位，上海指数是云南的 2.59 倍，云南处于全国较低水平，云南学前教育普及状态指数的贡献率为 0.6252。至 2014 年，学前教育普及状态指数最高的省市依次为上海、江苏、浙江、福建和北京，指数值最低的省区依次为新疆、甘肃、宁夏、云南和西藏。极高值上海的学前教育普及状态指数为 0.0755，极低值西藏指数为 0.0369，极差为 2.04 倍，较 2010 年大幅度减小；云南指数值为 0.0466，在全国位序为第 30 位，上海指数是云南的 1.62 倍，云南学前教育普及状态指数的贡献率为 0.8157。至 2018 年，学前教育普及状态指数最高的省市依次为广东、上海、江苏、陕西和北京，指数值最低的省区为宁夏、湖南、江西、云南和西藏。极高值广东的学前教育普及状态指数为 0.0821，极低值西藏的指数为 0.0553，极差为 1.49 倍，较 2014 年有所减小；云南指数值为 0.0619，在全国位序为第 30 位，广东指数是云南的 1.33 倍，较 2014 年有所降低，云南学前教育普及状态指数的贡献率为 0.9067，较 2014 年有所提高（见图 4.28）。

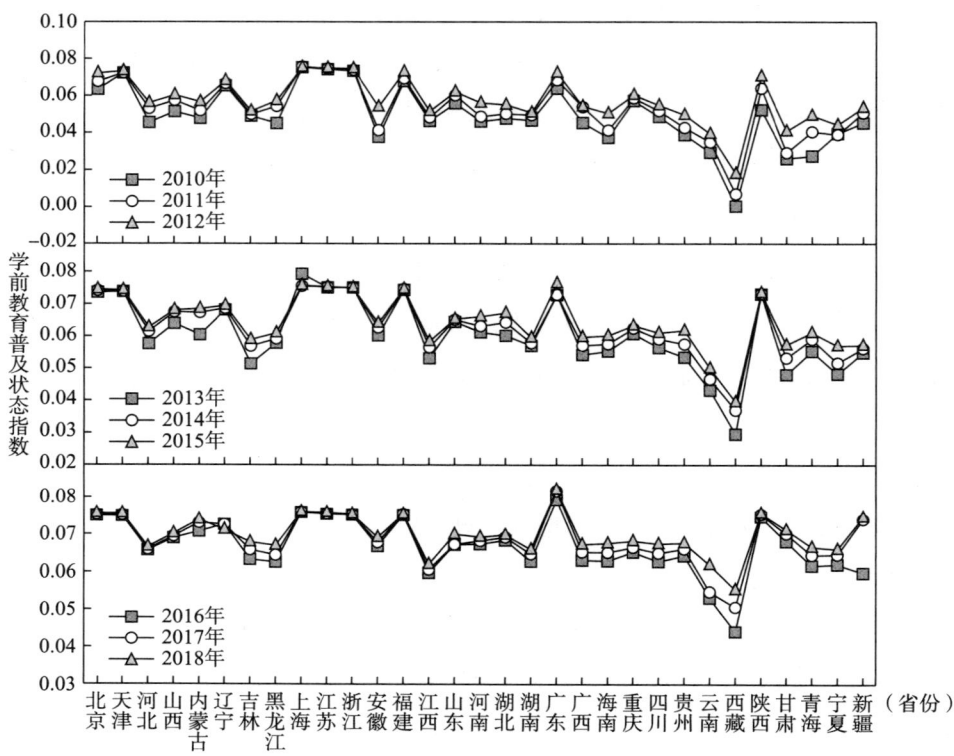

图 4.28　云南与其他省区市学前教育普及状态趋势的比较

2010—2018 年时段内，云南学前教育普及状态指数均低于全国平均水平。2010 年高于全国平均水平的省区市有上海、江苏、浙江、天津、福建、辽宁、广东、北京、重庆、山东、陕西、山西、吉林、四川、内蒙古、湖北和湖南；2014 年有 23 个省区市高于全国水平，广西、吉林、江西、新疆、甘肃、宁夏、云南和西藏 8 个省区低于全国水平；2018 年高于全国平均水平的省区市有广东、上海、江苏、陕西、北京、天津、浙江、福建、新疆、内蒙古、甘肃、辽宁、山西、山东、湖北、河南、安徽和重庆，其余省区市均低于全国平均水平（见图 4.28）。

2010—2018 年时段内，我国各省区学前教育普及状态指数年增长率的平均值较高的为西藏、甘肃、青海、云南和安徽，较低的省市为辽宁、天津、浙江、江苏和上海。极高值西藏的学前教育普及状态指数年增长率的平均值为403.94%，极低值上海的年增长率的平均值为0.26%；云南年增长率的平均值为10.12%，低于西藏39.38%，高于上海9.86%。从该时段内的变化态势来看，各省区市增长幅度差异明显，其中天津、浙江、江苏和上海等省市均处于高位水平，其增长幅度较小；西藏、甘肃、青海和云南等省区指数均处于全国低位水平，其增长幅度相对较高。由于云南省少数民族文化差异的影响，使得居民学前教育需求相对滞后，这直接影响学前三年毛入园率和一年级新生接受学前教育比，因此，云南学前教育普及状态需进一步改善及优化。

2. 空间比较

根据2010年学前教育普及状态聚类分析结果（Ⅰ类型≥0.0638，Ⅱ类型0.0486—0.0638，Ⅲ类型0.039—0.0486，Ⅳ类型<0.039），将我国31个省区市划分为4类政府支持类型：Ⅰ类地区包括上海、江苏、浙江、天津、福建和辽宁6个省市；Ⅱ类地区包括广东、北京、重庆、山东、陕西和山西6个省市；Ⅲ类地区包括吉林、四川、内蒙古、湖北、湖南、江西、河南、河北、广西、新疆、黑龙江和宁夏12个省区；Ⅳ类地区包括贵州、安徽、海南、云南、青海、甘肃和西藏7个省区。

根据2014年学前教育普及状态聚类分析结果（Ⅰ类型≥0.0707，Ⅱ类型0.0626—0.0707，Ⅲ类型0.056—0.0626，Ⅳ类型<0.056），将我国31个省区市划分为4类政府支持类型：Ⅰ类地区包括上海、江苏、浙江、福建、北京、天津、陕西和广东8个省市；Ⅱ类地区包括辽宁、山西、内蒙古、山东、湖北、河南和安徽7个省区；Ⅲ类地区包括重庆、河北、黑龙江、四川、青海、湖南、贵州、海南、广西、吉林、江西和新疆12个省区市；Ⅳ类地区包括甘肃、宁夏、云南和西藏4个省区。

根据2018年学前教育普及状态聚类分析结果（Ⅰ类型≥0.0745，Ⅱ类型0.0699—0.0745，Ⅲ类型0.0662—0.0699，Ⅳ类型<0.0662），将我国31个省区市划分为4类政府支持类型：Ⅰ类地区包括广东、上海、江苏、陕西、北京、天津、浙江、福建和新疆9个省区市；Ⅱ类地区包括内蒙古、甘肃、辽宁、山西和山东5个省区；Ⅲ类地区包括湖北、河南、安徽、重庆、吉林、贵州、海南、四川、广西、黑龙江、河北和青海12个省区市；Ⅳ类地区包括

宁夏、湖南、江西、云南和西藏5个省区。

对2010年、2014年和2018年学前教育普及状态聚类结果比较分析可得：云南在此研究时段内均属于Ⅳ类地区。2010—2014年，Ⅰ类地区增加2个省区，Ⅱ类地区增加1个自治区，Ⅲ类地区数量不变，Ⅳ类地区减少3个省区，表明学前教育普及状态大体呈快速增长趋势；2014—2018年，Ⅰ类地区增加1个省区，Ⅱ类地区减少2个省区，Ⅲ类地区数量不变，Ⅳ类地区增加1个省区，表明学前教育普及状态总体保持稳定。

3. 差异比较

从各省区学前教育普及状态的差异性情况来看，2010—2018年全国学前教育普及状态的区域相对差异随着时序变化呈线性下降趋势，2010—2014年时段内，CV由2010年最高值0.3332降至0.1477，下降了18.55%；随后至2018年继续降低，2018年降至最低值0.0763，极差值为0.2569，全国区域间学前教育普及状态相对差异逐年缩小并趋向相对均衡发展态势（见图4.29）。

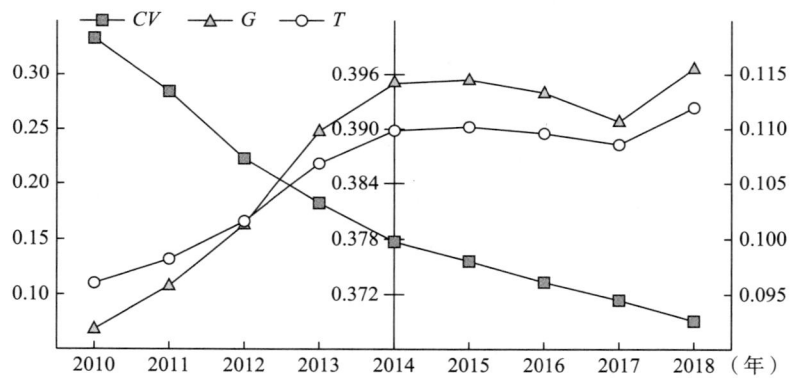

图4.29　2010—2018年全国学前教育普及状态 CV、G、T 变化情况

2010—2018年全国学前教育普及状态的区域差距的基尼系数和泰尔指数随着时序变化均有阶段性上升趋势，2010—2015年时段内，G、T均由2010年最低值0.3683（<0.4）、0.0960逐年增加至0.3954（<0.4）、0.1102，对照表2.7可得，该时段内学前教育普及状态区域差距相对合理；随后至2018年时段内，G、T均有先下降后增至最高0.3967、0.1120，极差分别为0.0284和0.1590。该研究时段内我国学前教育普及状态差异呈缩小趋势，在基尼系

数的均衡性等级判别中属于相对合理发展类别，区域间差异逐年呈收敛状态，离散程度相对较高，但区域间均衡呈现出起伏不定的变化态势，仍为较低水平的均衡。

2010—2018 年时段内，云南在全国学前教育普及状态的均衡发展态势中均处于低位水平状态，其对全国学前普及状态区域差异状态的影响程度呈逐年减弱趋势。2010 年云南与全国平均值之间差值的绝对值为最大值 0.0173，云南对该指标在此研究时段内区域差距状态的影响最强；至 2014 年影响程度呈线性下降，其值为 0.0105；到 2018 年绝对值降至最低值 0.0063，极差为 0.0110，云南对学前教育普及状态区域差异状态影响程度相对最低。

（二）云南与其他省区学前教育普惠状态比较

1. 趋势比较

2010—2018 年云南与其他省区学前教育普惠状态变动态势差异显著，近三分之二省区总体呈阶段性递减态势，约三分之一省区指数增长趋势缓慢或波动停滞。2010 年学前教育普惠状态指数最高的省区市依次为西藏、天津、河北、新疆和上海，指数值最低的省份依次为陕西、浙江、湖南、海南和江西。极高值西藏的学前教育普惠状态指数为 0.1123，极低值江西的指数为 0.0073，极差为 15.45 倍；云南指数值为 0.0493，在全国位序为第 18 位，西藏指数是云南的 2.28 倍，云南处于全国中下水平，云南学前教育普惠状态指数的贡献率为 0.9321。至 2014 年，学前教育普惠状态指数最高的省区市依次为西藏、新疆、江苏、上海和北京，指数值最低的省区市依次为重庆、广西、湖南、江西和海南。极高值西藏的学前教育普惠状态指数为 0.1336，极低值海南指数为 0.0085，极差为 15.69 倍，较 2010 年有所增加；云南指数值为 0.0507，在全国位序为第 13 位，西藏指数是云南的 2.64 倍，云南学前教育普惠状态指数的贡献率为 1.0228，由 2010 年的负贡献率变为正贡献率。至 2018 年，学前教育普惠状态指数最高的省区依次为新疆、西藏、上海、江苏和甘肃，指数值最低的省区市为重庆、河南、广西、湖南和海南。极高值新疆的学前教育普惠状态指数为 0.1353，极低值海南的指数为 0.0128，极差为 10.58 倍，较 2014 年有所减小；云南指数值为 0.0608，在全国位序为第 13 位，新疆指数是云南的 2.22 倍，较 2014 年有所降低，云南学前教育普惠状态指数的贡献率为 1.1397，较 2014 年有所提高（见图 4.30）。

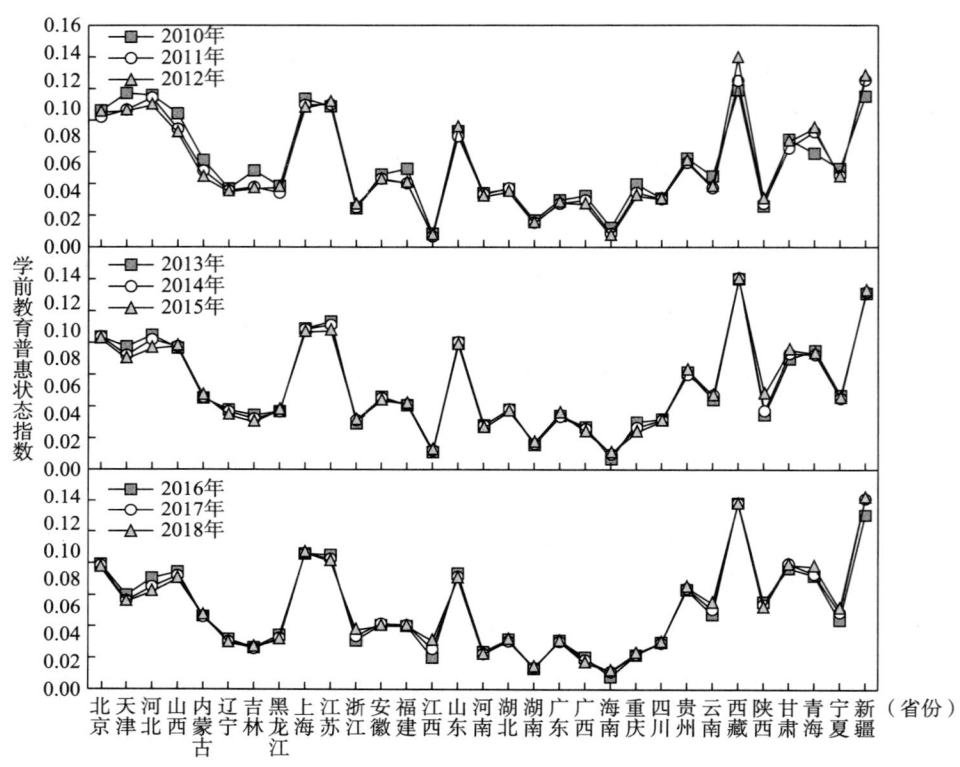

图 4.30　云南与其他省区市学前教育普惠状态趋势的比较

2010—2013 年时段内，云南学前教育普惠状态指数均低于全国平均水平，2013 年起云南反超全国水平呈现持续缓慢增长态势。2010 年高于全国平均水平的省区市有西藏、天津、河北、新疆、上海、江苏、北京、山西、山东、甘肃、青海、贵州、内蒙古、福建、宁夏和吉林；2014 年高于全国水平的省区市有西藏、新疆、江苏、上海、北京、河北、山东、山西、甘肃、青海、天津、贵州和云南；2018 年高于全国平均水平的省区市有新疆、西藏、上海、江苏、甘肃、青海、北京、山东、山西、贵州、河北、天津、云南、陕西、宁夏和内蒙古，其余省区市均低于全国平均水平（见图 4.30）。

2010—2018 年时段内，我国各省区市学前教育普惠状态指数年增长率平均值较高的省份依次为江西、陕西、浙江、海南、青海和云南；较低的省区为河北、重庆、天津、吉林和广西，其指数年增长率均为负增长。极高值江西的学前教育普惠状态指数年增长率的平均值为26.39%，极低值广西的年增长率的平均值为-7.67%；云南年增长率的平均值为3.08%，低于江西23.31%，高于广西10.75%。从该时段内变化趋势来看，各省区市均有不同程度变动，其中天津、河北等省市均处在高位水平，却呈逐年降低趋势；重庆、广西等区市均处于低位水平，同样呈下降趋势；江西、陕西、浙江和海南等省份处在低位水平，但其增长幅度相对较高；云南指数均处于全国中上水平，其增长幅度较大。近年来，云南省大力发展学前教育，新开或改扩建公办幼儿园，充分利用中小学布局调整的富余校舍，使得云南学前教育普惠状态指数在省际水平和贡献率上得到普遍改善与提高，有效缓解了"入园难"的问题，充分利用优质学前教育资源并达到真正意义上的共建与共享。

2. 空间比较

根据2010年学前教育普惠状态聚类分析结果（Ⅰ类型≥0.0913，Ⅱ类型0.0594—0.0913，Ⅲ类型0.0364—0.0594，Ⅳ类型<0.0364），将我国31个省区市划分为4类政府支持类型：Ⅰ类地区包括西藏、天津、河北、新疆、上海、江苏、北京和山西8个省区市；Ⅱ类地区包括山东、甘肃、青海、贵州和内蒙古5个省区；Ⅲ类地区包括福建、宁夏、吉林、安徽、云南、重庆、黑龙江、辽宁、湖北和河南10个省区市；Ⅳ类地区包括广西、四川、广东、陕西、浙江、湖南、海南和江西8个省区。

根据2014年学前教育普惠状态聚类分析结果（Ⅰ类型≥0.0927，Ⅱ类型0.0570—0.0927，Ⅲ类型0.0344—0.0570，Ⅳ类型<0.0344），将我国31个省区市划分为4类政府支持类型：Ⅰ类地区包括西藏、新疆、江苏和上海4个省区市；Ⅱ类地区包括北京、河北、山东、山西、甘肃、青海、天津和贵州8个省市；Ⅲ类地区包括云南、内蒙古、安徽、宁夏、福建、湖北、陕西、辽宁、黑龙江和广东10个省区；Ⅳ类地区包括吉林、四川、浙江、河南、重庆、广西、湖南、江西和海南9个省区市。

根据2018年学前教育普惠状态聚类分析结果（Ⅰ类型≥0.0830，Ⅱ类型0.0566—0.0830，Ⅲ类型0.0319—0.0566，Ⅳ类型<0.0319），将我国31个省区市划分为4类政府支持类型：Ⅰ类地区包括新疆、西藏、上海、江苏、

甘肃、青海和北京 7 个省区市；Ⅱ类地区包括山东、山西、贵州、河北、天津、云南、陕西和宁夏 8 个省区；Ⅲ类地区包括内蒙古、安徽、福建、浙江、黑龙江、湖北、江西、广东、四川和辽宁 10 个省区；Ⅳ类地区包括吉林、重庆、河南、广西、湖南和海南 6 个省区市。

对 2010 年、2014 年和 2018 年学前教育普惠状态聚类结果比较分析可得：云南在 2010 年、2014 年内均属于Ⅲ类地区，2018 年为Ⅱ类地区。2010—2014 年时段内，Ⅰ类地区减少 4 个省区，Ⅱ类地区增加 3 个省区，Ⅲ类地区数量不变，Ⅳ类地区增加 1 个省区，表明学前教育普惠状态大体呈略下降趋势；2014—2018 年时段内，Ⅰ类地区增加 3 个省区，Ⅱ类、Ⅲ类地区数量均不变，Ⅳ类地区减少 3 个省区，表明学前教育普惠状态总体呈快速增长趋势。

3. 差异比较

从各省区学前教育普惠状态的差异性情况来看，2010—2018 年全国学前教育普惠状态的区域相对差异、基尼系数和泰尔指数随着时序变化均呈波动上升后下降态势，2010—2012 年，CV、G、T 分别由 0.5381、0.5578（>0.4）和 0.2447 增至 0.6012、0.5775（>0.4）和 0.2626，对照表 2.7 可得，该时段内学前教育普惠状态区域差距悬殊，其中 CV 极差值为 0.0633，G、T 分别提升了 1.97% 和 1.79%；2012—2018 年，CV、G、T 均为阶段性下降态势，2017 年 G、T 均降至最低值 0.5454、0.2324，极差分别为 0.0322、0.0302，2018 年又略回升至 0.5456、0.2343。该研究时段内全国区域间学前教育普惠状态均呈非均衡状态，在基尼系数的均衡性等级判别中属于差异悬殊类别，虽个别节点的区域间差异呈空间收敛状态，但整体集聚程度仍相对较高，区域间差异程度呈现出起伏不定的变化态势。因此，各级区域积极调整学前教育管理模式并建构全方位监督学前教育普惠状态系统，以公平为导向，合理配置学前教育资源。

在 2010—2018 年时段内，2010—2013 年，云南在全国学前教育普惠状态的非均衡发展态势中均处于低水平状态，2014—2018 年，均处于高位水平，其对全国学前普惠状态区域差异状态的影响程度先减弱后增强。2011—2014 年，云南与全国平均值之间差值的绝对值由 0.0089 降至最低值 0.0012，云南对该指标在此研究时段内区域差距状态的影响逐渐降低；2015—2018 年，绝对值逐年增

第四章　区域实证Ⅱ：云南学前教育资源发展水平分析

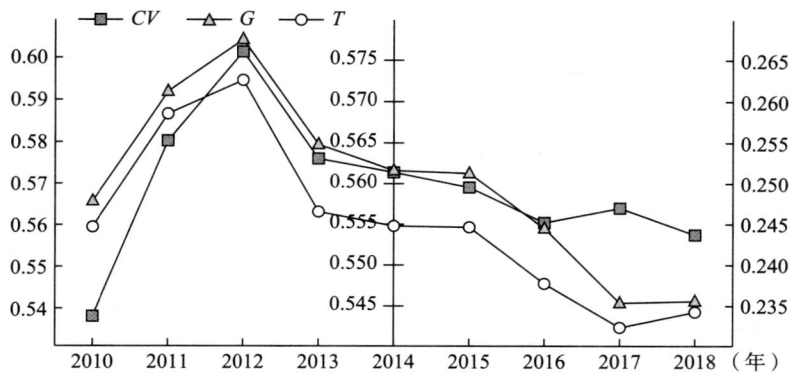

图4.31　2010—2018年全国学前教育普惠状态CV、G、T变化情况

加升至最高值0.0112，极差为0.01，对区域差异状态影响程度相对最强。

（三）云南与其他省区学前教育集约状态比较

1. 趋势比较

2010—2018年云南与其他各省学前教育集约状态指数总体均呈阶段性递增态势，约一半省区指数变化趋势有缓慢增长或波动停滞的特点，各省区变动幅度差异显著。

2010年学前教育集约状态指数最高的省区市依次为吉林、上海、北京、辽宁和内蒙古，指数值最低的省区依次为河南、江苏、贵州、西藏和新疆。极高值吉林的学前教育集约状态指数为0.0815，极低值新疆指数为0.0232，极差为3.52倍；云南指数值为0.0397，在全国位序为第20位，吉林指数是云南的2.05倍，云南处于全国中下位水平，云南学前教育集约状态指数的贡献率为0.8546。至2014年，学前教育集约状态最高的省区市依次为吉林、黑龙江、辽宁、北京和内蒙古，指数值最低的省区依次为四川、河南、云南、贵州和新疆。极高值吉林的学前教育集约状态指数为0.0977，极低值新疆指数为0.0302，极差为3.24倍，较2010年有所减小；云南指数值为0.0386，在全国位序为第29位，较2010年有所下降，吉林指数是云南的2.53倍，处于全国较低水平，云南学前教育集约状态指数的贡献率为0.6299，较2010年有所降低。至2018年，学前教育集约状态指数最高的省区依次为吉林、黑龙江、辽宁、内蒙古和天津，指数值最低的省区为宁夏、西藏、贵州、云南和

167

新疆。极高值吉林的学前教育集约状态指数为0.1044，极低值新疆的指数为0.0236，极差为4.42倍，较2014年有所增加；云南指数值为0.0518，在全国位序为第29位，吉林指数是云南的2.02倍，较2014年有所降低，云南学前教育集约状态的贡献率为0.7496，较2014年有所提高（见图4.32）。

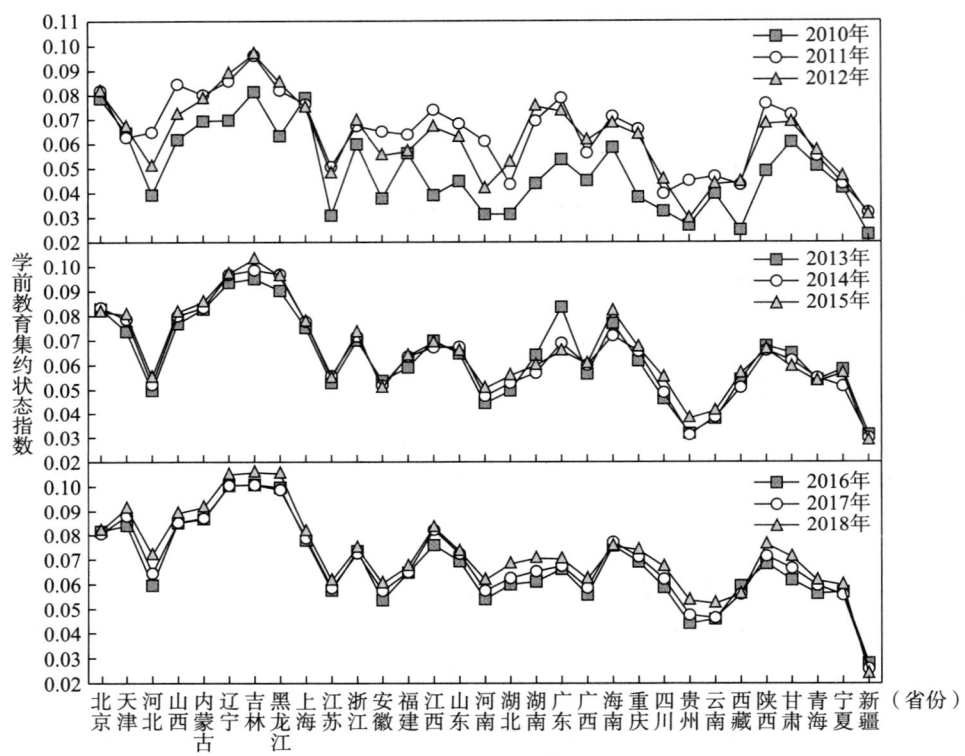

图4.32 云南与其他省区市学前教育集约状态趋势的比较

2010—2018年时段内，云南学前教育集约状态指数均低于全国平均水平，并呈现先下降后阶段性增长趋势。2010年高于全国平均水平的省区市有吉林、上海、北京、辽宁、内蒙古、天津、黑龙江、山西、甘肃、浙江、海南、福建、广东、青海和陕西；2014年高于全国水平的省区市有吉林、黑龙江、辽宁、北京、内蒙古、山西、天津、上海、海南、浙江、广东、山东、江西、陕西、重庆、福建和甘肃；2018年高于全国平均水平的省区市有吉林、黑龙江、辽宁、内蒙古、天津、山西、江西、北京、上海、陕西、海南、浙江、重庆、山东、河北、甘肃、湖南和广东，其余省区均低于全国平均水平（见

图4.32)。

2010—2018年时段内,我国各省区学前教育集约状态年增长率的平均值较高的省区依次为河南、西藏、江西、贵州、湖北;较低的省区为青海、甘肃、新疆、北京和上海。极高值河南学前教育集约状态年增长率的平均值为12.85%,极低值上海年增长率的平均值为0.30%,极差为43.44倍;云南年增长率为3.80%,低于河南9.05%,高于上海3.51%。从该时段内指数变化态势来看,各省区增长幅度差异显著,其中内蒙古、吉林、北京和上海等省区市均处在高位水平,其增长幅度相对较小;河南、西藏和四川等省区处在低位水平,其增长幅度相对较高;云南指数均处于全国较低水平,其增长幅度也相对较低。近年来,随着云南适龄人口的变化,学前教育需求不断增强,学前教育集约状态指数随持续缓慢增长,但优质学前教育资源仍相对短缺,其基数水平仍在区域间比较中处于落后水平。云南地区属于少数民族聚居区,农村人口高于全国平均水平,应积极推进云南城乡学前教育公平、均衡发展,从而呈现高效、优质的学前教育集约状态。

2. 空间比较

根据2010年学前教育集约状态聚类分析结果(Ⅰ类型≥0.0649,Ⅱ类型0.0493—0.0649,Ⅲ类型0.0365—0.0493,Ⅳ类型<0.0365),将我国31个省区市划分为4类政府支持类型:Ⅰ类地区包括吉林、上海、北京和内蒙古4个省区市;Ⅱ类地区包括天津、黑龙江、山西、甘肃、浙江、海南、福建、广东和青海9个省区市;Ⅲ类地区包括陕西、广西、山东、湖南、宁夏、云南、河北、江西、重庆和安徽10个省区;Ⅳ类地区包括四川、湖北、河南、江苏、贵州、西藏和新疆7个省区。

根据2014年学前教育集约状态聚类分析结果(Ⅰ类型≥0.0777,Ⅱ类型0.0636—0.0777,Ⅲ类型0.0504—0.0636,Ⅳ类型<0.0504),将我国31个省区市划分为4类政府支持类型:Ⅰ类地区包括吉林、黑龙江、辽宁、北京、内蒙古、山西和天津7个省区市;Ⅱ类地区包括上海、海南、浙江、广东、山东、江西、陕西和重庆8个省区市;Ⅲ类地区包括福建、甘肃、广西、湖南、江苏、青海、湖北、河北、安徽、宁夏和西藏11个省区;Ⅳ类地区包括四川、河南、云南、贵州和新疆5个省区。

根据 2018 年学前教育集约状态聚类分析结果（Ⅰ类型≥0.0853，Ⅱ类型 0.0717—0.0853，Ⅲ类型 0.0604—0.0717，Ⅳ类型＜0.0604），将我国 31 个省区划分为 4 类政府支持类型：Ⅰ类地区包括吉林、黑龙江、辽宁、内蒙古、天津和山西 6 个省区；Ⅱ类地区包括江西、北京、上海、陕西、海南、浙江、重庆和山东 8 个省市；Ⅲ类地区包括河北、甘肃、湖南、广东、湖北、福建、四川、广西、河南、江苏和青海 11 个省区；Ⅳ类地区包括安徽、宁夏、西藏、贵州、云南和新疆 6 个省区。

对 2010 年、2014 年和 2018 年学前教育集约状态聚类结果比较分析可得：云南在 2010 年属于Ⅲ类地区，2014 年、2018 年为Ⅳ类地区。2010—2014 年时段内，Ⅰ类地区增加 2 个省区，Ⅱ类地区减少 1 个省区，Ⅲ类地区增加 1 个省区，Ⅳ类地区减少 2 个省区，表明学前教育集约状态大体呈增长趋势；2014—2018 年时段内，Ⅰ类地区减少 1 个省区，Ⅱ类、Ⅲ类地区数量均不变，Ⅳ类地区增加 1 个省区，表明学前教育集约状态总体上基本稳定。

3. 差异比较

从各省区学前教育集约状态的差异性情况来看，2010—2018 年全国学前教育集约状态的区域相对差异、基尼系数和泰尔指数随着时序变化均呈波动下降后上升再缓慢下降趋势，2010—2011 年，CV、G、T 分别由最高值 0.3375、0.4930（＞0.4）和 0.1746 降至 0.2446、0.4354（＞0.4）和 0.1338，对照表 2.7 可得，该时段内学前教育集约状态区域差距悬殊，其中 G、T 极差值分别为 0.0577、0.0408，CV 降低了 9.3%；2012—2018 年时段内 CV 先上升后下降，G、T 均先上升后下降再略回升，2018 年 G、T 均增至 0.4591、0.1510，CV 则降至最低值 0.2357，极差为 0.1018（见图 4.33）。该研究时段内全国区域间学前教育集约状态在基尼系数的均衡性等级判别中属于"差异悬殊"类别，虽个别时段内区域间差异呈空间收敛状态且差异程度呈现起伏不定的变化状态，但整体离散程度仍相对较低，区域间学前教育集约状态处于非均衡发展态势。

2010—2018 年时段内，云南在全国学前教育集约状态的非均衡发展态势中均处于低位水平状态，其对全国学前集约状态区域差异状态的影响程度先增强后减弱。2010—2013 年，云南与全国平均值之间差值的绝对值由最低值

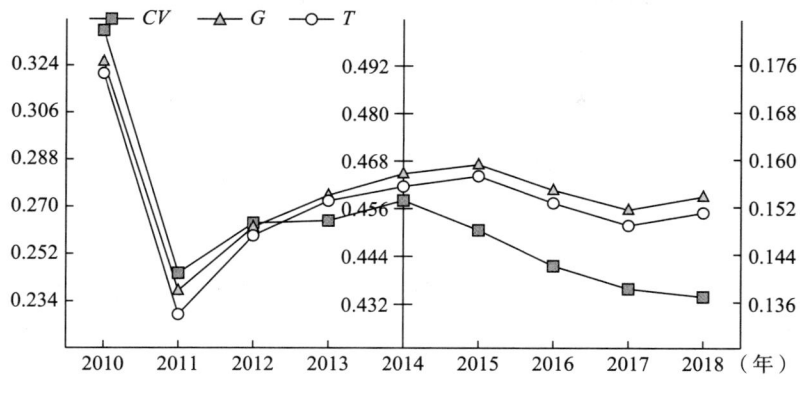

图 4.33　全国学前教育集约状态 CV、G、T 变化情况

0.0068 升至最高值 0.0239，极差为 0.0171，云南对该指标在此研究时段内区域差距状态的影响逐渐增强；2014—2018 年，影响程度有小幅度下降，2018 年绝对值降至 0.0173，云南对集约状态区域差异状态影响程度相对减小。

第三节　云南各州市学前教育资源发展水平的时空格局

2010—2018 年云南省市域间学前教育资源发展水平均有不同程度的递增，且增长趋势有显著差异，如昭通地区个别时段内呈现阶段性下降趋势，各州市的社会经济发展水平直接影响地区学前教育的发展，因此，该项指标指数与学前教育资源发展条件、区域支持条件发展趋势大体一致。

趋势比较： 2010 年云南省市域中学前教育资源发展水平指数最高的 5 个州市依次为昆明市、迪庆州、怒江州、普洱市和版纳州，指数值最低的 5 个州市依次为红河州、曲靖市、文山州、大理州和昭通市。极高值昆明市的学前教育资源发展水平指数为 0.4300，极低值昭通市指数为 0.1702，极差为 2.53 倍。至 2014 年，学前教育资源发展水平最高的 5 个州市依次为昆明市、迪庆州、怒江州、版纳州和丽江市，指数值最低的 5 个州市依次为红河州、文山州、大理州、曲靖市和昭通市。极高值昆明市的学前教育资源发展水平指数为 0.5723，极低值昭通市指数为 0.2004，极差为 2.86 倍，较 2010 年有所上涨。至 2018 年，学前教育资源发展水平指数最高的 5 个州市依次为迪庆州、怒江州、昆明市、版纳州和临沧市，指数值最低的 5 个州市为文山州、红河州、曲靖市、大理州和昭通市。极高值迪庆州的学前教育资源发展水平指数为 0.7961，极低值昭通市指数为 0.3135，极差为 2.54 倍，较 2014 年有所降低（见表 4.13）。

表 4.13　云南各州市学前教育资源发展水平指数的比较

年 地区	2010	2011	2012	2013	2014	2015	2016	2017	2018
昆明市	0.4300	0.4632	0.5297	0.5574	0.5723	0.5843	0.6075	0.6167	0.6410
曲靖市	0.1905	0.2048	0.2285	0.2385	0.2500	0.2718	0.2904	0.3239	0.3671
玉溪市	0.2744	0.2851	0.3116	0.3323	0.3501	0.3798	0.3992	0.4295	0.4907
保山市	0.2795	0.2955	0.3086	0.3672	0.3904	0.4101	0.4473	0.4594	0.5030
昭通市	0.1702	0.1793	0.1855	0.2036	0.2004	0.2129	0.2337	0.2594	0.3135
丽江市	0.2788	0.3224	0.3444	0.3809	0.4001	0.4162	0.4351	0.4498	0.4836
普洱市	0.2931	0.2975	0.3055	0.3186	0.3301	0.3551	0.3881	0.4094	0.4480
临沧市	0.2690	0.2808	0.2940	0.3019	0.3430	0.3645	0.4302	0.4923	0.5096
楚雄州	0.2418	0.2596	0.2803	0.3057	0.3191	0.3428	0.4119	0.4484	0.4830
红河州	0.2087	0.2118	0.2248	0.2443	0.2915	0.3142	0.3366	0.3479	0.3932
文山州	0.1815	0.1791	0.2161	0.2483	0.2750	0.3040	0.3334	0.3691	0.4018
版纳州	0.2856	0.3074	0.3177	0.3429	0.4122	0.4328	0.4672	0.5000	0.5431
大理州	0.1774	0.1907	0.2150	0.2338	0.2554	0.2807	0.3048	0.3180	0.3566
德宏州	0.2427	0.2653	0.2689	0.2856	0.3550	0.3718	0.4135	0.4372	0.4468
怒江州	0.3699	0.3818	0.3945	0.4057	0.4424	0.4646	0.5019	0.5928	0.6430
迪庆州	0.3716	0.4011	0.4310	0.4334	0.4472	0.4912	0.6400	0.7232	0.7961

2010 年云南省学前教育资源发展水平指数的平均水平为 0.2666，高于全省平均水平的州市有昆明市、迪庆州、怒江州、普洱市、版纳州、保山市、丽江市、玉溪市和临沧市，其余州市均低于全省平均水平；2014 年云南省学前教育资源发展水平指数的平均水平为 0.3521，高于全省平均水平的州市有昆明市、迪庆州、怒江州、版纳州、丽江市、保山市、德宏州和玉溪市，其

余州市均低于全省平均水平；2018年云南省学前教育资源发展水平指数的平均水平为0.4888，高于全省平均水平的州市有迪庆州、怒江州、昆明市、版纳州、临沧市、保山市和玉溪市，其余州市均低于全省平均水平（见图4.34）。

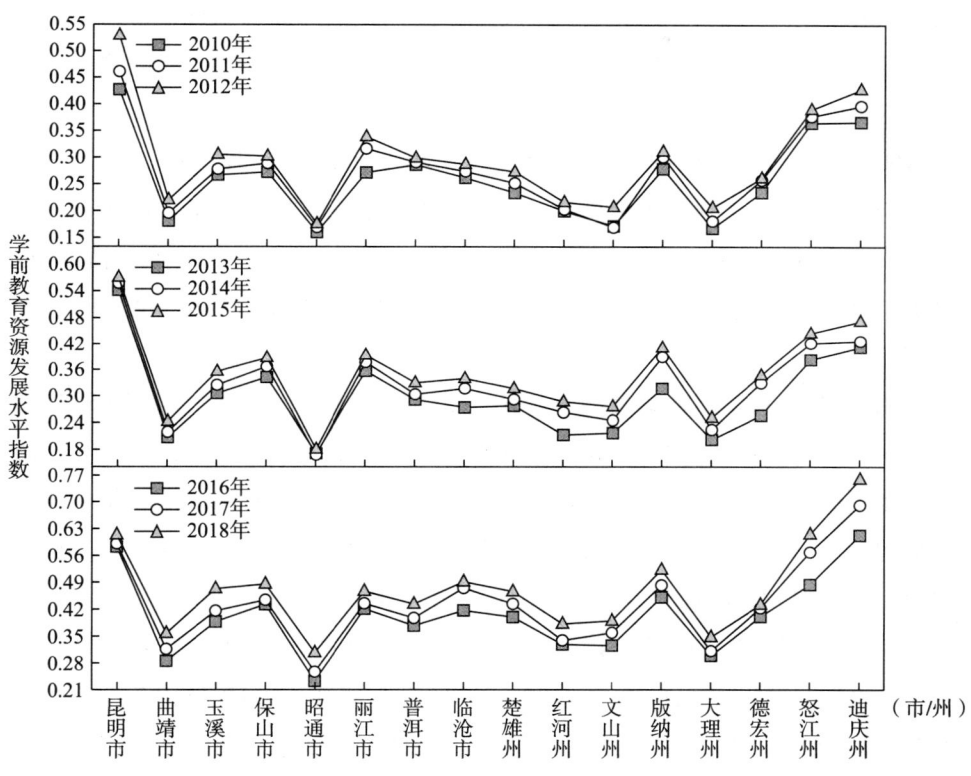

图4.34 云南省学前教育资源发展水平趋势的比较

2010—2018年时段内，云南省16个州市学前教育资源水平指数增长幅度较低且差异显著，其年增长率的平均值较高的州市为文山州、迪庆州、大理州、楚雄州和曲靖市，较低的州市为玉溪市、怒江州、丽江市、普洱市和昆明市。极高值文山州学前教育资源发展水平指数年增长率的平均值为10.60%，极低值昆明市年增长率的平均值为5.19%，极差为2.04倍（见图4.34）。从该时段内的增长趋势来看，各州市均有不同幅度的上涨，其中昆明市、怒江州等位于全省高位发展水平，但增长幅度较小；文山州、大理州和曲靖市等州市水平均处于全省落后位序，但增长幅度相对较高；迪庆州指数水平与增长幅度均位于全省较高水平；楚雄州指数维持在全省中等水平，其上升幅度相对较大；玉溪市、丽江市和普洱市等地区均处于全省中等水平，但增长幅度较小。近年来，云南省从"倾斜"和"不平"两基点出发，加强制度引领有针对性地从"城乡协动"建构均衡和优质的学前教育发展体系，文山州、大理州和曲靖市等地区学前教育资源发展水平在同期水平区域比较中相对滞后并亟待提升，云南省学前教育均衡发展系统保障机制亟待进一步完善。

空间比较：根据 2010 年学前教育资源发展水平聚类分析结果（Ⅰ类型≥0.3169，Ⅱ类型 0.2666—0.3169，Ⅲ类型 0.2018—0.2666，Ⅳ类型＜0.2018），将云南省 16 个州市划分为 4 类区域类型：Ⅰ类地区包括昆明市、迪庆州、怒江州；Ⅱ类地区包括普洱市、版纳州、保山市、丽江市、玉溪市、临沧市；Ⅲ类地区包括德宏州、楚雄州、红河州；Ⅳ类地区包括曲靖市、文山州、大理州、昭通市。

基于 2014 年学前教育资源发展水平聚类分析结果（Ⅰ类型≥0.4314，Ⅱ类型 0.3521—0.4314，Ⅲ类型 0.2905—0.3521，Ⅳ类型＜0.2905），将云南省 16 个州市划分为 4 类区域类型：Ⅰ类地区包括昆明市、迪庆州、怒江州；Ⅱ类地区包括版纳州、丽江市、保山市、德宏州、玉溪市；Ⅲ类地区包括临沧市、普洱市、楚雄州、红河州；Ⅳ类地区包括文山州、大理州、曲靖市、昭通市。

由 2018 年学前教育资源发展水平聚类分析可得的结果（Ⅰ类型≥0.5895，Ⅱ类型 0.4888—0.5895，Ⅲ类型 0.4104—0.4888，Ⅳ类型＜0.4104），将云南省 16 个州市划分为 4 类区域类型：Ⅰ类地区包括迪庆州、怒江州、昆明市；Ⅱ类地区包括版纳州、临沧市、保山市、玉溪市；Ⅲ类地区包括丽江市、楚雄州、普洱市、德宏州；Ⅳ类地区包括文山州、红河州、曲靖市、大理州、昭通市。

对 2010 年、2014 年和 2018 年云南省学前教育资源发展水平聚类结果比较分析可得：2010—2014 年时段内，Ⅰ类、Ⅳ类地区数量不变，Ⅱ类地区减少 1 个州市，Ⅲ类地区增加 1 个州市，其中普洱市、临沧市由Ⅱ类降为Ⅲ类地区，德宏州由Ⅲ类地区升为Ⅱ类地区；2014—2018 年时段内，Ⅰ类、Ⅲ类地区数量不变，Ⅱ类地区减少 1 个州市，Ⅳ类地区增加 1 个州市，其中德宏州、丽江市由Ⅱ类降为Ⅲ类地区，临沧市由Ⅲ类地区升为Ⅱ类地区，红河州由Ⅲ类降为Ⅳ类地区。

差异比较：区域间学前教育资源发展水平均衡发展日益受到关注，这直接关系到教育整体公平、社会可持续及区域协调发展。

2010—2018年,云南省学前教育资源发展水平区域相对差异随着时序变化呈波动下降态势,2010—2012年时段内,变异系数增至最高值0.2899,上升了1.37%,均衡程度相对降低;随后至2015年,学前教育资源发展水平变异系数呈线性下降趋势,降至最低值0.2462,较2012年缩减了4.93%;至2018年时段内呈现波动上升后又略为下降,较2015年提高了0.61%,云南省市域间学前教育资源发展水平相对差异呈整体缩小趋势(见图4.35)。

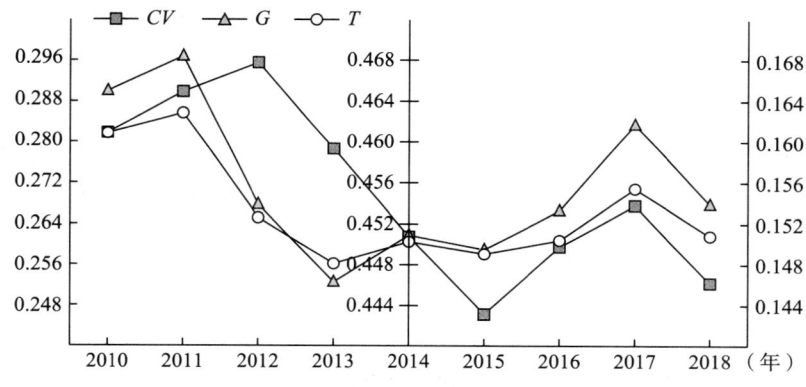

图4.35 云南省学前教育资源发展水平 CV、G、T 变化情况

2010—2018年云南省学前教育资源发展水平区域差距的基尼系数和泰尔指数随着时序变化均呈现阶段性下降趋势,2011年时段内,基尼系数和泰尔指数均增至最高值0.4683(>0.4)、0.1628,对照表2.7可得,该时段内学前教育资源发展水平区域差距较大,已超过基尼系数的警戒线,达到非均衡的状态;至2013年均降至最低值0.4463、0.1481,较2011年分别下降了2.20%和1.47%;2014—2018年时段内基尼系数和泰尔指数均呈现波动上升后又回落,至2018年系数为0.4539、0.1508。可见云南省市域间学前教育资源发展发展水平差异虽整体呈现空间收敛态势,但基尼系数均超过警戒线0.4,在均衡性等级判别中属于非均衡类别,反映云南省学前教育资源发展水平不均衡,集聚度相对较高且存在显著差异。

一 云南各州市学前教育资源水平比较

2010—2018年云南各州市学前教育资源水平整体呈持续增长趋势,与学前教育资源综合发展水平的变化趋势大体一致，各州市水平指数均有不同程度的增长，上升幅度差异显著。

趋势比较： 2010年云南省市域中学前教育资源水平指数最高5个州市依次为迪庆州、怒江州、昆明市、普洱市和丽江市，指数值最低5个州市依次为德宏州、曲靖市、大理州、红河州和昭通市。极高值迪庆州学前教育资源水平指数为0.2108，极低值昭通市指数为0.0431，极差为4.90倍。至2014年，学前教育资源水平最高5个州市依次为迪庆州、怒江州、昆明市、版纳州和丽江市，指数值最低5个州市依次为德宏州、大理州、红河州、曲靖市和昭通市。极高值迪庆州的学前教育资源水平指数为0.2941，极低值昭通市指数为0.0689，极差为4.27倍，较2010年有所下降。至2018年，学前教育资源水平指数最高的5个州市依次为迪庆州、怒江州、昆明市、版纳州和普洱市，指数值最低的5个州市为保山市、红河州、大理州、曲靖市和昭通市。极高值迪庆州学前教育资源水平指数为0.4804，极低值昭通市指数为0.1260，极差为3.81倍，较2014年有所降低（见表4.14）。

表4.14　云南各州市学前教育资源水平指数的比较

年 地区	2010	2011	2012	2013	2014	2015	2016	2017	2018
昆明市	0.1582	0.1779	0.2106	0.2230	0.2338	0.2389	0.2570	0.2704	0.2808
曲靖市	0.0599	0.0605	0.0723	0.0775	0.0819	0.0885	0.0994	0.1151	0.1373
玉溪市	0.1080	0.1062	0.1152	0.1274	0.1411	0.1501	0.1655	0.1864	0.2149
保山市	0.0919	0.0945	0.0987	0.1171	0.1240	0.1329	0.1425	0.1533	0.1665
昭通市	0.0431	0.0454	0.0526	0.0617	0.0689	0.0815	0.0990	0.0998	0.1260
丽江市	0.1114	0.1264	0.1370	0.1526	0.1616	0.1688	0.1816	0.2044	0.2160
普洱市	0.1216	0.1217	0.1369	0.1422	0.1492	0.1677	0.1894	0.2096	0.2293
临沧市	0.1035	0.1100	0.1200	0.1288	0.1373	0.1581	0.1823	0.2087	0.2244
楚雄州	0.0953	0.1016	0.1180	0.1270	0.1358	0.1486	0.1772	0.1994	0.2190
红河州	0.0492	0.0515	0.0592	0.0678	0.0860	0.0959	0.1113	0.1239	0.1413
文山州	0.0744	0.0869	0.0904	0.1012	0.1121	0.1318	0.1542	0.1750	0.1898
版纳州	0.0996	0.1100	0.1240	0.1426	0.1710	0.1941	0.2178	0.2320	0.2670

续表

年 地区	2010	2011	2012	2013	2014	2015	2016	2017	2018
大理州	0.0520	0.0575	0.0716	0.0816	0.0872	0.0999	0.1131	0.1242	0.1388
德宏州	0.0686	0.0719	0.0738	0.0800	0.1017	0.1147	0.1487	0.1702	0.1802
怒江州	0.1934	0.1950	0.2078	0.2153	0.2397	0.2578	0.2640	0.2975	0.3347
迪庆州	0.2108	0.2407	0.2661	0.2758	0.2941	0.3144	0.3493	0.4038	0.4804

2010年云南省学前教育资源水平指数的平均水平为0.1026，高于全省平均水平的州市有迪庆州、怒江州、昆明市、普洱市、丽江市、玉溪市和临沧市，其余州市均低于全省平均水平；2014年云南省学前教育资源水平指数的平均水平为0.1453，高于全省平均水平的州市有迪庆州、怒江州、昆明市、版纳州和丽江市和普洱市，其余州市均低于全省平均水平；2018年云南省学前教育资源水平指数的平均水平为0.2216，高于全省平均水平的州市有迪庆州、怒江州、昆明市、版纳州、普洱市和临沧市，其余州市均低于全省平均水平（见图4.36）。

2010—2018年时段内，云南省16个州市学前教育资源水平指数增长幅度较平缓且差异显著，其中年增长率的平均值较高的州市为昭通市、红河州、德宏州、版纳州和大理州，较低的为丽江市、普洱市、保山市、昆明市和怒江州5个地区。极高值昭通市学前教育资源水平指数年增长率的平均值为14.64%，极低值怒江州年增长率的平均值为7.19%，极差为2.04倍（见图4.36）。从该时段内的变化趋势来看，各州市均有不等程度的增长，其中昆明市、怒江州和普洱市等位于全省高位发展水平，但增长幅度较小；昭通市、红河州、德宏州和大理州等指数水平均处于全省低位水平，但增长幅度相对较高；版纳州指数水平与增长幅度均位于全省较高水平；丽江市、保山市等处于全省中等水平，其上升幅度较小。由此可见，昭通市、红河州、德宏州和大理州等州市学前教育资源水平在同期区域比较中相对匮乏，整体落后于全省学前教育发展进程，云南省及各州市的各级政府应采取差别对待政策，创新机制缩减区域间学前教育资源水平差距，加大扶持学前教育发展薄弱地区的资源共享与共建力度。

云南学前教育资源配置的空间协调性研究

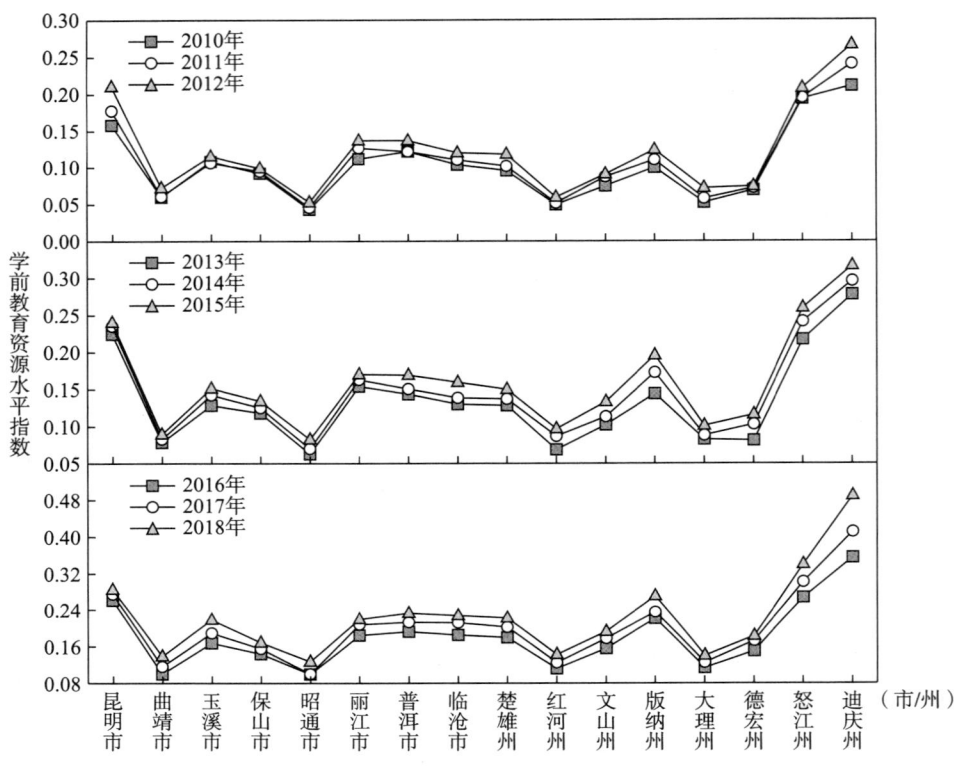

图 4.36　云南省学前教育资源水平趋势的比较

空间比较：根据 2010 年学前教育资源水平聚类分析结果（Ⅰ类型≥0.1438，Ⅱ类型 0.1026—0.1438，Ⅲ类型 0.0704—0.1026，Ⅳ类型＜0.0704），将云南省 16 个州市划分为 4 类区域类型：Ⅰ类地区包括迪庆州、怒江州、昆明市；Ⅱ类地区包括普洱市、丽江市、玉溪市、临沧市；Ⅲ类地区包括版纳州、楚雄州、保山市、文山州；Ⅳ类地区包括德宏州、曲靖市、大理州、红河州、昭通市。

基于 2014 年学前教育资源水平聚类分析结果（Ⅰ类型≥0.2082，Ⅱ类型 0.1453—0.2082，Ⅲ类型 0.1076—0.1453，Ⅳ类型＜0.1076），将云南省 16 个州市划分为 4 类区域类型：Ⅰ类地区包括迪庆州、怒江州、昆明市；Ⅱ类地区包括版纳州、丽江市、普洱市；Ⅲ类地区包括玉溪市、临沧市、楚雄州、保山市、文山州；Ⅳ类地区包括德宏州、大理州、红河州、曲靖市、昭通市。

由 2018 年学前教育资源水平聚类分析可得的结果（Ⅰ类型≥0.3028，Ⅱ类型 0.2216—0.3028，Ⅲ类型 0.1730—0.2216，Ⅳ类型<0.1730），将云南省 16 个州市划分为 4 类区域类型：Ⅰ类地区包括迪庆州、怒江州；Ⅱ类地区包括昆明市、版纳州、普洱市、临沧市；Ⅲ类地区包括楚雄州、丽江市、玉溪市、文山州、德宏州；Ⅳ类地区包括保山市、红河州、大理州、曲靖市、昭通市。

对 2010 年、2014 年和 2018 年云南省学前教育资源水平聚类结果比较分析可得：2010—2014 年时段内，Ⅰ类、Ⅳ类地区数量不变，Ⅱ类地区减少 1 个州市，Ⅲ类地区增加 1 个州市，其中玉溪市、临沧市由Ⅱ类降为Ⅲ类地区，版纳州由Ⅲ类地区升为Ⅱ类地区；2014—2018 年时段内，Ⅰ类地区减少 1 个州市，Ⅱ类地区增加 1 个州市，Ⅲ类、Ⅳ类地区数量不变，其中昆明市由Ⅰ类地区降为Ⅱ类地区，丽江市由Ⅱ类地区降为Ⅲ类地区，临沧市由Ⅲ类地区升为Ⅱ类地区，保山市由Ⅲ类地区降为Ⅳ类地区，德宏州由Ⅳ类升为Ⅲ类地区。

差异比较：2010—2018 年云南省学前教育资源水平区域相对差异随着时序变化呈波动下降后逐步略回升态势，与学前教育资源发展水平差异系数变动趋势一致。2011 年变异系数增至最高值 0.4954，上升了 1.50%，均衡程度相对较低；2012—2016 年时段内，学前教育资源水平变异系数呈线性下降趋势，降至最低值 0.3795，较 2011 年降低了 11.59%；至 2018 年有所回升，较 2016 年提高了 2.54%，云南省市域间学前教育资源水平相对差异整体缩减趋势（见图 4.37）。

2010—2018 年云南省学前教育资源水平区域差距的基尼系数和泰尔指数随着时序变化均呈现阶段性下降态势，与学前教育资源发展水平变动情况大体一致。2011 年基尼系数和泰尔指数均增至最高值 0.5508（>0.4）、0.2306，对照表 2.7 可得，该时段内学前教育资源水平区域差距悬殊，达到非均衡的状态；2012—2016 年时段内均呈逐年下降趋势，2016 年降至最低点 0.5033、0.1880，较 2011 年降低了 4.75%、4.26%；后至 2018 年均呈现波动上升后又回落，系数分别为 0.5086、0.1909（见图 4.37）。云南省市域间学前教育资源发展水平的差异虽明显缩小，但基尼系数均超过警戒线 0.4，在均衡性等

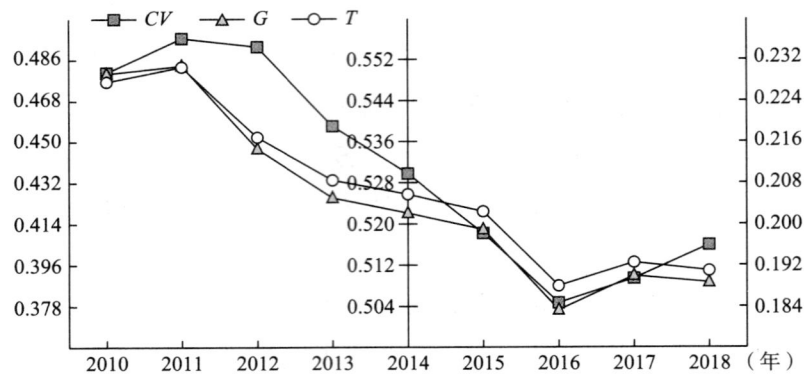

图4.37 2010—2018年云南省学前教育资源水平 CV、G、T 变化情况

级判别中属于非均衡类别,反映出云南省区域间学前教育资源水平差异显著、不均衡且集聚度相对较高。

(一)云南各州市学前教育物力资源水平比较

2010—2018年云南省各州市学前教育物力资源水平呈现逐年递增的趋势,与学前教育资源水平的变化趋势大体一致,除曲靖市、玉溪市、昭通市和迪庆州个别年份有下降趋势外,各州市均有不同程度的上涨,增长趋势差异明显。

1. 趋势比较

2010年云南省市域中学前教育物力资源水平指数最高的5个州市依次为昆明市、丽江市、曲靖市、大理州和玉溪市,指数值最低的5个州市依次为版纳州、文山州、保山市、临沧市和昭通市。极高值昆明市的学前教育物力资源水平指数为0.0542,极低值昭通市指数为0.0002,极差为270.90倍。至2014年,学前教育物力资源水平最高的5个州市依次为昆明市、丽江市、怒江州、大理州和楚雄市,指数值最低的5个州市依次为保山市、迪庆州、文山州、临沧市和昭通市。极高值昆明市的学前教育物力资源水平指数为0.0916,极低值昭通市指数为0.0144,极差为6.34倍,较2010年有大幅下降。至2018年,学前教育物力资源水平指数最高的5个州市依次为迪庆州、昆明市、玉溪市、丽江市和普洱市,指数值最低的5个州市为曲靖市、临沧市、文山州、保山市和昭通市。极高值迪庆州的学前教育物力资源水平指数为0.1667,极低值昭通市指数为0.0475,极差为3.51倍,较2014年有所降低（见图4.38）。

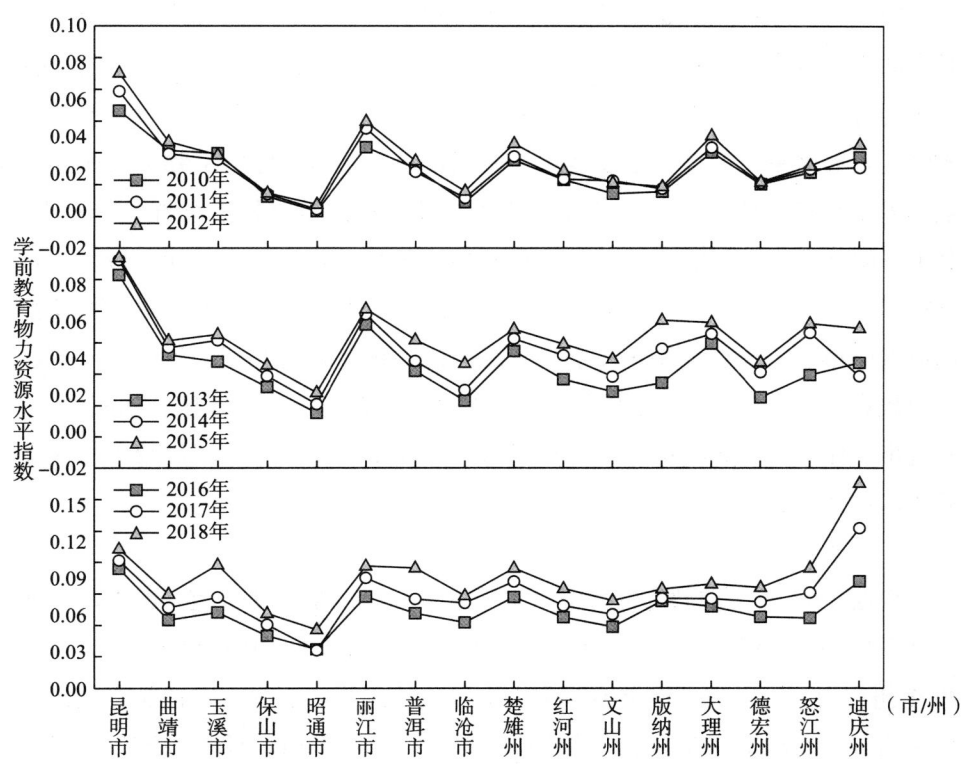

图 4.38 云南各州市学前教育物力资源水平趋势的比较

2010年云南省学前教育物力资源水平指数的平均水平为0.0218，高于全省平均水平的州市有昆明市、丽江市、曲靖市、大理州、玉溪市、迪庆州、楚雄州和普洱市，其余州市均低于全省平均水平；2014年云南省学前教育物力资源水平指数的平均水平为0.0425，高于全省平均水平的州市有昆明市、丽江市、怒江州、大理州、楚雄市、玉溪市、曲靖市和版纳州，其余州市均低于全省平均水平；2018年云南省学前教育物力资源水平指数的平均水平为0.0894，高于全省平均水平的州市有迪庆州、昆明市、玉溪市、丽江市、普洱市、怒江州和楚雄州，其余州市均低于全省平均水平（见图4.38）。

2010—2018年时段内，云南省16个州市学前教育物力资源水平指数增长幅度较高且差异显著，云南省16个州市学前教育物力资源水平指数年增长率的平均值较高的州市为昭通市、临沧市、保山市、版纳州和文山州，平均值较低的州市为玉溪市、丽江市、大理州、曲靖市和昆明市。极高值昭通市学前教育物力资源水平指数年增长率的平均值为127.65%，极低值昆明市年增长率的平均值为9.78%，极差为13.05倍。从该时段内的变动趋势来看，各州市均有不同幅度的增长，其中昆明市、丽江市、大理州和玉溪市等位于全省高位发展水平，但增长幅度较小；昭通市、临沧市、保山市和文山州等指数均处于全省低位水平，但增长幅度相对较高；曲靖市处于全省中等水平，其上升幅度较小；版纳州指数位于全省中等水平，其增长幅度相对较大。自"学前教育三年行动计划"实施以来，云南省积极发展学前教育，政府补偿性功能有所彰显，鼓励多种形式新开或改扩建各级各类幼儿园，使得云南整体学前教育物力资源水平贡献率得到普遍改善与提高，但个别地区，如昭通市、临沧市、保山市和文山州等学前教育物力资源水平在同期区域比较中相对滞后并亟待优化配置。

2. 空间比较

根据2010年学前教育物力资源水平聚类分析结果（Ⅰ类型≥0.0329，Ⅱ类型0.0218—0.0329，Ⅲ类型0.0106—0.0218，Ⅳ类型<0.0106），将云南省16个州市划分为4类区域类型：Ⅰ类地区包括昆明市、丽江市；Ⅱ类地区包括曲靖市、大理州、玉溪市、迪庆州、楚雄州、普洱市；Ⅲ类地区包括怒江州、红河州、德宏州；Ⅳ类地区包括版纳州、文山州、保山市、临沧市、昭通市。

基于2014年学前教育物力资源水平聚类分析结果（Ⅰ类型≥0.0558，Ⅱ类型0.0425—0.0558，Ⅲ类型0.0293—0.0425，Ⅳ类型<0.0293），将云南省16州市划分为4类区域类型：Ⅰ类地区包括昆明市、丽江市；Ⅱ类地区包括怒江州、大理州、楚雄州、玉溪市、曲靖市、版纳州；Ⅲ类地区包括红河州、普洱市、德宏州、保山市、迪庆州；Ⅳ类地区包括文山州、临沧市、昭通市。

由2018年学前教育物力资源水平聚类分析可得结果（Ⅰ类型≥0.1102，Ⅱ类型0.0894—0.1102，Ⅲ类型0.0732—0.0894，Ⅳ类型<0.0732），将云南省16个州市划分为4类区域类型：Ⅰ类地区包括迪庆州、昆明市；Ⅱ类地区包括玉溪市、丽江市、普洱市、怒江州、楚雄州；Ⅲ类地区包括大理州、德宏州、红河州、版纳州、曲靖市、临沧市；Ⅳ类地区包括文山州、保山市、

昭通市。

对 2010 年、2014 年和 2018 年云南省学前教育物力资源水平聚类结果比较分析可得：2010—2014 年时段内，Ⅰ类、Ⅱ类地区数量不变，Ⅲ类地区增加 2 个州市，Ⅳ类地区减少 2 个州市，其中迪庆州、普洱市由Ⅱ类地区降为Ⅲ类地区，怒江州由Ⅲ类地区升为Ⅱ类地区，版纳州由Ⅳ类地区升为Ⅱ类地区，保山市由Ⅳ类地区升为Ⅲ类地区；2014—2018 年时段内，Ⅰ类、Ⅳ类地区数量不变，Ⅱ类地区减少 1 个州市，Ⅲ类地区增加 1 个州市，其中丽江市由Ⅰ类地区降为Ⅱ类地区，迪庆州由Ⅲ类地区升为Ⅰ类地区，大理州、曲靖市、版纳州由Ⅱ类地区降为Ⅲ类地区，普洱市由Ⅲ类升为Ⅱ类地区，保山市由Ⅲ类地区降为Ⅳ类地区，临沧市由Ⅳ类地区升为Ⅲ类地区。

3. 差异比较

2010—2018 年云南省学前教育物力资源水平区域相对差异随着时序变化呈阶段性下降态势，与学前教育资源水平差异系数变动趋势一致。2011 年变异系数增至最高值 0.6617，上升了 2.19%，均衡程度相对较小；2012—2016 年时段内，学前教育物力资源水平变异系数有大幅下降至最低值 0.2581，较 2011 年降低了 40.36%；至 2018 年有所回升，较 2016 年提高了 3.72%，云南省区域间学前教育物力资源水平相对差异整体呈缩减态势（见图 4.39）。

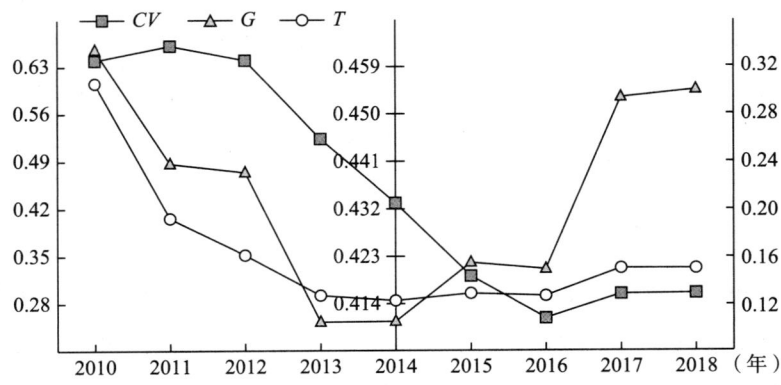

图 4.39　2010—2018 年云南省学前教育物力资源水平 *CV*、*G*、*T* 变化情况

2010—2018 年云南省学前教育物力资源水平区域差距的基尼系数随着时序变化呈现"U"形先下降后上升态势，泰尔指数呈逐年缩小态势。2010—

2013年时段内，基尼系数呈阶段性下降，泰尔指数呈线性下降趋势，分别由2010年最高值0.4622、0.3055降至2014年0.4105（>0.4）、0.1275，极差值分别为0.0517、0.178，对照表2.7可得，该时段内学前教育物力资源水平区域差距悬殊，属于非均衡的状态；2014—2018年时段内均呈波动上升趋势，至2018年分别增至0.4546、0.1503，较2014年提高了4.41%和2.28%。云南省市域间学前教育物力资源发展水平差异整体呈缩小趋势，但基尼系数均超过警戒线0.4，在均衡性等级判别中属于非均衡类别，反映云南省区域间学前教育物力资源水平差异悬殊、集聚度相对较高且发展不均衡。

（二）云南各州市学前教育财力资源水平比较

基于2010—2018年云南省市域的时序和省际面板数据，云南各州市在学前教育财力资源水平方面基本呈现阶段性上升的趋势，尤其在2012年、2015年和2018年出现大幅增加，各州市增长趋势差异显著。

1. 趋势比较

2010年云南省市域中学前教育财力资源水平指数最高的州市依次为迪庆州、昆明市、怒江州、版纳州和普洱市，指数值最低的州市依次为德宏州、曲靖市、昭通市、保山市和红河州。极高值迪庆州的学前教育财力资源水平指数为0.0411，极低值红河州指数为0.0011，极差为41.07倍。至2014年，学前教育财力资源水平指数最高的州市依次为迪庆州、昆明市、怒江州、版纳州和普洱市，指数值最低的州市依次为德宏州、曲靖市、昭通市、保山市和红河州。极高值迪庆州的学前教育财力资源水平指数为0.1274，极低值红河州指数为0.0045，极差为28.16倍，较2010年有所降低。至2018年，学前教育财力资源水平指数最高的州市依次为迪庆州、怒江州、版纳州、昆明市和楚雄州，指数值最低的州市为玉溪市、曲靖市、昭通市、保山市和红河州。极高值迪庆州的学前教育财力资源水平指数为0.1667，极低值红河州指数为0.0115，极差为14.48倍，较2014年有所下降（见图4.40）。

2010年云南省学前教育财力资源水平指数的平均水平为0.0115，高于全省平均水平的州市有迪庆州、昆明市、怒江州、版纳州、普洱市和楚雄州，其余州市均低于全省平均水平；2014年云南省学前教育财力资源水平指数的

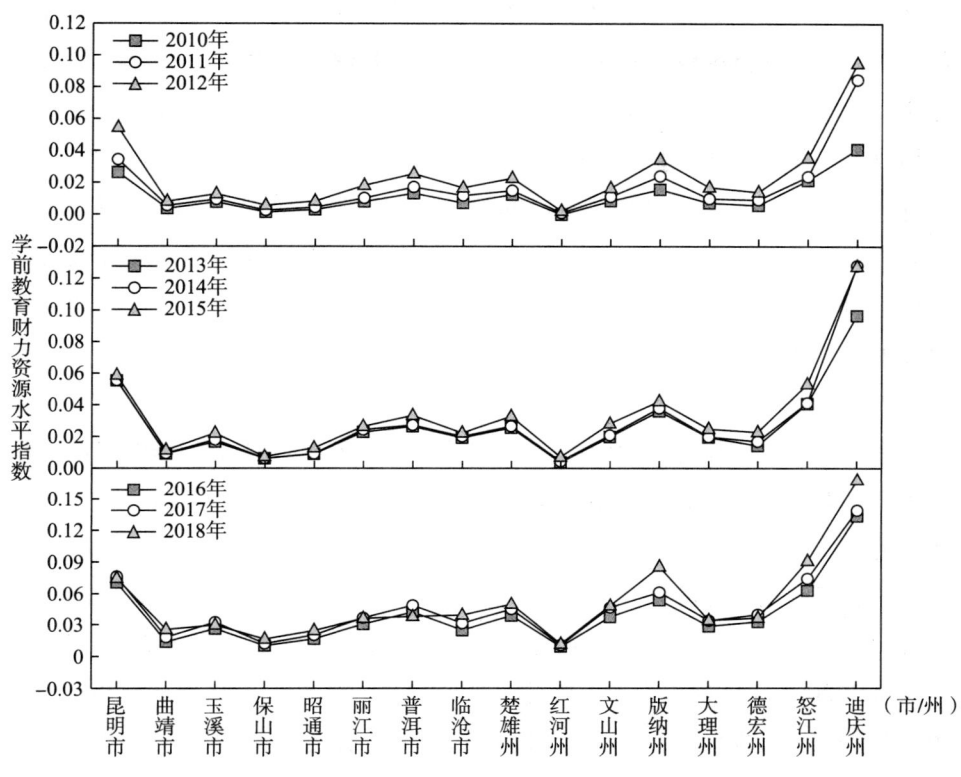

图4.40 云南各州市学前教育财力资源水平趋势的比较

平均水平为0.0291，高于全省平均水平的州市有迪庆州、昆明市、怒江州和版纳州，其余州市均低于全省平均水平；2018年云南省学前教育财力资源水平指数的平均水平为0.05，高于全省平均水平的州市有迪庆州、怒江州、版纳州、昆明市和楚雄州，其余州市均低于全省平均水平（见图4.40）。

2010—2018年时段内，云南省16个州市学前教育财力资源水平指数增长幅度较大且差异明显，其中年增长率的平均值较高的州市为红河州、保山市、昭通市、曲靖市和德宏州，较低的州市为怒江州、楚雄州、玉溪市、普洱市和昆明市。极高值红河州学前教育财力资源水平指数年增长率的平均值为39.73%，极低值昆明市年增长率的平均值为15.12%，极差为2.63倍（见图4.40）。从该时段内的变化趋势来看，各州市均有不等程度的上涨，其中怒江州、昆明市和普洱市等位于全省高位发展水平，但增长幅度较小；红河州、保山市、昭通市、曲靖市和德宏州等均处于全省低位水平，但增长幅度相对较高；楚雄州处于全省中上水平，其上升幅度较小；迪庆州指数位于全省高位水平，但其增长幅度相对不高。云南省各市域学前教育财力资源水平指数在研究时段内呈逐年上涨态势，这归功于各级政府制定的学前教育优质发展规划政策，如将学前教育经费列入财政预算范围内并使新增教育经费向学前教育倾斜等，但市域间仍存在一定的差异，红河州、保山市、昭通市、曲靖市和德宏州等学前教育物力资源相对匮乏，应从政策上规范量化考核及资助标准，因地制宜制定并完善财政拨款政策，重点倾斜与扶持农村贫困和少数民族地区，从而促进云南省学前教育整体相对均衡发展。

2. 空间比较

根据2010年学前教育财力资源水平聚类分析结果（Ⅰ类型≥0.0218，Ⅱ类型0.0115—0.0218，Ⅲ类型0.0054—0.0115，Ⅳ类型<0.0054），将云南省16州市划分为4类区域类型：Ⅰ类地区包括迪庆州、昆明市；Ⅱ类地区包括怒江州、版纳州、普洱市、楚雄州；Ⅲ类地区包括文山州、丽江市、玉溪市、大理州、临沧市、德宏州；Ⅳ类地区包括曲靖市、昭通市、保山市、红河州。

基于2014年学前教育财力资源水平聚类分析结果（Ⅰ类型≥0.0655，Ⅱ类型0.0291—0.0655，Ⅲ类型0.0170—0.0291，Ⅳ类型<0.0170），将云南省16州市划分为4类区域类型：Ⅰ类地区包括迪庆州；Ⅱ类地区包括昆明市、怒江州、版纳州；Ⅲ类地区包括普洱市、楚雄州、丽江市、文山州、临沧市、大理州、玉溪市、德宏州；Ⅳ类地区包括曲靖市、昭通市、保山市、红河州。

由2018年学前教育财力资源水平聚类分析可得的结果（Ⅰ类型≥0.1039，Ⅱ类型0.050—0.1039，Ⅲ类型0.0320—0.050，Ⅳ类型<0.0320），研究将云南省16个州市划分为4类区域类型：Ⅰ类地区包括迪庆州；Ⅱ类地区包括怒江州、版纳州、昆明市、楚雄州；Ⅲ类地区包括文山州、临沧市、普洱市、德宏州、丽江市、大理州；Ⅳ类地区包括玉溪市、曲靖市、昭通市、保山市、红河州。

对2010年、2014年和2018年云南省学前教育财力资源水平聚类结果比较分析可得：2010—2014年时段内，Ⅰ类地区减少1个州市，Ⅱ类地区减少1个州市，Ⅲ类地区增加2个州市，Ⅳ类地区数量不变，其中昆明市由Ⅰ类地区降为Ⅱ类地区，普洱市、楚雄州由Ⅱ类地区降为Ⅲ类地区；2014—2018年时段内，Ⅰ类地区数量不变，Ⅱ类地区增加 1 个州市，Ⅲ类地区减少 1 个州市，Ⅳ类地区增加 1 个州市，其中楚雄州由Ⅲ类地区升为Ⅱ类地区，玉溪市由Ⅲ类地区降为Ⅳ类地区。

3. 差异比较

2010—2018 年云南省学前教育财力资源水平区域差距的变异系数、基尼系数和泰尔指数整体均呈阶段性的先上升后下降的趋势。2011 年 CV、G 和 T 分别增至最高值 1.1564、0.6824（＞0.4）和 0.4349，较 2010 年增加了 23.88%、6.23% 和 10.59%，根据表 2.7 对照可得，该时段内学前教育财力资源水平区域差距悬殊，集聚度相对较低，属于非均衡的状态；至 2014 年时段内，CV、G 和 T 均呈现波动下降后回升至 1.0114、0.6492 和 0.3632；2014—2017 年时段内，CV、G 和 T 均呈线性下降趋势，2017 年降至最低值 0.7018、0.5883 和 0.2798，较 2011 年分别降低了 45.46%、9.41% 和 15.52%；至 2018 年又有上升，均增至 0.7721、0.5979 和 0.2812（见图 4.41）。

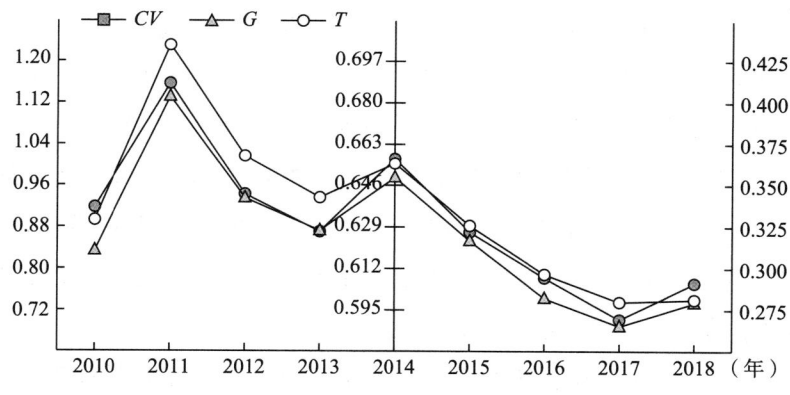

图 4.41　云南省学前教育财力资源水平 CV、G、T 变化情况

云南省市域间学前教育财力资源发展水平差异整体呈缩小趋势，但基尼系数均超过警戒线 0.4，在均衡性等级判别中属于非均衡类别，说明云南省区域间学前教育财力资源水平差异悬殊，研究时段内呈不均衡发展态势。因此，云南省全面推进学前教育协调发展的关键旨在增强政府对欠发达地区财政转移支付能力及强化学前教育发展的统筹责任，以期实现市域学前教育财力资源均衡配置。

(三) 云南各州市学前教育人力资源水平比较

基于2010—2018年实证数据来看,云南各州市学前教育人力资源水平整体结构差异显著并呈现缓慢上升的趋势,其中普洱市、德宏州和迪庆州有小幅度波动情况,呈"U"形的先降低后增长的态势,怒江州整体有略微下降趋势,各州市指数变动幅度也呈现结构性差异。

1. 趋势比较

2010年云南省市域中学前教育人力资源水平指数最高的5个州市依次为怒江州、迪庆州、临沧市、普洱市和保山市,指数值最低的5个州市依次为德宏州、昭通市、红河州、曲靖市和大理州。极高值怒江州的学前教育人力资源水平指数为0.1509,极低值大理州指数为0.0131,极差为11.50倍。至2014年,学前教育人力资源水平指数最高的5个州市依次为怒江州、迪庆州、临沧市、版纳州和保山市,指数值最低的5个州市依次为德宏州、昭通市、红河州、曲靖市和大理州。极高值怒江州的学前教育人力资源水平指数为0.1458,极低值大理州指数为0.0152,极差为9.61倍,较2010年有所缩减。至2018年,学前教育人力资源水平指数最高的5个州市依次为怒江州、迪庆州、临沧市、版纳州和普洱市,指数值最低的5个州市为德宏州、昭通市、红河州、曲靖市和大理州。极高值怒江州的学前教育人力资源水平指数为0.1473,极低值大理州指数为0.0206,极差为7.14倍,较2014年有所降低。

2010年云南省学前教育人力资源水平指数的平均水平为0.0692,高于全省平均水平的有怒江州、迪庆州、临沧市、普洱市、保山市、昆明市和版纳州7个州市,其余州市均低于全省平均水平;2014年云南省学前教育人力资源水平指数的平均水平为0.0737,高于全省平均水平的有怒江州、迪庆州、临沧市、版纳州和保山市、昆明市、普洱市、丽江市和玉溪市9个州市,其余州市均低于全省平均水平;2018年云南省学前教育人力资源水平指数的平均水平为0.0823,高于全省平均水平的有怒江州、迪庆州、临沧市、版纳州、普洱市、昆明市、保山市和玉溪市8个州市,其余州市均低于全省平均水平(见图5.42)。

2010—2018年时段内,云南省16个州市学前教育人力资源水平指数增长

第四章 区域实证Ⅱ：云南学前教育资源发展水平分析

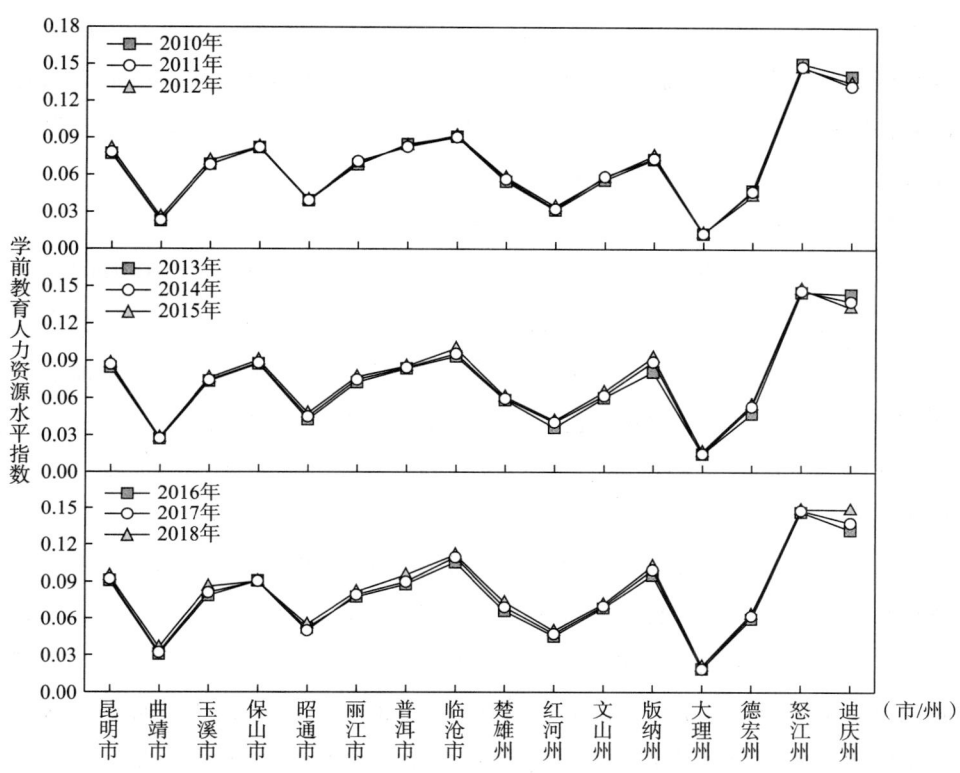

图 4.42 云南各州市学前教育人力资源水平趋势的比较

幅度较平缓且差异显著，其中普洱市、保山市和迪庆州增长趋势较平稳，怒江州呈负增长态势，其中年增长率的平均值较高的为大理州、曲靖市、红河州、版纳州和昭通市，较低的为丽江市、普洱市、保山市、迪庆州和怒江州 5 个地区。极高值大理州学前教育人力资源水平指数年增长率的平均值为 5.95%，极低值怒江州年增长率的平均值为 -0.29%，极差值为 0.0625。从该时段内的变化趋势来看，各州市均有不同程度的变动，其中怒江州、迪庆州等地区位于全省高位发展水平，但增长幅度较小；大理州、曲靖市、红河州和昭通市等地区均处于全省低位水平，但增长幅度相对较高；版纳州指数与增长幅度均位于全省高位水平；丽江市、普洱市和保山市等地区处于全省中上水平，其上升幅度较小。近年来，在云南学前教育资源规模持续扩大的同时，幼儿园教师队伍规模和配置水平也不断的提升，但大理州、曲靖市、红河州和昭通市等地区人力资源水平与其教育区域条件水平发展趋势不一致，怒江州学

189

前人力资源水平也呈现负增长态势，这就需要云南省在全面提高各市域学前教育资源配置水平的过程中，对人力资源配置有明确的指向性，增强市域间的协作联动，实施区域联盟，加强人力资源交流机制，建立健全学前教育优质人力资源均衡配置的保障机制。

2. 空间比较

根据2010年学前教育人力资源水平聚类分析结果（Ⅰ类型≥0.1002，Ⅱ类型0.0692—0.1002，Ⅲ类型0.0451—0.0692，Ⅳ类型<0.0451），将云南省16个州市划分为4类区域类型：Ⅰ类地区包括怒江州、迪庆州；Ⅱ类地区包括临沧市、普洱市、保山市、昆明市、版纳州；Ⅲ类地区包括玉溪市、丽江市、文山州、楚雄州、德宏州；Ⅳ类地区包括昭通市、红河州、曲靖市、大理州。

基于2014年学前教育人力资源水平聚类分析结果（Ⅰ类型≥0.0973，Ⅱ类型0.0737—0.0973，Ⅲ类型0.0434—0.0737，Ⅳ类型<0.0434），将云南省16州市划分为4类区域类型：Ⅰ类地区包括怒江州、迪庆州；Ⅱ类地区包括临沧市、版纳州、保山市、昆明市、普洱市、丽江市、玉溪市；Ⅲ类地区包括文山州、楚雄州、德宏州、昭通市；Ⅳ类地区包括红河州、曲靖市、大理州。

由2018年学前教育人力资源水平聚类分析可得的结果（Ⅰ类型≥0.1087，Ⅱ类型0.0823—0.1087，Ⅲ类型0.0559—0.0823，Ⅳ类型<0.0559），将云南省16州市划分为4类区域类型：Ⅰ类地区包括怒江州、迪庆州、临沧市；Ⅱ类地区包括版纳州、普洱市、昆明市、保山市、玉溪市；Ⅲ类地区包括丽江市、楚雄州、文山州、德宏州；Ⅳ类地区包括昭通市、红河州、曲靖市、大理州。

对2010年、2014年和2018年云南省学前教育人力资源水平聚类结果比较分析可得：2010—2014年时段内，Ⅰ类地区数量不变，Ⅱ类地区增加2个州市，Ⅲ类地区减少1个州市，Ⅳ类地区减少1个州市，其中玉溪市、丽江市由Ⅲ类地区升为Ⅱ类地区，昭通市由Ⅳ类地区升为Ⅲ类地区；2014—2018年时段内，Ⅰ类地区增加1个州市，Ⅱ类地区减少2个州市，Ⅲ类地区数量不变，Ⅳ类地区增加1个州市，其中临沧市由Ⅱ类地区升为Ⅰ类地区，丽江市由Ⅱ类降为Ⅲ类地区，昭通市由Ⅲ类降为Ⅳ类地区。

3. 差异比较

2010—2018 年云南省学前教育人力资源水平区域差距的变异系数、基尼系数和泰尔指数整体均呈逐年下降的趋势。2010 年 CV、G 和 T 分别为研究时段内最高值 0.5411、0.6114（>0.4）和 0.3045，对照表 2.7 可得，该时段内学前教育人力资源水平区域差距悬殊，集聚度相对较低，属于典型非均衡的状态；至 2014 年，CV、G 和 T 均呈线性下降至 0.4784、0.5779 和 0.2683；2014—2018 年时段内，CV、G 和 T 均呈波动下降趋势，2018 年降至最低值 0.4258、0.5478 和 0.2300，极差值分别为 0.1153、0.0636 和 0.0754（见图 4.43）。

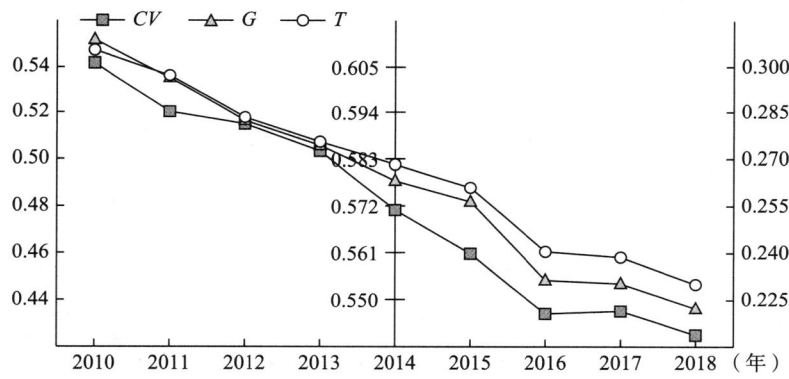

图 4.43　2010—2018 年云南省学前教育人力资源水平 CV、G、T 变化情况

云南省学前教育人力资源发展水平区域差距整体呈缩小态势，但基尼系数均超过警戒线 0.4，在均衡性等级判别中属于非均衡类别，说明云南省区域间学前教育人力资源水平呈不均衡发展态势，集聚度相对较高且差异显著。

二　云南各州市学前教育配置状态比较

2010—2018 年云南各州市学前教育配置状态水平整体呈阶段性增长态势，其中普洱市、红河州、文山州、德宏州和迪庆州在个别时段内有所下降，各州市增长趋势差异显著。

趋势比较： 2010 年云南省市域中学前教育配置状态水平指数最高的 5 个州市依次为昆明市、保山市、版纳州、怒江州和德宏州，指数值最低的 5 个州市依次为楚雄州、曲靖市、昭通市、大理州和文山州。极高值昆明市的学前教育配置状态水平指数为 0.2718，极低值文山州指数为 0.1071，极差为 2.54 倍。至 2014 年，学前教育配置状态水平最高的 5 个州市依次为昆明市、保山市、德宏州、版纳州和丽江市，指数值最低的 5 个州市依次为大理州、曲靖市、文山州、迪庆州和昭通市。极高值昆明市的学前教育配置状态水平指数为 0.3385，极低值昭通市指数为 0.1315，极差为 2.58 倍，较 2010 年有所提高。至 2018 年，学前教育配置状态水平指数最高的 5 个州市依次为昆明市、保山市、迪庆州、怒江州和临沧市，指数值最低的 5 个州市为曲靖市、普洱市、大理州、文山州和昭通市。极高值昆明市的学前教育配置状态水平指数为 0.3602，极低值昭通市指数为 0.1875，极差为 1.92 倍，较 2014 年有所降低（见表 4.15）。

表 4.15　云南各州市学前教育配置状态指数的比较

年 地区	2010	2011	2012	2013	2014	2015	2016	2017	2018
昆明市	0.2718	0.2853	0.3191	0.3343	0.3385	0.3454	0.3504	0.3463	0.3602
曲靖市	0.1307	0.1443	0.1562	0.1610	0.1681	0.1833	0.1910	0.2088	0.2298
玉溪市	0.1664	0.1789	0.1964	0.2049	0.2090	0.2297	0.2337	0.2431	0.2758
保山市	0.1876	0.2009	0.2099	0.2501	0.2664	0.2772	0.3048	0.3061	0.3365
昭通市	0.1271	0.1339	0.1329	0.1419	0.1315	0.1314	0.1347	0.1596	0.1875
丽江市	0.1674	0.1960	0.2074	0.2283	0.2385	0.2473	0.2535	0.2454	0.2676
普洱市	0.1715	0.1758	0.1686	0.1764	0.1809	0.1874	0.1987	0.1998	0.2187
临沧市	0.1656	0.1707	0.1740	0.1731	0.2057	0.2064	0.2479	0.2836	0.2852
楚雄州	0.1465	0.1580	0.1623	0.1786	0.1833	0.1943	0.2347	0.2490	0.2639
红河州	0.1595	0.1603	0.1657	0.1765	0.2055	0.2184	0.2253	0.2240	0.2519
文山州	0.1071	0.0922	0.1258	0.1470	0.1630	0.1722	0.1793	0.1941	0.2121
版纳州	0.1860	0.1974	0.1938	0.2003	0.2413	0.2387	0.2494	0.2680	0.2761
大理州	0.1254	0.1332	0.1434	0.1522	0.1682	0.1807	0.1917	0.1938	0.2178
德宏州	0.1741	0.1934	0.1951	0.2056	0.2533	0.2571	0.2648	0.2671	0.2666
怒江州	0.1765	0.1869	0.1867	0.1903	0.2027	0.2068	0.2379	0.2954	0.3083
迪庆州	0.1608	0.1604	0.1650	0.1576	0.1531	0.1769	0.2908	0.3194	0.3157

2010 年云南省学前教育配置状态水平指数的平均水平为 0.1640，高于全省平均水平的有昆明市、保山市、版纳州、怒江州、德宏州、普洱市、丽江市、玉溪市和临沧市 9 个州市，其余州市均低于全省平均水平；2014 年云南省学前教育配置状态水平指数的平均水平为 0.2068，高于全省平均水平的有昆明市、保山市、德宏州、版纳州、丽江市和玉溪市 6 个州市，其余州市均低于全省平均水平；2018 年云南省学前教育配置状态水平指数的平均水平为 0.2671，高于全省平均水平的有昆明市、保山市、迪庆州、怒江州、临沧市、版纳州、玉溪市和丽江市 8 个州市，其余州市均低于全省平均水平（见图 4.44）。

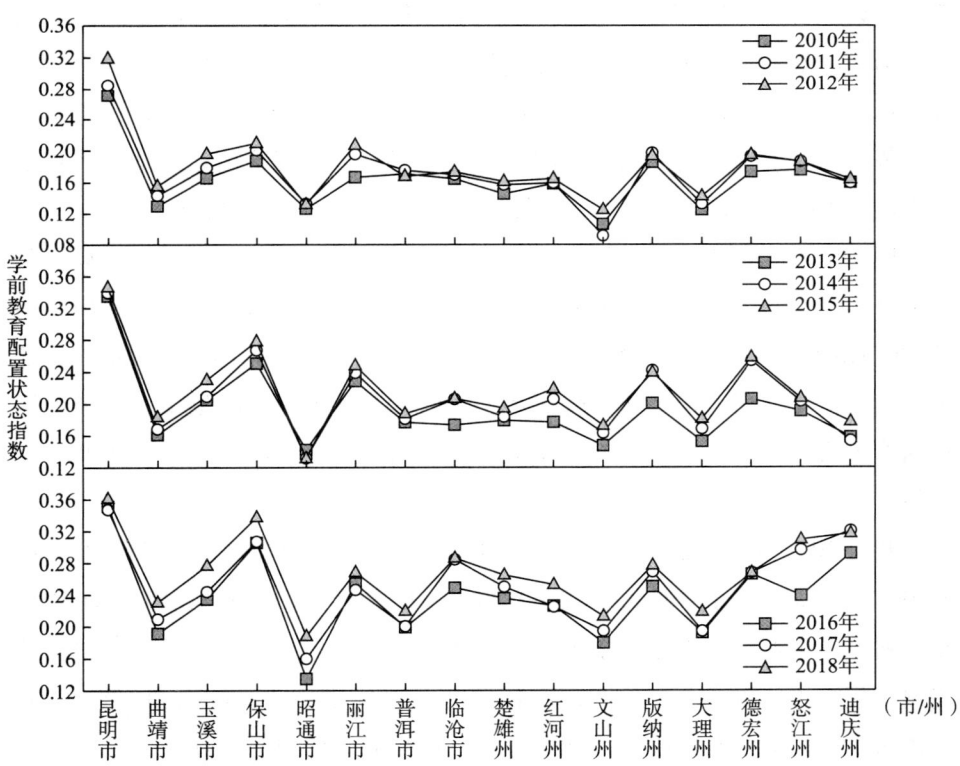

图 4.44　云南各州市学前教育配置状态趋势的比较

2010—2018 年时段内，云南省 16 个州市学前教育配置状态增长幅度较平缓且差异显著，其中年增长率的平均值较高的为迪庆州、文山州、楚雄州、保山市和怒江州 5 个地区，较低的为德宏州、昭通市、版纳州、昆明市和普洱市5个地区。极高值迪庆州学前教育配置状态水平指数年增长率的平均值为10.49%，极低值普洱市年增长率的平均值为3.15%，极差为3.33倍（见图4.44）。从该时段内的变化趋势来看，各州市均呈有不同幅度的增长，其中昆明市、版纳州和德宏州等地区位于全省高位发展水平，但增长幅度较小；文山州地区均处于全省低位水平，但增长幅度相对较高；保山市、怒江州指数与增长幅度均位于全省高位水平；昭通市指数与上升幅度均位于全省低位水平；楚雄州位于全省中等水平，其增长幅度较大；普洱市处于全省中下水平，其上升幅度较小。自"学前三年行动计划"以来，云南省各级教育部门可制定切实可行的学前发展规划，各州市在积极优化学前教育配置状态的同时，为适龄幼儿提供所层次、多形式的学前教育资源，使得各地区均有较大幅度提升，但文山州、昭通市等地区综合指数仍相对滞后，因此，云南省应以个体协同、教育协同、制度协同为基本向度，为经济贫困地区幼儿提供强有力的发展基础、动力和保障，以促进云南市域间学前教育协调、均衡发展。

空间比较：根据2010年学前教育配置状态聚类分析结果（Ⅰ类型≥0.1852，Ⅱ类型0.1640—0.1852，Ⅲ类型0.1367—0.1640，Ⅳ类型＜0.1367），将云南省16州市划分为4类区域类型：Ⅰ类地区包括昆明市、保山市、版纳州；Ⅱ类地区包括怒江州、德宏州、普洱市、丽江市、玉溪市、临沧市；Ⅲ类地区包括迪庆州、红河州、楚雄州；Ⅳ类地区包括曲靖市、昭通市、大理州、文山州。

基于2014年学前教育配置状态聚类分析结果（Ⅰ类型≥0.2578，Ⅱ类型0.2068—0.2578，Ⅲ类型0.1762—0.2068，Ⅳ类型＜0.1762），将云南省16州市划分为4类区域类型：Ⅰ类地区包括昆明市、保山市；Ⅱ类地区包括德宏州、版纳州、丽江市、玉溪市；Ⅲ类地区包括临沧市、红河州、怒江州、楚雄州、普洱市；Ⅳ类地区包括大理州、曲靖市、文山州、迪庆州、昭通市。

由2018年学前教育配置状态聚类分析可得的结果（Ⅰ类型≥0.3032，Ⅱ类型0.2671—0.3032，Ⅲ类型0.2310—0.2671，Ⅳ类型＜0.2310），将云南省16州市划分为4类区域类型：Ⅰ类地区包括昆明市、保山市、迪庆州、怒江州；Ⅱ类地区包括临沧市、版纳州、玉溪市、丽江市；Ⅲ类地区包括德宏州、楚雄州、红河州；Ⅳ类地区包括曲靖市、普洱市、大理州、文山州、昭通市。

对 2010 年、2014 年和 2018 年云南省学前教育配置状态聚类结果比较分析可得：2010—2014 年时段内，Ⅰ类地区减少 1 个州市，Ⅱ类地区减少 2 个州市，Ⅲ类地区增加 2 个州市，Ⅳ类地区增加 1 个州市，其中版纳州由Ⅰ类地区降为Ⅱ类地区，怒江州、普洱市、临沧市由Ⅱ类地区降为Ⅲ类地区，迪庆州由Ⅲ类降为Ⅳ类地区；2014—2018 年时段内，Ⅰ类地区增加 2 个州市，Ⅱ类、Ⅳ类地区数量不变，Ⅲ类地区减少 2 个州市，其中怒江州由Ⅲ类地区升为Ⅰ类地区，迪庆州由Ⅳ类地区升为Ⅰ类地区，临沧市由Ⅲ类地区升为Ⅱ类地区，德宏州由Ⅱ类地区降为Ⅲ类地区。

差异比较：2010—2018 年云南省学前教育配置状态区域相对差异随着时序变化呈先增长后下降趋势。2010—2013 年时段内，变异系数呈缓慢增长态势增至 2013 年最高值 0.2499，均衡程度相对较低，较 2010 年上升了 2.43%；2014—2018 年时段内，学前教育配置状态变异系数有大幅度下降至最低值 0.1777，极差值为 7.22%，云南省区域间学前教育配置状态的相对差异整体呈缩减态势（见图 4.45）。

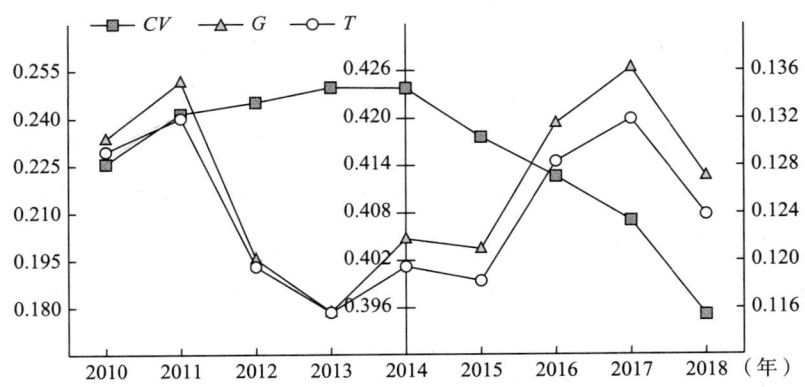

图 4.45　2010—2018 年云南省学前教育配置状态 *CV*、*G*、*T* 变化情况

2010—2018 年云南省学前教育配置状态区域差距的基尼系数和泰尔指数随着时序变化呈现波浪式先上升后下降再回升的趋势。2010—2013 年时段内，*G*、*T* 均呈波动增长后线性下降，2013 年分别降至最低点 0.3955（<0.4）、0.1157，对照表 2.7 可得，该时段内学前教育配置状态区域差距属于相对合理的均衡，但均衡程度较低；2014—2018 年均呈倒"U"形先上升后下降态

势，到 2017 年均增至最高值 0.4263、0.1319，极差值为 0.0308、0.0163，2018 年分别降至 0.4126、0.1239（见图 5.45）。云南省市域间学前教育配置状态差异整体呈缩小态势，但基尼系数均超过警戒线 0.4，在均衡性等级判别中属于非均衡类别，集聚度相对较高，反映了研究时段内云南省区域间学前教育配置不均衡发展状况且差异悬殊。

（一）云南各州市学前教育普及状态比较

基于 2010—2018 年云南各州市的实证数据来看，学前教育普及状态水平整体呈逐年递增的趋势，与学前教育资源水平的变化趋势大体一致，各省区均有不同幅度的上涨，各州市增长趋势差异明显，其中 2016—2018 年时段内，昆明市、玉溪市和大理州呈现阶段性的先下降后增长态势。

1. 趋势比较

2010 年云南省市域中学前教育普及状态水平指数最高的 5 个州市依次为昆明市、大理州、玉溪市、曲靖市和版纳州，指数值最低的 5 个州市依次为怒江州、文山州、迪庆州、临沧市和昭通市。极高值昆明市的学前教育普及状态水平指数为 0.1241，极低值昭通市指数为 0.0011，极差为 124 倍。至 2014 年，学前教育普及状态水平指数最高的 5 个州市依次为昆明市、大理州、丽江市、德宏州和版纳州，指数值最低的 5 个州市依次为普洱市、临沧市、怒江州、迪庆州和昭通市。极高值昆明市的学前教育普及状态水平指数为 0.1592，极低值昭通市指数为 0.0260，极差为 6.12 倍，较 2010 年大幅降低。至 2018 年，学前教育普及状态水平指数最高的 5 个州市依次为昆明市、版纳州、保山市、玉溪市和丽江市，指数值最低的 5 个州市为临沧市、迪庆州、普洱市、怒江州和昭通市。极高值昆明市的学前教育普及状态水平指数为 0.1645，极低值昭通市指数为 0.0890，极差为 1.85 倍，较 2014 年有所降低（见图 4.46）。

2010 年云南省学前教育普及状态水平指数的平均水平为 0.0467，高于全省平均水平的有昆明市、大理州、玉溪市、曲靖市、版纳州、丽江市和德宏州 7 个州市，其余州市均低于全省平均水平；2014 年云南省学前教育普及状态水平指数的平均水平为 0.0881，高于全省平均水平的有昆明市、大理州、

第四章 区域实证Ⅱ：云南学前教育资源发展水平分析

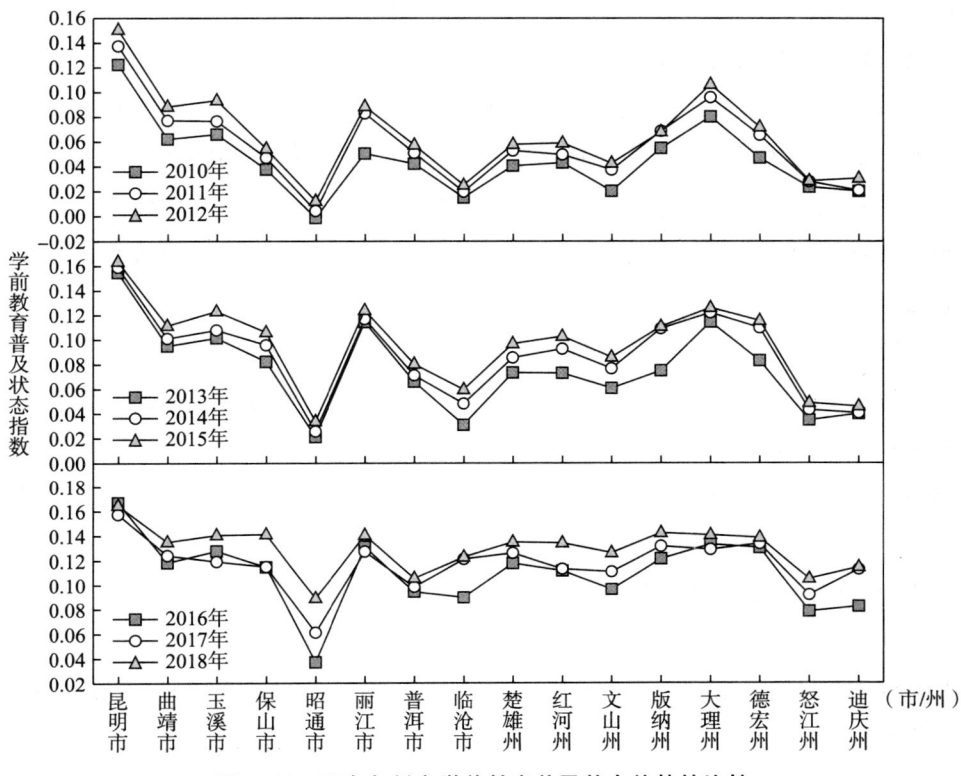

图4.46 云南各州市学前教育普及状态趋势的比较

丽江市、德宏州、版纳州、玉溪市、曲靖市、保山市和红河州9个州市，其余州市均低于全省平均水平；2018年云南省学前教育普及状态水平指数的平均水平为0.1296，高于全省平均水平的有昆明市、版纳州、保山市、玉溪市、丽江市大理州、德宏州、曲靖市、楚雄州和红河州10个州市，其余州市均低于全省平均水平（见图4.46）。

2010—2018年时段内，云南省16个州市学前教育普及状态增长幅度差异显著，其中年增长率的平均值较高的为昭通市、临沧市、文山州、迪庆州和怒江州5个地区，较低的为普洱市、曲靖市、玉溪市、大理石和昆明市5个地区。极高值昭通市学前教育普及状态水平指数年增长率的平均值为103.94%，极低值昆明市年增长率的平均值为3.71%，极差为28.04倍（见图4.46）。从该时段内的变化趋势来看，各州市增长幅度差异明显，其中昆明市、大理州和玉溪市等地区位于全省高位发展水平，但增长幅度较小；昭通市、临沧市、文山州、迪庆州和怒江州等地区均处于全省低位水平，但增长幅度相对较高；普洱市指数与上升幅度均位于全省低位水平；曲靖市处于全省中上水平，其上升幅度较小。由此可见，由于受云南省各州市少数民族文化差异的影响，个别地区居民对学前教育需求相对滞后，这直接影响学前三年毛入园率和一年级新生接受学前教育比，因此，昭通市、临沧市、文山州、迪庆州和怒江州等地区学前教育普及状态水平相对较低，云南市域学前教育普及状态需进一步改善及优化。

2. 空间比较

根据 2010 年学前教育普及状态聚类分析结果（Ⅰ类型 ≥ 0.0706，Ⅱ类型 0.0467—0.0706，Ⅲ类型 0.0282—0.0467，Ⅳ类型 < 0.0282），将云南省 16 州市划分为 4 类区域类型：Ⅰ类地区包括昆明市、大理州；Ⅱ类地区包括玉溪市、曲靖市、版纳州、丽江市、德宏州；Ⅲ类地区包括红河州、普洱市、楚雄州、保山市；Ⅳ类地区包括怒江州、文山州、迪庆州、临沧市、昭通市。

基于 2014 年学前教育普及状态聚类分析结果（Ⅰ类型 ≥ 0.1129，Ⅱ类型 0.0881—0.1129，Ⅲ类型 0.0563—0.0881，Ⅳ类型 < 0.0563），将云南省 16 个州市划分为 4 类区域类型：Ⅰ类地区包括昆明市、大理州、丽江市；Ⅱ类地区包括德宏州、版纳州、玉溪市、曲靖市、保山市、红河州；Ⅲ类地区包括楚雄州、文山州、普洱市；Ⅳ类地区包括临沧市、怒江州、迪庆州、昭通市。

由 2018 年学前教育普及状态聚类分析可得的结果（Ⅰ类型 ≥ 0.1410，Ⅱ类型 0.1296—0.1410，Ⅲ类型 0.1105—0.1296，Ⅳ类型 < 0.1105），将云南省 16 个州市划分为 4 类区域类型：Ⅰ类地区包括昆明市、版纳州、保山市；Ⅱ类地区包括玉溪市、丽江市、大理州、德宏州、曲靖市、楚雄州、红河州；Ⅲ类地区包括文山州、临沧市、迪庆州；Ⅳ类地区包括普洱市、怒江州、昭通市。

对 2010 年、2014 年和 2018 年云南省学前教育普及状态聚类结果比较分析可得：2010—2014 年时段内，Ⅰ类地区减少 1 个州市，Ⅱ类地区减少 1 个州市，Ⅲ类地区增加 1 个州市，Ⅳ类地区增加 1 个州市，其中丽江市由Ⅱ类地区升为Ⅰ类地区，保山市、红河州由Ⅲ类地区升为Ⅱ类地区，文山州由Ⅳ

类升为Ⅲ类地区；2014—2018年时段内，Ⅰ类、Ⅲ类地区数量不变，Ⅱ类地区增加1个州市，Ⅳ类地区减少1个州市，其中大理州、丽江市由Ⅰ类地区降为Ⅱ类地区，版纳州、保山市由Ⅱ类地区升为Ⅰ类地区，楚雄州由Ⅲ类地区升为Ⅱ类地区，普洱市Ⅲ类地区降为Ⅳ类地区，临沧市、迪庆州由Ⅳ类地区升为Ⅲ类地区。

3. 差异比较

2010—2018年云南省学前教育普及状态区域相对差异随着时序变化呈线性下降趋势。2010年变异系数为最高值0.6303，到2014年降至0.4003，较2010年下降了23%；2018年变异系数降至最低值0.1425，极差值为0.4878，云南省区域间学前教育普及状态的相对差异逐年缩减并趋向相对均衡发展趋势。

2010—2018年云南省学前教育普及状态区域差距的基尼系数和泰尔指数随着时序变化呈现阶段性增长态势。2010—2012年时段内，G、T均呈波动增长后下降，2010年均为最低值0.3381、0.0809，2011年均增至最高值0.3865（<0.4）、0.1309，极差值分别为0.0485和0.0499，对照表2.7可得，该时段内学前教育普及状态区域差距相对合理的均衡，但均衡程度较低；2013—2015年时段内，G、T均呈缓慢下降趋势；2016—2018年时段内，G、T均有先上升后缩减，至2018年分别降至0.3795、0.1010（见图4.47）。云南省市域间学前教育普及状态差异普遍出现空间收敛且集聚度相对较低，其整体呈

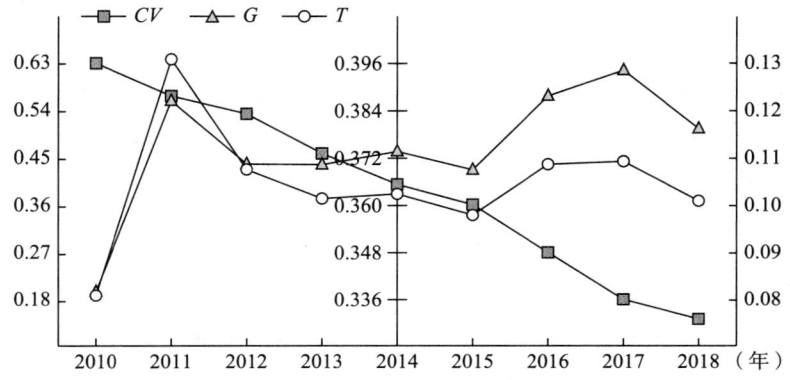

图4.47 2010—2018年云南省学前教育普及状态 CV、G、T 变化情况

缩减趋势,在均衡性等级判别中属于相对合理的均衡类别,但区域间均衡呈现出起伏不定的变化态势,仍为较低水平的均衡。

(二) 云南各州市学前教育普惠状态比较

2010—2018 年云南 16 州市学前教育普惠状态大体呈阶段性的先下降后增长的变动态势,各州市增长幅度差异显著,其中昭通市、普洱市、红河州、文山州和版纳州呈阶段性下降态势。

1. 趋势比较

2010 年云南省市域中学前教育普惠状态水平指数最高的 5 个州市依次为怒江州、迪庆州、保山市、临沧市和昭通市,指数值最低的 5 个州市依次为丽江市、德宏州、曲靖市、大理州和昆明市。极高值怒江州的学前教育普惠状态水平指数为 0.1516,极低值昆明市指数为 0.01,极差为 15.02 倍。至 2014 年,学前教育普惠状态水平最高的 5 个州市依次为怒江州、保山市、临沧市、迪庆州和昭通市,指数值最低的 5 个州市依次为楚雄州、玉溪市、昆明市、曲靖市和大理州。极高值怒江州的学前教育普惠状态水平指数为 0.1592,极低值大理州指数为 0.0212,极差为 7.53 倍,较 2010 年有所下降。至 2018 年,学前教育普惠状态水平指数最高的 5 个州市依次为怒江州、保山市、迪庆州、临沧市和楚雄州,指数值最低的 5 个州市为德宏州、大理州、文山州、曲靖市和昆明市。极高值怒江州的学前教育普惠状态水平指数为 0.1604,极低值昆明市指数为 0.0291,极差为 5.51 倍,较 2014 年有所下降(见图 4.48)。

2010 年云南省学前教育普惠状态水平指数的平均水平为 0.0753,高于全省平均水平的有怒江州、迪庆州、保山市、临沧市、昭通市、普洱市和红河州 7 个州市,其余州市均低于全省平均水平;2014 年云南省学前教育普惠状态水平指数的平均水平为 0.0740,高于全省平均水平的有怒江州、保山市、临沧市、迪庆州和昭通市 5 个州市,其余州市均低于全省平均水平;2018 年云南省学前教育普惠状态水平指数的平均水平为 0.0790,高于全省平均水平的有怒江州、保山市、迪庆州和临沧市 4 个州市,其余州市均低于全省平均水平(见图 4.48)。

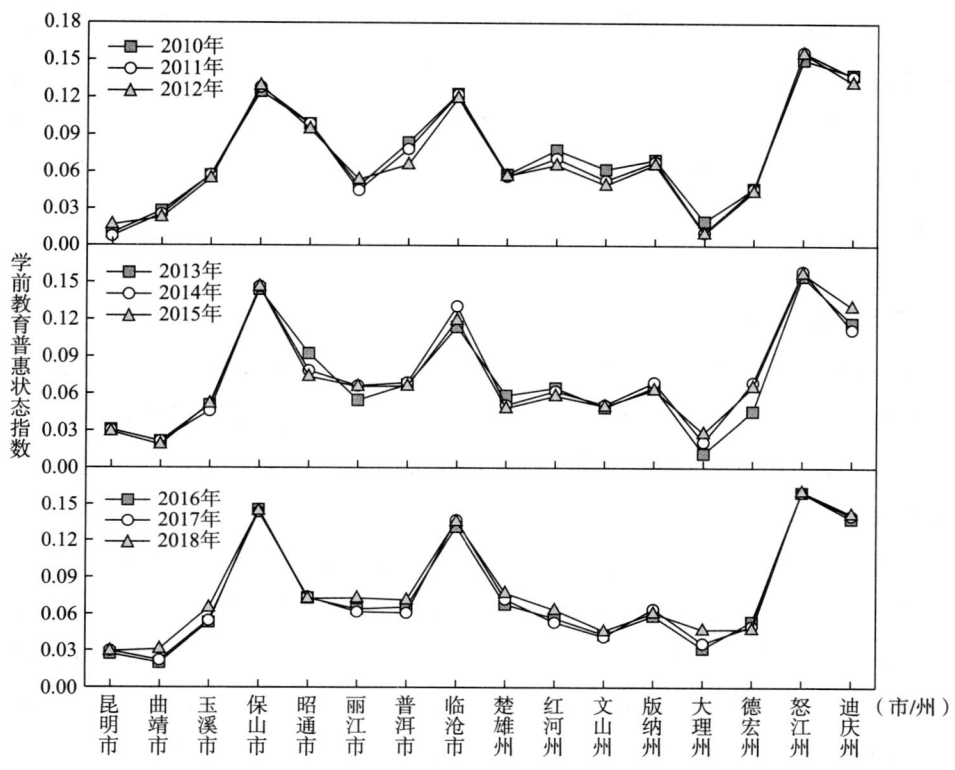

图 4.48 云南各州市学前教育普惠状态趋势的比较

2010—2018 年时段内，云南省 16 个州市学前教育普惠状态增长幅度差异显著，其中昆明市和大理州增长趋势相比较大，临沧市、怒江州和迪庆州等州市上升幅度较平缓，普洱市、版纳州、红河州、文山州和昭通市呈负增长态势，其中年增长率的平均值较高的为昆明市、大理州、丽江市、楚雄州和曲靖市 5 个地区，较低的为普洱市、版纳州、红河州、文山州和昭通市 5 个地区。极高值昆明市学前教育普惠状态水平指数年增长率的平均值为 21.95%，极低值昭通市年增长率的平均值为 −3.70%，极差值为 0.2566（见图 4.48）。从该时段内的变化趋势来看，各州市均有不同程度的浮动，其中保山市指数和增长幅度均位于全省高位水平；昆明市、大理州和曲靖市等地区均处于全省低位水平，但增长幅度相对较高；红河州、版纳州、文山州和昭通市等均处于全省中位水平，其增长幅度较小；楚雄州和丽江市等处于全省中上水平，其上升幅度较大。为有效解决"入园难""入园贵"的难题，云南省应制定普惠性幼教机构认定及扶持的支持性政策和指导性标准，首先试行经济发展较快的地区如昆明市、曲靖市、大理州和楚雄市等州市，增加普惠性民办幼教机构数量，同时也相对减少公办园比例，因此地方政府应提出基本性要求并给予科学参考以指导各区域出台适应的政策与实施细则，同时亟待完善质量评估、监管、监督和问责机制。

2. 空间比较

根据 2010 年学前教育普惠状态聚类分析结果（Ⅰ类型≥0.1145，Ⅱ类型 0.0753—0.1145，Ⅲ类型 0.0448—0.0753，Ⅳ类型＜0.0448），将云南省 16 个州市划分为 4 类区域类型：Ⅰ类地区包括怒江州、迪庆州、保山市、临沧市；Ⅱ类地区包括昭通市、普洱市、红河州；Ⅲ类地区包括版纳州、文山州、楚雄州、玉溪市、德宏州；Ⅳ类地区包括曲靖市、大理州、昆明市。

基于 2014 年学前教育普惠状态聚类分析结果（Ⅰ类型≥0.1254，Ⅱ类型 0.0740—0.1254，Ⅲ类型 0.0506—0.0740，Ⅳ类型＜0.0506），将云南省 16 州市划分为 4 类区域类型：Ⅰ类地区包括怒江州、保山市、临沧市；Ⅱ类地区包括迪庆州、昭通市；Ⅲ类地区包括版纳州、德宏州、普洱市、丽江市、红河州、文山州、楚雄州；Ⅳ类地区包括玉溪市、昆明市、曲靖市、大理州。

由 2018 年学前教育普惠状态聚类分析可得的结果（Ⅰ类型≥0.1453，Ⅱ类型 0.0790—0.1453，Ⅲ类型 0.0569—0.0790，Ⅳ类型＜0.0569），将云南省 16 个州市划分为 4 类区域类型：Ⅰ类地区包括怒江州；Ⅱ类地区包括保山市、迪庆州、临沧市；Ⅲ类地区包括楚雄州、丽江市、昭通市、普洱市、玉溪市、红河州、版纳州；Ⅳ类地区包括德宏州、大理州、文山州、曲靖市、昆明市。

对 2010 年、2014 年和 2018 年云南省学前教育普惠状态聚类结果比较分析可得：2010—2014 年时段内，Ⅰ类地区减少 1 个州市，Ⅱ类地区减少 1 个州市，Ⅲ类地区增加 1 个州市，Ⅳ类地区增加 1 个州市，其中迪庆州由Ⅰ类地区降为Ⅱ类地区，普洱市、红河州由Ⅱ类地区降为Ⅲ类地区，玉溪市由Ⅲ类降为Ⅳ类地区；2014—2018 年时段内，Ⅰ类地区减少 2 个州市，Ⅱ类地区增加 1 个州市，Ⅲ类地区数量不变，Ⅳ类地区增加 1 个州市，其中保山市、临沧市由Ⅰ类地区降为Ⅱ类地区，昭通市由Ⅱ类地区降为Ⅲ类地区，德宏州、文山州由Ⅲ类地区降为Ⅳ类地区，玉溪市由Ⅳ类地区升为Ⅲ类地区。

3. 差异比较

2010—2018 年云南省学前教育普惠状态区域差距的变异系数、基尼系数和泰尔指数整体均呈阶段性波动下降态势。2010—2014 年 CV、G 和 T 均呈先上升后线性下降趋势，2011 年均增至最高点 0.6167、0.6349（>0.4）和 0.4316，2014 年均降至 0.5703、0.6063（>0.4）和 0.3124，较 2011 年分别降低了 4.64%、2.86% 和 11.92%，对照表 2.7 可得，该时段内学前教育普惠状态区域差距悬殊，集聚度相对较低，属于典型非均衡的状态；2014—2018 年时段内，CV、G 和 T 均有先上涨后回落，2018 年均降至最低点 0.5354、0.5764（>0.4）和 0.2733，极差值分别为 0.0813、0.0585 和 0.1558。云南省学前教育普惠状态水平区域差距整体虽有缩减态势，但基尼系数均超过警戒线 0.4，在均衡性等级判别中属于非均衡类别，表明云南省区域间学前教育普惠状态集聚度相对较高且差异悬殊，研究时段内均呈不均衡发展态势。

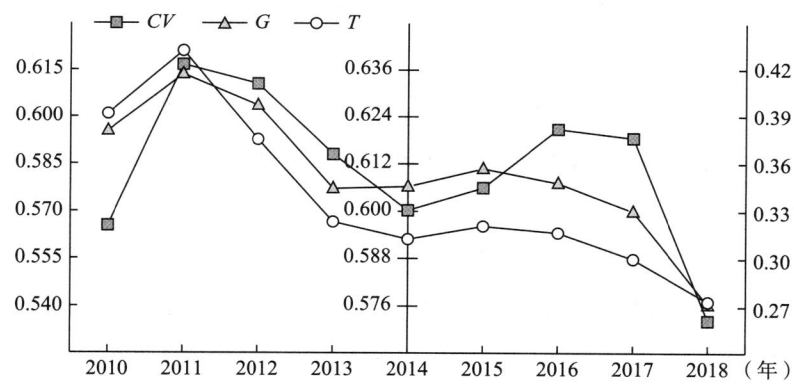

图 4.49　2010—2018 年云南省学前教育普惠状态 CV、G、T 变化情况

因此，云南省应积极调整学前教育发展管理模式，科学制定普惠性质幼教机构认定、扶持的支持性政策及指导性标准，建立健全质量监管、评估、监测和问责机制的同时，完善及优化学前教育普惠状态监督系统，对地方政府提出基本要求并给予科学参照及实施细则，合理配置学前教育资源，以公平为导向，推动区域学前教育资源水平优化、协调及均衡发展。

（三）云南各州市学前教育集约状态比较

2010—2018 年云南 16 个州市学前教育集约状态指数比较中，除昭通市、丽江市和普洱市有整体略微下降趋势，其余州市均呈逐年递增态势，各州市增长趋势差异显著，此指标与区域经济条件密切关联，由于迪庆州、怒江州区域经济条件发展水平较低，其学前教育集约状态指数均处于全省低位水平。

1. 趋势比较

2010年云南省市域中学前教育集约状态水平指数最高的5个州市依次为昆明市、德宏州、丽江市、版纳州和楚雄州，指数值最低的5个州市依次为大理州、保山市、文山州、迪庆州和怒江州。极高值昆明市的学前教育集约状态水平指数为0.1376，极低值怒江州指数为0.0010，极差为137.60倍。至2014年，学前教育集约状态水平指数最高的5个州市依次为昆明市、德宏州、版纳州、丽江市和玉溪市，指数值最低的5个州市依次为临沧市、大理州、保山市、迪庆州和怒江州。极高值昆明市的学前教育集约状态水平指数为0.1485，极低值怒江州指数为0.0050，极差为29.71倍，较2010年大幅下降。至2018年，学前教育集约状态水平指数最高的5个州市依次为昆明市、德宏州、版纳州、玉溪市和曲靖市，指数值最低的5个州市为普洱市、文山州、大理州、临沧市和昭通市。极高值昆明市的学前教育集约状态水平指数为0.1667，极低值昭通市指数为0.0260，极差为6.42倍，较2014年有所下降（见图4.50）。

2010年云南省学前教育集约状态水平指数的平均水平为0.0420，高于全省平均水平的有昆明市、德宏州、丽江市、版纳州、楚雄州和普洱市6个州市，其余州市均低于全省平均水平；2014年云南省学前教育集约状态水平指数的平均水平为0.0447，高于全省平均水平的有昆明市、德宏州、版纳州、丽江市、玉溪市、红河州、楚雄州和曲靖市8个州市，其余州市均低于全省平均水平；2018年云南省学前教育集约状态水平指数的平均水平为0.0586，高于全省平均水平的有昆明市、德宏州、版纳州、玉溪市、曲靖市和迪庆州6个州市，其余州市均低于全省平均水平（见图4.50）。

2010—2018年时段内，云南省16个州市学前教育集约状态增长幅度差异显著，大理州、版纳州、昆明市和楚雄州等州市上升幅度较平缓，普洱市、丽江市和昭通市呈负增长态势，其中年增长率的平均值较高的为迪庆州、怒江州、文山州、保山市和玉溪市5个地区，较低的为临沧市、德宏州、昭通

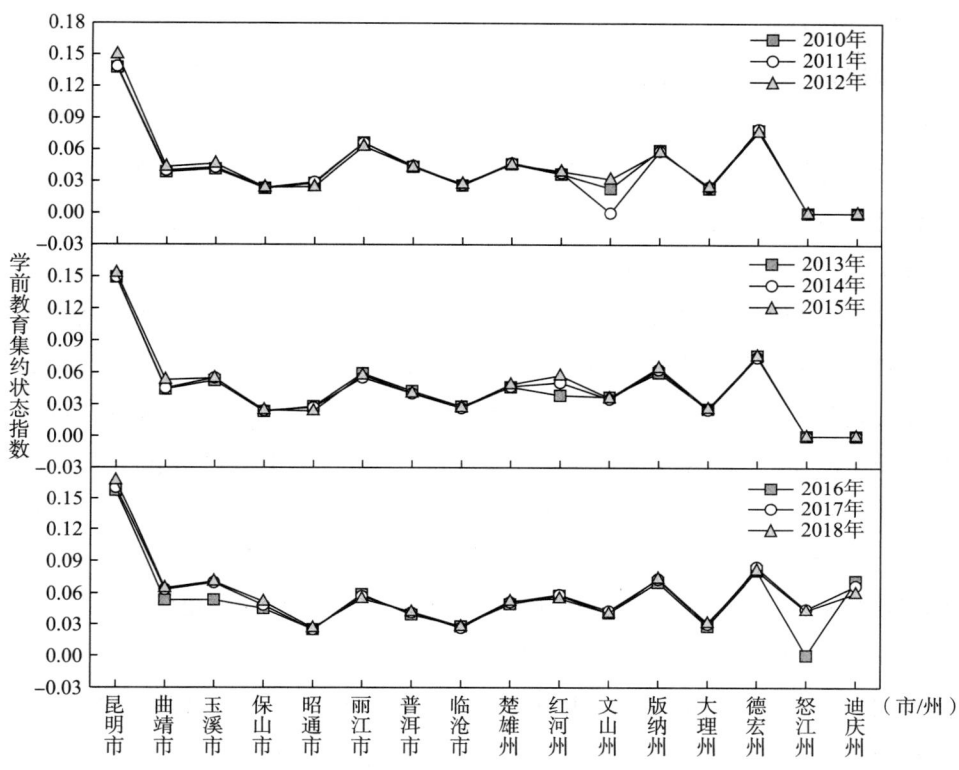

图 4.50　云南各州市学前教育集约状态趋势的比较

市、普洱市和丽江市 5 个地区。极高值迪庆州学前教育集约状态水平指数年增长率的平均值为 141.47%，极低值丽江市年增长率的平均值为 -2.41%，极差值为 1.4388（见图 4.50）。从指数变化态势来看，各州市均有不同程度的增长或下降，其中丽江市和德宏州等地区处于全省高位水平，其增长幅度较小；迪庆州、怒江州、文山州和保山市等地区均处于全省低位水平，但增长幅度相对较高；临沧市、普洱市和昭通市等均处于全省中下位水平，其增长幅度较小。受区域社会经济的"城乡二元结构"及城镇化的加速发展影响，云南省各州市农村户籍人口比例逐年减少，相应的城镇学前教育需求不断提高，但在经济发展的"晕轮效应"下，经济欠发达地区学前教育更容易成为被遗忘的角落，迪庆州、怒江州、文山州和保山市等地区优质学前教育资源仍相对短缺，其指数水平在市域间比较中仍处于低位水平，因此，云南省应积极推进学前教育城乡协调发展，从而呈现高效、优质的学前教育集约状态。

2. 空间比较

根据 2010 年学前教育集约状态聚类分析结果（Ⅰ类型≥0.0719，Ⅱ类型 0.0420—0.0719，Ⅲ类型 0.0240—0.0420，Ⅳ类型＜0.0240），将云南省 16 个州市划分为 4 类区域类型：Ⅰ类地区包括昆明市、德宏州；Ⅱ类地区包括丽江市、版纳州、楚雄州、普洱市；Ⅲ类地区包括玉溪市、曲靖市、红河州、昭通市、临沧市；Ⅳ类地区包括大理州、保山市、文山州、怒江州、迪庆州。

基于 2014 年学前教育集约状态聚类分析结果（Ⅰ类型≥0.0672，Ⅱ类型 0.0447—0.0672，Ⅲ类型 0.0222—0.0447，Ⅳ类型＜0.0222），将云南省 16 个州市划分为 4 类区域类型：Ⅰ类地区包括昆明市、德宏州；Ⅱ类地区包括版纳州、丽江市、玉溪市、红河州、楚雄州、曲靖市；Ⅲ类地区包括普洱市、文山州、昭通市、临沧市、大理州、保山市；Ⅳ类地区包括怒江州、迪庆州。

由 2018 年学前教育集约状态聚类分析可得的结果（Ⅰ类型≥0.0859，Ⅱ类型 0.0586—0.0859，Ⅲ类型 0.0421—0.0586，Ⅳ类型＜0.0421），将云南省 16 个州市划分为 4 类区域类型：Ⅰ类地区包括昆明市；Ⅱ类地区包括德宏州、版纳州、玉溪市、曲靖市、迪庆州；Ⅲ类地区包括红河州、丽江市、楚雄州、保山市、怒江州；Ⅳ类地区包括普洱市、文山州、大理州、临沧市、昭通市。

对 2010 年、2014 年和 2018 年云南省学前教育集约状态聚类结果比较分析可得：2010—2014 年时段内，Ⅰ类地区数量不变，Ⅱ类地区增加 3 个州市，Ⅲ类地区增加 1 个州市，Ⅳ类地区增加 3 个州市，其中普洱市由Ⅱ类地区降为Ⅲ类地区，玉溪市、红河州、曲靖市由Ⅲ类地区升为Ⅱ类地区，大理州、保山市、文山州由Ⅳ类地区升为Ⅲ类地区；2014—2018 年时段内，Ⅰ类地区减少一个州市，Ⅱ类地区减少 1 个州市，Ⅲ类地区减少 1 个州市，Ⅳ类地区增加 3 个州市，其中德宏州由Ⅰ类降为Ⅱ类地区，怒江州从Ⅳ类地区升为Ⅲ类地区，迪庆州由Ⅳ类地区升为Ⅱ类地区，普洱市、文山州、大理州、临沧市、昭通市从Ⅲ类地区降为Ⅳ类地区，红河州、丽江市、楚雄州由Ⅱ类地区降为Ⅲ类地区。

3. 差异比较

2010—2018 年云南省学前教育集约状态区域相对差异随着时序变化呈阶段性下降态势。2010—2015 年时段内，变异系数呈波动上升后缓慢下降趋势，其中 2011 年增至最高点 0.8405，到 2015 年降至 0.7679，较 2010 年下降了 7.26%；随后到 2017 年时段内呈线性下降并降至最低点 0.5453，极差值为 0.2952；2018 年又回升增至 0.5646，云南省区域间学前教育集约状态的相对差异呈逐年缩小趋势，均衡程度也明显提高。

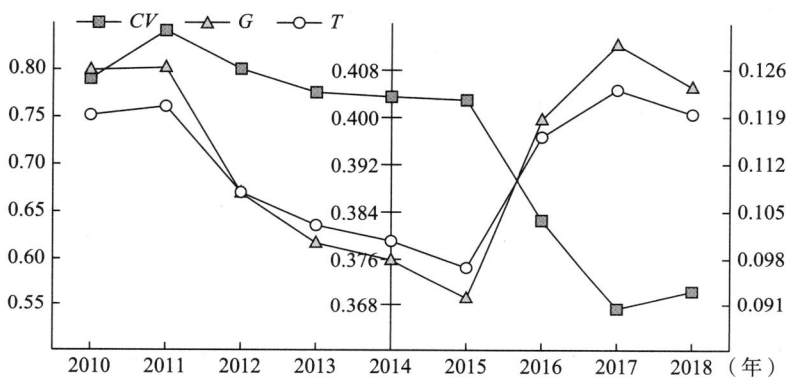

图 4.51　2010—2018 年云南省学前教育集约状态 CV、G、T 变化情况

2010—2018 年云南省学前教育集约状态区域差距的基尼系数和泰尔指数随着时序变化呈现"U"形变动，即先缩减后增加趋势。2010—2011 年时段内，G、T 均呈缓慢增长趋势，2011 年分别增至 0.4083（>0.4）、0.1205，根据表 2.7 对照可得，该时段内学前教育集约状态区域差距悬殊，聚集程度较高，呈现非均衡的状态；2011—2015 年时段内均有大幅度下降，2015 年均降至最低点 0.3691（<0.4）、0.0967，该时段内学前教育集约状态区域差距相对合理的均衡，但均衡程度较低；2015—2018 年时段内，G、T 均有先大幅度上涨后回落，其中 2017 年均升至最高值 0.4213、0.1230，极差为 0.0423、0.0263，2018 年分别降至 0.4051、0.1194。该研究时段内云南省市域间学前教育集约状态差异整体呈先缩减后增加趋势，2010 年、2014 年和 2018 年典型时间节点中分别呈不均衡、相对合理的均衡和不均衡的状态，区域间均衡呈现出起伏不定的变化态势，云南学前教育集约均衡状态亟待进一步优化与质量提升。

综上所述，本章节以学前教育资源配置空间协调性评价指标体系为依据，围绕学前教育资源水平与学前教育配置状态的测度，来考察 2010—2018 年时段内全国 31 个省区市及云南 16 个州市的学前教育资源发展水平，其中云南与全国、云南与其他省区及云南各州市的学前教育资源发展水平均存在明显地域和时序差异。

从趋势比较层面来看，2010—2018年全国和云南学前教育资源发展水平指数均呈线性增长趋势，云南学前教育发展指数水平均明显低于全国平均水平，云南学前教育发展基础仍然较薄弱，但其指数增长幅度显著高于全国平均水平；云南省市域间学前教育资源发展水平比较的客观情况是均有不同程度的递增态势，且增长趋势有显著差异，如昭通地区个别时段内呈现阶段性下降趋势。云南省16个州市学前教育资源水平增长幅度较低且差异显著，云南省16个州市学前教育资源发展水平指数年增长率的平均值较高的为文山州、迪庆州、大理州、楚雄州和曲靖市5个地区，较低的为玉溪市、怒江州、丽江市、普洱市和昆明市5个地区；从该时段内的增长趋势来看，各州市均有不同幅度的上涨，其中昆明市、怒江州等位于全省高位发展水平，但增长幅度较小；文山州、大理州和曲靖市等州市水平均处于全省落后位序，但增长幅度相对较高；迪庆州指数水平与增长幅度均位于全省较高水平；楚雄州指数维持在全省中等水平，其上升幅度相对较大；玉溪市、丽江市和普洱市等地区均处于全省中等水平，但增长幅度较小。

从空间比较层面来看，云南与其他省区学前教育资源发展水平比较的客观情况是均有不同程度的递增态势，且增长趋势有显著差异，学前教育资源发展水平的省域差异比较中，云南在2010年和2014年学前教育资源发展水平聚类分析中均属于Ⅳ类地区，2018年为Ⅲ类地区。截至2018年，云南省内学前教育资源发展水平聚类分析结果为：Ⅰ类地区包括迪庆州、怒江州、昆明市；Ⅱ类地区包括版纳州、临沧市、保山市、玉溪市；Ⅲ类地区包括丽江市、楚雄州、普洱市、德宏州；Ⅳ类地区包括文山州、红河州、曲靖市、大理州、昭通市。

从差异比较层面来看，云南在全国学前教育资源发展水平的失衡状态下均处于低水平状态，其对全国学前资源发展水平区域差异状态的影响程度呈波浪式下降的趋势。云南省市域间学前教育资源发展发展水平差异虽整体呈现空间收敛态势，但基尼系数均超过警戒线0.4，在均衡性等级判别中属于非均衡类别，反映云南省学前教育资源发展水平不均衡，集聚度相对较高且存在显著差异。

第五章　区域实证Ⅲ：云南学前教育资源配置空间协调性分析

学前教育是国民教育体系的开端，与国民社会经济整体发展水平、政府财政支持及居民教育需求相互协调，这就需要实现教育资源的合理配置以体现学前教育的公平、社会的公正。现阶段学前教育所追求的"优质、普惠、均衡及公平"价值取向及趋势是区域间的学前教育发展与区域社会经济发展间协调的基础，因此，改变可控学前资源要素的合组方式并关联于区域发展水平是实现区域学前教育协调发展的关键。区域内学前教育与区域协调发展是学前教育资源配置空间协调性研究中的"区域内的协调"，可具体解析特定区域的次级区域内学前教育资源水平与区域发展条件之间的协调测度分析。

在前述区域间学前教育资源"发展条件"的协调和"发展水平"的协调测度基础上，本章通过区域内学前教育资源"发展条件"与"发展水平"的耦合协调度的实证测度，来系统评价云南在各级分层空间维度中的学前教育资源配置空间协调发展时序状况和空间分布差异。为使研究更完善，本章特将区域内的耦合度、协调发展度、相对发展度、协调等级及排名等进行实证比较分析，以作为学前教育资源配置空间协调性的辅助判别。

第一节　云南与全国学前教育资源配置协调性的比较

云南与其背景区域学前教育资源配置协调性的比较分析是从整体上宏观探究云南学前教育发展水平与条件的协调状况。根据耦合协调度模型的基本内涵及协调发展特征，由公式（2.15）（2.16）（2.17）（2.18）（2.19）计算得出 2010—2018 年云南与全国学前教育资源发展条件与发展水平的综合指数、耦合度、协调发展度，根据协调发展类型和相对发展度划分标准（见表 2.9）对研究时段内发展条件和发展水平的协调发展类型、等级、排名及对比类型等进行划分和评定，并在此基础上对云南与全国的学前教育资源配置协调状态进行评估和比较分析。

耦合度反映了学前教育资源发展条件和发展水平两者内部的依赖程度。2010—2018 年时段内全国学前教育资源发展条件和发展水平耦合度 C 值均在 0.997 以上，云南 C 值在 2012 年为最高值 0.999，其余年份均在 0.8 以上，全国与云南 C 值均属于高水平耦合区（见表 5.1）。这表明，云南与全国学前教育资源配置中，两级区域的学前教育发展条件和发展水平间相互依赖程度均较高，区域社会经济发展条件推动了学前教育水平的发展，同时学前教育发展水平又拉动了区域发展条件的供给需求。云南、全国学前教育发展条件与发展水平发展度 T 值在研究时段内均有逐年增加（见表 5.1），这表明，学前教育资源配置水平总体发展态势良好，区域社会经济条件与学前教育资源水平发展均推动了学前教育资源配置总体发展，但整体来看，云南在两者发展的作用及影响上均低于全国。

2010—2018 年云南与全国学前教育资源配置的协调度 D 值均呈持续增长态势，两级区域的学前教育资源发展条件与发展水平总体协调状态均有显著好转，但云南协调程度明显低于全国。2010—2012 年时段内，全国与云南学前教育资源配置协调指数均由最低值 0.403、0.216 增至 0.501、0.372，分别提升了 15.6%、9.8%，根据等级和 E 值判别标准，全国由濒临失调水平滞后型转变为勉强协调水平滞后型，云南由中度失调类型转变为轻度失调类型，其中 E 值由条件滞后型过渡到同步型再转变为水平滞后型。2010 年云南协调指数低于全国 0.187，在整体持续增长趋势过程中，2012 年两级区域指数差距缩小为 0.129。2013—2015 年时段内，全国 D 值呈线性上升趋势，云南则波动略下降后逐年上涨，全国与云南学前教育资源配置协调指数均由 0.518、0.371 增至 0.565、0.441，分别提升了 4.7% 和 7.0%，全国持续保持勉强协调水平滞后型，云南由轻度失调同步型转变为濒临失调同步型，其中 2014 年发

第五章 区域实证Ⅲ：云南学前教育资源配置空间协调性分析

表 5.1 云南与全国学前教育资源配置协调性的比较

（年）

协调指标	地区	2010	2011	2012	2013	2014	2015	2016	2017	2018
C 值	全国	0.999	1	0.997	0.999	0.999	0.999	1	1	1
	云南	0.835	0.974	0.999	0.992	0.984	0.993	0.993	0.994	0.989
T 值	全国	0.162	0.206	0.251	0.268	0.291	0.319	0.348	0.379	0.412
	云南	0.056	0.082	0.139	0.139	0.159	0.195	0.241	0.281	0.328
D 值	全国	0.403	0.454	0.501	0.518	0.539	0.565	0.590	0.616	0.642
	云南	0.216	0.282	0.372	0.371	0.396	0.441	0.489	0.529	0.570
等级	全国	5	5	6	6	6	6	6	7	7
	云南	3	3	4	4	4	5	5	6	6
E 值	全国	1.071	1.067	1.093	1.105	1.104	1.100	1.105	1.097	1.094
	云南	0.943	0.994	1.060	0.996	0.938	0.974	0.967	0.960	0.927
协调程度	全国	濒临失调	濒临失调	勉强协调	勉强协调	勉强协调	勉强协调	勉强协调	初级协调	初级协调
	云南	水平滞后型	水平滞后型	水平滞后型	水平滞后型	水平滞后型	水平滞后型	水平滞后型	水平滞后型	水平滞后型
类型评定	全国	中度失调	中度失调	轻度失调	轻度失调	轻度失调	濒临失调	濒临失调	勉强协调	勉强协调
	云南	条件滞后型	同步型	同步型	同步型	条件滞后型	同步型	同步型	同步型	条件滞后型

211

展水平优于发展条件;两级区域协调指数差距由 2013 年的 0.147 逐步缩小为 0.124。2016—2018 年全国与云南 D 值均呈线性增长态势,全国与云南学前教育资源配置协调指数均由 0.590、0.489 增至最高值 0.616、0.529,分别提升了 5.2% 和 8.1%,全国由勉强协调水平滞后型转变为初级协调水平滞后性,在该研究时段内,全国发展条件均优于发展水平,云南由濒临失调同步型转变为勉强协调条件滞后型;两级区域协调指数差距逐年缩小,截至 2018 年,云南与全国差距最小差值为 0.072,全国与云南 D 值极差分别为 0.239、0.354。显然,云南与全国学前教育资源配置的协调发展态势良好,教育区域条件与发展水平逐渐形成良性互动模式,这在某种程度上促进了学前教育整体效能的发挥,积极推动两级区域学前教育资源配置的协调发展。

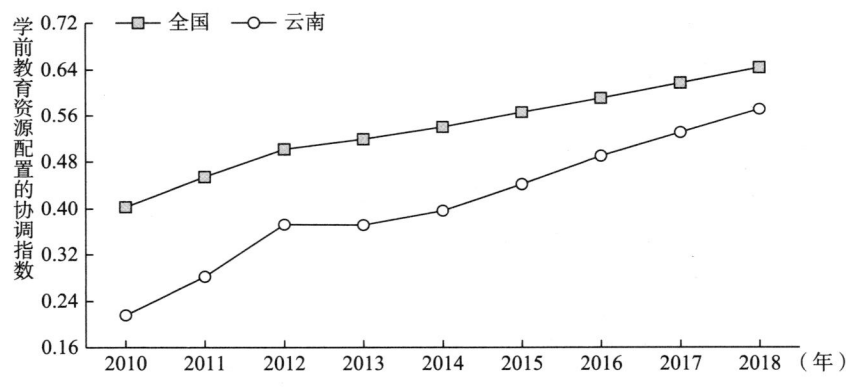

图 5.1　2010—2018 年云南与全国学前教育资源配置协调性的趋势比较

第二节　云南与其他省区市学前教育资源配置协调性的比较

云南与其相关区域学前教育资源配置协调性的比较分析是从外延上中观探究云南学前教育发展水平与条件的协调状况。根据耦合协调模型测算得到全国 31 个省区市学前教育资源配置的耦合协调度,选取 2010 年、2012 年、2014 年、2016 年及 2018 年作为研究时间节点,借助 ArcGIS10.8 软件进行数据空间可视化处理,分别生成学前教育发展条件与发展水平耦合协调空间分异图。

第五章 区域实证Ⅲ：云南学前教育资源配置空间协调性分析

一 2010年云南与其他省区市学前教育资源配置协调性的比较

(一) 协调指数比较

2010年学前教育资源配置的耦合度 C 值除江西、贵州、西藏和甘肃4个省区属于磨合型耦合区外，其余均属于高水平耦合区。2010年31个省区市学前教育资源配置耦合协调度 D 值最高的依次为上海、北京、天津、江苏和浙江5个省市，指数值最低的依次为云南、西藏、四川、江西和贵州5个省区。极高值上海的协调指数为0.786，极低值贵州指数为0.147，极差为5.35倍；云南 D 值为0.216，在全国位序为第27位，上海 D 值是云南的3.64倍，云南协调指数处于全国偏低水平（见表5.2）。在前述研究中，2010年云南学前教育资源发展条件与发展水平均低于全国平均水平，在全国位序分别为第28位、第23位，这与云南协调指数在省区中比较结果密切关联，其中条件滞后于水平，这也与云南耦合协调测度结果保持高度一致。

(二) 协调类型比较

依据排名等级及协调程度类型评定标准，2010年31个省区市学前教育资源配置的协调性状况测度如下：①严重失调区：江西、四川、贵州；②中度失调区：安徽、河南、湖南、广西、海南、云南、西藏、甘肃；③轻度失调区：黑龙江、湖北、重庆、山西、青海、宁夏、新疆；④濒临失调区：河北、山西、内蒙古、辽宁、吉林、福建、山东、广东；⑤勉强协调区：江苏、浙江；⑥初级协调区：天津；⑦中级协调区：北京、上海。可见，超过半数省区属于失调型，由于2010年学前教育整体效能较弱，尤其与迅猛发展的区域社会经济相比，学前教育对区域经济发展的基础性作用亟待加强。从区域间协调层面来看，云南学前教育资源发展条件呈低水平均衡状态，学前教育发展水平则区域差距悬殊；从区域内协调层面来看，云南在省区比较中偏低的发展条件和发展水平必然决定了其"失调"的协调等级的层次。

按照学前教育发展条件与发展水平协调的分类体系及 E 值判别标准，第三层次分类结果为：①学前教育发展条件优先于学前教育发展水平的省市区：天津、辽宁、浙江、安徽、福建、江西、河南、湖北、湖南、广东、广西、

表 5.2 2010年云南与其他省区市学前教育资源配置协调性状况

地区	发展条件	发展水平	C值	T值	D值	排名	等级	E值	协调程度类型评定
北京	0.061	0.060	1	0.600	0.774	2	8	1.016	中级协调同步型
天津	0.052	0.047	1	0.438	0.662	3	7	1.098	初级协调水平滞后型
河北	0.030	0.035	0.956	0.200	0.438	12	5	0.852	濒临失调条件滞后型
山西	0.032	0.038	0.959	0.230	0.469	9	5	0.838	濒临失调条件滞后型
内蒙古	0.032	0.038	0.961	0.232	0.472	8	5	0.842	濒临失调条件滞后型
辽宁	0.033	0.031	0.999	0.197	0.444	11	5	1.060	濒临失调水平滞后型
吉林	0.029	0.035	0.944	0.195	0.429	13	5	0.831	濒临失调条件滞后型
黑龙江	0.027	0.028	0.975	0.127	0.353	16	4	0.967	轻度失调条件滞后型
上海	0.058	0.067	0.989	0.624	0.786	1	8	0.858	中级协调条件滞后型
江苏	0.042	0.041	0.999	0.329	0.573	4	6	1.026	勉强协调同步型
浙江	0.048	0.035	0.976	0.321	0.56	5	6	1.375	勉强协调水平滞后型
安徽	0.025	0.023	0.989	0.077	0.277	23	3	1.063	中度失调水平滞后型
福建	0.038	0.030	0.986	0.221	0.466	10	5	1.278	濒临失调条件滞后型
江西	0.024	0.017	0.729	0.032	0.152	30	2	1.400	严重失调水平滞后型
山东	0.035	0.034	0.997	0.229	0.478	7	5	1.018	濒临失调同步型
河南	0.025	0.023	0.999	0.080	0.283	22	3	1.106	中度失调水平滞后型
湖北	0.026	0.024	0.999	0.091	0.302	20	4	1.108	轻度失调水平滞后型

214

续表

地区	发展条件	发展水平	C值	T值	D值	排名	等级	E值	协调程度类型评定
湖南	0.024	0.022	0.998	0.064	0.253	25	3	1.111	中度失调水平滞后型
广东	0.040	0.031	0.988	0.245	0.491	6	5	1.270	濒临失调水平滞后型
广西	0.023	0.020	1.000	0.047	0.217	26	3	1.157	中度失调水平滞后型
海南	0.025	0.023	0.995	0.073	0.270	24	3	1.087	中度失调水平滞后型
重庆	0.028	0.022	0.973	0.094	0.302	19	4	1.275	轻度失调水平滞后型
四川	0.022	0.020	0.960	0.035	0.182	29	2	1.082	严重失调水平滞后型
贵州	0.020	0.020	0.764	0.028	0.147	31	2	0.988	严重失调同步型
云南	0.022	0.023	0.835	0.056	0.216	27	3	0.943	中度失调条件滞后型
西藏	0.021	0.035	0.648	0.133	0.215	28	3	0.585	轻度失调水平滞后型
陕西	0.030	0.028	0.999	0.145	0.381	15	4	1.071	中度失调条件滞后型
甘肃	0.022	0.032	0.687	0.125	0.293	21	3	0.697	轻度失调条件滞后型
青海	0.024	0.028	0.876	0.105	0.303	18	4	0.853	轻度失调条件滞后型
宁夏	0.026	0.028	0.962	0.120	0.340	17	4	0.943	轻度失调条件滞后型
新疆	0.027	0.034	0.924	0.172	0.399	14	4	0.815	轻度失调条件滞后型

海南、重庆、四川、陕西；②学前教育发展条件滞后于学前教育发展水平的省区市：河北、山西、内蒙古、吉林、黑龙江、上海、云南、西藏、甘肃、青海、宁夏、新疆；③学前教育发展条件同步于学前教育发展水平的省市：北京、江苏、山东、贵州。

研究结果表明，只有4个省市学前教育区域条件与水平同步型发展，虽超过半数省区教育发展条件优先发展水平，但部分社会经济条件落后省区其学前教育发展水平却相对较好，可见，区域经济条件并非学前教育发展的决定性因素。

（三）空间分布比较

根据2010年学前教育资源配置空间协调性结果进行进一步聚类分析（Ⅰ类型≥0.5315，Ⅱ类型0.3847—0.5315，Ⅲ类型0.2639—0.3847，Ⅳ类型＜0.2639），将我国31个省区市划分为4类协调区域类型：Ⅰ类地区包括上海、北京、天津、江苏和浙江5个省市；Ⅱ类地区包括广东、山东、内蒙古、山西、福建、辽宁、河北、吉林和新疆9个省区；Ⅲ类地区包括陕西、黑龙江、宁夏、青海、湖北、重庆、甘肃、河南、安徽和海南10个省区市；Ⅳ类地区包括湖南、广西、云南、西藏、四川、江西和贵州7个省区。可见，2010年31个省区市学前教育发展条件与发展水平协调对比类型空间差异显著，结合前述研究，云南在2010年学前教育资源发展条件、发展水平综合指数与协调指数聚类分析结果均为Ⅳ类地区，可见云南学前教育资源配置的空间协调层次的高低密切关联于其发展条件与发展水平的优劣。

二 2012年云南与其他省区市学前教育资源配置协调性的比较

（一）协调指数比较

2012年31个省区市学前教育资源配置的耦合度C值均大于0.8，均属于高水平耦合区（见表5.3）。2012年31个省区市学前教育资源配置耦合协调度D值较2010年均有增加，协调指数最高的依次为上海、北京、天津、江苏和浙江5省市，指数值最低的依次为宁夏、四川、云南、广西和贵州5省区。极高值上海的协调指数为0.832，极低值贵州指数为0.302，极差为2.75倍；

云南 D 值为 0.372，在全国位序为第 29 位，较 2010 年有所下降，上海 D 值是云南的 2.24 倍，较 2010 年有所降低，云南协调指数处于全国偏低水平。在前述研究中，2012 年云南学前教育资源发展条件与发展水平均低于全国平均水平，在全国位序分别为第 29 位、第 25 位，这与云南协调指数在省区中比较结果保持高度一致。

（二）协调类型比较

依据排名等级及协调程度类型评定标准，2012 年 31 个省区市学前教育资源配置的协调性状况测度如下：①轻度失调区：江西、广西、四川、贵州、云南、宁夏；②濒临失调区：安徽、河南、湖北、湖南、海南、重庆、西藏、甘肃、新疆；③勉强协调区：河北、山西、内蒙古、辽宁、吉林、黑龙江、福建、山东、广东、陕西、青海；④初级协调区：江苏、浙江；⑤中级协调区：天津；⑥良好协调区：北京、上海。2012 年 31 个省区市学前教育资源配置协调程度等级较 2010 年均有略微提升，属于失调型省区较 2010 年大幅度减少，有 25 个省区均属于不同层次的协调区，显然，区域社会经济条件的加速发展必然会带动学前教育发展水平的提升。虽云南协调程度由 2010 年的中度失调区转为轻度失调区，但云南发展条件和发展水平亟待提升。从区域间协调层面来看，云南学前教育资源发展条件呈低水平均衡状态，学前教育发展水平则区域差距悬殊；从区域内协调层面来看，云南与其他省区市协调性比较中仍属于"失调"协调评定类别。

按照学前教育发展条件与发展水平协调的分类体系及 E 值判别标准，第三层次分类结果为：①学前教育发展条件优先于学前教育发展水平的省区市：天津、浙江、安徽、福建、江西、河南、湖北、湖南、广东、广西、重庆、四川、云南；②学前教育发展条件滞后于学前教育发展水平的省区市：河北、山西、内蒙古、吉林、黑龙江、上海、海南、西藏、甘肃、青海、宁夏、新疆；③学前教育发展条件同步于学前教育发展水平的省市：北京、辽宁、江苏、山东、贵州、陕西，较 2010 年增加 2 个省区，大多数省区协调发展对比类型较 2010 年变动较小，云南由条件滞后型转向水平滞后型，说明 2010—2012 年时段内云南区域社会经济条件在学前教育发展过程中逐渐起主导作用。

表5.3 2012年云南与其他省区市学前教育资源配置协调性状况

地区	发展条件	发展水平	C值	T值	D值	排名	等级	E值	协调程度类型评定
北京	0.054	0.054	1.000	0.672	0.820	2	9	1.003	良好协调同步型
天津	0.048	0.043	0.995	0.519	0.719	3	8	1.119	中级协调水平滞后型
河北	0.029	0.033	0.993	0.272	0.520	14	6	0.893	勉强协调条件滞后型
山西	0.032	0.034	0.998	0.301	0.548	9	6	0.939	勉强协调条件滞后型
内蒙古	0.029	0.036	0.979	0.296	0.538	11	6	0.806	勉强协调条件滞后型
辽宁	0.035	0.034	1.000	0.334	0.578	7	6	1.009	勉强协调同步型
吉林	0.031	0.034	0.996	0.296	0.543	10	6	0.909	勉强协调条件滞后型
黑龙江	0.028	0.033	0.985	0.265	0.511	15	6	0.843	勉强协调条件滞后型
上海	0.053	0.058	0.999	0.692	0.832	1	9	0.919	良好协调条件滞后型
江苏	0.040	0.041	1.000	0.433	0.658	4	7	0.979	初级协调同步型
浙江	0.044	0.034	0.978	0.419	0.640	5	7	1.283	初级协调水平滞后型
安徽	0.026	0.024	0.996	0.171	0.413	23	5	1.097	濒临失调水平滞后型
福建	0.036	0.027	0.959	0.285	0.522	13	6	1.354	勉强协调水平滞后型
江西	0.028	0.021	0.944	0.163	0.392	26	4	1.325	轻度失调水平滞后型
山东	0.035	0.035	1.000	0.339	0.582	6	6	1.015	勉强协调同步型
河南	0.028	0.022	0.956	0.168	0.401	25	5	1.290	濒临失调水平滞后型
湖北	0.029	0.025	0.989	0.199	0.443	19	5	1.158	濒临失调水平滞后型

第五章　区域实证Ⅲ：云南学前教育资源配置空间协调性分析

续表

地区	发展条件	发展水平	C值	T值	D值	排名	等级	E值	协调程度类型评定
湖南	0.026	0.025	0.999	0.180	0.424	22	5	1.065	濒临失调水平滞后型
广东	0.039	0.030	0.972	0.335	0.571	8	6	1.298	勉强协调水平滞后型
广西	0.023	0.021	0.995	0.111	0.332	30	4	1.104	轻度失调水平滞后型
海南	0.024	0.028	0.984	0.184	0.426	21	5	0.881	濒临失调条件滞后型
重庆	0.028	0.022	0.963	0.175	0.410	24	5	1.271	濒临失调水平滞后型
四川	0.026	0.021	0.976	0.143	0.374	28	4	1.202	轻度失调水平滞后型
贵州	0.021	0.020	0.997	0.091	0.302	31	4	1.005	轻度失调同步型
云南	0.024	0.023	0.999	0.139	0.372	29	4	1.060	轻度失调水平滞后型
西藏	0.022	0.036	0.830	0.232	0.439	20	5	0.595	濒临失调条件滞后型
陕西	0.032	0.032	1.000	0.287	0.536	12	6	1.016	勉强协调同步型
甘肃	0.023	0.033	0.924	0.222	0.452	18	5	0.711	濒临失调条件滞后型
青海	0.028	0.031	0.994	0.254	0.502	16	6	0.904	勉强协调条件滞后型
宁夏	0.022	0.027	0.966	0.159	0.392	27	4	0.843	轻度失调条件滞后型
新疆	0.025	0.036	0.926	0.259	0.490	17	5	0.690	濒临失调条件滞后型

219

(三) 空间分布比较

根据 2012 年学前教育资源配置空间协调性结果进行进一步聚类分析（Ⅰ 类型≥0.6079，Ⅱ 类型 0.5059—0.6079，Ⅲ 类型 0.4103—0.5059，Ⅳ 类型 <0.4103），将我国 31 个省区市划分为 4 类协调区域类型：Ⅰ 类地区包括上海、北京、天津、江苏和浙江 5 个省市；Ⅱ 类地区包括山东、辽宁、广东、山西、吉林、内蒙古、陕西、福建、河北和黑龙江 10 个省区，较 2010 年增加 1 个省区；Ⅲ 类地区包括青海、新疆、甘肃、湖北、西藏、海南、湖南、安徽和重庆 9 个省区市，较 2010 年减少 1 个省区；Ⅳ 类地区包括河南、江西、宁夏、四川、云南、广西和贵州 7 个省区。2012 年 31 个省区市学前教育发展条件与发展水平协调对比类型空间分布较 2010 年变动不大，结合前述研究，云南在 2012 年学前教育资源发展条件、发展水平综合指数与协调指数聚类分析结果均为Ⅳ 类地区，云南学前教育资源配置不协调的状态，与区域经济社会条件与学前教育发展的协调和良性互动仍有一定的距离。

三 2014 年云南与其他省区学前教育资源配置协调性的比较

(一) 协调指数比较

2014 年 31 个省区市学前教育资源配置的耦合度 C 值均大于 0.89，均属于高水平耦合区（见表 5.4）。2014 年 31 个省区学前教育资源配置耦合协调度 D 值较 2012 年均有提高，协调指数最高的依次为北京、上海、天津、江苏和浙江 5 个省市，指数值最低的依次为湖南、贵州、四川、云南和广西 5 个省区。极高值北京的协调指数为 0.878，极低值广西指数为 0.366，极差为 2.4 倍；云南 D 值为 0.396，在全国位序为第 30 位，较 2012 年有所下降，北京 D 值是云南的 2.2 倍，较 2012 年有所缩减，云南协调指数处于全国偏低水平。在前述研究中，2014 年云南学前教育资源发展条件与发展水平均低于全国平均水平，在全国位序分别为第 31 位、第 25 位，这与云南协调指数在省区中对比类型结果的"条件滞后型"较一致。

(二) 协调类型比较

依据排名等级及协调程度类型评定标准，2014 年 31 个省区市学前教育资源

第五章 区域实证Ⅲ：云南学前教育资源配置空间协调性分析

表 5.4 2014 年云南与其他省区市学前教育资源配置协调性状况

地区	发展条件	发展水平	C 值	T 值	D 值	排名	等级	E 值	协调程度类型评定
北京	0.057	0.054	0.999	0.772	0.878	1	9	1.066	良好协调水平滞后型
天津	0.049	0.043	0.996	0.596	0.771	3	8	1.159	中级协调水平滞后型
河北	0.027	0.030	0.991	0.272	0.519	17	6	0.917	勉强协调条件滞后型
山西	0.029	0.033	0.988	0.318	0.560	12	6	0.879	勉强协调条件滞后型
内蒙古	0.031	0.038	0.979	0.375	0.606	8	7	0.815	初级协调条件滞后型
辽宁	0.033	0.034	0.998	0.361	0.600	9	7	0.960	初级协调同步型
吉林	0.028	0.032	0.985	0.299	0.543	14	6	0.874	勉强协调条件滞后型
黑龙江	0.027	0.034	0.969	0.302	0.541	16	6	0.804	勉强协调条件滞后型
上海	0.054	0.055	1.000	0.759	0.871	2	9	0.986	良好协调同步型
江苏	0.041	0.041	1.000	0.502	0.709	4	8	1.014	中级协调同步型
浙江	0.045	0.036	0.987	0.492	0.697	5	7	1.271	初级协调水平滞后型
安徽	0.026	0.024	1.000	0.205	0.452	24	5	1.051	濒临失调水平滞后型
福建	0.035	0.028	0.986	0.332	0.572	11	6	1.257	勉强协调水平滞后型
江西	0.028	0.022	0.978	0.199	0.441	25	5	1.279	濒临失调水平滞后型
山东	0.035	0.035	1.000	0.393	0.627	6	7	0.998	初级协调同步型
河南	0.027	0.021	0.981	0.190	0.431	26	5	1.259	濒临失调水平滞后型
湖北	0.027	0.026	1.000	0.229	0.479	19	5	1.061	濒临失调水平滞后型

221

续表

地区	发展条件	发展水平	C值	T值	D值	排名	等级	E值	协调程度	类型评定
湖南	0.026	0.021	0.990	0.180	0.422	27	5	1.203	濒临失调	水平滞后型
广东	0.039	0.029	0.977	0.377	0.607	7	7	1.337	初级协调	水平滞后型
广西	0.024	0.019	0.980	0.137	0.366	31	4	1.240	轻度失调	水平滞后型
海南	0.025	0.026	0.995	0.210	0.457	22	5	0.976	濒临失调	同步型
重庆	0.029	0.022	0.974	0.212	0.454	23	5	1.302	濒临失调	水平滞后型
四川	0.025	0.022	0.998	0.171	0.413	28	5	1.120	濒临失调	水平滞后型
贵州	0.023	0.023	0.99	0.166	0.405	29	5	0.960	濒临失调	同步型
云南	0.022	0.023	0.984	0.159	0.396	30	4	0.938	轻度失调	条件滞后型
西藏	0.026	0.044	0.891	0.384	0.585	10	6	0.599	勉强协调	条件滞后型
陕西	0.030	0.032	0.992	0.313	0.557	13	6	0.914	勉强协调	条件滞后型
甘肃	0.023	0.032	0.915	0.247	0.475	20	5	0.711	濒临失调	条件滞后型
青海	0.027	0.029	0.993	0.255	0.503	18	6	0.938	勉强协调	条件滞后型
宁夏	0.025	0.028	0.983	0.230	0.475	21	5	0.894	濒临失调	条件滞后型
新疆	0.026	0.036	0.944	0.313	0.543	15	6	0.728	勉强协调	条件滞后型

配置的协调性状况测度结果：①轻度失调区：广西、云南；②濒临失调区：安徽、江西、河南、湖北、湖南、海南、重庆、四川、贵州、甘肃、宁夏；③勉强协调区：河北、山西、吉林、黑龙江、福建、西藏、陕西、青海、新疆；④初级协调区：内蒙古、吉林、山东、浙江、广东；⑤中级协调区：天津、江苏；⑥良好协调区：北京、上海。2014年31个省区市学前教育资源配置协调程度等级较2012年均有提高，各类协调型省区市较2012年增加4个；2012—2014年时段内，从区域间协调层面来看，云南学前教育资源发展条件呈低水平均衡状态，学前教育发展水平则区域差距悬殊；从区域内协调层面来看，云南协调程度类型没有提升且均评定为轻度失调区，由于2013年云南学前教育资源发展条件略微下降，使得整体协调指数有所降低，进而影响该时段内云南协调发展态势。

按照学前教育发展条件与发展水平协调的分类体系及 E 值判别标准，第三层次分类结果为：①学前教育发展条件优先于学前教育发展水平的省区市：北京、天津、浙江、安徽、福建、江西、河南、湖北、湖南、广东、广西、重庆、四川；②学前教育发展条件滞后于学前教育发展水平的省区：河北、山西、内蒙古、吉林、黑龙江、云南、西藏、陕西、甘肃、青海、宁夏、新疆；③学前教育发展条件同步于学前教育发展水平的省市：辽宁、上海、江苏、山东、海南、贵州。2012—2014年时段内大多数省区协调发展对比类型变动较小，云南受后普及时代学前教育"普及与普惠""均衡与优质"改革发展的影响，学前教育资源配置协调对比类型明显由水平滞后型转向条件滞后型。

（三）空间分布比较

根据2014年学前教育资源配置空间协调性结果进行进一步聚类分析（Ⅰ类型≥0.6646，Ⅱ类型0.5469—0.6646，Ⅲ类型0.4619—0.5469，Ⅳ类型＜0.4619），将我国31个省区市划分为4类协调区域类型：Ⅰ类地区包括北京、上海、天津、江苏和浙江5个省市；Ⅱ类地区包括山东、广东、内蒙古、辽宁、西藏、福建、陕西和山西8个省区，较2012年减少2个省区；Ⅲ类地区包括吉林、新疆、黑龙江、河北、青海、湖北、甘肃和宁夏8个省区，较

2012年减少1个省区；Ⅳ类地区包括海南、重庆、安徽、江西、河南、湖南、四川、贵州、云南和广西10个省区市，较2012年增加3个省区。结合前述研究，云南在2014年学前教育资源发展条件、发展水平综合指数与协调指数聚类分析结果均为Ⅳ类地区。2010—2014年时段内，四川、贵州、云南和江西等地学前教育资源配置失调区逐步定型，尽管云南学前教育资源配置协调逐年提升，但与东、中部省区相比仍有显著差距，云南区域经济社会条件与学前教育发展的优化协调亟待进一步提升。

四 2016年云南与其他省区学前教育资源配置协调性的比较

（一）协调指数比较

2016年31个省区市学前教育资源配置的耦合度 C 值均大于0.89，均属于高水平耦合区（见表5.5）。2016年31个省区市学前教育资源配置耦合协调度 D 值较2014年均有上涨，协调指数最高的依次为北京、上海、天津、江苏和浙江5个省市，指数值最低的依次为四川、云南、河南、湖南和广西5个省区。极高值北京的协调指数为0.930，极低值广西指数为0.424，极差为2.19倍；云南 D 值为0.489，在全国位序为第28位，较2014年有所上升，北京 D 值是云南的1.9倍，较2014年有所降低，云南协调指数仍位于全国低位水平。在前述研究中，2016年云南学前教育资源发展条件与发展水平均低于全国平均水平，在全国为序分别为第31位、第25位，云南学前教育资源配置协调度在全国低水平序位中其发展水平明显优于发展条件。

（二）协调类型比较

依据排名等级及协调程度类型评定标准，2016年31个省区市学前教育资源配置的协调性状况测度结果：①濒临失调区：河南、湖南、广西、四川、云南；②勉强协调区：河北、吉林、黑龙江、安徽、江西、湖北、海南、重庆、贵州、甘肃、青海、宁夏、新疆；③初级协调区：山西、内蒙古、辽宁、福建、山东、广东、西藏、陕西；④中级协调区：天津、江苏、浙江；⑤优质协调区：北京、上海。2014—2016年时段内31个省区市学前教育资源配置协调程度等级较2014年都有上调且均为不同层次的协调型，从区域间协调

第五章 区域实证Ⅲ：云南学前教育资源配置空间协调性分析

表5.5 2016年云南与其他省区市学前教育资源配置协调性状况

地区	发展条件	发展水平	C值	T值	D值	排名	等级	E值	协调程度类型评定
北京	0.056	0.054	1.000	0.866	0.930	1	10	1.043	优质协调同步型
天津	0.045	0.038	0.996	0.599	0.773	3	8	1.184	中级协调水平滞后型
河北	0.028	0.029	0.996	0.317	0.562	18	6	0.967	勉强协调同步型
山西	0.029	0.032	0.992	0.372	0.608	13	7	0.918	初级协调条件滞后型
内蒙古	0.031	0.039	0.974	0.455	0.666	7	7	0.790	初级协调条件滞后型
辽宁	0.033	0.032	0.999	0.411	0.641	9	7	1.013	初级协调同步型
吉林	0.028	0.031	0.988	0.344	0.583	14	6	0.894	勉强协调条件滞后型
黑龙江	0.026	0.033	0.959	0.346	0.576	15	6	0.772	勉强协调条件滞后型
上海	0.054	0.051	1.000	0.817	0.903	2	10	1.073	优质协调同步型
江苏	0.043	0.038	0.999	0.567	0.753	4	8	1.126	中级协调水平滞后型
浙江	0.044	0.036	0.993	0.555	0.742	5	8	1.232	中级协调水平滞后型
安徽	0.026	0.024	1.000	0.254	0.504	26	6	1.096	勉强协调水平滞后型
福建	0.035	0.028	0.990	0.382	0.615	12	7	1.254	初级协调水平滞后型
江西	0.028	0.026	1.000	0.293	0.541	23	6	1.048	勉强协调同步型
山东	0.035	0.033	1.000	0.445	0.667	6	7	1.067	初级协调同步型
河南	0.026	0.021	0.992	0.218	0.465	30	5	1.221	濒临失调水平滞后型
湖北	0.029	0.025	0.999	0.294	0.542	22	6	1.138	勉强协调水平滞后型

225

续表

地区	发展条件	发展水平	C值	T值	D值	排名	等级	E值	协调程度	协调类型评定
湖南	0.026	0.022	0.994	0.228	0.476	29	5	1.207	濒临失调	水平滞后型
广东	0.037	0.028	0.984	0.414	0.638	10	7	1.320	初级协调	水平滞后型
广西	0.024	0.019	0.980	0.184	0.424	31	5	1.295	濒临失调	水平滞后型
海南	0.025	0.030	0.975	0.311	0.550	21	6	0.843	勉强协调	条件滞后型
重庆	0.030	0.023	0.986	0.285	0.530	24	6	1.284	勉强协调	水平滞后型
四川	0.025	0.023	1.000	0.240	0.490	27	5	1.090	濒临失调	水平滞后型
贵州	0.025	0.026	0.99	0.266	0.513	25	6	0.935	勉强协调	条件滞后型
云南	0.024	0.025	0.993	0.241	0.489	28	5	0.967	濒临失调	条件滞后型
西藏	0.026	0.044	0.893	0.465	0.644	8	7	0.587	初级协调	条件滞后型
陕西	0.029	0.034	0.984	0.387	0.617	11	7	0.859	初级协调	条件滞后型
甘肃	0.025	0.032	0.956	0.327	0.559	19	6	0.771	勉强协调	条件滞后型
青海	0.026	0.031	0.975	0.328	0.566	17	6	0.834	勉强协调	条件滞后型
宁夏	0.026	0.030	0.982	0.311	0.553	20	6	0.871	勉强协调	条件滞后型
新疆	0.025	0.034	0.951	0.348	0.575	16	6	0.747	勉强协调	条件滞后型

层面来看，云南学前教育资源发展条件呈低水平均衡状态，学前教育发展水平则区域差距悬殊；从区域内协调层面来看，云南省协调程度类型由轻度失调区转为濒临失调区，这反映出近年来云南学前教育的质量、普及与特色三者兼顾在促进区域经济条件与学前教育协调发展上取得了初步收效。

按照学前教育发展条件与发展水平协调的分类体系及 E 值判别标准，第三层次分类结果为：①学前教育发展条件优先于学前教育发展水平的省区市：天津、上海、江苏、浙江、安徽、福建、山东、河南、湖北、广东、广西、重庆、四川；②学前教育发展条件滞后于学前教育发展水平的省区：山西、内蒙古、吉林、黑龙江、海南、贵州、云南、西藏、陕西、甘肃、青海、宁夏、新疆；③学前教育发展条件同步于学前教育发展水平的省市：北京、河北、辽宁、江西。2014—2016年时段内，大多数省区协调发展对比类型变化不大，由于全国实施了中央财政支持学前教育发展的政策和中西部学前教育推进工程，特别是经过学前三年行动计划的推进，极大地促进了云南学前教育的跨越式的发展，使得云南学前教育资源配置协调对比类型仍保持条件滞后型。

（三）空间分布比较

根据2016年学前教育资源配置空间协调性结果进行进一步聚类分析（Ⅰ类型≥0.7075，Ⅱ类型 0.6031—0.7075，Ⅲ类型 0.5277—0.6031，Ⅳ类型＜0.5277），将我国31个省区市划分为4类协调区域类型：Ⅰ类地区包括上海、北京、天津、江苏和浙江5个省市；Ⅱ类地区包括山东、内蒙古、西藏、辽宁、广东、陕西、福建和山西8个省区；Ⅲ类地区包括吉林、黑龙江、新疆、青海、河北、甘肃和宁夏、海南、湖北、江西和重庆11个省区市，较2014年增加3个省区；Ⅳ类地区包括贵州、安徽、四川、云南、湖南、河南和广西7个省区，较2014年减少3个省区。结合前述研究，云南在2016年学前教育资源发展条件、发展水平综合指数与协调指数聚类分析结果均为Ⅳ类地区。2010—2016年时段内，四川、贵州和云南等省份既是我国学前教育资源高度匮乏区，也是学前教育资源配置协调程度较低区并逐步被固化的地区，云南学前教育资源匮乏的发展条件与低位的发展水平在相当程度上制约了学前教育资源配置协调性的整体效能的发挥。

五、2018 年云南与其他省区学前教育资源配置协调性的比较

(一) 协调指数比较

2018 年 31 个省区市学前教育资源配置的耦合度 C 值均大于 0.91，均属于高水平耦合区（见表 5.6）。2018 年 31 个省区市学前教育资源配置耦合协调度 D 值较 2016 年均有提高，协调指数最高的依次为北京、上海、天津、江苏和浙江 5 个省市，指数值最低的依次为安徽、四川、湖南、河南和广西 5 个省区。极高值北京的协调指数为 0.972，极低值广西指数为 0.461，极差为 2.11 倍；云南 D 值为 0.570，在全国位序为第 26 位，较 2016 年有所上升，北京 D 值是云南的 1.71 倍，较 2016 年略微缩小，云南协调指数仍位于全国较低水平。在前述研究中，2018 年云南学前教育资源发展条件与发展水平均低于全国平均水平，在全国排名分别为第 27 位、第 23 位，与学前教育资源配置协调度序位等级相当，云南学前教育资源配置协调程度在同期水平区域比较中相对滞后并亟待提升。

(二) 协调类型比较

依据排名等级及协调程度类型评定标准，2018 年 31 个省区市学前教育资源配置的协调性状况测度结果：①濒临失调区：广西；②勉强协调区：河北、黑龙江、安徽、河南、湖北、湖南、重庆、四川、贵州、云南、甘肃、宁夏；③初级协调区：山西、内蒙古、辽宁、吉林、福建、江西、山东、广东、海南、陕西、青海、新疆；④中级协调区：浙江、西藏；⑤良好协调区：天津、江苏；⑥优质协调区：北京、上海。2016—2018 年时段内年 31 个省区市学前教育资源配置协调程度等级均有上升，仅有广西为濒临失调区，从区域间协调层面来看，云南学前教育资源发展条件呈低水平均衡状态，学前教育发展水平则区域差距悬殊；从区域内协调层面来看，云南省协调程度类型由濒临失调区转为勉强协调区，这表明云南学前教育与经济社会发展的整体适应性有所提高，较往年不相匹配的现实得到极大改观，更顺应时代区域社会经济发展需求，较好地发挥学前教育在区域经济发展中的贡献作用，云南学前教育与区域经济良性互动的可能性有所提升。

第五章 区域实证Ⅲ：云南学前教育资源配置空间协调性分析

表5.6 2018年云南与其他省区市学前教育资源配置协调性状况

地区	发展条件	发展水平	C值	T值	D值	排名	等级	E值	协调程度类型评定
北京	0.057	0.054	0.999	0.945	0.972	1	10	1.054	优质协调水平滞后型
天津	0.046	0.040	0.999	0.708	0.841	3	9	1.137	良好协调水平滞后型
河北	0.027	0.028	0.995	0.358	0.597	19	6	0.977	勉强协调同步型
山西	0.028	0.031	0.989	0.396	0.626	13	7	0.910	初级协调条件滞后型
内蒙古	0.029	0.038	0.969	0.497	0.694	7	7	0.780	初级协调条件滞后型
辽宁	0.031	0.031	0.997	0.438	0.661	12	7	0.980	初级协调同步型
吉林	0.027	0.031	0.983	0.391	0.620	15	7	0.870	初级协调条件滞后型
黑龙江	0.024	0.032	0.947	0.365	0.588	21	6	0.748	勉强协调条件滞后型
上海	0.055	0.048	0.999	0.899	0.947	2	10	1.128	优质协调水平滞后型
江苏	0.043	0.037	0.998	0.645	0.802	4	9	1.167	良好协调水平滞后型
浙江	0.044	0.036	0.996	0.641	0.799	5	8	1.212	中级协调水平滞后型
安徽	0.026	0.024	1.000	0.306	0.553	27	6	1.105	勉强协调水平滞后型
福建	0.037	0.027	0.984	0.459	0.672	10	7	1.361	初级协调水平滞后型
江西	0.029	0.029	0.996	0.389	0.623	14	7	0.979	初级协调同步型
山东	0.034	0.032	1.000	0.482	0.694	8	7	1.091	初级协调水平滞后型
河南	0.026	0.021	0.993	0.271	0.519	30	6	1.240	勉强协调水平滞后型
湖北	0.029	0.025	0.999	0.343	0.586	23	6	1.136	勉强协调水平滞后型

229

续表

地区	发展条件	发展水平	C值	T值	D值	排名	等级	E值	协调程度	类型评定
湖南	0.026	0.023	0.999	0.288	0.537	29	6	1.155	勉强协调	水平滞后型
广东	0.038	0.028	0.984	0.482	0.689	9	7	1.362	初级协调	水平滞后型
广西	0.023	0.019	0.996	0.214	0.461	31	5	1.208	濒临失调	水平滞后型
海南	0.026	0.030	0.984	0.369	0.603	18	7	0.886	初级协调	条件滞后型
重庆	0.030	0.025	0.996	0.356	0.595	20	6	1.216	勉强协调	水平滞后型
四川	0.025	0.024	0.998	0.294	0.542	28	6	1.027	勉强协调	同步型
贵州	0.025	0.029	0.983	0.346	0.583	24	6	0.888	勉强协调	条件滞后型
云南	0.025	0.027	0.989	0.328	0.570	26	6	0.927	勉强协调	条件滞后型
西藏	0.028	0.046	0.911	0.579	0.726	6	8	0.600	中级协调	条件滞后型
陕西	0.029	0.034	0.984	0.448	0.664	11	7	0.861	初级协调	条件滞后型
甘肃	0.023	0.032	0.940	0.360	0.582	25	6	0.733	勉强协调	条件滞后型
青海	0.027	0.031	0.981	0.385	0.614	17	7	0.862	初级协调	条件滞后型
宁夏	0.026	0.029	0.985	0.351	0.588	22	6	0.897	勉强协调	条件滞后型
新疆	0.026	0.032	0.970	0.390	0.615	16	7	0.813	初级协调	条件滞后型

按照学前教育发展条件与发展水平协调的分类体系及 E 值判别标准,第三层次分类结果为:①学前教育发展条件优先于学前教育发展水平的省区市:北京、天津、上海、江苏、浙江、安徽、福建、山东、河南、湖北、广东、广西、重庆;②学前教育发展条件滞后于学前教育发展水平的省区:山西、内蒙古、吉林、黑龙江、海南、贵州、云南、西藏、陕西、甘肃、青海、宁夏、新疆;③学前教育发展条件同步于学前教育发展水平的省:河北、辽宁、江西、四川。2016—2018 年时段内,除北京、四川 2 个省市 E 值类型有所变动,其余省区均未发生变化。云南学前教育资源配置协调对比类型中学前教育水平仍优于区域条件发展,由于云南学前教育发展在注重质量优先的同时,因地制宜兼顾少数民族地区文化渗透,培育云南省学前教育特色,建构与云南社会经济发展相适应的学前教育体系并取得相应成效。

(三) 空间分布比较

根据 2018 年学前教育资源配置空间协调性结果进行进一步聚类分析(Ⅰ 类型 $\geqslant 0.7634$,Ⅱ 类型 $0.6504—0.7634$,Ⅲ 类型 $0.5791—0.6504$,Ⅳ类型 <0.5791),将我国 31 个省区市划分为 4 类协调区域类型:Ⅰ类地区包括上海、北京、天津、江苏和浙江 5 个省市;Ⅱ类地区包括西藏、内蒙古、山东、广东、福建、陕西和辽宁 7 个省区,较 2016 年减少 1 个省区;Ⅲ类地区包括山西、江西、吉林、新疆、青海、海南、河北、重庆、黑龙江、宁夏、湖北、贵州和甘肃 13 个省区市,较 2016 年增加 2 个省区;Ⅳ类地区包括云南、安徽、四川、湖南、河南和广西 6 个省区,较 2016 年减少 1 个省区。结合前述研究,云南在 2018 年学前教育资源发展条件与协调指数聚类分析结果均为Ⅳ类地区,而发展水平综合指数结果为Ⅲ类地区,这表明云南区域社会经济与学前教育的适应性还需进一步增强,学前教育服务区域社会经济发展的效能还有较大的提升空间。

第三节 云南各州市学前教育资源配置协调性的时空比较

云南次级区域学前教育资源配置协调性的时空分析是从内涵上微观探究

云南学前教育发展水平与条件的协调状况。根据公式（2.18）和（2.19）测算 2010 年、2012 年、2014 年、2016 年及 2018 年云南省 16 个州市的耦合协调度，并通过 ArcGIS10.8 软件进行数据可视化处理，分别生成 5 个时间节点的耦合协调空间分异图。

一 2010 年云南各州市学前教育资源配置协调性的比较

（一）协调指数比较

2010 年云南 16 个州市学前教育资源配置的耦合度类型空间差异显著，高水平耦合区包括昆明市、玉溪市、保山市、丽江市、临沧市、楚雄市、红河州、版纳州、德宏州；拮抗型耦合区包括大理州、怒江州；磨合型耦合区包括曲靖市、昭通市、普洱市、文山州、迪庆州（见表 5.7）。2010 年云南省学前教育资源配置耦合协调度 D 值为 0.216，累计达 13 个州市 D 值均高于省平均水平，协调指数最高的依次为昆明市、玉溪市、丽江市、版纳州、迪庆州 5 个州市，指数值最低的依次为曲靖市、红河州、文山州、大理州和昭通市 5 个州市。极高值昆明市的协调指数为 0.649，极低值昭通市指数为 0.149，极差为 4.36 倍。结合前述研究，从区域间协调层面来看，云南学前教育资源发展条件区域差距相对合理，学前教育发展水平则区域差距悬殊；从区域内协调层面来看，昆明市的协调指数、学前教育发展条件及水平指数均处于高位水平，其他州市的学前教育与区域经济发展处于不断磨合与适应的过程（如迪庆州、曲靖市、大理州、普洱市、楚雄州、红河州和怒江州等）或呈现低水平的同步发展态势（如昭通市），虽学前教育发展条件与发展水平联系密切但良性互动未能得以形成。

（二）协调类型比较

依据排名等级及协调程度类型评定标准，2010 年云南 16 个州市学前教育资源配置的协调性状况测度结果为：①严重失调区：昭通市、文山州、大理州；②中度失调区：曲靖市、普洱市、红河州、德宏州、怒江州；③轻度失调区：保山市、临沧市、楚雄州、版纳州、大理州；④濒临失调区：玉溪市、丽江市；⑤初级协调区：昆明市。结果表明，2010 年云南省 16 个州市学前

第五章 区域实证Ⅲ：云南学前教育资源配置空间协调性分析

表 5.7 2010 年云南各州市学前教育资源配置协调性的比较

地区	发展条件	发展水平	C 值	T 值	D 值	排名	等级	E 值	协调程度类型评定
昆明市	0.106	0.101	1.000	0.421	0.649	1	7	1.049	初级协调水平滞后型
曲靖市	0.073	0.045	0.701	0.113	0.282	12	3	1.629	中度失调水平滞后型
玉溪市	0.086	0.064	0.965	0.225	0.466	2	5	1.329	濒临失调水平滞后型
保山市	0.055	0.066	0.899	0.121	0.330	7	4	0.838	轻度失调条件滞后型
昭通市	0.052	0.040	0.748	0.030	0.149	16	2	1.311	严重失调水平滞后型
丽江市	0.067	0.065	0.998	0.164	0.404	3	5	1.026	濒临失调同步型
普洱市	0.050	0.069	0.707	0.115	0.285	10	3	0.728	中度失调条件滞后型
临沧市	0.053	0.063	0.861	0.105	0.300	8	4	0.833	轻度失调条件滞后型
楚雄州	0.065	0.057	0.994	0.128	0.357	6	4	1.153	轻度失调水平滞后型
红河州	0.059	0.049	0.978	0.078	0.276	13	3	1.197	中度失调水平滞后型
文山州	0.058	0.043	0.757	0.052	0.199	14	2	1.352	严重失调水平滞后型
版纳州	0.061	0.067	0.972	0.150	0.381	4	4	0.918	轻度失调条件滞后型
大理州	0.062	0.042	0.578	0.063	0.191	15	2	1.478	严重失调水平滞后型
德宏州	0.054	0.057	0.947	0.088	0.288	9	3	0.944	中度失调条件滞后型
怒江州	0.048	0.087	0.574	0.170	0.284	11	3	0.555	中度失调条件滞后型
迪庆州	0.053	0.087	0.690	0.187	0.359	5	4	0.604	轻度失调条件滞后型

233

教育发展条件与发展水平对比类型空间差异显著，累计13个州市属于失调型，整体呈现以昆明为中心，从中部"协调型"逐步转变为边缘"失调型"的空间格局：初级协调、濒临失调的州市分布于滇中地区；轻度失调、中度失调及严重失调的州市集中分布于滇东北、滇东南、滇西和滇西南。2010年云南省作为欠发达地区其学前教育发展整体效能偏低，多数州市其学前教育发展条件与发展水平协同效应不显著，云南学前教育对区域经济发展的反哺作用需加强。

按照学前教育发展条件与发展水平协调的分类体系及 E 值判别标准，第三层次分类结果为：①学前教育发展条件优先于学前教育发展水平的州市：昆明市、曲靖市、玉溪市、昭通市、楚雄州、红河州、文山州、大理州；②学前教育发展条件滞后于学前教育发展水平的州市：保山市、普洱市、临沧市、版纳州、德宏州、怒江州、迪庆州；③学前教育发展条件同步于学前教育发展水平的州市：丽江市。可见，只有丽江市学前教育区域条件与水平同步型发展，有超过半数州市教育发展条件优先发展水平，部分社会经济条件较落后的州市学前教育发展水平却相对较好，如怒江州、迪庆州、普洱市等地区。显然，2010年云南学前教育发展的整体能力还不强，其对区域社会经济条件的反哺能力还有待加强，区域社会经济条件也并不是学前教育发展的根本性因素。

（三）空间分布比较

根据2010年云南省学前教育资源配置空间协调性结果进行进一步聚类分析（Ⅰ类型≥0.4209，Ⅱ类型0.3250—0.4209，Ⅲ类型0.2504—0.3250，Ⅳ类型<0.2504），将云南省16个州市划分为4类协调区域类型：Ⅰ类地区包括昆明市、玉溪市；Ⅱ类地区包括丽江市、版纳州、迪庆州、楚雄州、保山市；Ⅲ类地区包括临沧市、德宏州、普洱市、怒江州、曲靖市、红河州；Ⅳ类地区包括文山州、大理州、昭通市。结合前述研究，2010年学前教育资源发展条件、发展水平综合指数及协调指数聚类分析结果可见：昆明市均为Ⅰ类地区，丽江市均为Ⅱ类地区，昭通市均为Ⅳ类地区，说明2010年昆明市、丽江市和昭通市在三方面的指数情况是高度匹配的。

第五章 区域实证Ⅲ：云南学前教育资源配置空间协调性分析

二 2012年云南各州市学前教育资源配置协调性的比较

（一）协调指数比较

2012年云南16个州市学前教育资源发展条件和发展水平内部依赖程度较2010年均有提高，且耦合度类型空间差异显著，除昭通市和怒江州属于磨合型耦合区外，其余州市均为高水平耦合区（见表5.8）。2012年云南省学前教育资源配置耦合协调度 D 值为0.372，累计达12个州市 D 值均高于省平均水平，16个州市耦合协调度 D 值较2010年均有提升，协调指数最高的依次为昆明市、迪庆州、玉溪市、丽江市和版纳州5个州市，指数值最低的依次为德宏州、大理州、红河州、文山州和昭通市5个州市。极高值昆明市的协调指数为0.770，极低值昭通市指数为0.240，极差为3.21倍，较2010年有所缩减。2010—2012年时段内，结合前述研究，从区域间协调层面来看，云南学前教育资源发展条件区域差距相对合理，学前教育发展水平则区域差距悬殊；从区域内协调层面来看，昆明市的协调指数、学前教育发展条件及水平指数仍均处于较高水平；曲靖市、昭通市、临沧市、红河州、文山州、大理州、德宏州和怒江州的学前教育与区域经济发展在一定程度上处于制约情况，但未达到相互排斥的状态；其他州市均呈现不同程度的低水平的同步发展态势且良性互动逐步形成。

（二）协调类型比较

依据排名等级及协调程度类型评定标准，2012年云南16个州市学前教育资源配置的协调性状况测度结果为：①中度失调区：昭通市；②轻度失调区：曲靖市、临沧市、红河州、文山州、大理州、德宏州、怒江州；③濒临失调区：保山市、丽江市、普洱市、楚雄州、版纳州；④勉强协调区：玉溪市、迪庆州；⑤中级协调区：昆明市。2010—2012年时段内，云南省16个州市学前教育资源配置协调等级均有不同程度提升且空间差异显著，其中严重失调区减少3个州市，轻度失调区、濒临失调区及勉强协调区均增加2个州市，中级协调区增加1个州市，中度失调区减少4个州市；昭通市、文山州、大理州、怒江州、曲靖市、临沧市、红河州、德宏州仍属于"失调区"，保山市、

云南学前教育资源配置的空间协调性研究

表5.8 2012年云南各州市学前教育资源配置协调性的比较

地区	发展条件	发展水平	C值	T值	D值	排名	等级	E值	协调程度	类型评定
昆明市	0.110	0.109	1.000	0.593	0.770	1	8	1.008	中级协调	同步型
曲靖市	0.070	0.047	0.873	0.182	0.399	9	4	1.484	轻度失调	水平滞后型
玉溪市	0.080	0.064	0.974	0.292	0.534	3	6	1.249	勉强协调	水平滞后型
保山市	0.054	0.064	0.973	0.180	0.418	7	5	0.851	濒临失调	条件滞后型
昭通市	0.054	0.038	0.723	0.079	0.240	16	3	1.404	中度失调	水平滞后型
丽江市	0.061	0.071	0.985	0.238	0.484	4	5	0.862	濒临失调	条件滞后型
普洱市	0.053	0.063	0.966	0.172	0.408	8	5	0.841	濒临失调	条件滞后型
临沧市	0.051	0.061	0.965	0.157	0.389	10	4	0.849	轻度失调	条件滞后型
楚雄州	0.062	0.058	0.997	0.192	0.437	6	5	1.079	濒临失调	水平滞后型
红河州	0.060	0.046	0.930	0.138	0.358	14	4	1.298	轻度失调	水平滞后型
文山州	0.058	0.045	0.919	0.121	0.334	15	4	1.299	轻度失调	水平滞后型
版纳州	0.059	0.065	0.990	0.206	0.452	5	5	0.897	濒临失调	条件滞后型
大理州	0.065	0.044	0.848	0.152	0.359	13	4	1.475	轻度失调	水平滞后型
德宏州	0.052	0.055	0.991	0.139	0.372	12	4	0.941	轻度失调	条件滞后型
怒江州	0.044	0.081	0.676	0.206	0.373	11	4	0.544	轻度失调	条件滞后型
迪庆州	0.066	0.089	0.964	0.330	0.564	2	6	0.748	勉强协调	条件滞后型

楚雄州和版纳州由"失调区"转为"协调区";云南省整体呈现以昆明市、迪庆州为中心片区,从中部、西北部"协调型"逐步转变为东北、东南部"失调型"的空间格局。中级协调、勉强协调及濒临失调的州市分布于滇中、滇西北地区;轻度失调和中度失调的州市集中分布于滇东北、滇东南、滇西和滇西南。2012年云南多数州市其学前教育发展条件与发展水平呈现明显的促进态势,逐渐从无序走向有序状态发展趋势,但其学前教育与区域经济发展良性互动仍需进一步加强。

按照学前教育发展条件与发展水平协调的分类体系及 E 值判别标准,第三层次分类结果为:①学前教育发展条件优先于学前教育发展水平的州市:曲靖市、玉溪市、昭通市、楚雄州、红河州、文山州、大理州;②学前教育发展条件滞后于学前教育发展水平的州市:保山市、丽江市、普洱市、临沧市、版纳州、德宏州、怒江州、迪庆州;③学前教育发展条件同于学前教育发展水平的州市:昆明市。2012年协调对比类型较2010年变动小,昆明市学前教育区域条件与水平同步型发展,丽江市由同步型转为发展条件滞后型,部分社会经济条件较落后的州市学前教育发展水平却相对较高(如怒江州、迪庆州等),由于受地区少数民族地区文化渗透和人口稀少等因素影响,其人均学前教育物力、人力及财力资源水平或配置状态均相对突出,因此区域社会、人口及生态等方面也是影响学前教育发展的关键要素。

(三)空间分布比较

根据2012年云南省学前教育资源配置空间协调性结果进行进一步聚类分析(Ⅰ类型≥0.5402,Ⅱ类型0.4307—0.5402,Ⅲ类型0.3650—0.4307,Ⅳ类型<0.3650),将云南省16个州市划分为4类协调区域类型:Ⅰ类地区包括昆明市、迪庆州;Ⅱ类地区包括玉溪市、丽江市、版纳州、楚雄州;Ⅲ类地区包括保山市、普洱市、曲靖市、临沧市、怒江州、德宏州;Ⅳ类地区包括大理州、红河州、文山州、昭通市。2010—2012年时段内,Ⅰ类、Ⅲ类地区数量不变,Ⅱ类地区减少1个州市,Ⅳ类地区增加1个州市;其中迪庆州由Ⅱ类地区升为Ⅰ类地区,玉溪市由Ⅰ类地区降为Ⅱ类地区,保山市由Ⅱ类地区降为Ⅲ类地区,红河州由Ⅲ类地区降为Ⅳ类地区。结合前述研究,2012

年学前教育资源发展条件、发展水平综合指数及协调指数聚类分析结果可知：昆明市均为Ⅰ类地区，昭通市均为Ⅳ类地区，2012年昆明市、昭通市在三方面的指数聚类结果显著一致。

三 2014年云南各州市学前教育资源配置协调性的比较

（一）协调指数比较

2014年云南16个州市学前教育资源发展条件和发展水平内部依赖程度较2012年均有提升，除怒江州属于磨合型耦合区外，其余州市均为高水平耦合区（见表5.9）。2014年云南省学前教育资源配置耦合协调度 D 值为0.396，累计达15个州市 D 值均高于省平均水平，16个州市耦合协调度 D 值较2012年均有增加，协调指数最高的依次为昆明市、迪庆州、玉溪市、丽江市和版纳州5个州市，指数值最低的依次为大理州、普洱市、怒江州、文山州和昭通市5个州市。极高值昆明市的协调指数为0.824，极低值昭通市指数为0.281，极差为2.93倍，较2012年有所缩减。2010—2012年时段内，结合前述研究，从区域间协调层面来看，云南学前教育资源发展条件区域差距相对合理，学前教育发展水平则区域差距悬殊；从区域内协调层面来看，昆明市、迪庆州和丽江市等州市协调指数、学前教育发展条件及水平指数均处于高位水平，昭通市则均处于低位水平；曲靖市、大理州和怒江州等州市三方面指数序列差异较大；多数州市学前教育资源配置均有不同程度的低水平的协调发展趋势。

（二）协调类型比较

依据排名等级及协调程度类型评定标准，2014年云南16个州市学前教育资源配置的协调性状况测度结果为：①中度失调区：昭通市；②濒临失调区：曲靖市、普洱市、临沧市、红河州、文山州、大理州、德宏州、怒江州；③勉强协调区：保山市、丽江市、楚雄州、版纳州；④初级协调区：玉溪市、迪庆州；⑤良好协调区：昆明市。2012—2014年时段内，云南省16个州市学前教育资源配置协调等级均有不同程度提升且空间差异显著，其中昭通市仍为中度失调区，7个轻度失调区均转变为濒临失调区，除普洱市仍为濒临失调区，其余4个濒临失调区转为勉强协调区，昆明市由中级协调区转为良好协调区；

第五章 区域实证Ⅲ：云南学前教育资源配置空间协调性分析

表 5.9 2014 年云南各州市学前教育资源配置协调性的比较

地区	发展条件	发展水平	C 值	T 值	D 值	排名	等级	E 值	协调程度类型评定
昆明市	0.111	0.102	0.998	0.680	0.824	1	9	1.091	良好协调水平滞后型
曲靖市	0.070	0.044	0.895	0.230	0.454	10	5	1.569	濒临失调水平滞后型
玉溪市	0.084	0.062	0.971	0.378	0.606	3	7	1.356	初级协调水平滞后型
保山市	0.055	0.069	0.957	0.273	0.511	6	6	0.792	勉强协调条件滞后型
昭通市	0.048	0.036	0.891	0.088	0.281	16	3	1.346	中度失调水平滞后型
丽江市	0.067	0.071	0.995	0.335	0.578	4	6	0.937	勉强协调条件滞后型
普洱市	0.050	0.059	0.961	0.200	0.438	13	5	0.847	濒临失调条件滞后型
临沧市	0.050	0.061	0.950	0.210	0.447	11	5	0.815	濒临失调条件滞后型
楚雄州	0.062	0.057	0.999	0.251	0.500	7	6	1.099	勉强协调水平滞后型
红河州	0.059	0.052	0.996	0.214	0.461	9	5	1.142	濒临失调水平滞后型
文山州	0.055	0.049	0.998	0.179	0.423	15	5	1.117	濒临失调水平滞后型
版纳州	0.060	0.073	0.971	0.312	0.551	5	6	0.814	勉强协调条件滞后型
大理州	0.065	0.045	0.934	0.212	0.445	12	5	1.429	濒临失调水平滞后型
德宏州	0.054	0.063	0.971	0.238	0.481	8	5	0.849	濒临失调条件滞后型
怒江州	0.042	0.079	0.718	0.256	0.429	14	5	0.541	濒临失调条件滞后型
迪庆州	0.071	0.079	0.992	0.393	0.624	2	7	0.891	初级协调条件滞后型

昭通市、文山州等协调程度偏低的州市逐步定型；云南省整体呈现以昆明市、迪庆州、玉溪市和版纳州为起点，从中部、西北部、南部"协调型"逐步转变为东南、东北部"失调型"的空间格局。良好协调、初级协调及勉强协调的州市分布于滇中、滇西北地区；濒临失调和中度失调的州市集中分布于滇东北、滇东南、滇西和滇西南。2014年云南省大多数州市其学前教育发展条件与发展水平间逐渐达到高度耦合，协同效应显著，这表明云南区域经济的加速发展及学前三年行动计划初见收效，在相当程度上促进了市域间学前教育资源配置整体协调效能的发挥。

按照学前教育发展条件与发展水平协调的分类体系及 E 值判别标准，第三层次分类结果为：①学前教育发展条件优先于学前教育发展水平的州市：昆明市、曲靖市、玉溪市、昭通市、楚雄州、红河州、文山州、大理州；②学前教育发展条件滞后于学前教育发展水平的州市：保山市、丽江市、普洱市、临沧市、版纳州、德宏州、怒江州、迪庆州；2014年协调对比类型较2012年变动较小，昆明市由同步型转为发展条件滞后型，其余州市协调对比类型逐步定型，部分社会经济条件优越的州市其学前教育发展水平却相对较低（如曲靖市、玉溪市和大理州等），由于社会经济发展水平及人口结构因素直接影响对学前教育的需求量，经济相对富庶的州市，其居民的总体支付能力越高，对学前教育的需求量也越大，从而使人均学前教育资源水平及普惠性教育资源配置状态均相对较低。

（三）空间分布比较

根据2014年云南省学前教育资源配置空间协调性结果进行进一步聚类分析（Ⅰ类型≥0.6157，Ⅱ类型0.5033—0.6157，Ⅲ类型0.4359—0.5033，Ⅳ类型<0.4359），将云南省16个州市划分为4类协调区域类型：Ⅰ类地区包括昆明市、迪庆州；Ⅱ类地区包括玉溪市、丽江市、版纳州、保山市；Ⅲ类地区包括楚雄州、德宏州、红河州、曲靖市、临沧市、大理州、普洱市；Ⅳ类地区包括怒江州、文山州、昭通市。2012—2014年时段内，Ⅰ类、Ⅱ类地区数量不变，Ⅲ类地区减少1个州市，Ⅳ类地区增加1个州市；其中保山市由Ⅲ类地区升为Ⅱ类地区，楚雄州由Ⅱ类地区降为Ⅲ类地区，红河州、大理

州由Ⅳ类地区升为Ⅲ类地区，怒江州由Ⅲ类地区降为Ⅳ类地区。结合前述研究，2014年学前教育资源发展条件、发展水平综合指数及协调指数聚类分析结果可得：昆明市均为Ⅰ类地区，丽江市均为Ⅱ类地区，昭通市均为Ⅳ类地区，显然，2014年昆明市、丽江市和昭通市在三方面的指数聚类结果密切关联。

四　2016年云南各州市学前教育资源配置协调性的比较

（一）协调指数比较

2016年云南16个州市学前教育资源配置的耦合度 C 值均在0.87以上，学前教育资源发展条件和发展水平相互作用程度较2014年均有加强（见表5.10）。2016年云南省学前教育资源配置耦合协调度 D 值为0.489，累计达15个州市 D 值均高于省平均水平，16个州市耦合协调度 D 值较2014年均明显提高，协调指数最高的依次为昆明市、迪庆州、玉溪市、丽江市和版纳州5个州市，指数值最低的依次为临沧市、文山州、大理州、曲靖市和昭通市5个州市。极高值昆明市的协调指数为0.876，极低值昭通市指数为0.413，极差为2.12倍，较2014年有所降低。2014—2016年时段内，结合前述研究，从区域间协调层面来看，云南学前教育资源发展条件区域差距相对合理，学前教育发展水平则区域差距悬殊；从区域内协调层面来看，昆明市协调指数、学前教育发展条件及水平指数均处于高位水平，昭通市则均处于低位水平；曲靖市、玉溪市、大理州和怒江州等州市三方面指数排名差异显著；16个州市学前教育资源配置均呈现不同类别的协调发展态势，教育与经济发展的良性互动模式逐步形成。

（二）协调类型比较

依据排名等级及协调程度类型评定标准，2016年云南16个州市学前教育资源配置的协调性状况测度结果为：①濒临失调区：昭通市；②勉强协调区：曲靖市、保山市、普洱市、临沧市、红河州、文山州、大理州、德宏州、怒江州；③初级协调区：玉溪市、丽江市、楚雄州、版纳州；④中级协调区：迪庆州；⑤良好协调区：昆明市。2014—2016年时段内，云南省16个州市

表 5.10　2016 年云南各州市学前教育资源配置协调性的比较

地区	发展条件	发展水平	C值	T值	D值	排名	等级	E值	协调程度类型评定
昆明市	0.103	0.091	0.996	0.771	0.876	1	9	1.128	良好协调水平滞后型
曲靖市	0.066	0.044	0.927	0.307	0.534	15	6	1.504	勉强协调水平滞后型
玉溪市	0.083	0.060	0.967	0.491	0.689	3	7	1.380	初级协调水平滞后型
保山市	0.053	0.067	0.975	0.362	0.594	7	6	0.792	勉强协调条件滞后型
昭通市	0.054	0.035	0.879	0.194	0.413	16	5	1.529	濒临失调水平滞后型
丽江市	0.062	0.066	0.999	0.404	0.635	4	7	0.952	初级协调条件滞后型
普洱市	0.054	0.058	0.995	0.318	0.563	10	6	0.922	勉强协调条件滞后型
临沧市	0.049	0.065	0.957	0.322	0.555	12	6	0.750	勉强协调条件滞后型
楚雄州	0.064	0.062	1.000	0.396	0.629	6	7	1.036	初级协调同步型
红河州	0.062	0.051	0.985	0.321	0.562	11	6	1.217	勉强协调水平滞后型
文山州	0.060	0.050	0.988	0.308	0.552	13	6	1.191	勉强协调水平滞后型
版纳州	0.059	0.070	0.987	0.408	0.634	5	7	0.833	初级协调条件滞后型
大理州	0.065	0.046	0.948	0.316	0.547	14	6	1.422	勉强协调水平滞后型
德宏州	0.056	0.062	0.994	0.351	0.590	8	6	0.900	勉强协调条件滞后型
怒江州	0.047	0.076	0.898	0.368	0.575	9	6	0.618	勉强协调条件滞后型
迪庆州	0.064	0.096	0.953	0.576	0.740	2	8	0.663	中级协调条件滞后型

学前教育资源配置协调等级均有不同程度的增加且空间格局差异显著，其中昭通市由中度失调区转为濒临失调区；8个濒临失调区均转变为勉强协调区，保山市仍为勉强协调区；4个勉强协调区均转为初级协调区，玉溪市仍为初级协调区；迪庆州由初级协调区转为中级协调区；昆明市仍为良好协调区；昭通市、文山州、大理州等协调程度序列较低的州市逐步定型；云南省整体呈现以昆明市、迪庆州为两个中心点，从中部、西北部"高度协调型"逐步转变为西部、东北部"基本协调型"的空间格局。良好协调、中级协调及初级协调的州市分布于滇中、滇西北地区；勉强协调及濒临失调的州市集中分布于滇东北、滇东南、滇西和滇西南。2014—2016年时段内，云南16个州市学前教育资源配置的协调程度显著提高，各州市学前教育发展条件与发展水平逐渐同步发展，各级系统进入高度自组织的良性发展轨道，这表明近年来云南省采取的学前教育改革政策在促进区域学前教育资源配置的协调发展上取得了显著收效。

按照学前教育发展条件与发展水平协调的分类体系及 E 值判别标准，第三层次分类结果为：①学前教育发展条件优先于学前教育发展水平的州市：昆明市、曲靖市、玉溪市、昭通市、红河州、文山州、大理州；②学前教育发展条件滞后于学前教育发展水平的州市：保山市、丽江市、普洱市、临沧市、版纳州、德宏州、怒江州、迪庆州；③学前教育发展条件同步于学前教育发展水平的州市：楚雄州。2016年协调对比类型较2014年变化小，昆明市由发展水平滞后型转为同步型，其余州市协调对比类型逐步定型，部分社会经济条件较落后的州市其学前教育发展水平却相对较高（如保山市、怒江州等），因此地理环境、人口及社会经济发展结构与水平等因素间接影响学前教育资源配置的协调程度。

（三）空间分布比较

根据2016年云南省学前教育资源配置空间协调性结果进行进一步聚类分析（Ⅰ类型≥0.7005，Ⅱ类型0.6055—0.7005，Ⅲ类型0.5485—0.6055，Ⅳ类型<0.5485），将云南省16个州市划分为4类协调区域类型：Ⅰ类地区包括昆明市、迪庆州；Ⅱ类地区包括玉溪市、丽江市、版纳州、楚雄州；Ⅲ类

地区包括保山市、德宏州、怒江州、普洱市、红河州、临沧市、文山州；Ⅳ类地区包括大理州、曲靖市、昭通市。

2014—2016 年时段内，各类地区数量均不变；其中楚雄州由Ⅲ类地区升为Ⅱ类地区，保山市由Ⅱ类地区降为Ⅲ类地区，怒江州、文山州由Ⅳ类地区升为Ⅲ类地区，大理州、曲靖市由Ⅲ类地区降为Ⅳ类地区。结合前述研究，2016 年学前教育资源发展条件、发展水平综合指数及协调指数聚类分析结果比较可得：昆明市均为Ⅰ类地区，德宏州均为Ⅲ类地区，昭通市均为Ⅳ类地区。2016 年昆明市、德宏州和昭通市在三方面的指数情况关系密切。

五、2018 年云南各州市学前教育资源配置协调性的比较

（一）协调指数比较

2018 年云南 16 个州市学前教育资源配置的耦合度 C 值均在 0.9 以上，学前教育资源发展条件和发展水平相互作用程度较强且均属于高水平耦合区（见表 5.11）。2018 年云南省学前教育资源配置耦合协调度 D 值为 0.570，累计达 15 个州市 D 值均高于省平均水平，16 个州市耦合协调度 D 值较 2016 年均显著增加，协调指数最高的依次为昆明市、迪庆州、玉溪市、版纳州和楚雄州 5 个州市，指数值最低的依次为曲靖市、红河州、文山州、大理州和昭通市 5 个州市。极高值昆明市的协调指数为 0.907，极低值昭通市指数为 0.550，极差为 1.65 倍，较 2016 年有所缩小。2016—2018 年时段内，结合前述研究，从区域间协调层面来看，云南学前教育资源发展条件区域差距相对合理，学前教育发展水平则区域差距悬殊；从区域内协调层面来看，昆明市和迪庆州协调指数、学前教育发展条件及水平指数均处于高位水平，昭通市则均处于低位水平；曲靖市、玉溪市、大理州、临沧市和怒江州等州市三方面指数序列差异较大；16 个州市学前教育资源配置均呈现不同层次的协调发展趋势，学前教育与区域经济发展的差距逐步缩小且耦合关系越加紧密，说明其组成要素处在不断高度耦合发展的过程中总体是相互匹配、相互支撑，学前教育资源配置系统处在由无序向有序转化的良性发展阶段。

（二）协调类型比较

依据排名等级及协调程度类型评定标准，2018 年云南 16 个州市学前教育

资源配置的协调性状况测度结果为：①勉强协调区：昭通市；②初级协调区：曲靖市、保山市、普洱市、临沧市、红河州、文山州、大理州、德宏州、怒江州；③中级协调区：玉溪市、丽江市、楚雄州、版纳州；④良好协调区：迪庆州；⑤优质协调区：昆明市。2016—2018年时段内，云南省16个州市学前教育资源配置协调类型均有不同级别的跃迁且空间格局差异显著，其中昭通市由濒临失调区跃迁为勉强协调区；9个州市由勉强协调区跃迁为初级协调区；9个州市由初级协调区跃迁为中级协调区；迪庆州由中级协调区转为良好协调区；昆明市由良好协调区跃迁为优质协调区；昭通市、文山州、大理州等协调程度相对较低的州市逐步定型、固化；云南省整体呈现以昆明市、迪庆州为两个中心点，从中部、西北部"高度协调型"逐步转变为西部、东北部和东南部"中度协调型"的空间格局。优质协调、良好协调及中级协调的州市分布于滇中、滇西北地区；初级协调及勉强协调的州市集中分布于滇东北、滇东南、滇西和滇西南。2016—2018年时段内，云南16个州市学前教育资源配置的协调程度整体持续呈上升态势，从圈层结构来看，州市耦合协调度符合"距离衰减法则"（离中心地区越远），其耦合协调水平越低，因此，由于昆明市均拥有相对较高的耦合度、发展度和协调度，属于优质协调状态，应充分利用省会城市的引领及带动作用，对全省学前教育协调发展进行辐射。

按照学前教育发展条件与发展水平协调的分类体系及 E 值判别标准，第三层次分类结果为：①学前教育发展条件优先于学前教育发展水平的州市：昆明市、曲靖市、玉溪市、昭通市、红河州、文山州、大理州；②学前教育发展条件滞后于学前教育发展水平的州市：保山市、普洱市、临沧市、版纳州、怒江州、迪庆州；③学前教育发展条件同于学前教育发展水平的州市：丽江市、楚雄州、德宏州。2016—2018年时段内，丽江市、德宏州部分社会经济水平较富庶的州市其学前教育发展水平以及两者间的耦合协调程度均相对较低（如大理州、曲靖市等），各州市政府支持学前教育发展政策、基于人口教育需求供给量及其学前教育普及、普惠和集约的状态均交互影响学前教育资源配置的协调发展程度。

表 5.11 2018 年云南各州市学前教育资源配置协调性的比较

地区	发展条件	发展水平	C 值	T 值	D 值	排名	等级	E 值	协调程度类型评定
昆明市	0.103	0.082	0.996	0.826	0.907	1	10	1.257	优质协调水平滞后型
曲靖市	0.065	0.047	0.97	0.416	0.635	12	7	1.394	初级协调水平滞后型
玉溪市	0.077	0.063	0.991	0.590	0.765	3	8	1.230	中级协调水平滞后型
保山市	0.057	0.064	0.991	0.470	0.682	8	7	0.883	初级协调条件滞后型
昭通市	0.056	0.040	0.963	0.314	0.550	16	6	1.400	勉强协调水平滞后型
丽江市	0.063	0.062	1.000	0.493	0.702	6	8	1.016	中级协调同步型
普洱市	0.054	0.057	0.996	0.408	0.637	11	7	0.943	初级协调条件滞后型
临沧市	0.051	0.065	0.971	0.437	0.652	9	7	0.782	初级协调条件滞后型
楚雄州	0.064	0.062	1.000	0.499	0.706	5	8	1.034	中级协调同步型
红河州	0.060	0.050	0.993	0.402	0.632	13	7	1.193	初级协调水平滞后型
文山州	0.057	0.051	0.998	0.392	0.625	14	7	1.115	初级协调水平滞后型
版纳州	0.060	0.069	0.991	0.524	0.721	4	8	0.869	中级协调条件滞后型
大理州	0.063	0.046	0.971	0.392	0.617	15	7	1.379	初级协调水平滞后型
德宏州	0.056	0.057	0.999	0.422	0.650	10	7	0.988	初级协调同步型
怒江州	0.048	0.082	0.901	0.527	0.689	7	7	0.588	初级协调条件滞后型
迪庆州	0.064	0.102	0.960	0.702	0.821	2	9	0.633	良好协调条件滞后型

（三）空间分布比较

根据 2018 年云南省学前教育资源配置空间协调性结果进行进一步聚类分析（Ⅰ类型≥0.7587，Ⅱ类型 0.6869—0.7587，Ⅲ类型 0.6311—0.6869，Ⅳ类型＜0.6311），将云南省 16 个州市划分为 4 类协调区域类型：Ⅰ类地区包括昆明市、迪庆州、玉溪市；Ⅱ类地区包括版纳州、楚雄州、丽江市、怒江州；Ⅲ类地区包括保山市、临沧市、德宏州、普洱市、曲靖市、红河州；Ⅳ类地区包括文山州、大理州、昭通市。2016—2018 年时段内，Ⅰ类地区增加 1 个州市，Ⅱ类、Ⅳ类地区数量不变，Ⅲ类地区减少 1 个州市；其中玉溪市由Ⅱ类地区升为Ⅰ类地区，怒江州由Ⅲ类地区升为Ⅱ类地区，曲靖市由Ⅳ类地区升为Ⅲ类地区，文山州由Ⅲ类地区降为Ⅳ类地区。结合前述研究，2018 年学前教育资源发展条件、发展水平综合指数及协调指数聚类分析结果比较可得：昆明市均为Ⅰ类地区，德宏州均为Ⅲ类地区，昭通市均为Ⅳ类地区。2018 年昆明市、德宏州和昭通市在三方面的指数序位高度匹配。

云南与全国学前教育资源配置协调性的比较分析是从整体上宏观探究云南学前教育发展水平与条件的协调状况。2010—2018 年时段内云南与全国学前教育资源发展条件和发展水平耦合度均属于高水平耦合区，云南与全国学前教育资源配置的协调发展态势良好，教育区域条件与发展水平逐渐形成良性互动模式，这是由于近年来区域社会经济迅速发展，各级政府采取对学前教育财政倾斜的政策，从而提升学前教育水平的发展，同时学前教育发展又反哺于社会经济发展的供给需求，但云南作为欠发达地区，其总体协调程度均低于全国平均水平且逐步定型为协调程度偏低地区，因此，云南学前教育资源配置系统中的各类要素水平均亟待提升，从而促进其学前教育与经济条件整体协调效能的发挥。

云南与其他省区市学前教育资源配置协调性的比较分析是从外延上中观探究云南学前教育发展水平与条件的协调状况。2010—2018 年时段内，31 个省区市学前教育资源配置明显存在时序和地域发展上的协调性差异，学前教育区域间及区域内的协调发展均在资源汇集上具有相应的价值效度。该研究时段内，上海、北京、天津、江苏和浙江 5 个省市始终保持相对较高的协调度，广西、四川、河南和云南等省区协调程度偏低的地区逐步定型、固化，云南在省区比较中偏低的学前教育资源发展条件和发展水平决定了其低位水平的协调程度。结合前述研究，从区域间协调层面来看，云南学前教育资源发展条件呈低水平均衡状态，学前教育发展水平则区域差距悬殊；从区域内协调层面来看，云南学前教育资源配置协调发展态势良好，由初期的"中度失调型"逐步跃迁为"勉强协调型"，由于云南特殊地理环境、少数民族文化、区域经济发展政策及国家中西部学前教育推进工程的实施，云南学前教育发展水平在时序上较优于其区域发展条件，区际、区内协调极为有助于云南学前教育资源配置状态的整体提升，具有促进云南学前教育的良性发展和区域教育协调发展的正向作用。

云南16个州市学前教育资源配置协调性的时空分析是从内涵上微观探究云南学前教育发展水平与条件的协调状况。2010—2018年时段内，16个州市耦合协调度均呈持续上升态势且对比类型空间差异显著，整体由初期最低的"严重失调型"跃迁为平均"勉强协调型"以上等级，其中昆明市、迪庆州、玉溪市、丽江市、版纳州和楚雄州6个州市均逐渐定型为协调程度较高地区，而曲靖市、红河州、文山州、大理州和昭通市5个州市逐步固化为协调程度偏低地区。该研究时段内，云南省整体呈现以昆明市为中心点，从协调度相对较高逐步分布辐散于边缘协调度偏低的空间格局：耦合协调度较高的州市均分布于滇中、滇西北地区；耦合协调度较低的州市集中分布于滇东北、滇东南、滇西和滇西南地区。在相对发展度对比类型研究中，昆明市、曲靖市、玉溪市、昭通市、红河州、文山州、大理州等州市学前教育水平亟待加强，而保山市、普洱市、临沧市、版纳州、怒江州、迪庆州等州市区域社会经济条件发展需继续提升，社会的经济发展水平在相当程度上决定社会和政府对学前教育重视程度及资金投入，因此，云南学前教育发展水平与经济社会条件的适应性还有待增强，学前教育服务于区域经济社会发展的效能还有较大提升空间。此外，云南省学前教育与区域经济条件耦合协调关系还存在一定"圈层+轴线"空间结构，其中以昆明圈层结构由中心向周围递减且形成明显"梯度轴"。从轴线与圈层结构来看，处在轴线上州市耦合协调度圈层结构"距离衰减法则"，即距中心地区越远，其耦合协调水平越低，因此，由于昆明市均拥有显著较高区域社会经济条件、学前教育发展水平及耦合协调度，应充分利用省会城市的引领及带动作用，积极推广和发挥其学前教育资源配置协调发展辐射、示范效应。

云南省应以区际、区内"经济协同""教育协同"及"共同协同"为基本向度，汲取东部发达地区学前教育改革经验的同时因地制宜创新机制推动地区社会经济加速发展，向云南农村及少数民族偏远地区提供强有力的发展基础、动力和保障，缩减市域间差距和城乡差距，以促进云南学前教育的全面协调可持续发展。

第六章 云南学前教育资源配置空间协调性的驱动机制及预测

本章节在前述云南学前教育资源配置协调发展的水平测度以及时空特征分析的基础上，根据区际、区内学前教育资源发展条件和发展水平系统的各级要素的组成、比例关系及其具体指数的实证分析结果，结合已有学者关于区域经济与教育协调发展的相关研究，选择三类协调驱动因子开展探讨，并建构计量经济学回归模型检验和判定驱动因子对云南学前教育资源配置耦合协调度的相关程度及影响趋势，进而在驱动机制研究的基础上客观的预测2019—2024年云南学前教育资源发展条件、发展水平及其耦合协调度的指数与发展态势，为后续创建云南学前教育资源配置空间协调发展思路有针对性地提供现实层面的实证依据与条件。

第一节 云南学前教育资源配置空间协调性驱动机制

一 驱动因子选取

本书以云南学前教育资源配置的空间协调性理论内涵为基础，结合前述关于云南学前教育资源发展条件指数、发展水平指数及耦合协调指数的时序特征和空间格局的测度分析，借鉴已有相关文献，遵循指标选取的全面可行、科学简易、合理适用、客观可测等原则，选取学前教育资源发展条件、学前教育资源发展水平、教育需求、区域经济条件、政府支持、学前教育资源水平和学前教育配置状态作为自变量，探讨这7个变量对云南学前教育资源配置耦合协调度的相关程度、影响趋势及预测等内在机理。其中根据各类系统及组成要素间的层次关系，将自变量分为3大类驱动因子，Ⅰ类驱动因子包括学前教育资源发展条件、发展水平，Ⅱ类驱动因子包括教育需求、区域条件、政府支持，Ⅲ类驱动因子包括学前教育资源水平和学前教育配置状态（变量选取及说明见表6.1）。

表6.1　云南学前教育资源配置的耦合协调度变量描述及说明

类别	变量名称	符号	含义
Ⅰ类	学前教育资源发展条件	CU	教育需求、区域条件和政府支持按结构比例构成的指数
	学前教育资源发展水平	LU	资源水平和配置状态按结构比例构成的指数
Ⅱ类	教育需求	CU1	居民消费水平、受教育年限及少儿抚养比按结构比例构成的指数
	区域条件	CU2	社会经济条件指数
	政府支持	CU3	政府财政支持指数
Ⅲ类	学前教育资源水平	LU1	人力、物力、财力资源按结构比例构成的指数
	学前教育配置状态	LU2	普及、普惠、集约状态按结构比例构成的指数

注：D为因变量，是学前教育资源配置的耦合协调指数。

（一）Ⅰ类驱动因子

1. 学前教育资源发展条件

学前教育资源发展条件是在特定区域系统内的区域支持学前教育发展的基础性外部条件，具体指区域系统内与学前教育发展密切联系的社会、经济、人口、文化等要素。学前教育发展外部条件是区域与教育发展相互联系的关键性因素及途径，切合本书核心来看主要包括教育需求、区域条件和政府支持三个层面。

2. 学前教育资源发展水平

学前教育发展水平是以学前教育资源配置为核心载体，根据学前教育"普惠、优质、均衡、公平"改革发展必然的价值追求及趋势，主要指特定区域内学前教育资源水平、教育普惠水平、普及与格局、集约状态等整体时空格局状态。

（二）Ⅱ类驱动因子

1. 教育需求

教育需求是以满足个人、群体等的某种精神及物质需求从而对各级各类教育商品价值的索求，宏观层面"教育需求"受区域经济、人口结构及流动等的影响，微观层面受家庭经济条件、对子女未来的期望及就业情况等影响。结合本书的主旨，教育需求指人对教育起点的需求，涉及社会层面的人口受教育结构、少儿人口抚养比及居民消费水平等因素。

2. 区域条件

区域条件是区域系统内部"自然"与"人文"要素结构交互关联的构成因素，指综合区域内自然、社会、经济、生态、资源、人口、政治、文化、科技、旅游、教育发展等多元特质的属性或资质的综合性集合概念。本书中的区域条件涵盖区域支持学前教育活动开展的各类基础性的条件，包括经济条件中的人均 GDP、产业结构演进系数、第三产业人员比重、地区 GDP 年增长率、第三产业值占 GDP 比重等，以及社会条件中的均消费水平指数、人均财政支出与收入、城镇化率、恩格尔系数及固定资产投资总额等。

3. 政府支持

政府支持通常指各级政府以财政拨款、补贴等无偿拨付方式对特定地区所扶持的产业、部门及具体项目等给予财力资金上的补助与支持。本书中政府支持具体涉及政府财政方面的教育经费的投入，包括学前教育经费/财政教育经费占 GDP 比、学前财政性教育经费占教育财政经费比、财政教育经费占教育经费比等。

（三）Ⅲ类驱动因子

1. 学前教育资源水平

学前教育资源水平从学前教育公平、优质发展和资源空间配置的视角出发，以学前教育系统内发展的内核要素为研究重点，主要是指社会所提供的在学前教育过程中所占用及消耗的人力、物力和财力三个方面的基本教育资源配置及发展程度。

2. 学前教育配置状态

学前教育资源配置状态是基于人力、物力、财力资源的数量评价来判断资源发展水平的质量,强调通过什么结果来呈现和评估配置情况,不仅包含学前教育资源配置的数量状态和质量状态,也注重特定空间内教育资源的充分利用及其所发挥的积极效应,本书中具体涉及普及状态、普惠状态及集约状态。

二 计量模型建构

根据前述研究中云南学前教育资源配置协调发展及其驱动因子的测度结果及数据特征,本书先采用"面板回归模型"分析各级驱动因子与云南学前教育资源配置的协调度在时间尺度上存在的相关程度,再采用"分位数回归模型"(Quantile Regression)验证上述交互影响关系的同时,将数据按因变量拆分成多个分位数点,计算得出各级驱动因子估计其协调度的条件分位数,测度不同分位点时自变量对因变量回归影响趋势情况。由于"分位数回归"对于因变量正态性、异常值及异方差等均具有较强稳健性,因此本书在汇总"OLS 回归"和"分位数回归"分析结果的基础上,结合回归系数的显著性变化情况并判定模型稳健性。

(一)面板回归模型建构

本书以云南省 16 个州市 2010—2018 年的面板数据为例,基于云南学前教育资源发展条件、发展水平及协调度结果,选取面板数据模型进行云南省学前教育资源配置协调发展的驱动因子分析。根据前述驱动因子选取结果,本书建构了如下所示的面板回归模型,以实现对其相关驱动因子的实证检验:

$$D_{it} = \beta_0 + \beta_1 CU_{it} + \beta_2 LU_{it} + \varepsilon_{it} \qquad (6.1)$$

$$D_{it} = \beta_0 + \beta_1 CU_{1it} + \beta_2 CU_{2it} + \beta_3 CU_{3it} + \varepsilon_{it} \qquad (6.2)$$

$$D_{it} = \beta_0 + \beta_1 LU_{1it} + \beta_2 LU_{2it} + \varepsilon_{it} \qquad (6.3)$$

其中,D 为云南省学前教育资源配置的耦合协调度,CU、LU 分别为云南省学前教育资源发展条件总指数、云南省学前教育发展水平总指数；CU_1、CU_2、CU_3分别是云南省学前教育资源发展条件下限的关键性驱动因子。学前教育需求条件指数、支持学前教育发展的区域条件指数及政府支持学前教育发展的指数；LU_1、LU_2分别为云南省学前教育发展水平下限的核心驱动因子。学前教育资源水平指数、学前教育配置状态指数。β_0为常数项，β_1、β_2、β_3为相关变量的回归系数，ε_{it}为随机骚动项，$i=1, 2, 3, \cdots, 16$，$t=1, 2, 3, \cdots, 9$。

（二）分位数回归模型建构

分位数回归模型在面板数据回归模型客观描述驱动因子对于学前教育资源配置协调度局部变化影响的基础上，进一步精确测度自变量驱动因子对于因变量协调度的变化范围趋势及条件分布形状的影响。本书建构分位数回归模型如下：

$$Q_\tau(lnD|CU,LU) = \beta_\tau^0 + \beta_\tau^1 CU + \beta_\tau^2 LU + u_\tau \tag{6.4}$$

$$Q_\tau(lnD|CU_1,CU_2,CU_3) = \beta_\tau^0 + \beta_\tau^1 CU_1 + \beta_\tau^2 CU_2 + \beta_\tau^3 CU_3 + u_\tau \tag{6.5}$$

$$Q_\tau(lnD|LU_1,LU_2) = \beta_\tau^0 + \beta_\tau^1 LU_1 + \beta_\tau^2 LU_2 + u_\tau \tag{6.6}$$

其中，分位数回归模型中的自变量、因变量解释同上，u_τ为随即骚动项，β_τ^0为常数项，β_τ^1、β_τ^2、β_τ^3为待估解释变量系数。

三 实证结果分析

（一）驱动因子回归结果分析

"面板回归模型"主要涉及"随机效应 RE 模型""固定效应 FE 模型""混合 POOL 模型"三大模型。Hausman 检验用于对比选择 RE 模型与 FE 模型，$p>0.05$ 表明 RE 模型更优，反之选用 FE 模型；BP 检验用于对比选择 RE 模型和 POOL 模型，$p>0.05$ 表明 POOL 模型更优，反之选用 RE 模型；F 检验用于对比选择 FE 模型和 POOL 模型，$p>0.05$ 表明 POOL 模型更优，反之选用 FE 模型。

1. 驱动因子回归结果

根据云南学前教育资源发展条件和发展水平两类驱动因子对学前教育资源

配置的耦合协调度的回归过程值,在不考虑面板效应的普通混合 POOL 模型中 $F(2, 47)=441.946$,$p=0.000$,$R^2=0.950$,调整 $R^2=0.947$;在面板固定效应 FE 模型中 $F(2, 17)=76.309$,$p=0.000$,$R^2=0.900$,调整 $R^2=0.711$;在面板随机效应 RE 模型中 $\chi^2(2)=460.967$,$p=0.000$,$R^2=0.908$,调整 $R^2=0.904$(见表6.2)。

表6.2 面板模型中间过程值

模型类别	项	Coef	Std. Err	t	p	95% CI	备注
POOL 模型过程值	截距	-0.06	0.017	-3.443	0.001**	-0.094—-0.026	$F(2, 47)=441.946$,$p=0.000$
	CU	1.066	0.111	9.598	0.000**	0.848—1.284	$R^2=0.950$,调整 $R^2=0.947$
	LU	0.593	0.101	5.859	0.000**	0.395—0.792	
FE 模型过程值	截距	-0.198	0.055	-3.591	0.001**	-0.307—-0.090	$F(2, 17)=76.309$,$p=0.000$
	CU	0.904	0.255	3.547	0.002**	0.405—1.404	$R^2=0.900$,调整 $R^2=0.711$
	LU	1.190	0.310	3.835	0.001**	0.582—1.798	
RE 模型过程值	截距	-0.090	0.021	-4.196	0.000**	-0.131—-0.048	$\chi^2(2)=460.967$,$p=0.000$
	CU	1.131	0.128	8.813	0.000**	0.879—1.382	$R^2=0.908$,调整 $R^2=0.904$
	LU	0.618	0.124	5	0.000**	0.376—0.861	

注:*$p<0.05$;**$p<0.01$。

本部分以 CU(学前教育资源发展条件)、LU(学前教育资源发展水平)作为解释变量,以 D(耦合协调度)作为被解释变量进行面板模型构建。首先进行面板模型检验，对比选择最优模型，结合表 6.2 和表 6.3 可得结果：F 检验呈现出 5% 水平的显著性 F（30, 17）= 9.378，p = 0.000 < 0.05，相对 POOL 模型而言，FE 模型更优；BP 检验呈现出 5% 水平的显著性 χ^2（1）= 6.725，p = 0.010 < 0.05，相对 POOL 模型而言，RE 模型更优。Hausman 检验并未呈现出显著性 χ^2（2）= 5.237，p = 0.073 > 0.05，意味着相对 FE 模型而言，RE 模型更优。因此，此部分关于云南省学前教育资源配置的协调度的 Ⅰ 类驱动因子分析选择以面板随机效应模型（RE）为基础而展开。

表 6.3　检验结果汇总（n = 50）

检验类型	检验目的	检验值	检验结论
F 检验	FE 模型和 POOL 模型比较选择	F（30, 17）= 9.378，p = 0.000	FE 模型
BP 检验	RE 模型和 POOL 模型比较选择	χ^2（1）= 6.725，p = 0.010	RE 模型
Hausman 检验	FE 模型和 RE 模型比较选择	χ^2（2）= 5.237，p = 0.073	RE 模型

由面板随机效应 RE 模型的回归结果可得（表 6.4）：云南学前教育资源发展条件（CU）呈现出 0.01 水平的显著性（t = 8.813，p = 0.000 < 0.01），且回归系数值为 1.131 > 0，说明云南学前教育资源发展条件对云南学前教育资源配置的耦合协调度（D）有显著的正向影响关系，这是由于区域社会经济条件发展优越的地区往往可供给更优质的学前教育资源，但是促进学前教育资源配置的耦合协调发展仍要以区域经济发展条件作为根本依托。

表 6.4　面板模型结果汇总

项	POOL 模型	FE 模型	RE 模型
截距	-0.060（-3.443**）	-0.198（-3.591**）	-0.090（-4.196**）
CU	1.066（9.598**）	0.904（3.547**）	1.131（8.813**）
LU	0.593（5.859**）	1.190（3.835**）	0.618（5.000**）
R^2	0.950	0.900	0.908
调整 R^2	0.947	0.711	0.904
样本量	50	50	50

续表

项	POOL 模型	FE 模型	RE 模型
检验	$F_{(2,47)} = 441.946$, $p = 0.000$	$F_{(2,17)} = 76.309$, $p = 0.000$	$\chi^2_{(2)} = 460.967$, $p = 0.000$

注：$*p < 0.05$；$**p < 0.01$，括号里面为 t 值。

云南学前教育资源发展水平（LU）呈现出 0.01 水平的显著性（$t = 5.000$，$p = 0.000 < 0.01$），且回归系数值为 $0.618 > 0$，说明云南学前教育资源发展水平同样对其耦合协调度 D 会产生显著的正向促进作用，由于社会经济发展水平决定学前教育发展的规模、速度、结构和布局等，而学前教育资源的优化配置也能有效反补、服务于经济基础的建设，因此学前教育资源发展水平是体现其有效协同发展程度的内质性驱动因素。

2. 驱动因子回归结果Ⅱ

依据云南学前教育资源发展条件中的下位 3 类驱动因子（即学前教育需求、区域条件和政府支持）对学前教育资源配置的耦合协调度的回归过程值，在 POOL 模型中 $F_{(3,46)} = 186.929$，$p = 0.000$，$R^2 = 0.924$，调整 $R^2 = 0.919$；FE 模型中 $F_{(3,16)} = 30.509$，$p = 0.000$，$R^2 = 0.851$，调整 $R^2 = 0.544$；RE 模型中 $\chi^2_{(3)} = 301.996$，$p = 0.000$，$R^2 = 0.868$，调整 $R^2 = 0.860$（见表 6.5）。

表 6.5　面板模型中间过程值

模型类别	项	Coef	Std. Err	t	p	95% CI	备注
POOL 模型过程值	截距	-0.029	0.041	-0.691	0.493	-0.109—0.052	$F_{(3,46)} = 186.929$, $p = 0.000$ $R^2 = 0.924$, 调整 $R^2 = 0.919$
	$CU1$	2.861	0.747	3.832	0.000**	1.398—4.325	
	$CU2$	1.160	0.275	4.218	0.000**	0.621—1.699	
	$CU3$	1.326	0.375	3.538	0.001**	0.591—2.061	

续表

模型类别	项	Coef	Std. Err	t	p	95% CI	备注
FE 模型过程值	截距	0.008	0.101	0.078	0.938	-0.191—0.206	$F(3, 16) = 30.509$, $p = 0.000$ $R^2 = 0.851$, 调整 $R^2 = 0.544$
	$CU1$	0.127	2.711	0.047	0.963	-5.186—5.441	
	$CU2$	1.480	0.690	2.145	0.048*	0.128—2.833	
	$CU3$	2.651	0.503	5.267	0.000**	1.664—3.637	
RE 模型过程值	截距	-0.083	0.037	-2.224	0.026*	-0.155—-0.010	$\chi^2(3) = 301.996$, $p = 0.000$ $R^2 = 0.868$, 调整 $R^2 = 0.860$
	$CU1$	3.045	0.782	3.893	0.000**	1.512—4.578	
	$CU2$	1.175	0.295	3.976	0.000**	0.596—1.754	
	$CU3$	1.832	0.323	5.674	0.000**	1.199—2.465	

注：*$p<0.05$；**$p<0.01$。

本部分以 $CU1$（学前教育需求）、$CU2$（区域条件）和 $CU3$（政府支持）作为自变量，同样以 D（耦合协调度）作为因变量进行面板模型构建。首先进行面板模型检验从而对比选择最优模型，结合表 6.5 和表 6.6 可得结果：F 检验呈现出 5% 水平的显著性 $F(30, 16) = 8.933$，$p = 0.000 < 0.05$，相对 POOL 模型而言，FE 模型更优。BP 检验呈现出 5% 水平的显著性 $\chi^2(1) = 10.818$，$p = 0.001 < 0.05$，相对 POOL 模型而言，RE 模型更优。Hausman 检验并未呈现出显著性 $\chi^2(3) = 5.053$，$p = 0.168 > 0.05$，相对 FE 模型而言，RE 模型更优。因此，本书关于云南省学前教育资源配置的耦合协调度的 Ⅱ 类驱动因子分析仍以面板随机效应模型（RE）的回归结果进行分析。

表 6.6 检验结果汇总（$n=50$）

检验类型	检验目的	检验值	检验结论
F 检验	FE 模型和 POOL 模型比较选择	$F(30, 16) = 8.933$, $p = 0.000$	FE 模型
BP 检验	RE 模型和 POOL 模型比较选择	$\chi^2(1) = 10.818$, $p = 0.001$	RE 模型
Hausman 检验	FE 模型和 RE 模型比较选择	$\chi^2(3) = 5.053$, $p = 0.168$	RE 模型

根据面板随机效应 RE 模型的回归结果可得（见表 6.7）：云南学前教育需求 $CU1$ 呈现出 0.01 水平的显著性（$t = 3.893$，$p = 0.000 < 0.01$），并且回归系数值为 $3.045 > 0$，说明云南学前教育需求 $CU1$ 对云南学前教育资源配置耦合协调度（D）有显著正向影响关系，这是由于区域内学前教育需求高低直接关联于学前教育资源供给量，学前教育需求与供给的相对平衡才能促进资源配置协调共生发展。

云南区域支持学前教育发展的条件 $CU2$ 呈现出 0.01 水平的显著性（$t = 3.976$，$p = 0.000 < 0.01$），并且回归系数值为 $1.175 > 0$，说明云南区域条件 $CU2$ 同样对其耦合协调度 D 会产生显著的正向促进作用，区域条件是学前教育资源发展条件系统中的核心要素，教育需求与政府支持都基于特定地区的社会经济发展水平，从而提供相当水平的学前教育财力、物力及人力资源，学前教育资源配置的协调程度离不开区域条件的基数水平。

表 6.7 面板模型结果汇总

项	POOL 模型	FE 模型	RE 模型
截距	-0.029（-0.691）	0.008（0.078）	-0.083（-2.224^*）
$CU1$	2.861（3.832**）	0.127（0.047）	3.045（3.893**）
$CU2$	1.160（4.218**）	1.480（2.145*）	1.175（3.976**）
$CU3$	1.326（3.538**）	2.651（5.267**）	1.832（5.674**）
R^2	0.924	0.851	0.868
调整 R^2	0.919	0.544	0.860
样本量	50	50	50
检验	$F(3, 46) = 186.929$, $p = 0.000$	$F(3, 16) = 30.509$, $p = 0.000$	$\chi^2(3) = 301.996$, $p = 0.000$

注：$*p < 0.05$；$**p < 0.01$，括号里面为 t 值。

云南学前政府支持条件 $CU3$ 呈现出 0.01 水平的显著性（$t=5.674$，$p=0.000<0.01$），并且回归系数值为 $1.832>0$，可见政府支持条件 $CU3$ 对协调度 D 会产生显著的正向影响关系，由于在学前教育改革及发展中按照"上传下达"的政府命令的统筹、部署及安排，特别是在政府财政支持层面，加大学前教育财力资源投入是实现学前教育优质均衡发展的直接有效手段，也是促进学前教育资源配置协调发展的基础、动力和保障。

3. 驱动因子回归结果Ⅲ

在云南学前教育资源发展水平中的下位 2 类驱动因子（即学前教育资源水平、学前教育配置状态）对学前教育资源配置的耦合协调度的回归过程值中，在 POOL 模型中 F（2，47）= 163.616，$p=0.000$，$R^2=0.874$，调整 $R^2=0.869$；FE 模型中 F（2，17）= 46.785，$p=0.000$，$R^2=0.846$，调整 $R^2=0.557$；RE 模型中 χ^2（2）= 200.281，$p=0.000$，$R^2=0.813$，调整 $R^2=0.805$（见表 6.8）。

表 6.8　面板模型中间过程值

模型类别	项	Coef	Std. Err	t	p	95% CI	备注
POOL 模型过程值	截距	-0.092	0.037	-2.465	0.017*	-0.165— -0.019	F（2，47）= 163.616，$p=0.000$ $R^2=0.874$，调整 $R^2=0.869$
	LU1	0.895	0.197	4.535	0.000**	0.508— 1.282	
	LU2	2.355	0.318	7.394	0.000**	1.730— 2.979	
FE 模型过程值	截距	-0.180	0.073	-2.469	0.017*	-0.322— -0.037	F（2，17）= 46.785，$p=0.000$ $R^2=0.846$，调整 $R^2=0.557$
	LU1	1.412	0.501	2.816	0.012*	0.429— 2.395	
	LU2	2.439	0.316	7.707	0.000**	1.819— 3.059	

续表

模型类别	项	Coef	Std. Err	t	p	95% CI	备注
RE 模型过程值	截距	-0.124	0.035	-3.547	0.000**	-0.193—-0.056	$\chi^2(2) = 200.281$, $p = 0.000$ $R^2 = 0.813$, 调整 $R^2 = 0.805$
	LU1	0.912	0.207	4.408	0.000**	0.506—1.317	
	LU2	2.486	0.262	9.494	0.000**	1.972—2.999	

注：$*p<0.05$；$**p<0.01$。

本部分以 LU1（学前教育资源水平）、LU2（学前教育配置状态）作为自变量，仍以 D（耦合协调度）作为因变量进行面板模型构建。首先对面板模型进行检验选择最优模型，结合表6.8和表6.9可得结果：F 检验呈现出5%水平的显著性 $F(30, 17) = 15.559$，$p = 0.000 < 0.05$，相对 POOL 模型而言，FE 模型更优。BP 检验呈现出5%水平的显著性 $\chi^2(1) = 7.580$，$p = 0.006 < 0.05$，相对 POOL 模型而言，RE 模型更优。Hausman 检验并未呈现出显著性 $\chi^2(2) = 1.202$，$p = 0.548 > 0.05$，相对 FE 模型而言，RE 模型更优。由此可见，本书关于云南省学前教育资源配置的耦合协调度的Ⅲ类驱动因子分析仍以面板随机效应模型（RE）的回归结果进行分析。

表6.9　检验结果汇总（n=50）

检验类型	检验目的	检验值	检验结论
F 检验	FE 模型和 POOL 模型比较选择	$F(30, 17) = 15.559$, $p = 0.000$	FE 模型
BP 检验	RE 模型和 POOL 模型比较选择	$\chi^2(1) = 7.580$, $p = 0.006$	RE 模型
Hausman 检验	FE 模型和 RE 模型比较选择	$\chi^2(2) = 1.202$, $p = 0.548$	RE 模型

基于面板随机效应 RE 模型的回归结果可得（见表6.10）：云南学前教育资源水平 LU1 呈现出0.01水平的显著性（$t = 4.408$，$p = 0.000 < 0.01$），且回归系数值为 $0.912 > 0$，说明云南学前教育资源水平 LU1 对云南学前教育资源配置的耦合协调度（D）有显著的正向影响关系，学前教育资源水平是学前教育发展系统中数量性的核心要素，是实现区域学前发展水平与条件有效

协同的基础性驱动因子。

表6.10 面板模型结果汇总

项	POOL 模型	FE 模型	RE 模型
截距	-0.092（-2.465*）	-0.180（-2.469*）	-0.124（-3.547**）
LU1	0.895（4.535**）	1.412（2.816*）	0.912（4.408**）
LU2	2.355（7.394**）	2.439（7.707**）	2.486（9.494**）
R^2	0.874	0.846	0.813
调整 R^2	0.869	0.557	0.805
样本量	50	50	50
检验	F（2, 47）=163.616, p=0.000	F（2, 17）=46.785, p=0.000	χ^2（2）=200.281, p=0.000

注：*$p<0.05$；**$p<0.01$，括号里面为 t 值。

云南学前教育配置状态 $LU2$ 呈现出0.01水平的显著性（$t=9.494$，$p=0.000<0.01$），且回归系数值为2.486>0，说明学前教育配置状态 $LU2$ 同样对其耦合协调度 D 会产生显著的正向促进作用，学前教育配置状态是结合学前教育发展的特殊性以普及、普惠、集约状态的质量性的基础要素，是学前教育资源配置协调程度提升的核心点与动力源。

（二）驱动因子影响趋势分析

本书中部分研究结合面板回归模型分析结果，利用分位数回归模型研究不同分位点情况下的相关关系，并据此分析3大类驱动因子对于耦合协调度的影响趋势和判定模型的稳健性。

1. 驱动因子影响趋势 I

如表6.11所示，云南学前教育资源发展条件 CU 和发展水平 LU 两个驱动因子在0.1—0.9（间隔0.1）共10个分位数点时对于学前教育资源配置耦合协调度 D 的影响结果为：在不同分位数点时，学前教育资源发展条件对于其耦合协调度均会产生显著的正向影响；而学前教育资源发展水平对于协调度的影响来看，LU 分位数在0.2及以下时，学前教育资源发展水平对协调度 D 不会有影响，LU 分位数点高于0.35时，学前教育发展水平对于协调度有着显著的正向影响关系。

表6.11 驱动因子Ⅰ分位数回归系数

分位数	项	回归系数	标准误	t	p	95% CI
分位数 = 0.10 R^2 = 0.704	D	-0.127	0.059	-2.139	0.038*	-0.246— -0.008
	CU	1.444	0.256	5.633	0.000**	0.928—1.960
	LU	0.286	0.251	1.139	0.261	-0.219—0.790
分位数 = 0.20 R^2 = 0.723	D	-0.077	0.043	-1.779	0.082	-0.163—0.010
	CU	1.296	0.219	5.913	0.000**	0.855—1.737
	LU	0.332	0.198	1.675	0.101	-0.067—0.731
分位数 = 0.30 R^2 = 0.747	D	-0.062	0.037	-1.665	0.102	-0.137—0.013
	CU	1.158	0.191	6.070	0.000**	0.774—1.542
	LU	0.465	0.187	2.483	0.017*	0.088—0.841
分位数 = 0.40 R^2 = 0.763	D	-0.065	0.026	-2.486	0.017*	-0.117— -0.012
	CU	0.986	0.150	6.551	0.000**	0.683—1.288
	LU	0.689	0.140	4.934	0.000**	0.408—0.970
分位数 = 0.50 R^2 = 0.790	D	-0.067	0.018	-3.736	0.001**	-0.103— -0.031
	CU	0.852	0.114	7.466	0.000**	0.622—1.081
	LU	0.864	0.104	8.307	0.000**	0.655—1.074
分位数 = 0.60 R^2 = 0.815	D	-0.069	0.014	-4.871	0.000**	-0.098— -0.041
	CU	0.879	0.101	8.673	0.000**	0.675—1.083
	LU	0.870	0.093	9.381	0.000**	0.683—1.056
分位数 = 0.70 R^2 = 0.843	D	-0.06	0.012	-5.182	0.000**	-0.084— -0.037
	CU	0.907	0.092	9.837	0.000**	0.722—1.093
	LU	0.829	0.084	9.844	0.000**	0.660—0.999
分位数 = 0.80 R^2 = 0.872	D	-0.070	0.009	-7.974	0.000**	-0.088— -0.052
	CU	0.955	0.077	12.399	0.000**	0.800—1.110
	LU	0.823	0.070	11.759	0.000**	0.682—0.963
分位数 = 0.90 R^2 = 0.898	D	-0.067	0.008	-8.565	0.000**	-0.083— -0.051
	CU	0.969	0.061	15.958	0.000**	0.847—1.091
	LU	0.807	0.054	14.844	0.000**	0.698—0.917

注：*$p<0.05$；**$p<0.01$。

两大驱动因子对于学前教育资源配置的协调度影响趋势情况具体分析结果如图 6.1、图 6.2：针对云南学前教育资源发展条件对其耦合协调度的影响来看，CU 对于 D 均有显著正向影响，其中 CU 分位数水平为 0.5 或更低时，影响幅度相对较高且逐渐降低；CU 分位数水平高于 0.5 时，影响幅度仍相对较低，这表明学前教育资源配置协调程度越低，受到区域经济发展条件的影响幅度越高；而学前教育资源配置协调程度越高，受到学前教育资源发展条件的影响幅度越有限。

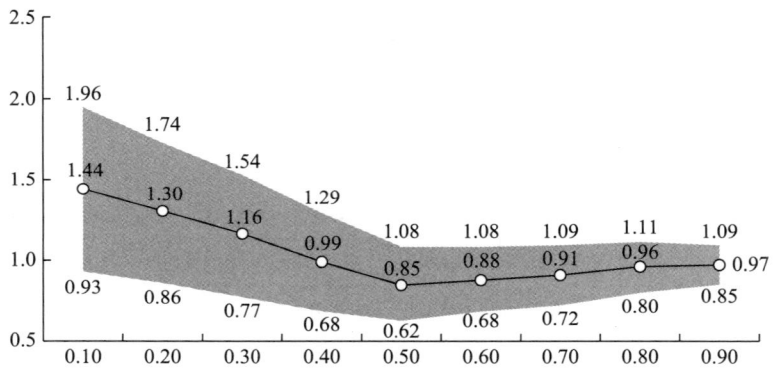

图 6.1　云南学前教育资源发展条件对协调度的影响趋势

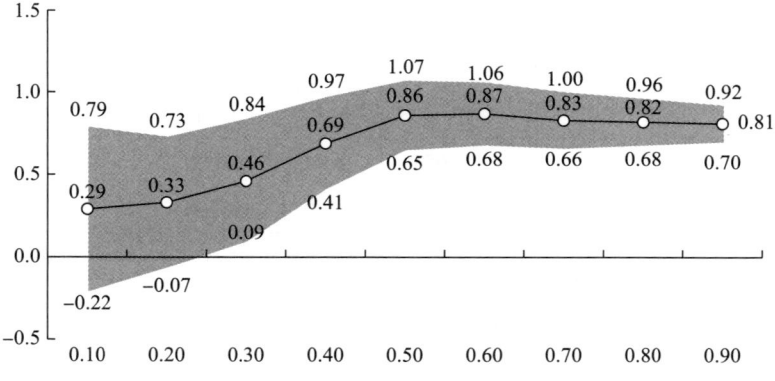

图 6.2　云南学前教育资源发展水平对协调度的影响趋势

当学前教育资源发展水平较低（≤20%分位数）时，学前教育资源配置协调度 D 不会受到 LU 的影响；但提升到一定程度（学前教育发展水平为 20% 分位点后）时，LU 对于 D 影响趋势可描述为：学前教育资源配置耦合协调度 D 随着 LU 的增加而提升，其影响幅度逐渐提高，这表明低水平的学前教育资源发展对于耦合协调度的影响较小，在特定范围内，学前教育资源发展水平越高，协调度也相对较高，两者影响关系越显著相关。

2. 驱动因子影响趋势 II

如表 6.12 所示，云南学前教育需求条件 CU1、区域条件 CU2 及政府支持 CU3 三个驱动因子在 0.1—0.9（间隔 0.1）共 10 个分位数点时对于学前教育资源配置耦合协调度 D 的影响结果为：在分位数点低于 0.9 时，学前教育需求条件 CU1 对于其耦合协调度均会产生显著的正向影响；CU2 分位数点高于 0.2 时，学前教育区域条件对协调度 D 均有显著促进作用；CU3 分位数点在 0.1 和 0.8 时，政府支持对于协调度有着显著的正向影响关系，但其余分位数点均无相关关系。

表 6.12　驱动因子 II 分位数回归系数

分位数	项	回归系数	标准误	t	p	95% CI
分位数 = 0.10 R^2 = 0.701	D	-0.150	0.093	-1.606	0.115	-0.338—0.038
	CU1	4.292	1.347	3.187	0.003**	1.582—7.003
	CU2	0.619	0.457	1.353	0.183	-0.301—1.539
	CU3	1.927	0.754	2.556	0.014*	0.410—3.444
分位数 = 0.20 R^2 = 0.714	D	-0.053	0.076	-0.700	0.487	-0.206—0.100
	CU1	2.750	1.147	2.398	0.021*	0.442—5.058
	CU2	1.256	0.395	3.182	0.003**	0.462—2.051
	CU3	1.053	0.596	1.766	0.084	-0.147—2.253
分位数 = 0.30 R^2 = 0.722	D	-0.010	0.057	-0.175	0.862	-0.125—0.105
	CU1	2.512	0.932	2.694	0.010**	0.635—4.388
	CU2	1.256	0.349	3.602	0.001**	0.554—1.958
	CU3	0.900	0.488	1.844	0.072	-0.082—1.882

续表

分位数	项	回归系数	标准误	t	p	95% CI
分位数 = 0.40 $R^2 = 0.731$	D	0.013	0.059	0.219	0.828	-0.107—0.133
	CU1	2.111	1.023	2.063	0.045*	0.052—4.171
	CU2	1.379	0.375	3.676	0.001**	0.624—2.134
	CU3	0.799	0.515	1.552	0.128	-0.238—1.836
分位数 = 0.50 $R^2 = 0.728$	D	0.049	0.056	0.876	0.386	-0.063—0.161
	CU1	2.464	1.010	2.440	0.019*	0.431—4.496
	CU2	1.125	0.372	3.027	0.004**	0.377—1.874
	CU3	0.732	0.507	1.445	0.155	-0.288—1.752
分位数 = 0.60 $R^2 = 0.725$	D	0.050	0.055	0.899	0.373	-0.062—0.162
	CU1	2.399	0.998	2.404	0.020*	0.390—4.408
	CU2	1.216	0.369	3.296	0.002**	0.474—1.959
	CU3	0.678	0.522	1.297	0.201	-0.374—1.729
分位数 = 0.70 $R^2 = 0.728$	D	0.065	0.052	1.240	0.221	-0.040—0.170
	CU1	2.199	0.889	2.472	0.017*	0.409—3.989
	CU2	1.263	0.333	3.787	0.000**	0.592—1.934
	CU3	0.737	0.516	1.428	0.160	-0.302—1.777
分位数 = 0.80 $R^2 = 0.750$	D	0.046	0.055	0.823	0.415	-0.066—0.157
	CU1	2.291	0.887	2.583	0.013*	0.506—4.076
	CU2	1.233	0.351	3.515	0.001**	0.527—1.939
	CU3	1.281	0.581	2.206	0.032*	0.112—2.450
分位数 = 0.90 $R^2 = 0.788$	D	0.113	0.056	2.02	0.049*	0.000—0.226
	CU1	0.774	0.922	0.839	0.406	-1.083—2.631
	CU2	1.685	0.388	4.342	0.000**	0.904—2.467
	CU3	1.112	0.697	1.596	0.117	-0.291—2.515

注：*$p < 0.05$；**$p < 0.01$。

Ⅱ类驱动因子对于学前教育资源配置的协调度影响趋势情况具体分析结果如图6.3、图6.4、图6.5：从云南学前教育需求条件对其耦合协调度的影

第六章 云南学前教育资源配置空间协调性的驱动机制及预测

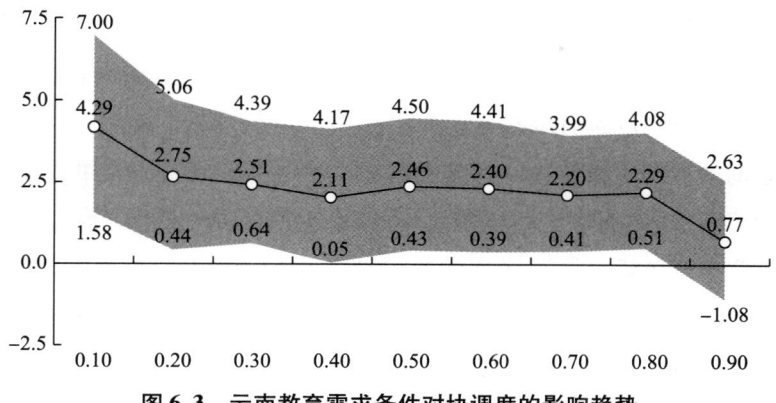

图 6.3 云南教育需求条件对协调度的影响趋势

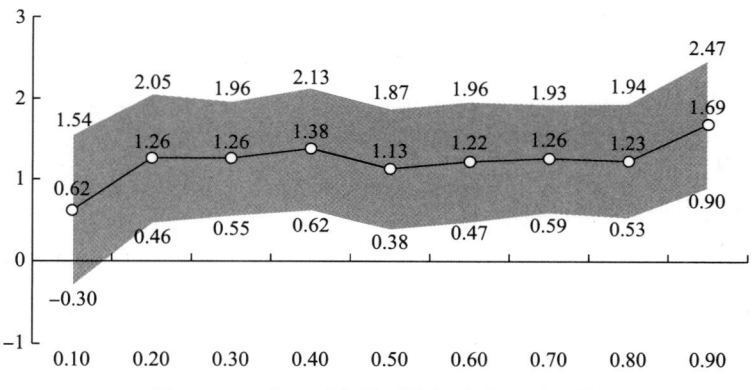

图 6.4 云南区域条件对协调度的影响趋势

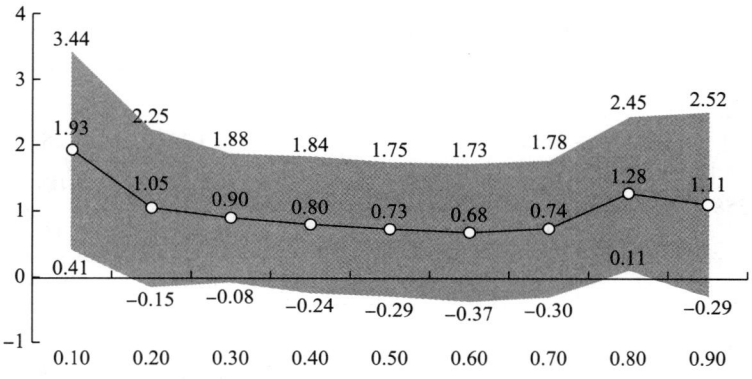

图 6.5 云南省政府支持条件对协调度的影响趋势

响来看,在分位数点0.8或更低时,$CU1$对于D均有显著正向影响,分位数点在0.9时,$CU1$对D无影响关系。这表明学前教育资源配置协调程度越低,受到教育需求条件的影响幅度越高;而学前教育资源配置协调程度越高,受到教育需求影响幅度越有限甚至无关联。

当学前区域条件较低(<20%分位数)时,学前教育资源配置协调度D不会受到$CU2$的影响;当分位数点≥0.2时,$CU2$对于D影响均为显著相关,学前教育资源配置耦合协调度D随着$CU2$的增加而提升,其影响幅度逐渐提高,且$CU2$在0.9分位数点时,协调度D受$CU2$的影响明显最高,这表明低水平的区域条件对于耦合协调度的影响幅度有限,而区域条件发展水平越高,耦合协调度受其影响越高。

从政府支持$CU3$对于学前教育资源配置协调度D的影响关系来看,$CU3$分位数点在0.1和0.8时,其归回系数均较高且对协调度均有着显著的正向影响关系,这说明政府支持条件水平较低时,其耦合协调度水平也较低,但耦合协调度的提升与政府支持的加强并非有持续的显著相关关系。

3. 驱动因子影响趋势Ⅲ

如表6.13所示,云南学前教育资源水平$LU1$和学前教育配置状态$LU2$两个驱动因子在0.1—0.9(间隔0.1)共10个分位数点时对于学前教育资源配置耦合协调度D的影响结果为:在不同分位数点时,学前教育资源水平与学前教育配置状态对于其耦合协调度均会产生显著的正向影响。

表6.13 驱动因子Ⅲ分位数回归系数

分位数	项	回归系数	标准误	t	p	95% CI
分位数=0.10 R^2=0.558	D	-0.155	0.065	-2.373	0.022*	-0.287——-0.024
	LU1	0.866	0.428	2.026	0.048*	0.006—1.727
	LU2	2.416	0.622	3.883	0.000**	1.164—3.667
分位数=0.20 R^2=0.614	D	-0.117	0.063	-1.837	0.073	-0.244——0.011
	LU1	0.945	0.357	2.645	0.011*	0.226—1.664
	LU2	2.201	0.572	3.844	0.000**	1.049—3.352

续表

分位数	项	回归系数	标准误	t	p	95% CI
分位数 = 0.30 $R^2 = 0.633$	D	-0.089	0.056	-1.591	0.118	-0.202—0.024
	LU1	1.044	0.334	3.122	0.003**	0.371—1.717
	LU2	2.018	0.499	4.045	0.000**	1.014—3.022
分位数 = 0.40 $R^2 = 0.659$	D	-0.056	0.046	-1.234	0.223	-0.148—0.035
	LU1	0.992	0.255	3.894	0.000**	0.479—1.504
	LU2	2.013	0.395	5.095	0.000**	1.218—2.807
分位数 = 0.50 $R^2 = 0.679$	D	-0.080	0.046	-1.725	0.091	-0.173—0.013
	LU1	0.857	0.245	3.500	0.001**	0.364—1.350
	LU2	2.352	0.395	5.953	0.000**	1.557—3.147
分位数 = 0.60 $R^2 = 0.687$	D	-0.071	0.046	-1.550	0.128	-0.163—0.021
	LU1	0.926	0.240	3.853	0.000**	0.442—1.409
	LU2	2.300	0.388	5.925	0.000**	1.519—3.081
分位数 = 0.70 $R^2 = 0.694$	D	-0.062	0.040	-1.530	0.133	-0.143—0.019
	LU1	0.976	0.209	4.670	0.000**	0.556—1.397
	LU2	2.247	0.340	6.616	0.000**	1.564—2.930
分位数 = 0.80 $R^2 = 0.696$	D	-0.011	0.038	-0.275	0.784	-0.088—0.066
	LU1	1.031	0.221	4.667	0.000**	0.587—1.476
	LU2	1.963	0.333	5.892	0.000**	1.293—2.634
分位数 = 0.90 $R^2 = 0.696$	D	0.092	0.043	2.124	0.039*	0.005—0.179
	LU1	1.438	0.331	4.350	0.000**	0.773—2.103
	LU2	1.306	0.498	2.623	0.012*	0.304—2.308

注：*$p<0.05$；**$p<0.01$。

Ⅲ类驱动因子对于学前教育资源配置的协调度影响趋势情况具体分析结果如图6.6、图6.7：从云南学前教育资源水平对其耦合协调度的影响来看，LU1对于协调度D均有正向促进作用，且学前教育资源水平越高，耦合协调程度越好，LU1在0.9分位数点时，即耦合协调度最高的TOP5层次，协调度D受到学前教育资源水平的影响明显最高。

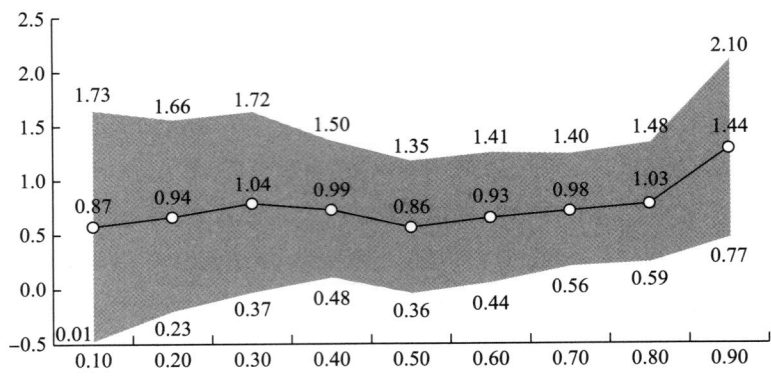

图 6.6 云南学前教育资源水平对协调度的影响趋势

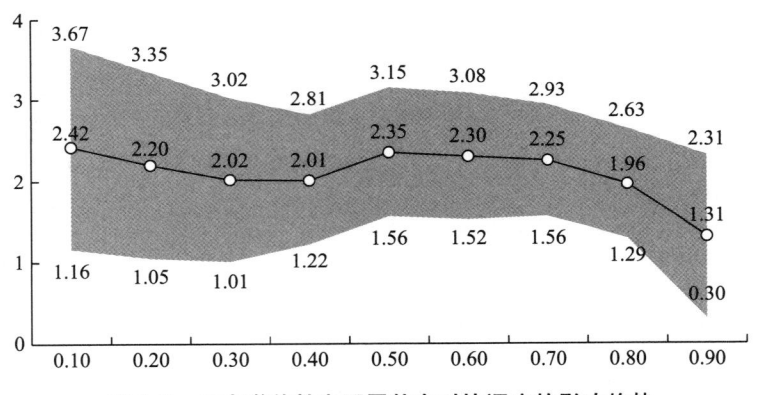

图 6.7 云南学前教育配置状态对协调度的影响趋势

当学前教育配置状态 <50% 分位数时，LU2 对学前教育资源配置协调度 D 有显著的正向促进作用，但影响幅度逐渐缩小；当分位数点 ≥0.5 时，LU2 对于 D 的影响均为显著相关，学前教育资源配置耦合协调度 D 随着 CU2 的增加而提升，但影响幅度相对较低，且 LU2 在 0.9 分位数点时，协调度 D 受 LU2 的影响最小，这表明低水平的学前配置状态对于耦合协调度的影响幅度较大，而学前教育配置状态越优质，耦合协调度受其影响幅度越有限。

第二节 云南学前教育资源配置的空间协调性的预测

云南学前教育资源配的空间协调性驱动机制分析为后续情景预测探析提供了重要的实证基础，基于多因素情景预测技术分析过程及结论，不仅客观得出影响核心预测指标的关键指标，也可据此精确分析得到核心指标与关键指标的演化特征及预测结果。鉴于此，本书结合前述驱动机制分析结果，运用"ARIMA 模型"对云南学前教育资源发展条件、发展水平及其协调度进行预测，为确保预测结果可信度及预测偏差的减少，选择在原有历史数据的基础上对未来 6 年内驱动因子发展指数进行预测。

一 单位根的检验

ARIMA 模型预测分析的前提条件是必须满足对平稳时间序列的分析，为避免伪回归现象，保证结论的可靠性，本书借助 Eviews 软件采用 ADF 检验法（Augment Dickey-Fuller test）对数据进行单位根/平稳性检验，为后续 ARIMA 模型预测分析差分阶数 d 提供直接客观的参考类别。单位根检验主要检验时间序列存在单位根的情况，单位根的存在表明时间序列数据不平稳，即非平衡时间序列，因而不能进行后续的 ARIMA 模型预测分析。

（一）云南学前教育资源发展条件 ADF 检验结果

ADF 检验首要是将"非平衡时间序列"的验证设为基本假设条件，并在不同概率条件下的检验临界值比较分析检验结果。ADF 检验的"非平稳性假设"在检验结果小于临界值的条件下被打破，序列则为"平稳序列"。若 $p < 0.1/0.05$，则代表 0.1 水平下拒绝原假设，即"序列平稳"；若序列不平稳，可进行"一阶"或"二阶"差分后，再进行 ADF 检验，直至序列平稳；若"二阶"差分仍不平稳，则以"二阶"作为最终差分阶数。

对云南省学前教育资源发展条件系统的结果通过取对数的方式进行 ADF 稳定性检验，根据结果可得，该时间序列数据 ADF 检验的 t 统计量为 2.122，

p 值为 0.999，1%、5%、10% 临界值分别为 -5.354、-3.646、-2.901，其中 $p=0.999>0.1$，序列为非平稳序列，显著地拒绝原假设条件，因此对序列进行一阶差分再进行 ADF 检验，一阶差分后数据 ADF 检验结果显示 $p=0.005<0.01$，有高于 99% 的把握拒绝原假设，通过 t 统计量及 p 值综合分析，此时序列平稳，云南学前教育资源发展条件为一阶单整序列（见表6.14）。由此可见，云南学前教育资源发展条件 ARIMA 模型预测分析中，其差分阶数 d 选择 I（1）过程。

表 6.14 云南学前教育资源发展条件的 ADF 检验

差分阶数 d	t	p	临界值		
			1%	5%	10%
0	2.122	0.999	-5.354	-3.646	-2.901
1	-3.620	0.005	-5.354	-3.646	-2.901

注：序列中 "d" 表示一阶拆分后的序列。

（二）云南学前教育资源发展水平的 ADF 检验结果

在对云南省学前教育资源发展水平系统的结果通过取对数的方式进行 ADF 稳定性检验，结果见表 6.15。

表 6.15 云南学前教育资源发展水平的 ADF 检验

差分阶数	t	p	临界值		
			1%	5%	10%
0	5.717	1.000	-4.939	-3.478	-2.844
1	0.952	0.994	-5.354	-3.646	-2.901
2	-7.165	0.000	-5.354	-3.646	-2.901

注：序列中 "d" 表示一阶拆分后的序列。

依据云南学前教育资源发展水平 ADF 检验结果可知，该时间序列数据 ADF 检验的 t 统计量为 5.717，p 值为 1.000，1%、5%、10% 临界值分别为

-4.939、-3.478、-2.844，其中 $p=1.000>0.1$，序列为非平稳序列，显著地拒绝原假设条件，因此对序列进行一阶差分再进行 ADF 检验，一阶差分后数据 ADF 检验结果显示 $p=0.994>0.1$，不能拒绝原假设，序列不平稳，对序列进行二阶差分再进行 ADF 检验，二阶差分后数据 ADF 检验结果显示 $p=0.000<0.01$，有高于99%的把握拒绝原假设，通过 t 统计量及 p 值综合分析，此时序列平稳，云南学前教育资源发展水平为二阶单整序列（见表6.15）。由此可见，云南学前教育资源发展水平 ARIMA 模型预测分析中，其差分阶数 d 选择Ⅱ（2）过程。

（三）云南学前教育资源配置的协调度的 ADF 检验结果

在对云南省学前教育资源配置的协调度的结果通过取对数的方式进行 ADF 稳定性检验，结果见表6.16。

表6.16 云南学前教育资源配置的协调性的 ADF 检验

差分阶数	t	p	临界值		
			1%	5%	10%
0	2.497	0.999	-5.354	-3.646	-2.901
1	-4.945	0.000	-6.045	-3.929	-2.987

注：序列中"d"表示一阶拆分后的序列。

由云南学前教育资源配置的协调度 ADF 检验结果可见，该时间序列数据 ADF 检验的 t 统计量为2.497，p 值为0.999，1%、5%、10%临界值分别为-5.354、-3.646、-2.901，其中 $p=0.999>0.1$，序列为非平稳序列，显著地拒绝原假设条件，因此对序列进行一阶差分再进行 ADF 检验，一阶差分后数据 ADF 检验结果显示 $p=0.000<0.01$，有高于99%的把握拒绝原假设，通过 t 统计量及 p 值综合分析，此时序列平稳，云南学前教育资源发展水平为一阶单整序列（见表6.16）。由此可见，云南学前教育资源配置的协调度 ARIMA 模型预测分析中，其差分阶数 d 选择Ⅰ（1）过程。

二 平稳序列分析

自相关图 ACF 和偏自相关 PACF 旨在判断 ARMIA 模型（由 AR 模型和 MA 模型构成）在时间序列上的适用程度。ARMIA 模型建模的关键前提是对于移动平均阶数 q 与自回归阶数 p 类别的选择，而自相关 ACF 和偏自相关 PACF 图则直接判断 p 和 q。如果 PACF 图在 p 阶处截尾（某一滞后阶数后 PACF 为 0）且 ACF 图不截尾，即 AR（p）模型；如果 ACF 图在 q 阶处截尾（某一滞后阶数后 ACF 为 0）且 PACF 图不截尾，即 MA（q）模型；如果 ACF 图与 PACF 图都显著不截尾，则需选择合适的 ARIMA 阶数，则为 ARMIA（p, q）模型。ACF 图和 PACF 图中最显著的阶数可分别选择 q 值、p 值；如果 ACF 图和 PACF 图都截尾，则数据为白噪声，则不适用于 ARMIA 模型建模。

通常结合自相关图 ACF 和偏自相关 PACF 来（包括图形）判定 ARMIA 模型建模的自回归阶数 p 和移动平均阶数 q，其模型判断标准说明如表 6.17。

表 6.17 ARMIA 通用判断标准

模型	ACF 图	PACF 图
AR（p）	拖尾	p 阶截尾
MA（q）	q 阶截尾	拖尾
ARMIA（p, q）	拖尾	拖尾
模型不适合	截尾	截尾

其中拖尾指始终有非零取值，不是在大于某阶后就快速趋近于 0，而是在某阶后在 0 附近随机变化（即在 0 附近波动，不会等于 0）；截尾是在大于某阶（k）后快速趋于 0 为 k 阶截尾（即从某阶后变为 0）。

（一）云南学前教育资源发展条件的 ACF 和 PACF 图分析

从云南学前教育资源发展条件自相关 ACF 图可知，最终都没有趋近于 0（更没有快速趋近于 0），因此属于拖尾现象，同时需分析偏自相关图 PACF。

第六章 云南学前教育资源配置空间协调性的驱动机制及预测

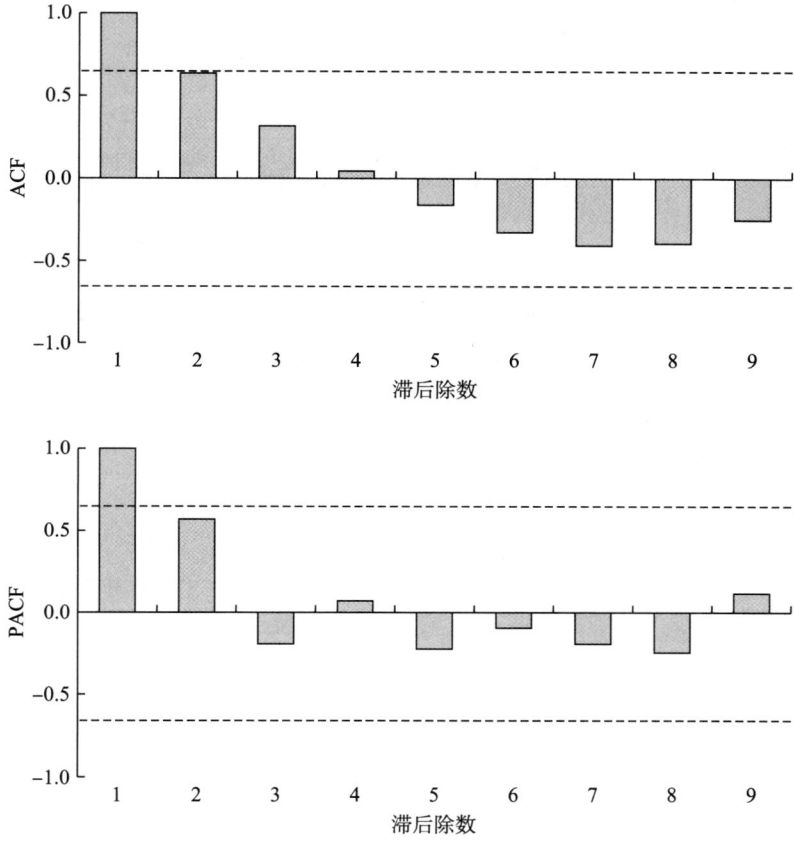

图 6.8 云南学前教育资源发展条件 ACF/PACF 图

从云南学前教育资源发展条件偏自相关图 PACF 明显可以看出：从 3 阶开始仍未趋近于 0，同样也属于拖尾现象（见图 6.8）。结合判断标准可知：自相关图和偏自相关图均为拖尾。

云南学前教育资源发展条件自相关图和偏自相关图均显示为拖尾，那么可结合 ACF 图中最显著的阶数作为 q 值，选择 PACF 中最显著的阶数作为 p 值，最终建立 ARMIA（p，q）模型。结合云南学前教育资源发展条件 ACF 和 PACF 图、表 6.18 及 ADF 检验结果，最终建议自回归阶数 p 值为 0，移动平均阶数 q 值为 0，因此可选择 ARIMA（0，1，0）模型。

275

表 6.18　云南学前教育资源发展条件 ACF 图和 PACF 图分析结果

ACF 图	滞后阶数	1.00	2.00	3.00	4.00	5.00	6.00	7.00	8.00	9.00
	Series 1	1.00	0.58	0.21	0.08	−0.09	−0.23	−0.32	−0.43	−0.29
PACF 图	滞后阶数	1.00	2.00	3.00	4.00	5.00	6.00	7.00	8.00	9.00
	Series 1	1.00	0.58	−0.19	0.07	−0.22	−0.09	−0.19	−0.25	0.13

（二）云南学前教育资源发展水平的 ACF 和 PACF 图分析

从云南学前教育资源发展水平自相关 ACF 图可知，都没有趋近于 0 或快速趋近于 0，因此属于拖尾现象，同时需分析偏自相关图 PACF（见图 6.9）。

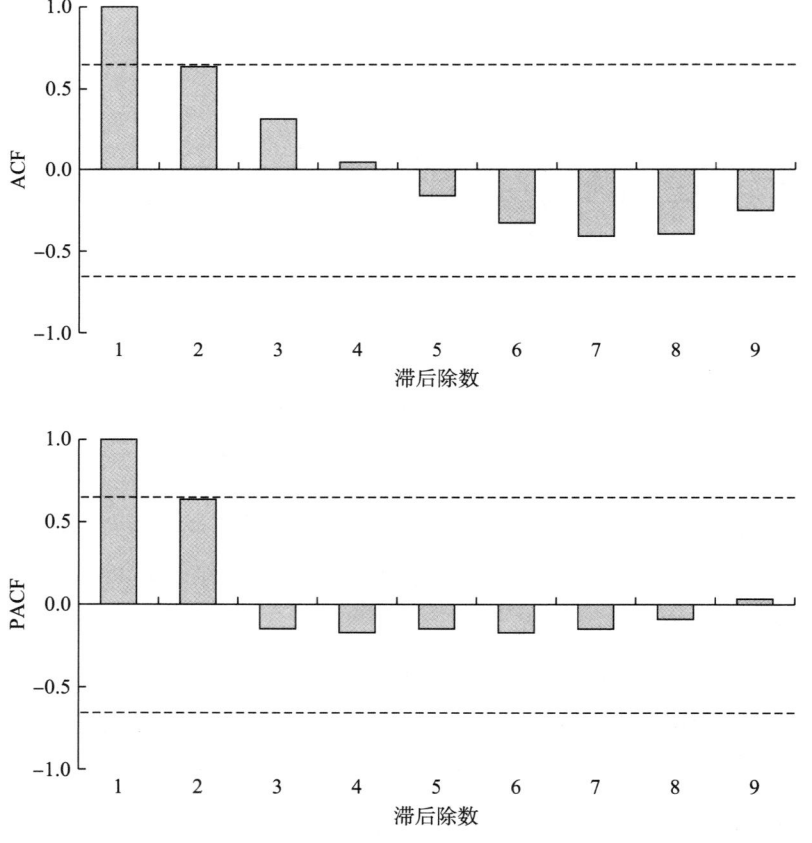

图 6.9　云南学前教育资源发展水平的 ACF/PACF 图分析

第六章 云南学前教育资源配置空间协调性的驱动机制及预测

从云南学前教育资源发展水平偏自相关图 PACF 明显可以看出：从 3 阶开始逐步趋近于 0，意味着在 3 阶截尾。结合判断标准可知：自相关图为拖尾，偏自相关图为 3 阶截尾，因此可选择为 AR（3）模型较为适合。

云南学前教育资源发展水平自相关图拖尾，并且偏自相关图在 p 阶截尾，可结合 ACF 图中最显著的阶数作为 q 值，选择 PACF 中最显著的阶数作为 p 值，最终建立 AR（p）模型。结合云南学前教育资源发展水平 ACF 和 PACF 图、表 6.19 及 ADF 检验结果，最终建议自回归阶数 p 值为 0，移动平均阶数 q 值为 3，因此最终选择 AR（3）模型。

表 6.19　云南学前教育资源发展水平 ACF 图和 PACF 图分析结果

云南学前教育资源发展水平 ACF 图	滞后阶数	1.00	2.00	3.00	4.00	5.00	6.00	7.00	8.00	9.00
	Series 1	1.00	0.64	0.33	0.05	-0.16	-0.31	-0.40	-0.39	-0.26
云南学前教育资源发展水平 PACF 图	滞后阶数	1.00	2.00	3.00	4.00	5.00	6.00	7.00	8.00	9.00
	Series 1	1.00	0.64	-0.14	-0.17	-0.14	-0.17	-0.14	-0.09	0.04

（三）云南学前教育资源配置的协调度的 ACF 和 PACF 图分析

从云南学前教育资源配置的协调型自相关 ACF 图可知，都没有趋近于 0 或快速趋近于 0，因此明显属于拖尾现象，同时需结合分析偏自相关图 PACF（见图 6.10）。

从云南学前教育资源配置的协调性偏自相关图 PACF 明显可以看出：从 2 阶开始逐步趋近于 0，意味着在 2 阶截尾。结合判断标准可知：自相关图为拖尾，偏自相关图为 2 阶截尾，因此可选择为 AR（2）模型较为适合。

云南学前教育资源配置的协调性自相关图拖尾，并且偏自相关图在 p 阶截尾，可结合 ACF 图中最显著的阶数作为 q 值，选择 PACF 中最显著的阶数作为 p 值，最终建立 AR（p）模型。结合云南学前教育资源配置协调性 ACF 和 PACF 图、表 6.20 及 ADF 检验结果，最终建议自回归阶数 p 值为 0，移动平均阶数 q 值为 2，因此最终选择 AR（2）模型。

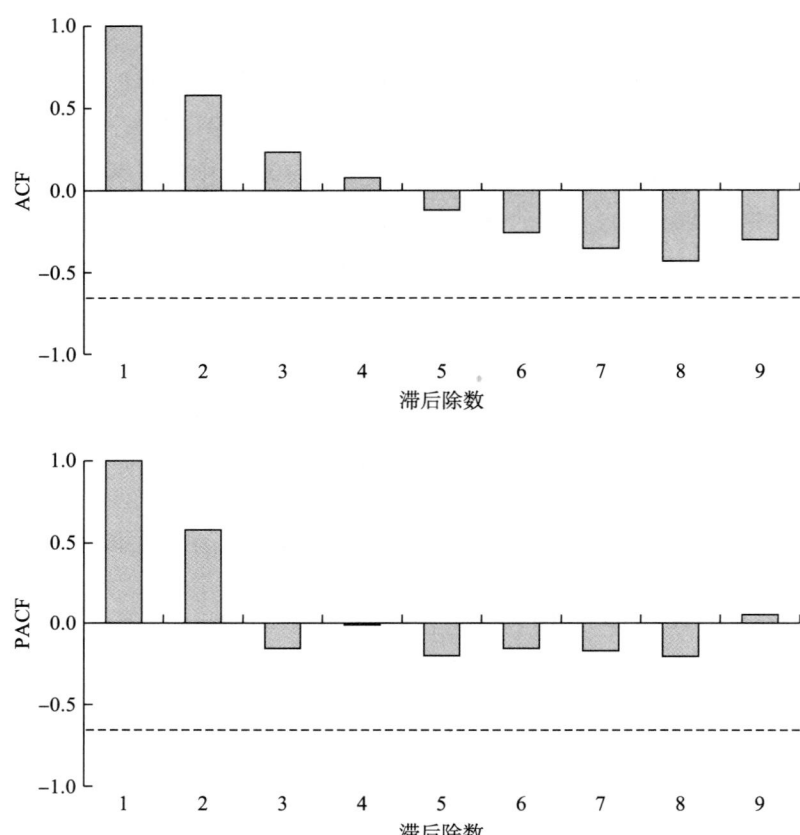

图 6.10　云南学前教育资源配置的协调性 ACF/PACF 图

表 6.20　云南学前教育资源配置的协调性 ACF 图和 PACF 图分析结果

ACF 图	滞后阶数	1.00	2.00	3.00	4.00	5.00	6.00	7.00	8.00	9.00
	Series 1	1.00	0.60	0.26	0.08	−0.11	−0.26	−0.35	−0.42	−0.30
PACF 图	滞后阶数	1.00	2.00	3.00	4.00	5.00	6.00	7.00	8.00	9.00
	Series 1	1.00	0.60	−0.15	−0.01	−0.19	−0.15	−0.16	−0.20	0.06

三 预测模型建构

ARMIA 模型（Auto Regression Moving Average）即自回归滑动平均模型，包括 AR 模型（Auto Regression Model）、MA 模型（Moving Average Model）和 ARMIA 模型（Auto Regression Moving Average Model），是较成熟的拟合平稳序列且精度良好的随机时序预测模型，常用于区域各个领域的短期预测中，其中 AR（p）模型被称为"p 阶自回归模型"，模型结构如下：

$$\begin{cases} x_t = \varnothing_1 x_{t-1} + \varnothing_2 X_{t-2} + \cdots + \varnothing_p x_{t-p} + \varepsilon_t \quad \varnothing_p \neq 0 \\ E(\varepsilon_t) = 0, Var(\varepsilon_t) = \sigma_z^2, E(\varepsilon_t \varepsilon_x) = 0, s \neq t \\ E x_x \varepsilon_t = 0, \forall_s < t \end{cases} \quad (6.7)$$

或

$$\Phi(B) x_t = \varepsilon_t \quad (6.8)$$

MA（q）模型为"q 阶滑动平均模型"，其模型结构如下：

$$\begin{cases} x_t = \varepsilon_t - \theta_1 \varepsilon_{t-1} - \theta_2 \varepsilon_{t-2} - \cdots - \theta_q \varepsilon_{t-q} \\ \theta_q \neq 0 \\ E(\varepsilon_t) = 0, Var(\varepsilon_t) = \sigma_z^2, E(\varepsilon_t \varepsilon_x) = 0, s \neq t \end{cases} \quad (6.9)$$

ARMIA（p, q）模型为"自回归滑动平均模型"，其模型结构如下：

$$\begin{cases} x_t = \varnothing_1 x_{t-1} + \cdots + \varnothing_p x_{t-p} + \varepsilon_t - \theta_1 \varepsilon_{t-1} - \cdots - \theta_q \varepsilon_{t-q} \\ \varnothing_p \neq 0, \theta_q \neq 0 \\ E(\varepsilon_t) = 0, Var(\varepsilon_t) = \sigma_z^2, E(\varepsilon_t \varepsilon_x) = 0, s \neq t \\ E x_x \varepsilon_t = 0, \forall_s < t \end{cases} \quad (6.10)$$

或

$$x_t = \varnothing_1 x_{t-1} + \cdots + \varnothing_p x_{t-p} + \varepsilon_t - \theta_1 \varepsilon_{t-1} - \cdots - \theta_q \varepsilon_{t-q} \quad (6.11)$$

如果引进"延迟算子"，ARMIA（p, q）模型则简记为：

$$\Phi(B) x_t = \Theta(B) \varepsilon_t \quad (6.12)$$

本书选用云南省 16 州市学前教育资源配置协调度、发展条件及发展水平在2010—2018年的9个时间序列样本，建立合适模型预测未来6年发展趋势。结合上述ADF检验及平稳时间序列的ACF与PACF分析图，对研究云南各州市及维度ARMIA模型形式作最初的判定，结果统计表明：云南省16州市学前教育资源发展条件、发展水平及资源配置的协调度ARMIA模型均选择ARMIA（p，q）模型或AR（p）模型来进行数据发展趋势预测。

（一）云南学前教育资源发展条件ARMIA模型建构分析

若ARMIA模型建模要求残差为白噪声（即残差不存在自相关性），可通过Q统计量检验进行白噪声检验（原假设：残差是白噪声），若Q6用于检验残差前6阶自相关系数是否满足白噪声，$p>0.1$则代表满足白噪声检验。通常也可直接分析Q6，信息准则AIC和BIC值用于多次对比模型，其值越低越好，若可多次进行对比变化情况，则表明模型构建的优化过程。因此，在云南省学前教育资源发展条件ARMIA模型建构过程中，结合AIC信息准则，此研究对多个潜在备选模型进行建模和对比选择，依据上述ADF检验结构，差分阶数d选择Ⅰ（1）过程，同时参照云南学前教育资源发展条件ACF和PACF图，最终建议自回归阶数p值为0，移动平均阶数q值为0，最终确定最优模型为：ARIMA（0，1，0），其模型公式为：$y(t)=0.018$。从Q统计量结果看，Q6的p值为$0.583>0.1$，则在0.1的显著性水平下不能拒绝原假设，模型的残差是白噪声，模型基本满足要求（见表6.21）。

根据云南省16州市学前教育资源发展条件ARMIA模型建构结果，选择ARMIA（p，q）的模型州市有玉溪市、昭通市、丽江市、普洱市、临沧市、楚雄州、红河州、文山州、版纳州、大理州、德宏州、怒江州、迪庆州，其中昭通市、普洱市、临沧市、版纳州和迪庆州具体为ARIMA（0，1，0）模型，其余州市均为ARIMA（0，1，1）模型；选择AR（p）模式的州市有昆明市、曲靖市、保山市，且均为AR（3）模型（见表6.21）。云南省16州市Q6的p值均大于0.1，其模型均基本满足要求。

第六章 云南学前教育资源配置空间协调性的驱动机制及预测

表 6.21 云南省学前教育资源发展条件 ARIMA 模型参数表

地区	最优模型	模型公式	常数项 C	Q 统计量	MA 参数	AR 参数	信息准则	模型性质
云南省	ARIMA(0, 1, 0)	$y(t) = 0.018$	0.018	Q6 (p 值): 0.583 (0.445) Q12 (p 值): 3.132 (0.792)			AIC: −51.829 BIC: −51.223	Q6 (p 值) >0.1 模型满足基本要求
昆明市	AR (3)	$y(t) = 0.636 + 1.369 * y(t-1) + 0.155 * y(t-2) - 0.555 * y(t-3)$	0.636	Q6 (p 值): 0.374 (0.541) Q12 (p 值): 0.882 (0.990)		α1: 1.369 α2: 0.155 α3: −0.555	AIC: −37.194 BIC: −35.681	Q6 (p 值) >0.1 模型满足基本要求
曲靖市	AR (3)	$y(t) = 0.397 + 1.363 * y(t-1) + 0.170 * y(t-2) - 0.562 * y(t-3)$	0.397	Q6 (p 值): 0.814 (0.367) Q12 (p 值): 1.637 (0.950)		α1: 1.363 α2: 0.17 α3: −0.562	AIC: −47.599 BIC: −46.087	Q6 (p 值) >0.1 模型满足基本要求
玉溪市	ARIMA(0, 1, 1)	$y(t) = 0.029$	0.029	Q6 (p 值): 0.006 (0.938) Q12 (p 值): 3.565 (0.735)	β1: −1		AIC: −55.508 BIC: −54.902	Q6 (p 值) >0.1 模型满足基本要求
保山市	AR (3)	$y(t) = 0.374 + 1.250 * y(t-1) + 0.334 * y(t-2) - 0.636 * y(t-3)$	0.374	Q6 (p 值): 0.270 (0.604) Q12 (p 值): 0.834 (0.991)		α1: 1.25 α2: 0.334 α3: −0.636	AIC: −41.991 BIC: −40.478	Q6 (p 值) >0.1 模型满足基本要求

续表

地区	最优模型	模型公式	常数项 C	Q 统计量	MA 参数	AR 参数	信息准则	模型性质
昭通市	ARIMA (0, 1, 0)	y(t) = 0.026	0.026	Q6 (p 值): 0.010 (0.919) Q12 (p 值): 2.168 (0.904)			AIC: −46.557 BIC: −45.952	Q6 (p 值) >0.1 模型满足基本要求
丽江市	ARIMA (0, 1, 1)	y(t) = 0.027 − 1.000 * ε (t−1)	0.027	Q6 (p 值): 0.039 (0.843) Q12 (p 值): 10.042 (0.123)	β1: −1		AIC: −54.103 BIC: −53.195	Q6 (p 值) >0.1 模型满足基本要求
普洱市	ARIMA (0, 1, 0)	y(t) = 0.025	0.025	Q6 (p 值): 0.481 (0.488) Q12 (p 值): 5.080 (0.534)			AIC: −54.162 BIC: −53.557	Q6 (p 值) >0.1 模型满足基本要求
临沧市	ARIMA (0, 1, 0)	y(t) = 0.021	0.021	Q6 (p 值): 0.129 (0.719) Q12 (p 值): 5.076 (0.534)			AIC: −63.447 BIC: −62.842	Q6 (p 值) >0.1 模型满足基本要求
楚雄州	ARIMA (0, 1, 1)	y(t) = 0.028 − 1.000 * ε (t−1)	0.028	Q6 (p 值): 0.224 (0.636) Q12 (p 值): 4.486 (0.611)	β1: −1		AIC: −53.718 BIC: −52.810	Q6 (p 值) >0.1 模型满足基本要求

续表

地区	最优模型	模型公式	常数项 C	Q 统计量	MA 参数	AR 参数	信息准则	模型性质
红河州	ARIMA (0, 1, 1)	y(t) = 0.027 − 1.000 * ε(t−1)	0.027	Q6 (p值): 0.026 (0.871) Q12 (p值): 5.701 (0.458)	β1: −1		AIC: −59.508 BIC: −58.600	Q6 (p值) >0.1 模型满足基本要求
文山州	ARIMA (0, 1, 1)	y(t) = 0.026 − 1.000 * ε(t−1)	0.026	Q6 (p值): 0.004 (0.948) Q12 (p值): 2.450 (0.874)	β1: −1		AIC: −50.497 BIC: −49.590	Q6 (p值) >0.1 模型满足基本要求
版纳州	ARIMA (0, 1, 0)	y(t) = 0.025	0.025	Q6 (p值): 0.599 (0.439) Q12 (p值): 2.526 (0.865)			AIC: −57.427 BIC: −56.822	Q6 (p值) >0.1 模型满足基本要求
大理州	ARIMA (0, 1, 1)	y(t) = 0.029 − 1.000 * ε(t−1)	0.029	Q6 (p值): 0.257 (0.612) Q12 (p值): 4.945 (0.551)	β1: −1		AIC: −59.417 BIC: −58.510	Q6 (p值) >0.1 模型满足基本要求
德宏州	ARIMA (0, 1, 1)	y(t) = 0.026 + 1.000 * ε(t−1)	0.026	Q6 (p值): 0.183 (0.669) Q12 (p值): 6.034 (0.419)	β1: 1		AIC: −57.261 BIC: −56.353	Q6 (p值) >0.1 模型满足基本要求

续表

地区	最优模型	模型公式	常数项 C	Q 统计量	MA 参数	AR 参数	信息准则	模型性质
怒江州	ARIMA (0, 1, 1)	y(t) = 0.021 − 0.623 * ε(t − 1)	0.021	Q6 (p 值): 0.049 (0.824) Q12 (p 值): 5.379 (0.496)	β1: −0.623		AIC: −46.891 BIC: −45.983	Q6 (p 值) >0.1 模型满足基本要求
迪庆州	ARIMA (0, 1, 0)	y(t) = 0.034	0.034	Q6 (p 值): 0.616 (0.433) Q12 (p 值): 4.347 (0.630)			AIC: −32.052 BIC: −31.658	Q6 (p 值) >0.1 模型满足基本要求

注：* $p<0.05$；** $p<0.01$。

（二） 云南学前教育资源发展水平 ARMIA 模型建构分析

在云南省学前教育资源发展水平 ARMIA 模型建构过程中，结合 AIC 信息准则，即该值越低越好，本书对多个潜在备选模型进行建模和对比选择，基于上述 ADF 检验结构，差分阶数 d 选择 Ⅱ（2）过程，同时参照云南学前教育资源发展水平 ACF 和 PACF 图，最终建议自回归阶数 p 值为 0，移动平均阶数 q 值为 3，最终找出最优模型为：AR（3），其模型公式为：$y(t) = 0.498 + 1.106 * y(t-1) + 0.737 * y(t-2) - 0.871 * y(t-3)$。从 Q 统计量结果看，Q6 的 p 值为 0.012 大于 0.1，则在 0.1 的显著性水平下不能拒绝原假设，模型的残差是白噪声，模型基本满足要求（见表 6.22）。

根据云南省 16 州市学前教育资源发展水平 ARMIA 模型建构结果，选择 ARMIA（p，q）的模型州市有昆明市、曲靖市、玉溪市、保山市、昭通市、李沧是、楚雄州、红河州、文山州、版纳州、德宏州、怒江州，其中曲靖市和保山市具体为 ARIMA（0，1，1）模型，其余州市均为 ARIMA（0，1，0）模型，其余州市均为；选择 AR（p）模式的州市有丽江市、普洱市、大理州、迪庆州，其中迪庆州具体为 AR（2）模型，其余州市均为 AR（3）模型（见表 6.22）。云南省 16 州市 Q6 的 p 值均大于 0.1，其模型均基本满足要求。

（三） 云南学前教育资源配置的协调度 ARMIA 模型建构分析

在云南省学前教育资源配置的协调度 ARMIA 模型建构过程中，结合 AIC 信息准则，即该值越低越好，本书对多个潜在备选模型进行建模和对比选择，基于上述 ADF 检验结构，差分阶数 d 选择 Ⅰ（1）过程，同时参照云南学前教育资源发展水平 ACF 和 PACF 图，建议自回归阶数 p 值为 0，移动平均阶数 q 值为 2，最终找出最优模型为：AR（2），其模型公式为：$y(t) = 0.385 + 1.640 * y(t-1) - 0.714 * y(t-2)$。从 Q 统计量结果看，Q6 的 p 值为 0.708 大于 0.1，则在 0.1 的显著性水平下不能拒绝原假设，模型的残差是白噪声，模型基本满足要求（见表 6.23）。

表 6.22 云南省学前教育资源发展水平的 ARIMA 模型参数表

地区	最优模型	模型公式	常数项 C	Q 统计量	MA 参数	AR 参数	信息准则	模型性质
云南省	AR(3)	$y(t)=0.498+1.106*y(t-1)+0.737*y(t-2)-0.871*y(t-3)$	0.498	Q6 (p 值): 0.012 (0.912) Q12 (p 值): 0.432 (0.999)		α1: 1.106 α2: 0.737 α3: −0.871	AIC: −48.023 BIC: −47.037	Q6 (p 值) >0.1 模型满足基本要求
昆明市	ARIMA (0,1,0)	$y(t)=0.026$	0.026	Q6 (p 值): 0.913 (0.339) Q12 (p 值): 4.786 (0.571)			AIC: −51.157 BIC: −50.552	Q6 (p 值) >0.1 模型满足基本要求
曲靖市	ARIMA (0,1,1)	$y(t)=0.023+1.000*\varepsilon(t-1)$	0.023	Q6 (p 值): 0.141 (0.708) Q12 (p 值): 2.611 (0.856)	β1: 1		AIC: −53.884 BIC: −53.292	Q6 (p 值) >0.1 模型满足基本要求
玉溪市	ARIMA (0,1,0)	$y(t)=0.027$	0.027	Q6 (p 值): 0.096 (0.757) Q12 (p 值): 1.654 (0.949)			AIC: −47.921 BIC: −47.526	Q6 (p 值) >0.1 模型满足基本要求
保山市	ARIMA (0,1,1)	$y(t)=0.027-1.000*\varepsilon(t-1)$	0.027	Q6 (p 值): 0.216 (0.642) Q12 (p 值): 3.366 (0.762)	β1: −1		AIC: −53.219 BIC: −52.312	Q6 (p 值) >0.1 模型满足基本要求

第六章 云南学前教育资源配置空间协调性的驱动机制及预测

续表

地区	最优模型	模型公式	常数项 C	Q 统计量	MA 参数	AR 参数	信息准则	模型性质
昭通市	ARIMA (0, 1, 0)	$y(t) = 0.016$	0.016	Q6 (p 值): 0.881 (0.348) Q12 (p 值): 4.297 (0.637)			AIC: −51.978 BIC: −51.373	Q6 (p 值) >0.1 模型满足基本要求
丽江市	AR (3)	$y(t) = 0.294 + 1.343 * y(t-1) + 0.222 * y(t-2) - 0.589 * y(t-3)$	0.0294	Q6 (p 值): 1.652 (0.199) Q12 (p 值): 3.181 (0.786)		α1: 1.343 α2: 0.222 α3: −0.589	AIC: −43.932 BIC: −42.419	Q6 (p 值) >0.1 模型满足基本要求
普洱市	AR (3)	$y(t) = 0.417 + 1.291 * y(t-1) + 0.285 * y(t-2) - 0.625 * y(t-3)$	0.417	Q6 (p 值): 0.113 (0.737) Q12 (p 值): 0.617 (0.996)		α1: 1.291 α2: 0.285 α3: −0.625	AIC: −49.888 BIC: −48.375	Q6 (p 值) >0.1 模型满足基本要求
临沧市	ARIMA (0, 1, 0)	$y(t) = 0.029$	0.029	Q6 (p 值): 0.589 (0.443) Q12 (p 值): 4.226 (0.646)			AIC: −46.232 BIC: −45.627	Q6 (p 值) >0.1 模型满足基本要求
楚雄州	ARIMA (0, 1, 0)	$y(t) = 0.027$	0.027	Q6 (p 值): 0.743 (0.389) Q12 (p 值): 1.527 (0.958)			AIC: −50.354 BIC: −49.749	Q6 (p 值) >0.1 模型满足基本要求

续表

地区	最优模型	模型公式	常数项 C	Q统计量	MA 参数	AR 参数	信息准则	模型性质
红河州	ARIMA (0, 1, 0)	y(t) = 0.022	0.022	Q6 (p值): 0.346 (0.557) Q12 (p值): 6.127 (0.409)			AIC: -53.177 BIC: -52.572	Q6 (p值) > 0.1 模型满足基本要求
文山州	ARIMA (0, 1, 0)	y(t) = 0.024	0.024	Q6 (p值): 1.397 (0.237) Q12 (p值): 3.576 (0.734)			AIC: -54.491 BIC: -53.886	Q6 (p值) > 0.1 模型满足基本要求
版纳州	ARIMA (0, 1, 0)	y(t) = 0.030	0.03	Q6 (p值): 0.106 (0.745) Q12 (p值): 2.045 (0.915)			AIC: -50.838 BIC: -50.233	Q6 (p值) > 0.1 模型满足基本要求
大理州	AR (3)	y(t) = 0.285 + 1.072 * y(t-1) + 0.764 * y(t-2) - 0.864 * y(t-3)	0.0285	Q6 (p值): 0.583 (0.445) Q12 (p值): 0.827 (0.991)		α1: 1.072 α2: 0.764 α3: -0.864	AIC: -48.905 BIC: -47.392	Q6 (p值) > 0.1 模型满足基本要求
德宏州	ARIMA (0, 1, 0)	y(t) = 0.024	0.024	Q6 (p值): 0.368 (0.544) Q12 (p值): 4.613 (0.594)			AIC: -47.940 BIC: -47.335	Q6 (p值) > 0.1 模型满足基本要求

第六章 云南学前教育资源配置空间协调性的驱动机制及预测

续表

地区	最优模型	模型公式	常数项 C	Q统计量	MA 参数	AR 参数	信息准则	模型性质
怒江州	ARIMA (0, 1, 0)	y(t) = 0.032	0.032	Q6 (p值): 1.975 (0.160) Q12 (p值): 7.127 (0.309)			AIC: −43.036 BIC: −42.431	Q6 (p值) > 0.1 模型满足基本要求
迪庆州	AR (2)	y(t) = 0.529 + 1.699 * y(t−1) − 0.770 * y(t−2)	0.529	Q6 (p值): 0.131 (0.717) Q12 (p值): 0.350 (0.999)		α1: 1.699 α2: −0.770	AIC: −27.337 BIC: −25.746	Q6 (p值) > 0.1 模型满足基本要求

* $p < 0.05$；** $p < 0.01$。

表 6.23　云南省学前教育资源配置的协调度 ARIMA 模型参数表

地区	最优模型	模型公式	常数项 C	Q 统计量	MA 参数	AR 参数	信息准则	模型性质
云南省	AR(2)	$y(t)=0.385+1.640*y(t-1)-0.714*y(t-2)$	0.385	Q6 (p 值): 0.708 (0.400) Q12 (p 值): 3.739 (0.712)		α1: 1.640 α2: -0.714	AIC: -22.921 BIC: -22.132	Q6 (p 值) >0.1 模型满足基本要求
昆明市	ARIMA(0,1,0)	$y(t)=0.036$	0.036	Q6 (p 值): 1.444 (0.229) Q12 (p 值): 9.274 (0.159)			AIC: -47.587 BIC: -46.982	Q6 (p 值) >0.1 模型满足基本要求
曲靖市	ARIMA(0,1,0)	$y(t)=0.045$	0.045	Q6 (p 值): 0.677 (0.411) Q12 (p 值): 5.619 (0.467)			AIC: -57.159 BIC: -56.554	Q6 (p 值) >0.1 模型满足基本要求
玉溪市	ARIMA(0,1,1)	$y(t)=0.038-1.000*\varepsilon(t-1)$	0.038	Q6 (p 值): 0.079 (0.778) Q12 (p 值): 6.243 (0.397)	β1: -1		AIC: -65.547 BIC: -64.640	Q6 (p 值) >0.1 模型满足基本要求
保山市	ARIMA(0,1,2)	$y(t)=0.043-0.407*\varepsilon(t-1)-0.593*\varepsilon(t-2)$	0.043	Q6 (p 值): 0.013 (0.908) Q12 (p 值): 2.806 (0.833)	β1: -0.407 β2: -0.593		AIC: -52.437 BIC: -51.227	Q6 (p 值) >0.1 模型满足基本要求

续表

地区	最优模型	模型公式	常数项 C	Q 统计量	MA 参数	AR 参数	信息准则	模型性质
昭通市	ARIMA (0, 1, 0)	y(t) = 0.044	0.044	Q6 (p值): 0.033 (0.857) Q12 (p值): 3.021 (0.806)			AIC: -37.627 BIC: -37.021	Q6 (p值) >0.1 模型满足基本要求
丽江市	ARIMA (0, 1, 0)	y(t) = 0.039	0.039	Q6 (p值): 0.092 (0.761) Q12 (p值): 6.692 (0.350)			AIC: -53.457 BIC: -52.852	Q6 (p值) >0.1 模型满足基本要求
普洱市	ARIMA (2, 1, 2)	y(t) = 0.043 + 0.244 * y(t−1) − 0.595 * y(t−2) − 0.395 * ε(t−1) − 0.605 * ε(t−2)	0.043	Q6 (p值): 0.017 (0.897) Q12 (p值): 2.517 (0.867)	β1: −0.395 β2: −0.605	α1: 0.244 α2: −0.595	AIC: -51.077 BIC: -49.262	Q6 (p值) >0.1 模型满足基本要求
临沧市	ARIMA (0, 1, 0)	y(t) = 0.043	0.043	Q6 (p值): 0.404 (0.525) Q12 (p值): 4.902 (0.556)			AIC: -56.306 BIC: -55.701	Q6 (p值) >0.1 模型满足基本要求
楚雄州	ARIMA (0, 1, 0)	y(t) = 0.043	0.043	Q6 (p值): 0.163 (0.686) Q12 (p值): 3.567 (0.735)			AIC: -50.339 BIC: -49.733	Q6 (p值) >0.1 模型满足基本要求

续表

地区	最优模型	模型公式	常数项 C	Q统计量	MA 参数	AR 参数	信息准则	模型性质
红河州	ARIMA (0, 1, 0)	y(t) = 0.042	0.042	Q6 (p值): 0.407 (0.524) Q12 (p值): 4.096 (0.664)			AIC: −56.682 BIC: −56.077	Q6 (p值) >0.1 模型满足基本要求
文山州	ARIMA (0, 1, 1)	y(t) = 0.053 − 1.000 * ε(t−1)	0.053	Q6 (p值): 0.760 (0.383) Q12 (p值): 4.748 (0.577)	β1: −1		AIC: −34.511 BIC: −33.603	Q6 (p值) >0.1 模型满足基本要求
版纳州	ARIMA (0, 1, 0)	y(t) = 0.041	0.041	Q6 (p值): 1.423 (0.233) Q12 (p值): 2.997 (0.809)			AIC: −59.958 BIC: −59.353	Q6 (p值) >0.1 模型满足基本要求
大理州	ARIMA (0, 1, 1)	y(t) = 0.049 + 1.000 * ε(t−1)	0.049	Q6 (p值): 0.003 (0.957) Q12 (p值): 9.804 (0.133)	β1: 1		AIC: −46.615 BIC: −46.982	Q6 (p值) >0.1 模型满足基本要求
德宏州	ARIMA (0, 1, 0)	y(t) = 0.045	0.045	Q6 (p值): 0.042 (0.838) Q12 (p值): 5.531 (0.478)			AIC: −49.016 BIC: −48.410	Q6 (p值) >0.1 模型满足基本要求

续表

地区	最优模型	模型公式	常数项 C	Q 统计量	MA 参数	AR 参数	信息准则	模型性质
怒江州	ARIMA (0, 1, 1)	$y(t) = 0.050 - 1.000 * \varepsilon(t-1)$	0.053	Q6 (p 值): 0.109 (0.741) Q12 (p 值): 2.966 (0.813)	β1: −1		AIC: −31.408 BIC: −30.500	Q6 (p 值) >0.1 模型满足基本要求
迪庆州	ARIMA (0, 1, 1)	$y(t) = 0.055 - 1.000 * \varepsilon(t-1)$	0.055	Q6 (p 值): 0.455 (0.500) Q12 (p 值): 2.951 (0.815)	β1: −1		AIC: −28.587 BIC: −27.680	Q6 (p 值) >0.1 模型满足基本要求

* $p < 0.05$; ** $p < 0.01$。

云南省16州市学前教育资源发展水平ARMIA模型均选择ARMIA（p，q）的模型，其中选择ARIMA（0，1，0）州市有昆明市、曲靖市、昭通市、丽江市、临沧市、楚雄州、红河州、版纳州、德宏州；选择ARIMA（0，1，1）州市有玉溪市、文山州、大理州、怒江州、迪庆州；选择ARIMA（0，1，2）州市有保山市；选择ARIMA（2，1，2）州市有普洱市（见表6.23）。云南省16州市Q6的 p 值均大于0.1，其模型均基本满足要求。

四　情景预测结果

本书根据云南省及各州市的历史数据，根据ARIMA模型建构结果及方程得出云南省16州市三大驱动因子的预测结果相对可信。由于学前教育阶段的特殊性，本书采用Eviews软件预测出2019—2024年近6年云南学前教育资源发展条件、发展水平及资源配置的协调性的指数值，并与真实值、拟合值进行对比。

（一）云南学前教育资源发展条件的预测结果分析

从整体上看，云南学前教育资源发展条件模型预测值呈现逐年增长态势，真实数据和拟合数据大体吻合，说明模型拟合程度较高，其中2010—2018年是实际结果，2019—2024年是预测结果。云南省学前教育资源发展条件指数到2024年较2019年增长了0.0793，涨幅22.81%，年均涨幅4.2%（见图6.11、见表6.24）。由于区域社会经济加速发展，云南学前教育资源发展条件逐年提升是必然发展趋势。

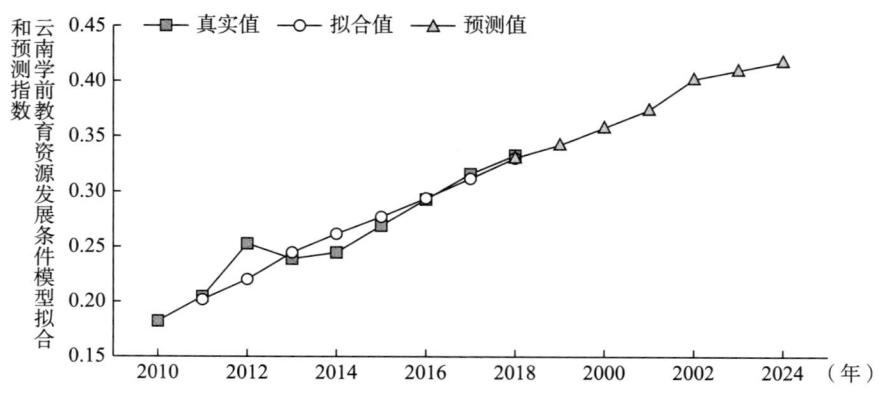

图6.11　云南学前教育资源发展条件模型拟合和预测趋势

第六章　云南学前教育资源配置空间协调性的驱动机制及预测

表 6.24　云南省学前教育资源发展条件预测表

地区	类别	2010 年	2011 年	2012 年	2013 年	2014 年	2015 年	2016 年	2017 年	2018 年	2019 年	2020 年	2021 年	2022 年	2023 年	2024 年
云南省	真实值	0.1822	0.2046	0.2528	0.2391	0.2447	0.2691	0.2930	0.3159	0.3326						
	拟合值		0.2018	0.2204	0.2447	0.2617	0.2771	0.2940	0.3117	0.3300						
	预测值										0.3479	0.3657	0.3836	0.4015	0.4194	0.4272
昆明市	真实值	0.4524	0.4939	0.5634	0.5903	0.6281	0.6617	0.7043	0.7439	0.7985						
	拟合值			0.5385	0.6165	0.6411	0.6584	0.6953	0.7379	0.7799						
	预测值										0.8072	0.8266	0.8498	0.8701	0.9108	0.9266
曲靖市	真实值	0.3112	0.3309	0.3576	0.3854	0.3945	0.4230	0.4489	0.4822	0.5070						
	拟合值			0.3580	0.3802	0.4116	0.4138	0.4385	0.4735	0.5075						
	预测值										0.5324	0.5525	0.5703	0.5838	0.5939	0.6192
玉溪市	真实值	0.3658	0.3750	0.4107	0.4469	0.4777	0.5176	0.5662	0.5879	0.5981						
	拟合值		0.3946	0.4038	0.4395	0.4757	0.5065	0.5464	0.5950	0.6167						
	预测值										0.6269	0.6557	0.6845	0.7133	0.7421	0.7609
保山市	真实值	0.2350	0.2383	0.2772	0.2955	0.3112	0.3312	0.3640	0.4022	0.4401						
	拟合值			0.2623	0.2962	0.3299	0.3309	0.3495	0.3872	0.4331						
	预测值										0.4724	0.5010	0.5235	0.5406	0.5513	0.5560
昭通市	真实值	0.2236	0.2384	0.2749	0.2914	0.2714	0.3175	0.3673	0.4080	0.4350						
	拟合值		0.2491	0.2639	0.3004	0.3169	0.2969	0.3430	0.3928	0.4335						
	预测值										0.4605	0.4860	0.5115	0.5370	0.5625	0.5880

295

续表

地区	类别	2010年	2011年	2012年	2013年	2014年	2015年	2016年	2017年	2018年	2019年	2020年	2021年	2022年	2023年	2024年
丽江市	真实值	0.2869	0.2782	0.3131	0.3587	0.3773	0.3968	0.4259	0.4714	0.4869						
	拟合值		0.3057	0.3256	0.3498	0.3780	0.4046	0.4303	0.4565	0.4847	0.5115	0.5382	0.5649	0.5846	0.6083	0.6250
	预测值															
普洱市	真实值	0.2141	0.2396	0.2711	0.2670	0.2811	0.3251	0.3677	0.3980	0.4186						
	拟合值		0.2390	0.2644	0.2959	0.2919	0.3060	0.3499	0.3925	0.4228	0.4435	0.4683	0.4932	0.5181	0.5293	0.5378
	预测值															
临沧市	真实值	0.2248	0.2394	0.2634	0.2766	0.2813	0.3093	0.3315	0.3667	0.4228						
	拟合值		0.2463	0.2609	0.2849	0.2981	0.3028	0.3308	0.3530	0.3882	0.4161	0.4376	0.4591	0.4752	0.4989	0.5157
	预测值												0.3947			
楚雄州	真实值	0.2796	0.2931	0.3193	0.3521	0.3529	0.4042	0.4387	0.4801	0.4949						
	拟合值		0.2999	0.3266	0.3534	0.3816	0.4058	0.4340	0.4628	0.4929	0.5212	0.5496	0.5779	0.6063	0.6346	0.6630
	预测值															
红河州	真实值	0.2507	0.2793	0.3078	0.3285	0.3349	0.3862	0.4210	0.4385	0.4648						
	拟合值		0.2772	0.3045	0.3320	0.3582	0.3817	0.4091	0.4372	0.4642	0.4910	0.5178	0.5446	0.5714	0.5982	0.6150
	预测值															
文山州	真实值	0.2462	0.2579	0.2962	0.3129	0.3092	0.3717	0.4084	0.4324	0.4437						
	拟合值		0.2679	0.2916	0.3187	0.3440	0.3653	0.3923	0.4203	0.4478	0.4740	0.5002	0.5265	0.5327	0.5589	0.5912
	预测值															

第六章 云南学前教育资源配置空间协调性的驱动机制及预测

续表

地区	类别	2010年	2011年	2012年	2013年	2014年	2015年	2016年	2017年	2018年	2019年	2020年	2021年	2022年	2023年	2024年
版纳州	真实值	0.2630	0.2761	0.3006	0.3270	0.3375	0.3512	0.4001	0.4371	0.4676						
	拟合值		0.2877	0.3009	0.3254	0.3517	0.3622	0.3759	0.4249	0.4619						
	预测值										0.4924	0.5172	0.5419	0.5667	0.5915	0.6162
大理州	真实值	0.2631	0.2845	0.3345	0.3602	0.3672	0.4115	0.4454	0.4617	0.4872						
	拟合值		0.2916	0.3184	0.3502	0.3805	0.4072	0.4363	0.4660	0.4941						
	预测值										0.5227	0.5513	0.5799	0.6085	0.6372	0.6658
德宏州	真实值	0.2298	0.2512	0.2669	0.2776	0.3033	0.3537	0.3827	0.3977	0.4375						
	拟合值		0.2586	0.2717	0.2891	0.2940	0.3373	0.3941	0.3986	0.4229						
	预测值										0.4780	0.5040	0.5299	0.5559	0.5818	0.6078
怒江州	真实值	0.2060	0.1937	0.2265	0.2583	0.2409	0.2927	0.3186	0.3429	0.3746						
	拟合值		0.2244	0.2329	0.2511	0.2746	0.2826	0.3071	0.3322	0.3569						
	预测值										0.3843	0.4050	0.4258	0.4465	0.4672	0.4879
迪庆州	真实值	0.2249	0.3381	0.3403	0.3427	0.4009	0.4206	0.4359	0.4581	0.4989						
	拟合值			0.3724	0.3746	0.3771	0.4352	0.4549	0.4703	0.4925						
	预测值										0.5333	0.5676	0.6019	0.6362	0.6706	0.6949

297

由云南省 16 州市学前教育资源发展条件建构的 ARMIA 模型预测结果可知：16 州市学前教育资源配置的协调性指数均大体呈逐年增长的趋势，各区域上升幅度差异显著。至 2024 年学前教育资源发展条件指数最高的 5 个州市为昆明市、玉溪市、迪庆州、大理州和楚雄州，指数值最低的 5 个州市为昭通市、保山市、普洱市、临沧市和怒江州。极高值昆明市条件指数为 0.9266，极低值怒江州指数为 0.4879，极差为 1.9 倍。2024 年较 2019 年指数增长幅度最高的 5 各州市为德宏州、迪庆州、怒江州、昭通市和大理州，涨幅分别为 43.71%、41.10%、36.70%、35.64% 和 34.73%；指数增长幅度最低的 5 个州市为保山市、普洱市、玉溪市、曲靖市和昆明市，涨幅分别为 28.37%、27.19%、23.40%、22.02% 和 18.81%。

（二）云南学前教育资源发展水平的预测结果分析

云南学前教育资源发展水平模型预测值呈线性增长态势，真实数据和拟合数据完全吻合，说明模型拟合程度非常高，其中 2010—2018 年是实际结果，2019—2024 年是预测结果。云南省学前教育资源发展水平指数到 2024 年较 2019 年增长了 0.1915，涨幅 44.00%，年均涨幅 7.58%（见图 6.12、见表 6.25）。可见在未来时段内云南学前教育资源水平及配置状态将明显有大幅度提升。

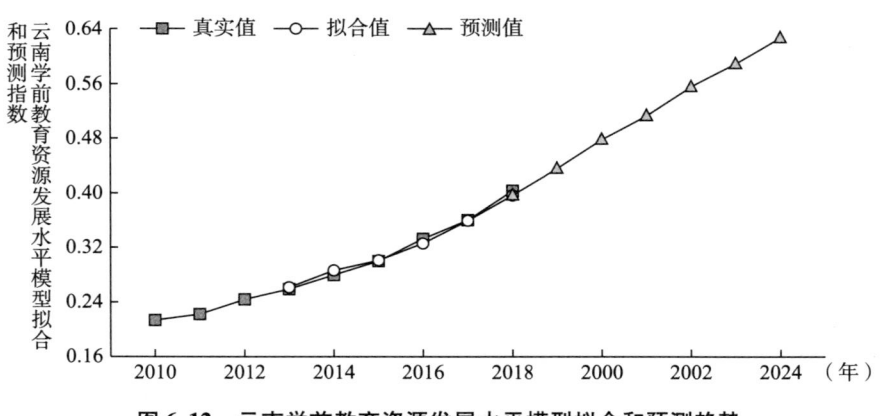

图 6.12　云南学前教育资源发展水平模型拟合和预测趋势

依据云南省 16 州市学前教育资源发展水平的 ARMIA 模型预测结果可得：16 州市学前教育资源配置的协调型指数均呈逐年上涨的态势，各州市增长趋

表 6.25　云南省学前教育资源发展水平预测表

地区	类别	2010年	2011年	2012年	2013年	2014年	2015年	2016年	2017年	2018年	2019年	2020年	2021年	2022年	2023年	2024年
云南省	真实值	0.2134	0.2222	0.2438	0.2587	0.2791	0.2997	0.3325	0.3600	0.4026						
	拟合值				0.2613	0.2860	0.3008	0.3256	0.3592	0.3960						
	预测值										0.4349	0.4780	0.5124	0.5541	0.5880	0.6264
昆明市	真实值	0.4300	0.4632	0.5297	0.5574	0.5723	0.5843	0.6075	0.6167	0.6410						
	拟合值		0.4561	0.4893	0.5558	0.5835	0.5984	0.6105	0.6336	0.6428						
	预测值										0.6571	0.6732	0.6935	0.7255	0.7555	0.7977
曲靖市	真实值	0.1905	0.2048	0.2285	0.2385	0.2500	0.2718	0.2904	0.3239	0.3671						
	拟合值			0.2231	0.2560	0.2480	0.2751	0.2925	0.3121	0.3580						
	预测值										0.3997	0.4232	0.4467	0.4702	0.4937	0.5071
玉溪市	真实值	0.2744	0.2851	0.3116	0.3323	0.3501	0.3798	0.3992	0.4295	0.4907						
	拟合值			0.3119	0.3384	0.3591	0.3768	0.4066	0.4260	0.4562						
	预测值										0.5175	0.5442	0.5710	0.5977	0.6245	0.6312
保山市	真实值	0.2795	0.2955	0.3086	0.3672	0.3904	0.4101	0.4473	0.4594	0.5030						
	拟合值		0.3131	0.3353	0.3566	0.3849	0.4123	0.4387	0.4662	0.4922						
	预测值										0.5188	0.5454	0.5720	0.5986	0.6152	0.6318
昭通市	真实值	0.1702	0.1793	0.1855	0.2036	0.2004	0.2129	0.2337	0.2594	0.3135						
	拟合值		0.1865	0.1957	0.2019	0.2199	0.2167	0.2293	0.2501	0.2757						
	预测值										0.3299	0.3463	0.3626	0.3790	0.3853	0.4017

续表

地区	类别	2010年	2011年	2012年	2013年	2014年	2015年	2016年	2017年	2018年	2019年	2020年	2021年	2022年	2023年	2024年
丽江市	真实值	0.2788	0.3224	0.3444	0.3809	0.4001	0.4162	0.4351	0.4498	0.4836						
	拟合值			0.3606	0.3769	0.4052	0.4261	0.4305	0.4482	0.4627						
	预测值									0.4627	0.5003	0.5215	0.5337	0.5451	0.5506	0.5533
普洱市	真实值	0.2931	0.2975	0.3055	0.3186	0.3301	0.3551	0.3881	0.4094	0.4480						
	拟合值			0.3131	0.3165	0.3329	0.3464	0.3739	0.4164	0.4377						
	预测值									0.4377	0.4429	0.5027	0.5242	0.5448	0.5589	0.5696
临沧市	真实值	0.2690	0.2808	0.2940	0.3019	0.3430	0.3645	0.4302	0.4923	0.5096						
	拟合值		0.2980	0.3097	0.3230	0.3308	0.3720	0.3935	0.4591	0.5213						
	预测值									0.5213	0.5385	0.5675	0.5965	0.6354	0.6544	0.6633
楚雄州	真实值	0.2418	0.2596	0.2803	0.3057	0.3191	0.3428	0.4119	0.4484	0.4830						
	拟合值		0.2691	0.2869	0.3076	0.3330	0.3464	0.3701	0.4392	0.4757						
	预测值									0.4757	0.5103	0.5376	0.5648	0.5821	0.6094	0.6267
红河州	真实值	0.2087	0.2118	0.2248	0.2443	0.2915	0.3142	0.3366	0.3479	0.3932						
	拟合值		0.2311	0.2341	0.2472	0.2666	0.3138	0.3366	0.3589	0.3702						
	预测值									0.3702	0.4155	0.4378	0.4601	0.4824	0.5048	0.5271
文山州	真实值	0.1815	0.1791	0.2161	0.2483	0.2750	0.3040	0.3334	0.3691	0.4018						
	拟合值		0.2053	0.2029	0.2399	0.2720	0.2988	0.3278	0.3572	0.3929						
	预测值									0.3929	0.4256	0.4494	0.4632	0.4822	0.5077	0.5110

第六章 云南学前教育资源配置空间协调性的驱动机制及预测

续表

地区	类别	2010年	2011年	2012年	2013年	2014年	2015年	2016年	2017年	2018年	2019年	2020年	2021年	2022年	2023年	2024年
版纳州	真实值	0.2856	0.3074	0.3177	0.3429	0.4122	0.4328	0.4672	0.5000	0.5431						
	拟合值		0.3159	0.3377	0.3481	0.3732	0.4425	0.4632	0.4975	0.5303						
	预测值										0.5734	0.6037	0.6240	0.6432	0.6746	0.6939
大理州	真实值	0.1774	0.1907	0.2150	0.2338	0.2554	0.2807	0.3048	0.3180	0.3566						
	拟合值			0.2183	0.2308	0.2581	0.2746	0.3019	0.3284	0.3392						
	预测值										0.3699	0.4022	0.4136	0.4390	0.4471	0.4653
德宏州	真实值	0.2427	0.2653	0.2689	0.2856	0.3550	0.3718	0.4135	0.4372	0.4468						
	拟合值		0.2664	0.2890	0.2926	0.3092	0.3787	0.3955	0.4371	0.4609						
	预测值										0.4704	0.4841	0.5178	0.5215	0.5427	0.5553
怒江州	真实值	0.3699	0.3818	0.3945	0.4057	0.4424	0.4646	0.5019	0.5928	0.6430						
	拟合值		0.4022	0.4141	0.4268	0.4380	0.4747	0.4969	0.5342	0.6251						
	预测值										0.6753	0.6876	0.7098	0.7214	0.7444	0.7674
迪庆州	真实值	0.3716	0.4011	0.4310	0.4334	0.4472	0.4912	0.6400	0.7232	0.7961						
	拟合值		0.4070	0.4328	0.4610	0.4420	0.4636	0.5278	0.7467	0.7734						
	预测值										0.8333	0.8404	0.8239	0.7903	0.8113	0.8248

势差异显著。至 2024 年学前教育资源发展水平指数最高的 5 个州市为迪庆州、昆明市、怒江后、版纳州和临沧市，指数值最低的 5 个州市为红河州、文山州、曲靖市、大理州和昭通市。极高值迪庆州水平指数为 0.8248，极低值昭通市指数为 0.4017，极差为 2.05 倍。2024 年较 2019 年指数增长幅度最高的 5 个州市为昭通市、红河州、曲靖市、玉溪市和大理州，涨幅分别为 45.68%、42.36%、41.67%、38.36% 和 37.20%；指数增长幅度最低的 5 个州市为昆明市、怒江州、德宏州、丽江市和迪庆州，涨幅分别为 24.09%、22.75%、20.47%、19.58% 和 6.64%。

（三）云南学前教育资源配置的协调度的预测结果分析

云南学前教育资源配置的协调度模型预测值呈弧形上涨态势，真实数据和拟合数据大体吻合，说明模型拟合程度较好，同样 2010—2018 年是实际结果，2019—2024 年是预测结果。云南省学前教育资源配置协调度指数到 2024 年较 2019 年增长了 0.1474，涨幅 24.13%，年均涨幅 4.43%（见图 6.13、表 6.26）。云南学前教育资源配置的耦合协调度等级由 2019 年的"初级协调"跃迁为 2024 年的"中级协调"，云南学前教育发展水平与区域经济发展的良性互动逐步形成，相当程度上促进了云南学前教育在社会经济大背景下的整体效能的发挥。

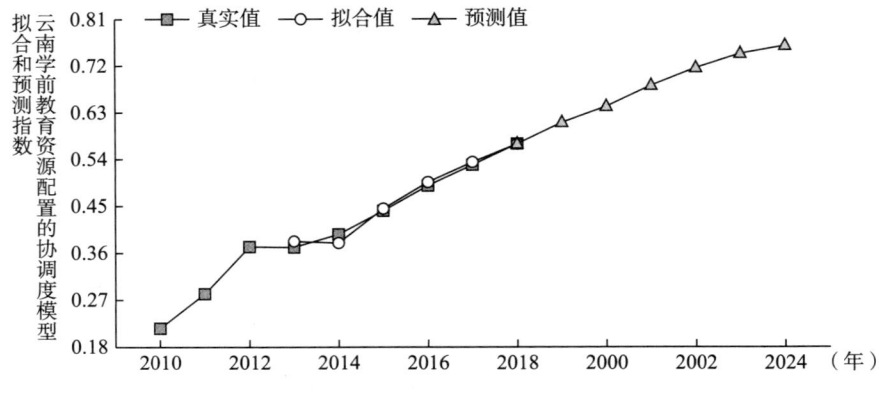

图 6.13　云南学前教育资源配置的协调度模型拟合和预测趋势

在建构 ARMIA 模型的基础上，利用历史数据对云南省 16 州市学前教育资源配置协调度指数进行预测可得结果：16 州市学前教育资源配置的协调型

第六章 云南学前教育资源配置空间协调性的驱动机制及预测

表6.26 云南省学前教育资源配置的协调度预测值表

地区	类别	2010年	2011年	2012年	2013年	2014年	2015年	2016年	2017年	2018年	2019年	2020年	2021年	2022年	2023年	2024年
云南省	真实值	0.2160	0.2820	0.3720	0.3710	0.3960	0.4410	0.4890	0.5290	0.5700						
	拟合值				0.3826	0.3794	0.4452	0.4959	0.5346	0.5697						
	预测值										0.6108	0.6411	0.6815	0.7154	0.7429	0.7581
昆明市	真实值	0.6490	0.6940	0.7700	0.7980	0.8240	0.8460	0.8760	0.8980	0.9070						
	拟合值		0.6847	0.7297	0.8057	0.8337	0.8597	0.8817	0.9117	0.9337						
	预测值										0.9427	0.9447	0.9598	0.9705	0.9787	0.9842
曲靖市	真实值	0.2820	0.3350	0.3990	0.4310	0.4540	0.4980	0.5340	0.5850	0.6350						
	拟合值		0.3275	0.3805	0.4445	0.4765	0.4995	0.5435	0.5795	0.6305						
	预测值										0.6505	0.7760	0.8000	0.8170	0.8250	0.8443
玉溪市	真实值	0.4660	0.4840	0.5340	0.5740	0.6060	0.6510	0.6890	0.7210	0.7650						
	拟合值		0.5010	0.5346	0.5724	0.6105	0.6477	0.6860	0.7242	0.7617						
	预测值										0.7896	0.8095	0.8264	0.8463	0.8774	0.8935
保山市	真实值	0.3300	0.3490	0.4180	0.4800	0.5110	0.5430	0.5940	0.6320	0.6820						
	拟合值		0.3759	0.4025	0.4699	0.5127	0.5492	0.5885	0.6384	0.6738						
	预测值										0.7152	0.7332	0.7500	0.7799	0.8059	0.8344
昭通市	真实值	0.1490	0.1810	0.2400	0.3050	0.2810	0.3440	0.4130	0.4740	0.5500						
	拟合值		0.1930	0.2250	0.2840	0.3490	0.3250	0.3880	0.4570	0.5180						
	预测值										0.5592	0.5800	0.6194	0.6600	0.6732	0.7140

303

续表

地区	类别	2010年	2011年	2012年	2013年	2014年	2015年	2016年	2017年	2018年	2019年	2020年	2021年	2022年	2023年	2024年
丽江市	真实值	0.4040	0.4290	0.4840	0.5510	0.5780	0.6030	0.6350	0.6730	0.7020						
	拟合值		0.4432	0.4682	0.5232	0.5902	0.6172	0.6422	0.6742	0.7122	0.7412	0.7680	0.7960	0.8188	0.8280	0.8720
	预测值															
普洱市	真实值	0.2850	0.3520	0.4080	0.4120	0.4380	0.5030	0.5630	0.5990	0.6370						
	拟合值				0.4296	0.4373	0.5093	0.5634	0.6011	0.6316	0.6567	0.6863	0.7069	0.7406	0.7756	0.8181
	预测值															
临沧市	真实值	0.3000	0.3400	0.3890	0.4120	0.4470	0.4940	0.5550	0.6190	0.6520						
	拟合值		0.3432	0.3832	0.4322	0.4552	0.4902	0.5372	0.5982	0.6622	0.6752	0.6984	0.7360	0.7580	0.7980	0.8312
	预测值															
楚雄州	真实值	0.3570	0.3910	0.4370	0.4880	0.5000	0.5570	0.6290	0.6770	0.7060						
	拟合值		0.3996	0.4336	0.4796	0.5306	0.5426	0.5996	0.6716	0.7196	0.7386	0.7612	0.7834	0.8164	0.8400	0.8600
	预测值															
红河州	真实值	0.2760	0.3110	0.3580	0.4030	0.4610	0.5200	0.5620	0.5820	0.6320						
	拟合值		0.3182	0.3532	0.4002	0.4452	0.5032	0.5622	0.6042	0.6242	0.6742	0.7164	0.7386	0.7620	0.8058	0.8303
	预测值															
文山州	真实值	0.1990	0.1970	0.3340	0.3960	0.4230	0.5010	0.5520	0.5950	0.6250						
	拟合值		0.2766	0.3102	0.3684	0.4265	0.4794	0.5356	0.5909	0.6447	0.6682	0.6976	0.7051	0.7586	0.7921	0.8171
	预测值															

第六章 云南学前教育资源配置空间协调性的驱动机制及预测

续表

地区	类别	2010年	2011年	2012年	2013年	2014年	2015年	2016年	2017年	2018年	2019年	2020年	2021年	2022年	2023年	2024年
版纳州	真实值	0.3810	0.4160	0.4520	0.4970	0.5510	0.5750	0.6340	0.6790	0.7210						
	拟合值		0.4221	0.4571	0.4931	0.5381	0.5921	0.6161	0.6751	0.7201						
	预测值										0.7621	0.7832	0.8012	0.8233	0.8500	0.8676
大理州	真实值	0.1910	0.2650	0.3590	0.4090	0.4450	0.5020	0.5470	0.5690	0.6170						
	拟合值		0.2345	0.3372	0.4258	0.4443	0.4949	0.5575	0.5869	0.6022						
	预测值										0.6211	0.6446	0.6797	0.7190	0.7347	0.7765
德宏州	真实值	0.2880	0.3470	0.3720	0.4000	0.4810	0.5400	0.5900	0.6160	0.6500						
	拟合值		0.3330	0.3920	0.4170	0.4450	0.5260	0.5850	0.6350	0.6610						
	预测值										0.6849	0.7092	0.7250	0.7408	0.7551	0.7806
怒江州	真实值	0.2840	0.2410	0.3730	0.4480	0.4290	0.5270	0.5750	0.6390	0.6890						
	拟合值		0.3421	0.3672	0.4187	0.4740	0.5180	0.5695	0.6205	0.6727						
	预测值										0.6931	0.7135	0.7487	0.7874	0.8246	0.8550
迪庆州	真实值	0.3590	0.5450	0.5640	0.5670	0.6240	0.6620	0.7400	0.7880	0.8210						
	拟合值		0.4264	0.5111	0.5767	0.6301	0.6843	0.7365	0.7920	0.8466						
	预测值										0.8316	0.8567	0.8701	0.8967	0.9122	0.9344

指数均呈持续增长态势，各州市上升幅度差异明显。至 2024 年学前教育资源配置的协调型指数最高的 5 个州市为昆明市、迪庆州、玉溪市、丽江市和版纳州，指数值最低的 5 个州市为普洱市、文山州、德宏州、大理州和昭通市。极高值昆明市协调指数为 0.9842，极低值昭通市指数为 0.714。极差为 1.38 倍。2024 年较 2019 年指数增长幅度最高的 5 个州市为曲靖市、昭通市、大理州、普洱市和怒江州，涨幅分别为 29.79%、27.68%、25.01%、24.58% 和 23.36%；指数增长幅度最低的 5 个州市为德宏州、版纳州、玉溪市、迪庆州和昆明市，涨幅分别为 13.97%、13.84%、13.13%、12.36% 和 4.40%。

在协调发展阶段和等级上，2019—2024 年时段内云南省 16 各州市学前教育资源配置的协调类型均有不同程度的跃迁其空间格局差异显著。依据排名等级及协调程度类型评定标准，2024 年云南 16 州市学前教育资源配置的协调性状况测度结果为（表 6.26）：①中级协调区：大理州、德宏州、昭通市；②良好协调区：玉溪市、丽江市、楚雄州、版纳州、曲靖市、保山市、普洱市、临沧市、红河州、文山州、怒江州；③优质协调区：昆明市、迪庆州。云南省整体呈现以昆明市、迪庆州为两中心点，从中部、西北部"高度协调型"逐步转变为西部、东北和东南部"中度协调型"的空间格局：优质协调、良好协调的州市分布于滇中、滇西北地区；中级协调的州市集中分布于滇东北、滇西。

综上所述，本章在前述研究的理论与实证分析基础上，确定了云南学前教育资源配置协调发展的三大类驱动因子，首先采用面板回归模型分析各级驱动因子与云南学前教育资源配置的协调性的相关程度，再运用分位数回归模型验证影响关系的同时，分析驱动因子对于其耦合协调度的影响趋势情况及回归模型的稳健性的判定，得出的主要研究结论有：云南学前教育资源发展条件（CU）、云南省学前教育发展水平（LU）及两者分别的下限关键性驱动因子学前教育需求条件指数（$CU1$）、区域条件（$CU2$）及政府支持（$CU3$）、学前教育资源水平（$LU1$）及学前教育配置状态（$LU2$）的系数均显著为正，说明这三大类驱动因子是影响云南学前教育资源配置耦合协调发展的共同因素，同时也验证了前述研究中影响耦合协调度的驱动因子选择与确立的客观性与科学性。

第六章　云南学前教育资源配置空间协调性的驱动机制及预测

同时，根据分位数回归模型建构中的驱动因子影响趋势分析结果可得：①不同分位数点时，Ⅰ类驱动因子中的 CU 和Ⅲ类驱动因子中的 $LU1$ 和 $LU2$ 对于协调度 D 均会产生显著的正向影响，其中协调程度越高，CU、$LU2$ 协调度 D 的影响幅度越有限，而 $LU2$ 对 D 的影响幅度相对越高；②低水平的 LU 对于耦合协调度的影响较小，显著关系范围内 LU 越高，协调度也越高；③协调程度 D 越高，受到 $CU1$ 影响幅度越有限甚至无关联；④显著影响范围内区域条件 $CU2$ 水平越高，耦合协调度受其影响越较高；⑤耦合协调度的提升与政府支持的加强并非有持续的显著相关关系。

此外，在相关分析的基础上根据 ARMIA 模型的选择及建构，较为客观地预测 2019—2024 年云南学前教育资源发展条件、发展水平及资源配置的协调度指数及发展趋势。云南省 16 州市三大驱动因子的预测结果整体上均为持续增长态势且空间分布差异显著，其中协调类型均有不同级别的跃迁。根据结果可知：至 2024 年，昆明市和迪庆州在三大驱动因子的预测结果中其指数均为高位水平，而昭通市则均为低位水平；16 个州市增长幅度较高的州市有昭通市、大理州等，增长幅度较低的州市有昆明市、玉溪市等。因此，昭通市学前教育资源整体协调发展仍亟待提升，而昆明市均拥有相对较好的预测态势，应充分利用省会城市的经济引领作用，对全省学前教育优质、均衡及协调发展进行带动与辐射。

第七章　云南学前教育资源配置空间协调发展思路

　　云南学前教育资源配置的空间协调发展，是实现云南学前教育资源优化配置及学前教育改革发展中"普及与普惠""优质与均衡"的最优化效益实现的核心着力点。关于云南学前教育资源配置空间协调发展思路的设计将承接前述理论研究内涵与实证研究结果，结合驱动机制与情景预测分析，通过"人地关系地域系统及其协调共生"原理的现实关照和理论指导，基于研究问题与结论，建构有针对性的、切实性及科学的、以"要素协调"与"地域协调"两维度统合的协调发展思路。

　　按照前述实证研究的导向及高度分析，第三、四章虽相对完备地测度了地域空间协调角度的区际、区内学前教育资源发展条件或发展水平区域间的差异性比较，但总体上缺乏对学前教育系统与区域发展系统内关键性资源要素的把握，更多落脚于地域系统内的空间属性；第五章基于要素关系角度的学前教育资源配置空间协调性的量化测度，虽厘清了相关系统内的资源构成要素，但总体上缺乏对学前教育资源水平在各级区域层面上的关注，更多落脚于区域系统内的要素属性。

　　为使学前教育资源配置空间协调发展思路的构架更为系统全面，基于理论创新将地域空间系统中的"空间协调"与"要素协调"相整合，形成各级空间的各类系统要素匹配、互补、交互的运作机制，打破以往单面的区际或区内协调割裂开来的界限，将区域间的"区域教育资源均衡配置"研究与区域内的"教育资源与区域协调发展"研究进行统整，采用"二维象限分析法"建构横向的区际、区内的协调及纵向的学前系统与区域系统协调的二维度学前教育资源配置空间协调发展思路模式（见表7.1）。

第七章 云南学前教育资源配置空间协调发展思路

表7.1 云南学前教育资源配置空间协调发展思路模式

空间协调性基本维度		地域协调	
		区域间	区域内
要素协调	发展水平单向指数 a	$(R_1 a, R_2 a)$ $(R_{11} a, R_{12} a)$	$(R_{11} a, R_{11} b)$ $(R_{12} a, R_{12} b)$ ⋮
	发展条件单向指数 b	$(R_1 b, R_2 b)$ $(R_{11} b, R_{12} b)$	
	综合指数 $a+b$	$(R_1 (a+b), R_2 (a+b))$ $(R_{11} (a+b), R_{12} (a+b))$	

第一节 云南学前教育资源地域的协调发展

由于学前教育系统在各级区域系统结构中与其特定区域间的联系具有异质性，这种异质性决定学前教育资源水平与区域支持条件要素间关联的空间差异性，因此，研究区域学前教育协调发展问题，要将学前教育系统置于特定地域空间系统内，有差别地分析本级区域、相关区域及背景区域的学前教育系统与相关区域的协调关系，进而从宏观层面衍生出区域间和区域内的学前教育发展水平与发展条件的协调性研究，其中"区际"的协调强调"差异性"的比较，而"区内"的协调发展关系的"协调"。据此基于地域关系角度的学前教育资源配置空间协调发展思路，具体从"区域间学前教育资源的均衡配置"与"区域内学前教育资源与区域的协调发展"二维度进行探讨。

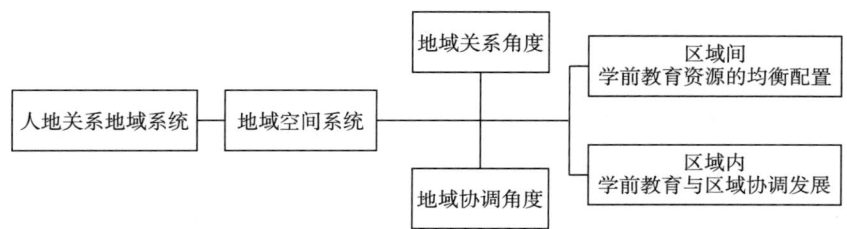

图7.1 云南学前教育资源地域协调发展思路

一 优化区域间学前教育资源的均衡配置

学前教育资源配置空间协调发展思路中的"区域间的协调"是针对第三、四章实证测度结果而提出,进而建构优化学前教育资源均衡配置路径:一是促进特定区域其背景区域、相关区域间的学前教育资源发展水平、发展条件的相对均衡;二是推进特定区域的次级区域间的学前教育资源发展水平、发展条件的相对均衡(见图7.2)。由于区域间的学前教育资源发展条件中的教育需求及区域条件差异性比较属于纯地理学问题,在本书中不做深入探讨,因此着重分析区域间政府对学前教育发展的支持的相对均衡思路。

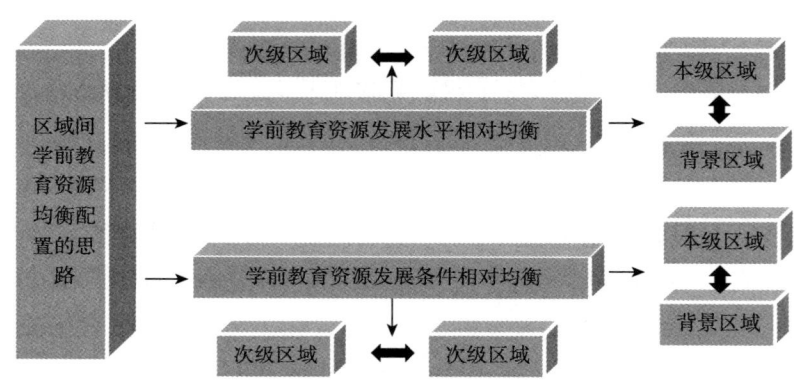

图7.2 区域间学前教育资源发展水平与发展条件的差异性比较

(一)发挥政策导向作用,监管学前教育质量,实现发展水平均衡

2010—2018年全国和云南学前教育资源发展水平指数均呈线性增长趋势,云南学前教育发展指数水平均明显低于全国平均水平,云南学前教育发展基础仍然较薄弱,但其指数增长幅度显著高于全国平均水平;云南在2010年和2014年学前教育资源发展水平聚类分析中均属于Ⅳ类地区,2018年为Ⅲ类地区;云南在全国学前教育资源发展水平的失衡水平下均处于低水平状态,其对全国学前资源发展水平区域差异状态的影响程度呈波浪式下降的趋势。学前教育资源配置状态是基于人力、物力、财力资源的数量状态来评判资源发展水平的质量,优化学前教育资源均衡配置的核心在于坚持正确的政策导向及加强学前教育质量的提升、评估及监管,积极推广学前义务教育,宏观上

实现云南省学前教育资源的均衡配置。

1. 发挥政策的导向作用

云南各级政府应充分发挥教育政策的导向作用，实行特殊的优惠政策（如财政投入及资源配置政策等）向少数民族落后地区倾斜并增强支持力度，认真落实及保障学前教育发展欠发达地区优惠政策。首先，为深化改革、推动云南学前"普惠、优质"的发展，在现有对口财政支持、加强转移支付力度的基础上，政府可实施减税、退税及税收抵扣等政策扶植从而实现"普惠性幼儿园"对欠发达地区的全覆盖，削减学前教育资源配置过程中的"马太效应"，同时提高昭通、临沧、文山等在园人数，缩小其与昆明、迪庆等地区的"组间差距"，从整体上优化学前教育资源的均衡配置而提升"投入—产出"效率。其次，各级政府应加强制度、体制的完善与引领并建构与经济发展相协同的学前教育发展体系，以省域统筹管理政策性"不平"和"倾斜"为引导，切实对云南经济贫困地区施行教育优先、弱势补偿、精准扶持等政策。再次，鉴于市场资金投入在资源配置中所起到的互补或替代作用，政府可在制度实施中强化市场参与的激励机制，科学引导、规范、管理及完善民营资本在学前教育领域内的运作机制，强化市场自供给的主体性、能动性角色定位及身份认同，拓宽渠道提高民营资本承担教育资源供给量，构架政府与市场"一体两翼"的教育供给模式。最后，可在后普及时代"普及、普惠"基础上推广学前义务教育，试行学费由"减免"逐步向"免费"过渡政策并建立相配套支持与保障系统。云南省落后地区可采取政府低收费的学前教育财力支持措施，有条件的地区（如昆明市）可率先实施免费学前教育，学前教育欠发达的少数民族地区（如怒江州）可试行"教育券"或"减免政策"，进而从师资、资金、物资及监管等方面保障学前义务教育的有效运转。

2. 监管学前教育质量

为改善云南在其"背景区域"及"相关区域"中学前教育资源配置状态，应首要确立云南省学前教育均衡发展的"基线"，修正并完善学前教育质量考核、评估、监管、督导及问责机制，将各州市学前教育资源配置差距控制在合理范围内。根据"基线"的要求，将学前教育均衡发展的质量情况作为评估地区政府工作政绩考核指标，同时成立专业监控团队科学评判学前教育质量监督体系的系统性，制定地区学前教育督导制度并有效实时监管各州市学前教育均衡发展的动态，实地考察各级区域学前教育资源配置状况及差距，便于云南省级部门有的放矢地对引导与协调学前教育发展。此外，当前学前教育质量监管侧重各类资源存量、规模及状态评估等外部显性的结构性指标，轻内部内涵性存量、调控方式等过程性指标建设。因此，学前教育资源配置状态的提升应从注重外源性"物质监控"转向内源性"内涵监控"转向以实现各级区域学前教育资源均衡配置。

（二）创新财政分配制度，明确各级政府职责，实现发展条件均衡

教育作为促动社会进步和经济发展的根基性精神建设，需要经济基础夯实上层建筑，学前教育又是教育公平的基础起点，因此，积极推进区域间社会经济条件相对均衡、协调发展，不仅是我国缩减区域贫富差异和经济发展差距重要施政目标，更为学前教育资源配置协调发展奠定牢固基础。2010—2018年全国和云南学前教育资源发展条件指数均呈持续增长趋势，但云南学前教育发展条件指数水平均显著低于全国平均水平，但云南的增长幅度高于全国。云南在2010年、2014年和2018年学前教育资源发展条件聚类分析中均属于Ⅳ类地区；云南在全国学前教育资源发展条件的均衡下均处于低位水平，其对全国学前资源发展条件区域差异状态的影响程度呈波浪式上升的趋势。基于前述研究结果可知，区域支持学前教育资源配置的经济发展条件是影响区域学前教育均衡发展的关键因素，学前教育资源发展条件与区域社会经济发展基本保持同步，而长期教育财政结构呈"倒三角"导致学前教育"入园难、入园贵"问题较凸显，这表明相关部门对学前教育发展定位有所偏差。区际层面上，若政府对学前教育资源投入向发达地区倾斜有益于提升其学前教育配置效率，加大向发达地区财政投入力度将继续拉大区域间"组间差距"，不利于实现区域间学前教育公平及学前教育资源均衡配置，因此，区际各级政府对学前教育财政支持条件的差异性与不稳定性是学前教育资源发展条件在空间格局与时间序列上波动的关键因素。

1. 创新财政分配制度

由于各省区经济状况差异显著，发达地区有较充足的财力资金可投入学

前教育发展中,鉴于短期内云南与全国及其他多数省份经济发展的差距难以大幅缩小,同时为改省域间变学前教育发展中的"财政不中立"局面,中央政府应革新现有财政分配制度,建立"省级政府统筹"机制并完善学前教育集中投资体制,依据地域经济差异因地制宜的合理分配资金,充分发挥中央财政政策调节与公平分配功能,公共财政及学前教育财政的投入比例应倾斜于云南等欠发达地区的学前教育建设,加强中央财政对云南等中西部地区的财政性教育经费转移支付及支出力度,这是深入推进区际学前教育资源发展条件相对均衡的核心举措。此外,切实保障各级政府推进学前教育发展的统筹协调责任及财政投入的反梯度推进,强化区际学前教育"财政中立"状态,这是实现区域间学前教育资源发展条件的相对均衡的内在需求和根本保障。

2. 明确各级政府职责

云南省市域间学前教育资源发展条件差异呈逐年缩小并普遍出现空间收敛态势,集聚度相对较低,但区域间均衡呈现出起伏不定的变化态势,仍为较低水平的均衡,其中云南各州市学前教育资源发展条件高低互见的原因始于社会经济条件、政府支持等多因素联动的结果,因此,鉴于当前云南省学前教育资源发展条件低水平的均衡状态及市域间统筹协调不完善等问题,应明确各级政府行政职责并深化政策指向性,有效行使学前教育管理职能并强化资源配置的行政管理权力,制定及完善财政拨款政策、投资责任分配制度并厘清各级政府投资责任分配比,提升地方财政保障能力并提高财政性学前教育经费比,加大经济落后州市学前教育的经费投入并将其列入财政预算计划,同时强化云南学前教育投入保障机制建设,根据16州市地区的社会经济发展水平差异,财政投入重点地区应倾斜于昭通市、普洱市、临沧市和怒江州等学前发展条件较落后地区,各级政府应规范学前教育资助标准并强化所承担学前教育发展建设的转移支付力度,同时基于政策予以量化考核,确保学前财政投入的政策保障以实施学前教育资源公平性调配。

宏观层面上看,云南各级政府应积极稳妥推进学前教育财政经费改革制度,在昆明、玉溪、曲靖、大理等经济发展较优越、政府财政充足或学前教育发展良好的地区,可汲取北京、上海、江苏、浙江等发达地区采取"试点先行"举措,分阶段、分步骤、有目的、有计划地推行"减免"或"免费"

的学前教育财政投入政策，通过政策扶植并加强转移支付力度以实现"普惠性"对云南贫困地区的全覆盖，建立及完善"广覆盖与保基本""促公平与有质量"的学前教育发展保障体系；微观层面上看，区际政府财政支持条件的均衡可适度实现云南地域间学前教育资源发展条件的协调，其具体路径有：一是各州市政府应因地制宜建立适应学前教育财政的增长机制并科学制定财政支出结构以保障财力资源的合理配置；二是设定省级学前教育财政资助基准线，结合少数民族地区实况，依据地区经济发展条件及居民人均收入情况设定财政重点扶持基准线，如从怒江、迪庆、昭通、临沧、文山等经济与教育落后地区中系统选定重点资助及扶持州市；三是优化学前财政经费空间配置格局的使用监管，确保合理的生均学前教育经费水平以实现云南学前教育资源发展条件的公益性与均衡性。

二 推进区域内学前教育与区域协调发展

区域内学前教育与区域协调发展思路核心是根据第六章"区域内的协调"的实证测度结果而针对性提出，具体指特定区域的次级区域内学前教育资源水平与区域发展条件之间的协调发展具体调控方案（见图7.3）。2010—2018年云南学前教育资源配置的协调度均呈持续增长态势，学前教育资源发展条件与发展水平总体协调状态均有显著好转，由初期的"中度失调型"逐步跃迁为"勉强协调型"，但云南协调程度明显低于全国平均水平，其在省区比较

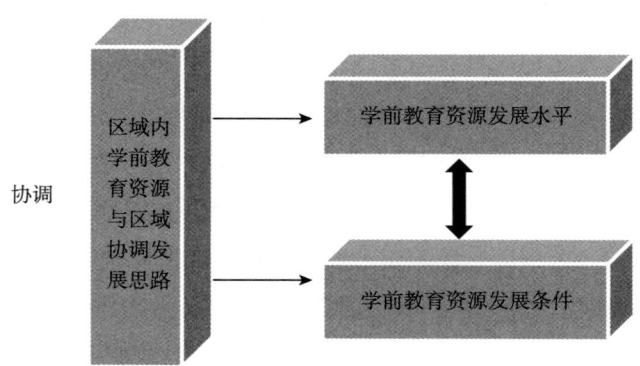

图 7.3 区域内学前教育资源发展水平与发展条件的协调思路分析

中偏低的学前教育资源发展条件和发展水平必然决定了其低位水平的协调程度且逐步定型。云南省16个州市耦合协调度均呈持续上升态势且对比类型空间差异显著，整体由初期的最低的"严重失调型"跃迁为平均"勉强协调型"以上等级。

（一）利用反梯度推进模式提升不同协调区的类别层次

区域社会经济发展条件是影响学前教育资源发展水平层次与结构变化的深层原因，基于非均衡发展理论，在学前教育资源效率相对同等的条件下，经济发展越优越的区域其学前教育资源也相对高度富集，学前教育发展逐步由高梯度地区向低梯度地区多层次转移，呈现"学前教育发展向下渗透"的态势，区域间学前教育资源的"扩展效应"与"极化效应"交互作用过程则是高度富集区向低富集区的扩散过程的结果，区域间学前教育资源配置会逐渐相对均衡，区域内学前教育资源与经济发展协调程度也会逐步提升。

因此，基于前述研究结论，对于推进云南学前教育资源配置空间协调发展，可利用"反梯度推进模式"，在承认各州市学前教育协调的梯度差异的前提下，同步高位、中位及低位协调类州市，调整与创新学前教育资源配置机制、体制，合理推进云南学前教育有梯度的协调发展。一是优先发展并夯实云南"高位协调类"州市的学前教育发展。依据前述实证测度结果，昆明市、迪庆州、玉溪市、丽江市、版纳州和楚雄州等州市均逐渐定性为云南省协调程度较高地区，为提升云南学前教育发展的整体效能及相对均衡，理应适度优先支持这些区域的学前教育协调发展，坚持科学的政策导向，完善合理的财政分配制度，创新普惠的制度机制，做到"优先为主""优中有稳""稳中有增"。二是积极扶持并推进云南"中位协调类"州市的学前教育发展。保山市、临沧市、德宏州、普洱市、怒江州等州市相对其他列入省内协调度中等的地区，属于区域内学前教育协调发展的"第二梯队"，区域社会经济发展水平在相当程度上决定政府对学前教育的重视程度及财政的投入，应积极扶持并提升此类地区支持学前教育发展的区域条件，充分利用优惠倾斜政策，创新及开发生态地域资源，推动社会经济的加速发展以实现提高区域学前教育资源增量要素的区域投入。三是重点支持及倾斜云南"低位协调类"州市的学前教育发展。曲靖市、红河州、文山州、大理州和昭通市等州市不仅是云南省学前教育资源匮乏区，研究时段内逐步固化为协调程度偏低地区，因此，在云南学前教育资源要素协调发展路径中，应予以"低位协调类"州市重点的财政扶持与倾斜，制定普及性发展规划并完善普惠性发展政策，增加各类学前教育资源的供给量，避免协调发展的"两次分化"，增强扩散效应、规模效应及聚集效应，适度缩减与高位协调类地区的差距，实现云南学前教育资源相对均衡配置与资源要素的协调发展。

（二）根据增长极培育模式推动同类协调区的整体跃迁

基于前述云南学前教育资源发展条件和发展水平的空间聚类分析结果，两大系统地域上划分的资源高度富集区（Ⅰ类）、中度（Ⅱ类）富集区、中度匮乏区（Ⅲ类）及高度匮乏区（Ⅳ类）中，各级资源区内的州市集合大体较微有所出入。因此，汇集任何系统内学前教育资源要素均可避免学前教育资源富集区对该区域内存在的"扩散效应"与"回流效应"的影响，结合前述云南区域学前教育协调类型划分，选取云南省较典型的高位协调区与低位协调区分别培育并夯实区域学前增长极，可有效规避现实中两类区域间的"回流效应"，也为学前教育低位协调区提供驱动机制革新及发展空间提升的机遇与挑战。

在学前教育发展高位协调区内，可选取昆明市作为云南省内学前教育区域发展的增长极。该研究时段内，昆明市在云南学前教育资源发展条件及发展水平聚类分析中均为资源高度富集区（Ⅰ类），其学前教育资源配置的耦合协调度均为前列，云南省学前教育空间协调态势整体呈现以昆明市为中心点，从协调度相对较高的中部逐步分布辐散于边缘协调度偏低的空间格局，积极培育和支持"昆明市"为特定区域内增长极，发挥区域"溢出效应"并加强区域联合，充分利用省会城市的引领及带动作用，以其丰富的学前教育资源发展条件和水平及高度协调的发展优势，可较好地促动及辐射同类发展协调区，积极推广和发挥其学前教育资源配置协调发展的示范效益；在学前教育发展低位协调区内，可选取"昭通市"作为云南省内学前教育区域发展的增长极。昭通市在2010—2018年云南学前教育资源发展条件及发展水平聚类分析中均为资源高度匮乏区（Ⅳ类），且均拥有显著较低的耦合协调度，其学前教育发展条件与发展水平良性互动程度较低，昭通市作为低位协调区的增长极，可享受省内适度"优先发展"的倾斜扶持政策，补短板、促帮扶、强弱项、抓重点，创新财政分配制度并给予充足资金支持，这是确保云南省各级区域学前教育发展的"扩散效应"大于"回流效应"的有效路径。

（三）基于网络开发模式促进学前教育与区域协调发展

前述研究结果表明，云南省学前教育资源发展条件与发展水平区域差异显著。基于长期区域社会经济的"二元结构"发展格局背景下，从循环积累因果论的观点来看，学前教育发展在顶层制度设计上就存有"发达城市优先发展"的社会结构价值取向，因此，政府将学前教育资源集中配置在经济水平较发达地区，使得区域内学前教育资源配置的不均衡性发展日益彰显。

结合前述 ARMIA 模型的情景预测分析结果，至 2024 年，昆明市和迪庆州在三大驱动因子的预测结果中其指数均为高位水平，拥有相对较好的预测态势，而昭通市则均为低位水平，其学前教育资源整体协调发展仍亟待提升；云南 16 州市中增长幅度较高的州市有昭通市、大理州等，增长幅度较低的州市有昆明市、玉溪市等。因此，在未来时段内的学前教育资源配置中，应侧重强化学前教育资源高度富集区"反补"与"带动"资源极度匮乏区，由此引申出，在云南学前教育资源配置空间协调发展中，结合前述两种协调模式理论与实践应用探析，云南各州市间可同步运用"网络开发模式"，在增加云南学前教育资源存量的同时，充分发挥各级政府的资源供给优势，从而提升学前教育资源配置效率及推进区域内学前教育与区域社会经济的协调发展。

首先，应统筹规划同类协调区的学前教育资源存量/增量及空间格局。云南各级政府应加强制度政策引领，创建与经济发展相协同学前教育发展体系，统筹规划学前教育发展的"主体功能区"定位并精准施策，以省域统筹管理的政策性"倾斜"和"不平"为引导，切实对云南欠发达地区实行教育优先区、弱势补偿、精准扶持等政策，以打破区域间的学前教育资源汇聚壁垒，拓宽渠道，加大学前教育资源供给量并积极统筹同类协调区不同层次的资源优势，从整体上实现学前教育资源要素在区际或区内高效配置和有效流动，不仅可切实提升学前教育资源利用率，发挥学前教育资源衍生优势，也从宏观上促进学前教育与区域经济协调共生发展。

其次，应革新各级协调区的学前教育协同发展机制体制。云南各级政府应以"经济协同""教育协同"及"共同协同"为基本向度，创建学前教育资源聚集效应和资源优化配置机制，汲取昆明市、迪庆市等学前教育改革经验的同时，积极整合不同区域、不同类别、不同性质的各类学前教育资源要素，探索并完善符合学前教育需求的多形式、多元化协同创新机制模式以促动不同类协调区学前教育资源的深度融合，以"普及性"发展规划为依托，以"普惠性"发展政策为纽带，组建协同创新体，联合区域条件与教育需求，切实向云南农村及少数民族偏远地区提供强有力的发展基础、动力与保障，缩减市域间差距与城乡差距，整体推进云南省学前教育协调、优质及可持续发展。

最后，应"以点促面"汇集学前教育优质资源群并基于地域优势创建学前教育协调生态发展圈。云南省整体呈现以昆明市为学前教育资源配置及协调发展中心点，从中部、西北部"高位协调型"逐步转变为西部、东北和东南部"低位协调型"的空间格局：高位协调的州市分布于滇中、滇西北地区；中位协调及低位协调的州市集中分布于滇东北、滇东南、滇西和滇西南。云南省学前教育与区域经济条件协调发展关系呈现明显的"圈层+轴线"的网络空间结构，其中以昆明圈层结构由中心向周围递减且形成明显的"梯度轴"。从轴线与圈层的网络结构来看，处在轴线上的州市遵循耦合协调度圈层结构的"距离衰减法则"，即距中心地区越远，其耦合协调水平越低。因此，结合云南省经济社会发展总体战略和区域规划性发展的连接点，各类协同区可根据自身地域地理及文化优势因地制宜优化学前教育资源配置，积极向经济、教育发达地区靠拢，汲取学前教育资源高质量、高效率配置的经验，打造具有地方经济、文化等特色的生态学前教育发展，通过各次级区域学前教育的集群、集成发展，充分发挥学前教育资源汇集的规模效应及外部环境优势，从而促进云南省区域经济与学前教育的良性互动。

第二节 云南学前教育资源要素的协调发展

"人地关系地域系统"中的"地域系统",指特定地域内的自然地理、人文地理及经济地理等要素间通过物质流、能量流及信息流等交互作用、联合而构成并维系各种动因及驱动机制、因果反馈关系的系统,从而形成特定地域内"各种地域各种要素间相互关联、相互作用所形成的'要素空间系统'"(潘玉君等,2021);从要素关系的角度来看"人""地"两大系统,结合研究的主旨,"人"对应学前教育,"地"对应社会经济环境,那么基于要素关系角度的学前教育资源资源配置空间协调发展,具体指学前教育系统和区域系统内各自对应的教育水平与发展条件要素间的协调(见图7.4)

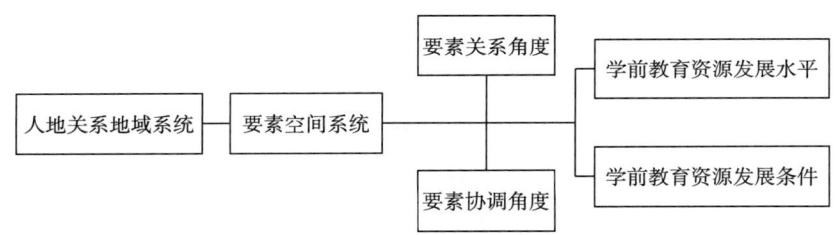

图 7.4 云南学前教育资源要素协调发展思路

根据第六章云南学前教育资源配置空间协调性的驱动机制及预测研究结果可得,3类驱动因子均对云南学前教育资源配置的耦合协调度有显著的正向相关关系,但从影响趋势分析上看,Ⅱ类驱动因子中的"区域社会经济发展条件"与Ⅲ类驱动因子中的"学前教育资源水平""学前教育配置状态"对于协调度的正向影响持续显著,即协调程度越高,其对协调度的影响幅度相对越高。因此,本书特选取云南社会经济发展条件、学前教育资源水平及配置状态作为核心资源要素来探讨其协调发展思路。

一 提升区域支持学前教育发展条件

区域社会经济发展条件与学前教育发展的规模、速度与质量密切相关,是学前教育发展的基础性前提。云南区域经济条件欠发达州市(普洱市、文山州、怒江州、临沧市和昭通市等）应挖掘其自身发展潜能，充分利用特定地域"倾斜"发展的优惠政策，主动引进外资的同时积极开发地域生态资源，创建及打造地域文化、民族传统及旅游观光等特色品牌以推动社会经济的加速发展，为学前教育发展打下坚实的经济基础，缩减与其他地域学前教育发展差距并走向相对均衡。在加速经济发展的同时，各级政府应制定相关学前教育人才引进与培养的"筑巢引凤"政策，建立并完善与时俱进的人才回流机制，为区域学前教育优质、健康发展注入强大的内驱力，创新地区学前教育人力资源配置模式。云南少数民族地区（大理、丽江、迪庆、楚雄等）应结合民族文化传统凝练学前教育特色，坚持"以特色促质量，以质量扬特色"的发展理念：以点促面，挖掘资源；整合资源，注重特色；追求质量，探索创新。充分开发、利用及统合地区学前教育各类资源创新学前教育发展模式。此外，云南各州市应根据地域经济社会发展及财政收入增长情况，积极推进地区学前教育资源条件与水平地位相适应的"同步"发展，基于各地区学前教育需求条件合理规划及指定教育资源调控方案，增加教育财政经费投入的同时，确保财政性学前教育经费的合理配比，以经费为载体牵头并持续暴涨区域学前教育的公益性、均衡及协调发展。

二 增加云南学前教育资源的供给量

为提高云南学前教育整体资源水平，应优先发展各州市资源水平类别中最薄弱的环节，其中学前物力资源水平较低的州市有曲靖市、临沧市、文山州、保山市和昭通市；财力资源水平较低的州市有玉溪市、曲靖市、昭通市、保山市和红河州；人力资源水平较低的州市有德宏州、昭通市、红河州、曲靖市和大理州。因此，各州市应切合各地社会、经济及少数民族文化特色，在精准调研的基础上补充相应短缺学前教育资源。

（一）财力资源层面

云南省各级政府应因地制宜调配学前教育财力资源增量，各州市应增加学前教育财政性经费比，使新增教育经费向学前教育财政倾斜，同时增设省级学前教育专项财政补贴以确保合理的财力资源存量结构及资金投入额度。

对于学前教育财力资源水平充足的州市（昆明、迪庆等），应关注其财力资源配置模式的创新发展；对于有能力广泛筹措学前教育经费的州市（玉溪、曲靖等），在多渠道拓宽学前教育经费投入方式的同时，应注重从源头上保障财力资源存量，确保学前教育基础设施服务的质量提升及评估监管；对于学前教育财力资源水平较低的州市（昭通、临沧、文山等），各级政府应激励、引导及支持社会资本注入学前教育发展中，可采取"特区性"优惠政策为社会资金融入提供较适度的政策环境，从而提高云南欠发达地区学前教育财力资源总量，规范社会捐赠程序及健全融资体系以提高云南整体生均学前教育经费水平。

（二）人力资源层面

云南各州市应建立、健全及完善学前教育人力资源均衡与优质保障机制，关注幼儿园专任类教师的优先权益保障，严格实行教师考评与培训制度并建立专项津贴、晋职晋级等激励机制，确保学前教育财政经费的增量部分倾斜于学前人力资源建设，可融合云南各地区少数民族文化特色以优化幼儿园教师教育课程，以"师德""师术"及"底蕴"作为教师专业发展主体性要素，从师德品行、保教能力及教育观念等层面提升学前教育师范生综合素养，质量与数量双管齐下，构建"实践导向"的师资培养课程体系，为学前一线储备乐教善教、德才兼备、学历结构合理的学前师资力量，从基层培养具有"敏于体察""精于析测""审时度势""因教遂改"特质的专业学前师资团队，从而推进优质人力资源的供给侧改革。此外，云南省应建立各市域间学前教师联盟体，以人力资源存量调配强化师资交流合作机制，从而通过学前教育投资的集约与帮扶、品牌的打造与凝练、师资质量的提升与共赢以实现优质人力资源的互通、共享及动态的平衡。

（三）物力资源层面

云南各州市应灵活筹措学前教育物力资源、适度扩大规模并提高其利用效率，切实解决云南省学前教育物力资源硬件存量供不应求、按需扩大存量的状况。学前教育欠发达州市可以优质示范园为辐射点，以点带面，酌情增加分园并有效盘活学前教育物力资源，依据学前适龄人口发展的动态趋势，结合学位需求改扩建中小学富余校舍，基于区位空间数据测度新园点址，规范幼儿园建筑用地并加强园舍标准建设，科学合理地调整新建园所的规模。为切合绿色、生态及环保的理念，学前物力资源中的硬件及设备设施的调配应遵循"同类替换"的原则，以既定资源中过剩资源补充同种匮乏资源，亦可采取"相邻共享"原则拓展及改造已有资源的固有功用，以实现小范围内的循环交替利用。此外，在理顺政府与市场、幼儿园两两关系基础上，提升物力资源水平增量可融入社会类资金，从而科学实行社会参与监督、公办与民办性质互助并举及管办分离等发展机制。

三 改善云南学前教育资源配置状态

2010—2018年云南学前教育配置状态指数大体呈上升的趋势，其中学前教育普及与集约状态指数均低于全国平均水平，而普惠状态则高于全国水平；云南在2010年和2014年学前教育配置状态聚类结果均属于Ⅳ类地区，2018年为Ⅲ类地区；研究时段内，云南在全国学前教育配置状态的非均衡发展态势中均处于低位水平状态，其对全国学前配置状态区域差异状态的影响程度呈先增强后减弱趋势。我国学前教育资源配置的失衡主要表现在教育资源发展条件及发展水平的区域差距，应以公平为导向，优化学前教育资源区域间均衡配置。根据区际社会经济发展程度的显著差异，在配置学前教育资源时应向欠发达地区适度倾斜，对于云南区际和区内学前教育发展差距，可通过财政转移支付手段等改善资源配置失衡状态。

（一）制定普及性发展规划

基于前述研究结论，云南各级政府加大学前教育的宣传力度，因地制宜发展多样化的办园主体及形式，加强对学前教育资源配置的宏观调控与统筹协调，不仅应明确云南省生均学前教育预算经费标准，并设立专款专项并适时适当地倾斜及补助学前教育发展欠发达地区，同时科学估算各类幼儿园实地建设规模及软硬件设施配备指标，建立健全动态质量评价与监管体系，规范各级区域学前教育财政经费拨款及使用权，拓宽办园资金筹措渠道以确保学前公共服务资源的科学合理利用及毛入园率的有效提升。

（二）完善普惠性发展政策

后普及时代进程中，现阶段云南省优质公办园资源相对集中地区与经济发展优越地区分布大体一致，在资源总量有限的前提下，应增加学前欠发达地区普惠性教育资源供给量并侧重实施"普惠性"政策来扶持民办机构发展。在系统层面，应科学制定完善的普惠性民办机构教育质量评估与监管系统，提高"过程性"质量指标在评估体系中的权重与比例，建立健全"普惠性"民办机构发展的外部支持系统，创建政府与民办幼教机构双向互动的评估反馈机制；措施层面，可通过减免租金、教育券、以奖代补、派驻公办教师及政府购买服务等手段加强对民办园的扶持力度，以有效实行及完善普惠性民办幼儿园支持发展政策。

（三）创新"普惠性"发展体制

云南省各级政府在全面厘清"普惠性"学前教育政策的内涵的基础上，可创新并完善"普惠性"发展机制体制，研制"普惠性"学前教育科学政策、指导标准及实施细则等为次级区域规范基本要求并给予科学参照，各级政府可采取财政资助或有效减免等方式提升普惠性幼儿园发展的支持力度，创建普惠性幼儿园质量监管体系，严格设置普惠性幼教机构的申请、办理条件并规定"普惠性"学前教育的受惠对象等。

（四）合理幼儿园空间布局

近年来，云南各州市经济社会发展水平、城市化进程的人口流动及"全面二孩"政策的实施，影响了的区域内学龄人口数量变化趋势及空间分布差异并迎来了新的人口高峰的挑战，因此，挖掘区域内现有学前教育资源的存量潜力已成为解决"入园难""入园贵"问题的关键性应对策略，可从数量扩张的"外延式"转向优化教育资源均衡配置"内涵式"发展模式，各级政府应依据学前适龄人口分布特征采取"就近入学"的原则并科学测算入园需求度和供需缺口，从而调整幼儿园空间合理布局结构来相应调控学前物力资源配置状态以达到相对均衡，同时推进学前教育资源供给侧改革来促进学前教育"内涵式"普及性、普惠性发展。

综上所述，本章节基于核心理论基础中"人地关系地域系统及其协调共生"原理，根据第三、四、五章的实证测度结果，从"要素协调"与"地域协调"两大维度创新云南学前教育资源配置空间协调发展思路，采用"二维象限分析法"建构横向的区际、区内的协调及纵向的学前系统与区域系统协调的二维学前教育资源配置空间协调发展思路模式。

从地域关系角度上看，学前教育资源配置空间协调发展思路具体从"区域间学前教育资源的均衡配置"与"区域内学前教育资源与区域的协调发展"两个维度进行探讨。首先，在优化区域间学前教育资源的均衡配置上，一是发挥政策导向作用，监管学前教育质量，实现发展水平均衡；二是创新财政分配制度，明确各级政府职责，实现发展条件均衡。其次，在推动区域内学前教育与区域协调发展中，一是利用反梯度推进模式提升不同协调区的类别层次，其具体应用为：①优先发展并夯实云南"高位协调类"州市的学前教育发展；②积极扶持并推进云南"中位协调类"州市的学前教育发展；③重点倾斜并支持云南"低位协调类"州市的学前教育发展。二是根据增长极培育模式推动同类协调区的整体跃迁，其中在学前教育发展高位及低位协调区内，分别选取昆明市和昭通市作为云南省内学前教育区域发展的增长极。三是基于网络开发模式促进学前教育与区域协调发展，结合前述 ARMIA 模型的情景预测分析结果，具体路径有：①统筹规划同类协调区的学前教育资源存量/增量及空间格局；②创建不同协调区的学前教育协同发展机制、体制；③"以点促面"汇集学前教育优质资源群并基于地域优势创设学前教育协调生态发展圈。

从要素关系角度上看，学前教育资源资源配置空间协调发展思路具体从学前教育系统和区域系统内教育水平与发展条件要素间的协调进行分析。根据第六章驱动机制中驱动因子及影响趋势研究结果，只有Ⅱ类驱动因子中的"区域社会经济发展条件"与Ⅲ类驱动因子中的"学前教育资源水平""学前教育配置状态"对于协调度的正向影响持续显著。因此，选取区域社会经济发展条件、学前教育资源水平及配置状态作为核心资源要素来探讨其协调发展思路。首先，应因地制宜地提升区域支持学前教育发展条件。其次，适度增加云南学前教育人力、物力及财力资源的供给量。最后，应改善并提升云南学前教育资源配置状态，不仅要首先制定普及性发展规划，完善普惠性发展政策，更要创新普惠性发展体制，合理调整幼儿园空间布局结构，推进学前教育资源供给侧改革，促进学前教育"内涵式"的普及性、普惠性发展。

第八章 结论与展望

本章节基于前述系统的"问题内涵界定→评价模型建构→实证问题测度"研究过程中的关键性研究环节，有针对性地总结和提炼相关研究结论，并切合结论的研究新意与特点，从界定内涵、模型建构及云南协调发展思路三大方面提出基本创新点。由于本书存有指标遴选缺少部分高效度指标、地域尺度缺乏县域层面深化及研究跨度受数据获取性限制等方面的不足，后续将从理论创新及内涵界定、地域尺度选择及研究内容扩展等方面进行深化研究。

第一节 主要结论

本书旨在地理科学的指导下，基于运用人地关系理论、区域发展理论及资源配置理论，按照"提出问题→分析问题→解决问题"的理论范式，构建"理论拓展及应用→问题研究过程模拟→问题的区域实证分析"的内容分析框架，即通过对学前教育资源配置的空间协调性内涵界定，据此建构其评价指标体系，并客观考察学前教育资源发展条件发展水平，同时对学前教育资源配置空间协调性进行实证测度，检验和判定影响学前教育资源配置耦合协调发展的驱动因子并做发展趋势的预测分析，进而明确云南学前教育资源配置空间协调发展思路。基于教育地理视角，在前文的理论探索和区域实证基础上，研究得出以下主要结论。

研究结论Ⅰ：对云南学前教育资源发展条件的判断

①历史时期，省域尺度中，云南学前资源发展条件显著均低于全国平均水平，但其增长幅度高于全国水平，其在全国中的位序为 27 位左右浮动，在省域间学前教育资源发展条件均衡水平下处于低位水平状态且起了正向的贡

献作用；州市域尺度中，云南省16州市学前教育资源发展条件大体呈逐年递增的态势且增长差异显著，其中昆明市、玉溪市及曲靖市处于较高发展条件水平，临沧市、昭通市、怒江州及普洱市均处于较低水平，云南省市域间学前教育资源发展条件差异呈逐年缩小态势，但区域间均衡呈现出起伏不定的变化态势，仍为较低水平的均衡，其差异小于全国省域差异。

②未来时期，云南省学前教育资源发展条件水平将持续呈线性上升态势，其中较高水平的市州有昆明市、玉溪市、迪庆州、大理州和楚雄州等，较低水平的市州有昭通市、保山市、普洱市、临沧市和怒江州等。

研究结论Ⅱ：对云南学前教育资源发展水平的判断

①历史时期，省域尺度中，云南学前资源发展水平仍均低于全国平均水平，其增长幅度均高于全国水平，其在全国位序为23位上下浮动，在省域间失衡水平下均处于低水平状态并起到了负向的贡献作用；州市域尺度中，云南各州市均有不同程度递增的态势且增长趋势差异显著，其中昆明市、迪庆州及怒江州处于较高发展水平，大理州、昭通市、文山州及曲靖市处于较低水平，云南16州市间发展水平差异呈不均衡态势，集聚程度相对较高，其差异小于全国省域差异。

②未来时期，云南省学前教育资源水平将持续上涨态势，其中较高水平的市州有迪庆州、昆明市、怒江州、版纳州和临沧市等，较低水平的市州有红河州、文山州、曲靖市、大理州和昭通市等。

研究结论Ⅲ：对云南学前教育在原发展水平与发展条件的协调关系判断

①历史时期，在省域尺度中，云南学前教育资源发展水平与发展条件耦合协调指数由0.216升至0.570，呈现出由"中度失调条件滞后型"逐步跃迁为"勉强协调条件滞后型"的耦合协调状态，协调等级由Ⅲ级上升为Ⅵ级，在全国的位序由第27位升至第26位，其耦合协调程度均低于全国平均水平，且与其他省区相比初步定型、固化为低位水平的协调程度；在州市尺度中，云南16州市耦合协调度均呈持续上升态势且对比类型空间差异显著，整体由初期的最低的"严重失调型"跃迁为平均"勉强协调型"以上等级，其中昆明市、迪庆州、玉溪市、丽江市、版纳州和楚雄州6个州市均逐渐定性为协调程度较高地区，而曲靖市、红河州、文山州、大理州和昭通市5个州市逐

步固化为协调程度偏低地区。云南省整体呈现以昆明市为中心点，从协调度相对较高的中部逐步分布辐散于边缘协调度偏低的空间格局。

②未来时期，预测结果显示云南学前教育资源配置空间协调性状态由2018年的"勉强协调"逐步跃迁为2024年的"中级协调"，发展水平与发展条件良性互动逐步形成，其中昆明市、迪庆州均为高位水平耦合协调，可充分利用省会城市的经济引领作用，对全省学前教育优质、均衡及协调发展进行带动与辐射；而昭通市则均为低位水平，其学前教育资源整体协调发展仍亟待提升。

研究结论Ⅳ：对云南学前教育协调发展的调控要素的判断

①影响云南学前教育协调发展的主要因素及影响程度：云南学前教育资源配置空间协调性的假设驱动因子归为三大类维度7个因子，Ⅰ类驱动因子包括学前教育资源发展条件、学前教育资源发展水平，Ⅱ类驱动因子包括教育需求、区域经济条件、政府支持，Ⅲ类驱动因子包括学前教育资源水平、学前教育配置状态。通过建构面板模型分析表明，这三大类驱动因子是影响云南学前教育资源配置耦合协调发展的共同因素，且与云南学前教育协调发展相关系数均呈显著为"正"相关，从而验证了前述研究中影响耦合协调度的驱动因子选择与确立的客观性与科学性。

②影响云南学前教育协调发展的可控因素及重要程度：基于分位数回归模型建构中的驱动因子影响趋势分析可得，不同分位数点时，Ⅰ类驱动因子中的"学前教育资源发展条件"与Ⅲ类驱动因子中的"学前教育资源水平"和"学前教育配置状态"对于学前教育空间协调度均会产生显著的正向影响，其他因子并非有持续的显著相关关系，因而此三大因子可作为影响云南学前教育协调发展的可控因素。

研究结论Ⅴ：促进云南学前教育协调发展的调控方案

从"要素协调"与"地域协调"二维建构云南学前教育资源配置空间协调发展思路，采用"二维象限分析法"建构横向的区际、区内的协调及纵向的学前系统与区域系统协调的二维度学前教育资源配置空间协调发展思路模式。

①从地域关系角度上看，学前教育资源配置空间协调发展思路具体从

"区域间学前教育资源的均衡配置"与"区域内学前教育资源与区域的协调发展"两个维度进行探讨。首先，在优化区域间学前教育资源的均衡配置上，一是发挥云南各级政府政策导向作用，监管学前教育质量，实现发展水平均衡；二是创新财政分配制度，明确各级政府职责，实现发展条件均衡。其次，在推动区域内学前教育与区域协调发展中，一是利用反梯度推进模式提升不同协调区的类别层次，即优先发展并夯实云南"高位协调类"州市（如昆明市、迪庆州、玉溪市、丽江市、版纳州和楚雄州等）的学前教育发展；积极扶持并推进云南"中位协调类"市（州）保山市、临沧市、德宏州、普洱市怒江州等）的学前教育发展；重点倾斜并支持云南"低位协调类"州市（曲靖市、红河州、文山州、大理州和昭通市等）的学前教育发展。二是根据增长极培育模式推动同类协调区的整体跃迁，其中在学前教育发展高位及低位协调区内，分别选取昆明市和昭通市作为云南省内学前教育区域发展的增长极。三是基于网络开发模式促进学前教育与区域协调发展，以昆明市为中心，"以点促面"汇集学前教育优质资源群并基于地域优势创设学前教育协调生态发展圈。

②从要素关系角度上看，学前教育资源资源配置空间协调发展思路具体从学前教育系统和区域系统内教育水平与发展条件要素间的协调进行分析，根据驱动机制中显著影响驱动因子的检测结果，应因地制宜地提升区域支持学前教育发展条件，进而适度增加云南学前教育人力、物力及财力资源的供给量，同时改善并提升云南学前教育资源配置状态。

第二节　创新之处

一　界定"学前教育资源配置的空间协调性"的新内涵

基于地理学的人地关系理论中研究核心"人地关系地域系统及其协调共生"原理，以"人地关系地域系统理论"中的"人—人"关系为基点，从其区际关系中区域活动引出关于教育系统与区域系统协调发展的研究问题，在以往单方面考察学前教育水平的分布、呈现或者配置基础上，创新引入并实测学前教育资源配置时更应考虑支持学前教育发展的区域条件，以特定区域内/区域间的资源配置与区域支持条件之间的这种关系作为研究核心，主要探讨教育发展水平与区域支持条件中各要素的协调性问题，基于"人—地"关系视角和实证研究范式，从地理学空间视角探索性地建立了"区域间"的学前教育资源配置与"区域内"教育资源与区域发展关系的协调性测度、评价的方法和程序，尝试从教育地理学的角度研究学前教育现象的空间问题，根据学前教育发展现状及"优质与普惠""公平与均衡"发展价值追求及趋势，以学前教育资源配置作为学前教育发展研究的核心载体，结合区域学前教育资源配置的时空格局，将研究问题聚焦为学前资源配置空间协调性研究，以"云南省"为研究地域对象，在应用及拓展"人地关系地域系统"中的"地域协调"和"要素协调"理论的基础上，创新界定"学前教育资源配置的空间协调性"的内涵，具体解析为"区域间的学前教育资源均衡配置"与"区域内的学前教育与社会经济条件协调"两个层次维度，通过云南各级区域学前教育资源配置空间协调性时空序列分异演变分析，以及学前教育资源发展条件、发展水平动态变化的分项考察，以测度区域间学前教育资源配置水平及区域发展教育支撑条件水平为载体，考察学前教育系统与区域条件系统间的协调性，通过"空间协调性"来剖析学前教育发展应然状态下的"普惠与质量""效率与公平""优质与均衡"等热点问题，揭示区域间、区域内学前教育资源配置协调性比较中的教育公平、均衡的现象，不仅丰富服务业区位论的实践研究，拓展人文地理学的研究领域，同时将地理学的空间分析方法和技术应用到教育研究领域并与教育理论相结合，从而深化、扩展教育地理学学科方法论体系。

二 建构"学前教育资源配置的空间协调性"的评价模型

以"学前教育资源配置的空间协调性"的内涵界定为逻辑起点，并依此构建了以"学前教育资源水平评价指标集合"和"学前教育发展条件评价指标集合"为核心的"学前教育资源配置的空间协调性"评价指标体系。将"教育资源配置空间协调性"作为核心问题，解析为区域间的"区域教育资源均衡配置"研究和区域内的"教育资源与区域发展关系"研究两个维度，结合已有研究重新界定相关概念并丰富理论。在系统论证学前教育资源配置空间协调性评价理论层面合理性和实践层面合目的性的基础上，基于人地关系地域系统理论中的"人—地""人—人"关系，重新界定了教育资源配置空间协调性的内涵，将区域间的"区域教育资源均衡配置"和区域内的"教育资源与区域发展关系"研究合二为一，创新提出地域系统中的学前教育发展水平系统和区域发展条件系统二维度的"空间协调性"内涵表述，并据此构建了两大维度5个分项30个三级指标的学前教育资源配置空间协调性评价指标体系。本书在学前教育教育资源配置空间协调性的内涵界定、要素分析、指标选择及权重赋予上制定一整套研究范式，可一定程度地为教育地理学相关实证研究提供借鉴；研究所构建的学前教育资源配置空间协调性指标体系，可为我国现实学前教育资源配置水平考察提供直接测度工具。

三 基于模型测度云南学前教育资源配置空间协调性

根据学前教育资源水平评价指标集合与学前教育发展外部评价指标集合测度数据，并引入学前教育资源配置的耦合协调度测度模型，在全面分析并系统厘定学前教育资源空间配置空间协调测度结果及驱动机制的基础上，以学前教育资源的"要素协调"和"地域协调"为核心，确立了以区域非均衡协调为导向的学前教育发展路径选择，并针对云南各级区域中测度的协调发展区、不同协调发展区以及各区域学前教育资源发展水平、区域发展条件变动的可能性，提出与区域协调发展类型相适应的学前教育资源配置模式。教育资源要素的协调发展思路强调学前教育系统与区域系统内各要素间的协调，聚焦为学前教育发展水平要素与区域支持教育发展条件要素间的协调；教育资源地域协调发展是从云南地域各层次空间系统角度建议云南与全国、云南与各省及云南州市间的学前教育水平、区域条件及两者间的协调发展。本书所提出云南学前教育资源配置空间协调发展思路，可为我国学前教育优质均衡发展对策提供参照。针对云南各级区域的学前教育协调发展状况所提出的学前教育资源要素协调、地域协调模式，可在一定程度上为我国不同区域间的学前教育资源配置提供借鉴。

第三节 不足与展望

一 研究不足

(一) 指标遴选缺少部分高效度指标

由于云南省与全国、其他省区的学前教育数据资料内的深入指标类别及统计口径不一致，因此在遴选学前教育资源配置指标过程中仅以同类指标为主，缺少部分评估学前教育资源配置空间协调发展的高效度指标，如在学前教育资源发展水平指标集合内，财力资源层面缺少生均幼儿园教育经费、生均幼儿园教育事业费及生均幼儿园公用经费支出等；人力资源层面缺少学前教育教师接受专业教育比例；物力资源层面缺少固定资产方面的数据等。在学前教育配置状态指标集合内，普惠性状态层面缺少普惠性幼儿园覆盖率、普惠性幼儿园中民办幼儿园比例等。

(二) 地域尺度缺乏县域层面深化

云南由于其社会经济发展结构与水平、地理环境、人口、资源及少数民族文化等因素的影响，其文化教育水平相对滞后，通过研究实证也表云南学前教育发展较薄弱，各类发展水平均低于全国平均水平，云南个别欠发达州市其学前教育发展成效不明显，县域层面的学前教育相关数据获取难度较大，因此在地域尺度选取上以市域、省域为研究地域对象，缺乏云南省县域层面的纵向深入研究。

(三) 研究跨度受数据获取性限制

根据起初研究思路设计，研究跨度应以 2010—2019 年作为研究时段，以三年（2010、2013、2016 年）为节点进行数据采集，既可兼顾时间节点的特殊性、数据的翔实性，又可保证研究评价的连续性，但由于该研究期间内 2019 年各级区域学前教育数据获取均受限，故选择 2010—2018 年时限跨度做相应考察，以 2010 年、2014 年及 2018 年作为研究节点。

二 研究展望

理论创新及内涵界定方面,将"教育资源配置空间协调性"解析为区域间的"区域教育资源均衡配置"研究和区域内的"教育资源与区域发展关系"研究两大维度有待于进一步实践深化论证及探讨;地域尺度方面,以云南省县域作为研究地域对象,多渠道获取学前教育资源发展条件与发展水平的相关资料,可显著提高研究的创新层次与数据质量;研究内容方面,在宏观层面的云南学前教育与区域经济协调发展研究的基础上,可纵向拓展、深化研究云南学前教育资源发展水平层面的质量评估与监管,构建各级区域层次的学前教育发展的优质度评价体系,评定区域内各类幼儿园资源水平、质量的等级与排名,从微观实践层面上促进区域学前教育均衡、协调发展。

参考文献

一 中文文献

（一）著作类

陈慧琳主编：《人文地理学》，科学出版社2013年版。

陈秀山主编：《区域协调发展目标、路径、评价》，商务印书馆出版社2013年版。

陈至立主编：《辞海》，上海辞书出版社2021年版。

段从宇：《中国高等教育区域协调发展研究》，科学出版社2015年版。

顾明远主编：《教育大辞典》（增订合编本），上海教育出版社1998年版。

冯云廷：《区域经济学》，东北财经大学出版社2013年版。

高文兵、郝书辰等：《中国高等教育资源分布与协调发展研究》，高等教育出版社2008年版。

高丙成：《中国学前教育发展指数报告》，北京师范大学出版社2015年版。

高洪深：《区域经济学》，中国人民大学出版社2019年版。

金相郁：《中国区域经济不平衡与协调发展》，上海人民出版社2007年版。

李振泉等：《中国经济地理》，华东师范大学出版社1999年版。

刘复兴：《教育政策的价值分析》，教育科学出版社，2003年版。

罗明东：《教育地理学》，云南大学出版社2012年版。

李国平、陈红霞等：《协调发展与区域治理：京津冀地区的实践》，北京大学出版社2012年版。

潘玉君：《地理学基础》，科学出版社2001年版。

彭世华：《发展区域教育学》，科学教育出版社2003年版。

潘玉君、张谦舵等：《教育地理区划研究：云南省义务教育地理区划实证与方案》，科学出版社 2015 年版。

潘玉君、武友德：《地理科学导论》，科学出版社 2021 年版。

曲福田主编：《资源经济学》，中国农业出版社 2001 年版。

王善迈：《教育投入与产出研究》，河北教育出版社 1996 年版。

王维国：《协调发展的理论和方法研究》，中国财政经济出版社 2000 年版。

王守法：《高等教育与区域经济发展研究》，经济科学出版社 2006 年版。

熊德平：《农村金融与农村经济协调发展研究》，社会科学文献出版社 2009 年版。

杨士弘：《城市生态环境学》，科学出版社 2003 年版。

朱长青、史文中：《空间分析建模与原理》，科学出版社 2006 年版。

朱捷：《我国外商直接投资地区差异研究》，中国物资出版社 2010 年版。

张颖：《区域经济学基础及应用》，中国经济出版社 2012 年版。

［法］弗朗索瓦·佩鲁：《新发展观》，张宁等译，华夏出版社 1987 年版。

［英］安东尼·吉登斯：《民族 - 国家与暴力》，胡宗泽、赵力涛译，生活·读书·新知三联书店 1998 年版。

［美］杰伊·B. 巴尼、［新西兰］德文·N. 克拉克：《资源基础理论：创建并保持竞争优势》，张书军、苏晓华译，上海人民出版社 2011 年版。

（二）期刊类

白华、韩文秀：《复合系统及其协调的一般理论》，《运筹与管理》2000 年第 3 期。

陈国阶：《可持续发展的人文机制——人地关系矛盾反思》，《中国人口·资源与环境》2000 年第 3 期。

崔方方、洪秀敏：《我国学前教育发展区域不均衡：现状、原因与建议》，《教育发展研究》2010 年第 12 期。

陈纯槿、范洁琼：《我国学前教育综合发展水平的省际比较与分析》，《学前教育研究》2018 年第 12 期。

方创琳：《区域人地系统的优化调控与可持续发展》，《地学前缘》2003 年第 4 期。

方创琳：《中国人地关系研究的新进展与展望》，《地理学报》2004 年第 S1 期。

参考文献

樊杰：《人地系统可持续过程、格局的前沿探索》，《地理学报》2014 年第 8 期。

冯文全、徐松妮、高静等：《我国学前教育发展不均衡问题的成因和解决路径》，《西南大学学报》（社会科学版）2016 年第 6 期。

韩宗礼：《试论教育资源的效率》，《河北大学学报》（哲学社会科学版）1982 年第 4 期。

洪秀敏、罗丽：《公平视域下我国城乡学前教育发展差异分析》，《教育学报》2012 年第 5 期。

洪秀敏、姜丽云：《"全面二孩"政策下学前教育发展的问题——基于二期学前教育三年行动计划的调查与分析》，《北京师范大学学报》（社会科学版）2018 年第 5 期。

胡艳、胡倩：《改革开放 40 年我国幼儿教师教育的发展、成绩与问题》，《教师教育研究》2018 年第 6 期。

霍力岩、胡恒波等：《普及、优质和均衡应是新时代学前教育发展的核心主题》，《人民教育》2018 年第 7 期。

蒋清海：《区域经济发展的若干理论问题》，《财经问题研究》1995 年第 6 期。

教育研究编辑部：《2018 中国教育研究前沿与热点问题年度报告》，《教育研究》2019 年第 3 期。

罗明东：《论教育地理学研究的意义与契机》，《云南学术探索》1997 年第 3 期。

李克勤、郑准：《县域学前教育资源配置评价模型及其应用》，《学前教育研究》2014 年第 10 期。

李旭旦：《大力开展人地关系与人文地理的研究》，《地理学报》1982 年第 4 期。

陆大道、郭来喜：《地理学的研究核心——人地关系地域系统——论吴传钧院士的地理学思想与学术贡献》，《地理学报》1998 年第 2 期。

冷余生、解飞厚：《从增长轨迹看我国高等教育的全面协调发展》，《高等教育研究》2006 年第 1 期。

罗华玲、李劲松、李云峰：《交互影响下的教育地理学发展探析——教育地理学的研究综述》，《中学地理教学参考》2016 年第 3 期。

李杨、汤青：《中国人地关系及人地关系地域系统研究方法述评》，《地理研究》2018 年第 8 期。

牛先锋：《社会公平的多重内涵及其政策意义》，《理论探讨》2006年第5期。

潘玉君：《人地关系地域系统协调共生应用理论初步研究》，《人文地理》1997年第3期。

庞丽娟：《加快推进〈学前教育法〉立法进程》，《教育研究》2011年第8期。

彭怀祖、王建宏：《高等教育与社会经济协调发展评价》，《江苏高教》2012年第1期。

邵强、李友俊、田庆旺：《综合评价指标体系建构方法》，《大庆石油学院学报》2004年第3期。

孙海燕：《区域协调发展机制构建》，《经济地理》2007年第3期。

孙东琪、张京祥等：《长江三角洲城市化效率与经济发展水平的耦合关系》，《地理科学进展》2013年第7期。

史静寰、胡茂波：《高教资源区域协调发展的体制机制构建》，《现代教育管理》2014年第12期。

吴传钧：《人地关系地域系统的理论研究及调控》，《云南师范大学学报》（哲学社会科学版）2008年第2期。

吴传钧：《论地理学的研究核心——人地关系地域系统》，《经济地理》1991年第3期。

王黎明：《面向PRED问题的人地关系系统构型理论与方法研究》，《地理研究》1997年第2期。

王嵘：《贫困地区教育资源的开发利用》，《教育研究》2001年第9期。

吴文恒、牛叔文等：《中国人口与资源环境耦合的演进分析》，《自然资源学报》2006年第6期。

王伟清：《论基于需求的教育资源配置系统观》，《教育与经济》2010年第1期。

王鲜萍：《关于高等教育区域合作绩效评价指标体系的探讨》，《江苏高教》2010年第3期。

魏聪、王海英等：《促进普惠性民办幼儿园的非营利转向更适合中国国情》，《中国教育学刊》2018年第7期。

王声平、皮军功等：《政府发展和管理普惠性民办幼儿园的现状及其改进建议》，《学前教育研究》2018年第8期。

许然：《人地关系的系统理论与可持续发展》，《地域研究与开发》1997 年第 S1 期。

杨青山、梅林：《人地关系、人地关系系统与人地关系地域系统》，《经济地理》2001 年第 5 期。

杨青山：《对人地关系地域系统协调发展的概念性认识》，《经济地理》2002 年第 3 期。

叶茂林、吴永林：《论北京高等教育的协调发展》，《教育研究》2005 年第 5 期。

杨益民：《区域高等教育规模与经济发展关系的实证分析》，《江苏高教》2006 年第 3 期。

严全治、苗文燕：《区域高等教育与经济非均衡发展实证研究》，《教育发展研究》2006 年第 12 期。

杨俊、吕林光、罗莹：《高等教育与我国地区经济发展关系的实证研究——从人力资本存量的角度》，《西北人口》2007 年第 6 期。

伊继东、姚辉：《教育地理学研究对象及内容的思考》，《云南师范大学学报》（哲学社会科学版）2012 年第 2 期。

叶平枝、张彩云：《发达地区学前教育发展影响因素研究》，《教育研究》2015 年第 7 期。

杨卡：《北京市人口——教育资源空间协调度分析》，《城市发展研究》2016 年第 2 期。

袁秋红：《普惠性学前教育政策的瓶颈与方向》，《教育评论》2018 年第 5 期。

翟博：《中国基础教育均衡发展实证分析》，《教育研究》2007 年第 7 期。

郑培钢、冯缨：《江苏高等教育发展与区域经济的互动》，《统计与决策》2007 年第 6 期。

邹阳、李琳：《高等教育与区域经济协调发展程度的地区差异分析》，《高教探索》2008 年第 3 期。

周燕、杨瑞华：《影响城乡学前教育公平与均衡发展的制度因素分析——以广东省为个案》，《学前教育研究》2010 年第 5 期。

赵树宽、余海晴等：《高等教育投入与经济增长关系的理论模型及实证研究》，《中国高教研究》2011 年第 9 期。

张正江：《教育地理学与中国教育的地理问题探究》，《长江师范学院学报》2012 年第 8 期。

张雪、袁连生等：《地区学前教育发展水平及其影响因素分析》，《教育发展研究》2012 年第 10 期。

许玲：《区域高等教育与经济发展水平协调性研究——基于 2004 年和 2011 年横截面数据的分析》，《教育发展研究》2014 年第 1 期。

（三）学位论文类

程钰：《人地关系地域系统演变与优化研究——以山东省为例》，博士学位论文，山东师范大学，2014 年。

刘文菁：《农村教育与经济协调发展研究》，博士学位论文，中国海洋大学，2009 年。

卢晓旭：《基于空间视角的县域义务教育发展均衡性测评研究——以江苏省常熟市为例》，博士学位论文，南京师范大学，2011 年。

李少梅：《政府主导下的我国农村学前教育发展研究》，博士学位论文，陕西师范大学，2013 年。

李苒：《西安市城区基础教育资源配置与空间布局的均衡性研究》，博士学位论文，西北大学，2014 年。

李官：《中国边境教育安全研究——以云南省为例》，博士学位论文，云南师范大学，2017 年。

罗华玲：《云南省义务教育资源空间配置研究》，博士学位论文，云南师范大学，2018 年。

范明：《江苏省高等教育与经济协调发展研究》，博士学位论文，河海大学，2003 年。

任启平：《人地关系地域系统结构研究——以吉林省为例》，博士学位论文，东北师范大学，2005 年。

孙立群：《农村教育与经济社会协调发展关系的研究》，博士学位论文，东北农业大学，2003 年。

孙希波：《黑龙江省高等教育与经济协调发展研究》，博士学位论文，哈尔滨工程大学，2006 年。

王文锦：《中国区域协调发展研究》，博士学位论文，中共中央党校，2001 年。

王华峰：《基于系统科学的高等教育转型发展研究》，博士学位论文，天津大学，2002 年。

许丽英：《教育资源配置理论研究——缩小教育差距的政策转向》，博士学位论文，东北师范大学，2007 年。

杨欢：《高等教育可持续发展系统的协调理论方法与应用研究》，博士学位论文，天津大学，2005 年。

余漫：《人口迁移背景下农村基础教育资源配置的公平性问题研究》，博士学位论文，中国农业大学，2014 年。

朱迎春：《区域"高等教育—经济"系统协调发展研究》，博士学位论文，天津大学，2009 年。

张振助：《高等教育与区域互动发展研究》，博士学位论文，华东师范大学，2001 年。

张文耀：《西部高等教育与区域经济协调发展研究》，博士学位论文，西北大学，2013 年。

张秀萍：《中国省域高等教育竞争力研究》，博士学位论文，大连理工大学，2013 年。

朱亚丽：《义务教育资源配置均衡发展测评模型的构建研究》，博士学位论文，西南大学，2015 年。

二 外文文献

Andrei L. Israel, "Putting Geography Education into Place: What Geography Educators Can Learn from Place-Based Education, and Vice Versa", *Journal of Geograph*, Vol. 111, No. 2, January 2012.

Bathelt H. &Gluckle J. , "Toward a relational economic geography", *Journal of Economic Geography*, Vol. 3, No. 2, April 2003.

Bosshardt & William, "Functions and Goals of the Council for Economic Education", *Korean Journal of Economic Education*, Vol. 20, No. 1, March 2014.

Douglas R. Gress & Johannes M. Tschapka, "Bridging Geography and Education for Sustainable Development: A Korean Example", *Journal of Geograph*, Vol. 116, No. 1, December 2018.

Gress, D. R. & Tschapka, J. M. , "Bridging Geography and Education for Sustainable Development: A Korean Example", *Journal of Geograph*, Vol. 116, No. 1, December 2018.

Hartshorn R. , *Perspective on the nature of geography*, Chicago: Rand McNally, 1959.

Haggett P. , *The geographer's art*, Oxford: Blackwell, 1990.

Hassink R & Klaerding C. , "Advancing Evolutionary Econmic Geography by Engaged Pluralism", *Regional Studies*, Vol. 48, No. 7, July 2014.

Harry West & Jennifer Hill, "GeogEd: A new research group founded on the reciprocal relationship between geography education and the geographies of education", *Area*, Vol 54, No. 1, September 2020.

Ji Young Kim & Daniel M. Fienup, "Systematic Review and Meta-Analysis of Token Economy Practices in K – 5 Educational Settings, 2000 to 2019", *Behavior Modification*, Vol 46, No. 6, November 2021.

Kieran Killeen & John Sipple, *School consolidation and transportation policy: An empirical and institution an analysis*, New York: Cornell University Press, 2000.

Kwon & Jung-Hwa, "Creating the Frame for the Future of Geography Education in Korea", *Journal of the Korean Geographical Society*, Vol. 45, No. 6, January 2010.

Kraftl P. & Andrews W. , "Geographies of education: A journey", *Area*, Vol. 54, No. 1, February 2021.

Michael R. Glass, "Advanced manufacturing as an online case study for globla geography education", *Journal of the Geography of Higher Education*, Vol. 37, No. 3, August 2013.

Norcup J. , "Geography education, grey literature and the geographical canon", *Journal of Historical Geography*, Vol. 49, No. 7, August 2015.

Ryba R. , "Why not a Geography of Education?" *The Journal of Geography*,

Vol. 71, No. 3, June 1972.

Ranu Basu, "The rationalization of neoliberalism in Ontario's public education system, 1995 – 2000", *Geoforum*, Vol 35, No. 5, September 2004.

Robert V. Rohil, "Recent trends in Geography Education in Louisiana", *Journal of Geograph*, Vol. 115, No. 5, April 2016.

Seo & Tae-Yeo, "The Current Status of Geography Education Research in Korea", *Journal of the Korean Geographical Society*, Vol. 47, No. 4, January 2012.

Zeyun Liu, "Inequalitiesin the financing of compulsory education in China: A comparative study of Gansu and Jiangsu Provinces with spatial analysis", *International Journal of Educational Development*, Vol. 39, November 2014.

后　记

"五花马，青锋剑，学海无限。夜一程，昼一程，星月轮转。"博士生涯风景独秀，犹雄关漫道真如铁，四年勤学，终成此书。本书是我在博士学位论文的基础上修改而成的，也是由我所主持的全国教育科学"十四五"规划教育部青年课题"后普及时代区域普惠性学前教育资源配置的协调机制研究"（EGA210400）、云南省哲学社会科学创新团队科研项目"云南民族地区普惠性学前教育资源配置的协调机制研究"研究成果之一。

后普及时代要求学前教育改革发展的工作重心将转向优质、健康、均衡，要求在普及、普惠的基础上实现区域学前教育空间协调发展。区域学前教育协调发展问题是学前教育地理学视域内近年来的热点研究领域，旨在优化区际、区内学前教育资源配置，逐渐缩小教育区域差距，为教育公平发展注入更加和谐的因素，为区域教育发展谋求可持续的动力与能量。

本书基于"人—地"关系视角和实证研究范式，以"学前教育资源配置"为研究问题对象，以"云南省"为研究地域对象，以学前教育资源配置的空间协调性内涵界定为逻辑起点，创建学前教育资源配置的空间协调性分析模型。首先，根据人地关系地域系统理论及学前教育固有属性，明确学前教育资源配置是构成学前教育系统及维系其正常运行及促动区域学前教育均衡、协调发展的各要素合理分配的关键。其次，兼采用主客观赋权相结合的方式，系统建构"学前教育资源水平评价指标集合"和"学前教育发展条件评价指标集合"为核心的评价体系。再次，按照区际与区内学前教育资源配置空间协调性研究的思路框架及判别准绳基础，客观测度2010—2018年时段内区域间学前教育资源发展条件与发展水平的均衡度，揭示了各级区域中学前教育资源汇集上共时存在的"零和博弈"与"马太

后 记

效应"现象；继而系统考察五个时间点上的区域内学前教育与区域社会经济发展条件的耦合协调度，明晰了研究时序内云南学前教育资源配置空间协调发展变化态势及空间差异格局；基于此运用空间经济学计量模型检验驱动因子的相关程度及影响趋势，根据回归结果进一步预测未来 6 年协调度的发展趋势，为实现学前教育区域协调发展提供调控和决策根据。最后，从"要素"与"地域"二元视角有针对性地提出相关发展思路，为巩固和实现云南省学前教育优质均衡发展战略、增强学前教育的整体实力提供理论借鉴，为进一步贯彻和落实云南学前教育改革发展的目标及实现提供实践指导，从而促进云南学前教育普及、普惠、均衡、协调的发展，利于解决民生问题及共筑和谐社会！

本书从最初的构想、撰写到定稿过程中，伊继东教授无不亲力亲为、悉心指导，此乃三生幸之。伊继东教授渊博的学术知识，精益求精的治学态度，严谨求实的治学风格，诲人不倦的崇高师德，诚信待人的处事风范，给我树立了奋斗的榜样！导师宏观格局的视野，前沿而又精髓的学术造诣，深邃而又理性的思维方式，在学术上和生活上都使我受益匪浅，更让我领悟到了"学高身正、明德睿智"的真谛！恩师的谆谆教导铭记于心，如春风化雨，终生难忘，谨此向恩师致以最崇高的敬意和最衷心的感谢！

在本书付梓之际，还要特别感谢深圳大学段从宇教授、云南师范大学姚辉老师的诸多帮助与指导，他们对研究问题的聚焦、思路的建构及撰写的模式提出了许多宝贵建议，他们独特的创新视角及对科研的专注均使我受益良多，特此表达最诚挚的谢意！本书的顺利出版也得益于云南师范大学李长吉教授、陈瑶教授、曹能秀教授、王文军教授、刘六生教授、茶世俊教授、夏娜老师、吕瑾老师等人的无私帮助和支持。同时也感谢潘玉君教授、罗明东教授、武友德教授、明庆忠教授、吴映梅教授、角媛梅教授、普丽春教授、董云川教授对本书前期的选题和构思给予的专业指导意见。作为"土生土长"的云师大人，感恩母校对我的浸润和栽培！受于汝，恩于汝，人生几何，深感激于汝；学于斯，长于斯，来日方长，当立业于斯。

掩卷之际，感慨万端，昔日仍然记忆犹新。历尽艰辛四余年，这回沧海变桑田；善学笃行如今日，方显志怀不似先。本书的研究虽暂告一段落，但书稿难免还存有诸多不足和缺憾，后续研究也将不断完善，忱盼学术界斧正！

谷峥霖

2021 年 10 月于云南师范大学